吉金元鸣

中国青铜时代的考古学研究

胡嘉麟　著

上海古籍出版社

图书在版编目(CIP)数据

吉金元鸣:中国青铜时代的考古学研究/胡嘉麟著. --上海:上海古籍出版社,2020.12
　ISBN 978 - 7 - 5325 - 9842 - 7

Ⅰ. ①吉… Ⅱ. ①胡… Ⅲ. ①青铜时代文化-考古-中国-文集 Ⅳ. ①K871.3 - 53

中国版本图书馆 CIP 数据核字(2020)第 252538 号

吉金元鸣——中国青铜时代的考古学研究
胡嘉麟　著
上海古籍出版社出版发行

(上海瑞金二路 272 号　邮政编码 200020)
(1) 网址:www. guji. com. cn
(2) E-mail:guji1@guji. com. cn
(3) 易文网网址:www. ewen. co
上海丽佳制版印刷有限公司印刷
开本 787×1092　1/16　印张 24.5　插页 4　字数 508,000
2020 年 12 月第 1 版　2020 年 12 月第 1 次印刷
ISBN 978 - 7 - 5325 - 9842 - 7

K·2943　定价:268.00 元
如有质量问题,请与承印公司联系

بِسْمِ اللهِ الرَّحْمٰنِ الرَّحِيمِ

求知，从摇篮至坟墓！

本书由上海市青年拔尖人才开发计划
基金项目资助出版

胡嘉麟，回族，陕西西安人，祖籍湖北武汉。北方民族大学历史学和经济学双学士，陕西师范大学考古学与博物馆学硕士，复旦大学历史学博士。2007年进入上海博物馆工作，现任上海博物馆青铜器研究部副研究馆员，中国文物（金属器类）进出境责任鉴定员，中国儒学与法律文化研究会常务理事，陕西师范大学中国青铜文化研究中心研究员、硕士研究生导师，北方民族大学硕士研究生导师，西安文理学院兼职教授。曾经在大英博物馆、美国芝加哥美术馆担任访问学者。2018年入选上海市青年拔尖人才。

主持和参与策划有"首阳吉金：胡盈莹、范季融藏中国古代青铜器"（2008年）、大英博物馆"中国古代城市文明与礼仪文化"（2009年）、"金玉华年：陕西韩城出土周代芮国文物珍品"（2012年）、"镜映乾坤：罗伊德·扣岑先生捐赠铜镜精粹"（2012年）、"周野鹿鸣：宝鸡石鼓山西周贵族墓出土青铜器"（2014年）、"商华周实：宁波市爱城文化发展有限公司藏青铜器"（2015年）、"酌彼金罍： 皿方罍与湖南出土青铜器精粹"（2015年）、德国柏林国家博物馆"中国和埃及：世界的摇篮"（2017年）等多项展览。编著有《镜映乾坤：罗伊德·扣岑先生捐赠铜镜精粹》、《商华周实：宁波市爱城文化发展有限公司藏青铜器》、《酌彼金罍： 皿方罍与湖南出土青铜器精粹》等多部著作。专著《中国古代青铜器整理与研究·青铜簠卷》荣获第三届"李学勤中国古史研究奖"三等奖。

2009 年大英博物馆"中国古代城市文明与礼仪文化展"开幕式

2011 年陪同张懋镕师拜访李学勤先生

序

从进入 21 世纪到今年，刚好 20 年。在新世纪最初的 20 年里，中国古代青铜器的研究工作呈现一派新气象：新人涌现，新作迭出。如岳洪彬博士的《殷墟青铜礼器研究》（中国社会科学院博士学位论文，2001 年；中国社会科学出版社，2006 年），何景成博士的《商周青铜器族氏铭文研究》（吉林大学博士学位论文，2005 年；齐鲁书社，2009 年），严志斌博士的《商代青铜器铭文研究》（中国社会科学院博士学位论文，2006 年；上海古籍出版社，2013 年），张闻捷博士的《楚国青铜礼器制度研究》（北京大学博士学位论文，2012 年；厦门大学出版社，2015 年），路国权博士的《东周青铜容器谱系研究》（北京大学博士学位论文，2014 年；上海古籍出版社，2018 年），黎海超博士的《资源与社会——以商周时期铜器流通为中心》（北京大学博士学位论文，2016 年；中国社会科学出版社，2020 年）等等。这些青铜器研究新秀有几个特点：第一，大多系上世纪 70 年代和 80 年代出生；第二，大部分拥有博士头衔；第三，多为考古出身。即或不是，也受到考古学的熏陶；第四，在名师指导下，眼界开阔，思想新锐。

我在这里要介绍的胡嘉麟博士，就是他们中间比较年轻的一位，他的新书《吉金元鸣——中国青铜时代的考古学研究》刚好在这一历史阶段的最后一年出版。与上述新人有所不同的是，嘉麟在前年已经由科学出版社出过一部著作——《中国古代青铜器整理与研究·青铜簠卷》，并且不是以博士学位论文为底本而是以硕士学位论文为底本写成的。这部书获得 2019 年第三届李学勤古史研究三等奖。《吉金元鸣》则比较特别，这是一部论文集，与上述那些以博士学位论文为底本形成的书稿不同。嘉麟几年之间先后推出一部书稿和一部论文集，对于一位不到四十岁的年轻学者来说，这是比较少见的现象。相对于书稿，我个人更偏重于论文集。一二十篇学术论文，涉及方方面面，可将作者的学术观点和研究方法尽收眼底。

读嘉麟博士的论文集，有两个特点给人印象深刻。

第一，视野较为开阔，涉及面较广。既有区系研究，如《湖南出土青铜器的几点思考》，也有断代研究，如《吴越徐舒青铜器的非均衡性特征及断代刍议》研究；既有类别研究，如《关于商晚期筒形卣的几个问题》，也有铭文研究，如《论商周时期的 ◆ ⌐ 族青铜器》；既有对青铜器风格和组合的研究，也有对墓地的墓葬序列的研究，如《论东周时期的小邾国青铜簠——兼论小邾国墓地的问题》；在类别研究时，着力研究青铜礼器，但也涉及兵器，如《从蔡侯产剑"戋戗"释读看吴越式剑和矛的同源关系》；主要研究夏商周三代的青铜器，然而也关注宋元时期的青铜礼器。

这些研究往往是互为表里，相互扶持的。正因为作者对青铜器类别研究比较深入，才能总结出吴越徐舒青铜器的非均衡性特征。有了对小邾国青铜器的分析，才能对东江墓地的排序提出新的说法。有了对上古青铜器的深入了解，再分析宋元时期的青铜器就会有新的体会。传世文献常以"簠簋"并称，但宋元时期发现的祭器却很少有簋，嘉麟根据湖南浏阳文靖书院的大德簠和大德盨的组合形式，推知文献中的"簠簋"应当为"簠盨"。这对于了解中国古代青铜器研究史也有启迪作用。

第二，展现出综合研究青铜器的能力。

这里所谓综合研究包含两层意思。第一层意思是能从形制、纹饰、铭文、组合关系等诸多方面去研究青铜器，研究者要同时具备考古学、古文字学、文献学的功底。

研究青铜器，首要的工作是分类与定名，对研究者来说，这是一项基本功，嘉麟很注重这一点。且以《关于商晚期筒形卣的几个问题——从中国国家博物馆收藏的"马永盉"谈起》为例，这件器似壶有流管，似盉而无足、鋬，以往称马永壶或马永盉，分歧意见大，辨别难度高。作者收集了与此器相似的大量资料，从形制（提梁、盖与器的衔接以及颈、腹的形态）、纹饰、组合关系以及铸造工艺诸方面进行考证，指出这是一种筒形卣，并对商周筒形卣的来龙去脉进行了梳理。考证翔实，结论可信。

能否独立考释有铭文的青铜器，对青铜器研究者是很大的考验。《霸伯盉铭文与西周宾礼制度》一文可为代表。首先要搞清楚霸伯盉的时代背景，作者从器物的形制、纹饰以及墓葬资料几方面入手，通过与其他年代清楚的青铜器做比较研究，这就需要考古学的知识。然后对铭文加以释读，作者对"柔鬱"、"旁邑"、"毁"等字词提出了不少与其他学者不同的看法，这需要古文字学、音韵学的功底。铭文涉及西周宾礼制度，而礼制向来是上古史研究的难点，这又需要对古文献有一定的认识。当然，嘉麟在这方面起步不久，具体做法还有可商之处，但提倡年轻学者具备这方面的知识结构和学术素养，则很有必要，因为我们缺乏这样的学者。

能否从青铜器和古文字入手，进而探讨历史问题，往往决定了青铜器研究者的眼界和高度。近年来两周时期曾国考古资料不断发现，证明曾国原是西周初年分封到湖北随州一带的姬姓诸侯国，进入春秋以后，受楚文化影响，遂使由周文化系统转入楚文化系统。《论东周时期的曾国青铜簠》一文即从表现特征明显的青铜簠入手，向我们展示了这种转变的具体过程。从形制、纹饰、铭文分析青铜簠文化因素。西周晚期到春秋早期曾国簠属于中原式簠，春秋中期早段开始进入转变期，具有中原式簠和楚式簠的双重特征。到春秋晚期早段就楚式化了，逐渐成为典型的楚式簠。因为两周时期曾国年代跨度大，所以这种分析很有典型意义。作者从青铜簠这样一类器物的变化来探讨一个地区、国家文化面貌的变化轨迹，以小见大，令人耳目一新。

　　综合研究的第二层意思是将器物学的研究与考古学的研究结合起来。从北宋迄今，治中国古代青铜器者，大致可以分为两派。近现代的王国维、罗振玉、郭沫若、陈梦家、容庚、李学勤等先生都属文字学出身的器物学家。他们注重铭文和纹饰，擅长用艺术风格分析的方法研究青铜器。如今中国博物馆界的研究者大都走这一条路子。国外则有高本汉先生。另一派以李济、郭宝钧、邹衡、李伯谦等先生为代表，他们都是考古学家。善于用类型学的研究方法，在青铜器年代的推定上多有发明，并将研究领域从传统的形制、纹饰、铭文的研究，扩展到青铜器的组合、铸造以至于青铜矿料的研究方面。毋庸讳言，两派学者各有所长，也各有所短。关键在于将两派的优长之处结合起来。

　　《吉金元鸣》第一章的标题是"研究方法与研究理论"，其中《吴越徐舒青铜器的非均衡性特征及断代刍议》一文可见作者的旨趣所在。文章一开始就强调器物学要以考古类型学为基础，把考古学的年代支点放在淮水——沂水流域，因为这一区域发现的青铜器信息较多、较明确，有利于解决吴越青铜器、徐舒青铜器的年代问题。这一点显示出作者与某些器物学家的不同。但作者同时又强调不能仅仅依靠类型学。正如马承源先生所提倡的，在缺少考古学信息的情况下，要通过器物学和艺术史的研究方法来构建吴越徐舒青铜器的发展序列。作者举江淮地区的附耳有盖鼎为例，指出春秋早期到春秋晚期，这种鼎的蹄足几乎保持了西周晚期中原器的特征，而且变化不大，因此仅仅依靠中原器蹄形足来判断吴越徐舒青铜器的年代是危险的。同时作者强调还要从艺术特征来研究。指出江淮地区的附耳有盖鼎的腹部装饰一种 Z 形窃曲纹，从春秋早期到春秋中期，演化速度快，很早就从粗犷走向简省和线条化，而这种纹饰在山东地区的青铜鼎上变化较慢。可以看出有些吴越徐舒青铜器并未随着中原青铜器同步演进，并且呈现出"复古"或"滞后"的现象。显然，作者研究吴越徐舒青铜器演化的"非均衡性"问题，已经超出了传统考古类型学的范畴，必须借助器物学研究的方法才能奏效。也唯有将考古学与器物学研究的长处结合起来，才能洞察其中的奥秘，运用新的研究手段，来解决问题。

　　当然，《吉金元鸣》也有一些值得商榷的地方。

　　譬如作者在《关于商晚期筒形卣的几个问题》一文中将二里岗期和殷墟一期的一种小口、无耳、折肩、深腹、高体的盛酒器归入青铜瓿，但包括朱凤瀚先生在内的大部分学者都将其归为罍。关于瓿的主要解释来自《说文解字·瓦部》："瓿，甂也。"那么甂又是怎样的器物呢？《说文解字》曰："甂，似小瓿，大口而卑，用食。"《玉篇》也说到甂是"小盆，大口而卑"。"大口而卑"这四个字非常重要，说明瓿有两个显著特点，一是器口比较大，二是器身比较低矮。若将那种高体的盛酒器也归入青铜瓿，势必混淆瓿与罍的区分。对于它们之间的关联，证据还是比较薄弱的，作者并没有去论证。

　　提笔写到这里，窗外雪花纷飞，已是庚子岁末，即将步入 21 世纪的下一个 20

年。我们有理由相信，嘉麟他们将在今后 20 年里担当重任，去书写更新的篇章，青铜器研究也将变得更有生气和活力。

张懋镕
庚子岁末于西安古城

目　　录

第一章
研究方法与研究理论

湖南出土青铜器的几点思考

湖南青铜器的埋藏很有特点，即大部分并非墓葬发现。商代、西周的青铜器几乎都是单独出土，虽然偶有伴出器物或文化遗存，也很难准确判断其年代。长久以来，湖南青铜器的研究由于缺乏明确的考古学支点，对年代和文化关系的认识聚讼纷纭。目前来看这个支点仍然没有能够建立起来，所以只能尝试从研究方法上寻求新的突破。本文通过考古学文化因素分析法对湖南出土青铜器的个案进行研究，探索关于南方青铜器滞后性和共时性的问题。

一、关于滞后性的思考

中国的青铜文化有着显著的区域特征，中原青铜文化圈对周边地区不断地产生辐射和影响。一旦在周边地区发现与中原青铜文化相关的器物，通常会习惯性认为是文化影响的结果，并在文化传播论的范畴内进行解释。虽然"以往在研究南方地区青铜器时，尽管不少学者提出不要以中原青铜器作为南方青铜器断代的标准，但由于南方青铜器在器形、纹饰等方面与中原青铜器有着诸多联系，以至学人们不得不在南方青铜器断代时，将它们与中原青铜器联系起来研究。在以往讨论的南方青铜器中，仿中原类型器物绝大多数都是以中原单一时期的青铜器为仿制对象，在器形、纹饰等方面都与中原同一时期青铜器相仿，这就很容易将这些南方青铜器判断为与中原相同青铜器属于同一时期，并由此得出中原文化在南方地区的传播是同步或相隔不久的结论"。[①]

研究不同谱系的考古学文化的类型学，只能明确文化交往的关系，并不能作为器物断代的依据。那么，解决年代问题的方法应该是通过分解某件器物的各种文化因素，确定这些文化因素的性质，并且分析是否具有相同的时代性。以往的研究未能很好地使用这种方法，导致了对器物年代问题的争议。例如1990年湖南新宁飞仙桥村出土的瓠壶[②]

---

① 周亚：《湖南新宁出土兽面纹瓠壶断代的商榷》，《湖南省博物馆馆刊》第五辑，岳麓书社，2008年，第133页。

② 邵阳市文物管理处、新宁县文管所：《湖南省新宁县发现商至周初青铜器》，《文物》1997年10期。

图 1 湖南新宁飞仙桥村的瓠壶

（图 1），何介钧①、周亚②、熊建华③ 等先生都有专文讨论过。此器高 37 厘米，最大腹径 17.2 厘米，缺盖，颈部有残缺的小钮，推测当有与器盖连接的活链。S 形的腹部设回首的龙形鋬，颈部装饰有龙纹，腹部饰斜角云纹和兽面纹。若从其大的"风格"去界定，很容易将之看作是商末周初的器物。如果通过对器形、纹饰和附件装饰等因素的分析，可以清楚看到南方青铜器特有的复杂性，以及文化因素的滞后性特征。

最先引人注目的是新宁瓠壶的回首龙形大鋬，周亚先生文章中已经谈到，"它与北方地区出土瓠壶的龙形或兽形鋬的样式又不一样，其形制、风格似乎又是属于中原地区时代较早的西周中晚期。与 1984 年陕西长安张家坡西周墓出土的西周中期邓仲牺尊前胸及臀部装饰的回首曲体卷尾龙形、1976 年陕西扶风庄白村西周窖藏和 1985 年内蒙古宁城小黑石沟出土的西周中晚期的刖人守门方鼎腹部四隅装饰的回首曲体卷尾龙形非常相似"。④ 李零先生认为"爬兽的身体作 180 度旋转，顾首，这是草原地区常见的表现风格"。⑤

考古资料表明这些回首旋转的龙形、鸟形以及兽形装饰出现的时间不早于西周中期。若是将之看作是商末周初的器物，没有充分的考古学依据。并且，回首龙形装饰的流行时间非常长，也不能作为年代下限的标尺。山东莒县天井汪出土的瓠壶⑥

---

① 何介钧：《试论湖南出土商代青铜器及商文化向南方传播的几个问题》，《湖南先秦考古学研究》，岳麓书社，1996 年，第 124—134 页。

② 周亚：《湖南新宁出土兽面纹瓠壶断代的商榷》，《湖南省博物馆馆刊》第五辑，岳麓书社，2008 年，第 131—133 页。

③ 熊建华：《论商周瓠壶——兼论新宁出土青铜回首龙鋬瓠壶的年代》，《湖南省博物馆馆刊》第五辑，岳麓书社，2008 年，第 122—130 页。

④ 周亚：《湖南新宁出土兽面纹瓠壶断代的商榷》，《湖南省博物馆馆刊》第五辑，岳麓书社，2008 年，第 132 页。

⑤ 李零：《论中国的有翼神兽》，《入山与出塞》，文物出版社，2004 年，第 88 页。

⑥ 冀瑞宝：《东周青铜瓠壶研究》，《文物世界》2015 年 3 期，第 13 页。

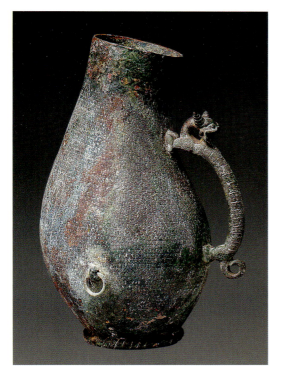

图 2　山东莒县天井汪的瓠壶

图 3　山东莒县中楼乡于家沟的莒大叔瓠壶

（图 2）有着类似的回首龙形鋬，此器通高 31 厘米、口径 14 厘米。天井汪瓠壶粗口短颈的样式，与 1988 年山东莒县中楼乡于家沟出土的莒大叔瓠壶①（图 3）近似，后者通高 34.6 厘米、口径 8.2 厘米，时代为春秋晚期。天井汪瓠壶与新宁瓠壶的龙形鋬姿态略有不同，可能是由于地域文化的差异。所以，这种鋬饰附件并不能看作是断定为商末周初的依据。

　　熊建华先生搜集了有著录的 14 件瓠壶进行谱系研究，有助于我们对瓠壶形制发展的认识。但是，举例最早的三件瓠壶年代似可再商定。其中美国康恩氏收藏的瓠壶②（图 4），通高 24.5 厘米、口径 4.7 厘米，器底内有铭文"酉"，这个铭文大概是有问题的。陈梦家认为器物年代在西周中期，熊建华认为是西周中晚期至春秋早期。1979 年湖北随州义地岗季氏梁墓出土的瓠壶③（图 5），通高 21.5 厘米、口径 4.7 厘米，与康恩瓠壶形制、纹饰完全相同。值得注意的是，这两件瓠壶置鋬的位置都是在颈部

①　刘云涛、张建平：《莒县博物馆馆藏青铜器》，《东南文化》2001 年 4 期。

②　中国科学院考古研究所：《美帝国主义劫掠的我国殷周铜器集录》A759，科学出版社，1962 年。

③　随州市博物馆：《随州出土文物精粹》，文物出版社，2009 年，第 45 页。

图 4　美国康恩氏收藏的瓠壶

图 5　湖北随州义地岗季氏梁的瓠壶

图 6　山西太原赵卿墓的瓠壶

图 7　陕西绥德的瓠壶

图 8　美国飞尔德氏收藏的瓠壶　　　　　　　图 9　上海博物馆收藏的瓠壶

和腹部，与赵卿墓瓠壶 ①（图 6）、绥德瓠壶 ②（图 7）在肩部和腹部置鋬的位置不同。这个特征与新宁瓠壶比较接近，春秋晚期以后所见的瓠壶基本都是在肩部和鼓腹的位置设鋬。更为重要的是，在季氏梁瓠壶和康恩瓠壶的圈足上都有曲折纹，与新宁瓠壶的圈足纹饰相同。季氏梁瓠壶和康恩瓠壶的年代均不早于春秋早期，新宁瓠壶的年代与之相近。

　　熊建华认定在西周中晚期至春秋早期的还有美国飞尔德氏收藏的瓠壶 ③（图 8）和上海博物馆收藏的瓠壶 ④（图 9），前者通高 29.8 厘米，口径尺寸不详，后者通高 28.9 厘米、口径 5.6 厘米。这两件瓠壶置鋬的位置与赵卿墓瓠壶、绥德瓠壶相一致。腹部装饰的 S 形变形龙纹和垂鳞纹是延续时间较久的纹饰，垂鳞纹的鳞瓣分三层，转角处凹弧，略为方折的特点还见于 1975 年湖北随州均川刘家崖出土的春秋中晚期交龙纹鼎 ⑤ 的纹饰。飞尔德瓠壶和上海博物馆瓠壶的 S 形变形龙纹已经省略头部，身体作线

---

① 山西省考古研究所、太原市文物管理委员会：《太原晋国赵卿墓》，文物出版社，1996 年。

② 冀东山：《神韵与辉煌——陕西历史博物馆国宝鉴赏·青铜器卷》，三秦出版社，2006 年，第149 页。

③ 中国科学院考古研究所：《美帝国主义劫掠的我国殷周铜器集录》A760，科学出版社，1962 年。

④ 陈佩芬：《夏商周青铜器研究·东周篇》，上海古籍出版社，2004 年，第 74 页。

⑤ 随州市博物馆：《湖北随县刘家崖发现古代青铜器》，《考古》1982 年 2 期，第 142 页。

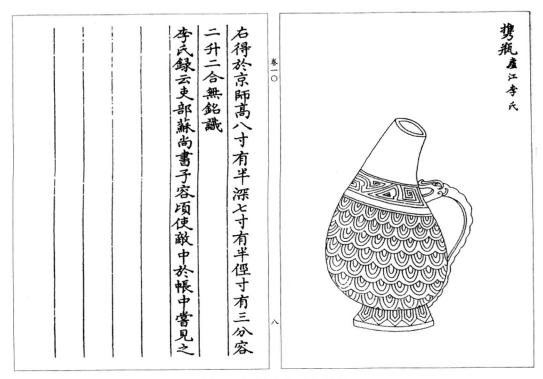

图 10 《博古图》10.8 瓠壶

条状。上海博物馆瓠壶的这种纹饰还有首尾分歧的特点，并且在 S 形纹饰中间有侧出的上、下两组飘带状纹饰，如同 1954 年江苏丹徒烟墩山墓葬出土的蟠龙盖盉 ① 的颈部纹饰，这在春秋早期以前的中原地区非常少见。李朝远先生曾经对烟墩山盉做过详细的分析，烟墩山墓盉"将颇具特色的蟠龙头，S 形凤尾纹和越式外撇足联系起来，再考虑到器颈与流间有一弧形梁这一独一无二的形制以及其流非同一般地开在腹部这种种特点，断盉的年代在春秋中晚期，殆不至谬以千里"。② 因此，飞尔德瓠壶和上海博物馆瓠壶的时代大致在春秋中期应该是比较合适的。

　　除了少数有明确出土地点，大部分瓠壶都是传世品。《博古图》10.8 著录的瓠壶（图 10）与飞尔德瓠壶、上海博物馆瓠壶的纹饰相似。博古 10.8 瓠壶记有庐江李氏称"得于京师（开封）"，又有"李氏录云'吏部苏尚书子容顷使敌中，于帐中尝见之'"。这段记载相当重要，苏子容为北宋大臣苏颂，他两次出使辽国，看到草原民族仍在使用这种器物。通常来说，考古学文化会受到生态环境的制约，并且呈现出一

---

① 江苏省文物管理委员会：《江苏丹徒县烟墩山出土的古代青铜器》，《文物参考资料》1955 年 5 期，第 58 页。

② 李朝远：《烟墩山墓青铜器的时代及其他》，《吴越地区青铜器研究论文集》，香港两木出版社，1997 年，第 39 页。

图 11 《博古图》7.12 瓠壶

定的保守性和继承性。反映特定考古学文化的物质遗存，其发明、使用的情况也取决于周围的环境。这些有明确出土地点的瓠壶，大多集中于中原文化与北方游牧文化的交界带，应该是与草原文化交流后出现的产物。

新宁瓠壶出土时口沿破损，经修复口沿呈凹弧状，置錾一侧形成一个流口。通过对传世器和出土器的整理，可知瓠壶口沿基本为斜圆口，这种凹弧状口沿也是目前所发现的仅此一件。但是，在宋代著录中还有一件相似的器物应当引起重视。博古 7.12 的瓠壶（图 11）也是作凹弧状口沿，相同的形制对于我们认识新宁瓠壶的年代提供了线索。这件瓠壶的主要纹饰为燕尾纹、S 形变形龙纹和三角纹。这种燕尾纹见于湖南长沙县春秋墓出土的燕尾纹鼎[1]，马承源先生认为"燕尾是越器中流行的边饰之一，仅次于连珠纹，可能由于地域特点，似乎扬越地区有较多的发现"。[2]S 形变形龙纹的首尾没有分歧，纹饰中间也没有侧出的飘带状，相似的有 1978 年河南信阳平桥 M1 出土

---

[1] 湖南省博物馆：《长沙县出土春秋时期越族青铜器》，《湖南考古辑刊》第二辑，岳麓书社，1984 年。

[2] 马承源：《吴越文化青铜器的研究——兼论大洋洲出土的青铜器》，《吴越地区青铜器研究论文集》，香港两木出版社，1997 年，第 11 页。

图 12　湖南新宁瓠壶的颈部纹饰

图 13　安徽屯溪弈棋 M1 的龙纹鼎

的春秋中期窃曲纹盘 ①，以及安徽肥西乌龟岗乔夫人鼎 ② 的鼎盖纹饰。瓠壶肩部的三角纹，内填有形似桃叶形的纹样，在广西荔浦栗木发现的龙耳罍 ③，湖南韶山灌区湘乡出土的壶 ④ 都有类似的纹样。从纹饰风格判断，博古 7.12 瓠壶应该属于春秋中晚期的南方青铜器，那么这种凹弧状口沿的瓠壶或许就是有地域特点的一种类型。

新宁瓠壶的颈部、上腹部和圈足都装饰有斜角云纹，这种商周之际的纹饰在春秋时期的群舒青铜器中大量出现。比如安徽寿县肖严湖出土重环纹匜的兽首錾 ⑤，以及上海博物馆藏龙流盉 ⑥ 的肩部纹饰。考古发现表明，群舒文化的青铜器在器形和纹饰上有较多的"仿古"倾向，大概就是这个原因影响了人们对新宁瓠壶年代的认识。

新宁瓠壶的兽面纹与商周之际的纹饰相似度极高，但是颈部采用双钩阴线的技法来表现的龙纹（图 12）却不见于商周之际。例如日本出光美术馆所藏的一件兽面纹尊，肩部和腹部都有吴越式的连珠纹，其肩部的龙纹样式与新宁瓠壶颈部的龙纹非常相似。林巳奈夫称此器"是一个高度被压缩得很厉害的有肩尊，其两侧附加有头向外的鸟。这是在中原地区所不见的器形。如果不看两侧的鸟，其与安徽屯溪弈棋 2 号墓

---

① 　河南省博物馆、信阳地区文管会、信阳市文化局：《河南信阳市平桥春秋墓发掘简报》，《文物》1981 年 1 期，第 9 页。

② 　安徽大学、安徽省社会科学院、安徽省文物考古研究所：《安徽江淮地区商周青铜器》，文物出版社，2014 年，第 102 页。

③ 　广西壮族自治区博物馆：《近年来广西出土的先秦青铜器》，《考古》1984 年 9 期，第 798 页。

④ 　湖南省博物馆：《湖南韶山灌区湘乡东周墓清理简报》，《文物》1977 年 3 期，第 36 页。

⑤ 　寿县博物馆：《寿县肖严湖出土春秋青铜器》，《文物》1990 年 11 期，第 65 页。

⑥ 　陈佩芬：《夏商周青铜器研究·东周篇》，上海古籍出版社，2004 年，第 192 页。

出土的青铜尊在型式上则比较接近。它们肯定是属于同一系统的器物"。① 还有屯溪弈棋 1 号墓出土的龙纹鼎 ②（图 13），这是一件典型的越式鼎，腹部的龙纹也与新宁瓠壶基本相似。屯溪青铜器有较多的复古风格，这些器物的年代不早于春秋早期。若将新宁瓠壶放在南方青铜器的"仿古"情境中考虑，并不难解释兽面纹的出现，这件器物是不同时期多种文化因素累积的产物。

二、关于共时性的思考

李学勤先生指出"中原文化与当地土著文化的两种传统是双向影响的"③，其证据是发现在中原的几何印纹硬陶，发源地就可能在长江中下游。罗森也有同样的观点，指出"要了解南方和河南青铜器发展的进程，把二里岗作为南方青铜器工艺的起源是有帮助的。后来似乎是在二里岗时期之后，在许多的例子中，南方对殷墟产生了影响，而不是殷墟影响了南方，尤其是在妇好时期"④。张长寿、高至喜诸位先生也大多持有上述类似的观点。

在文化传播过程中的这种双向性影响，可以认为至少一部分南方青铜器的年代与殷墟器是处于同一时间段，并不存在文化滞后的现象。例如 1959 年湖南宁乡黄材镇寨子村寨子山出土的兽面纹瓿 ⑤（图 14），通高 42.5 厘米、口径

图 14　湖南宁乡黄材镇寨子村寨子山的兽面纹瓿

---

① 林巳奈夫：《关于长江中下游青铜器的若干问题》，《吴越地区青铜器研究论文集》，香港两木出版社，1997 年，第 111 页。

② 李国梁：《屯溪土墩墓发掘报告》，安徽人民出版社，2006 年，第 34 页。

③ 李学勤：《非中原地区青铜器研究的几个问题》，《走出疑古时代》，辽宁大学出版社，1997 年，第 202 页。

④ 罗森：《殷墟时期中原地区与南方的青铜文化交流》，《吴越地区青铜器研究论文集》，香港两木出版社，1997 年，第 164 页。

⑤ 湖南省博物馆、上海博物馆：《酌彼金罍——皿方罍与湖南出土青铜器精粹》，上海书画出版社，2015 年，第 138 页。

图 15　河南安阳殷墟妇好墓的兽面纹瓹　　　　图 16　河南安阳殷墟妇好墓的妇好瓹

23 厘米。圆肩圆鼓腹，圜底高圈足，设盖，盖钮为盘旋向上的龙形，自盖、肩、腹、圈足设有均等分的六道棱脊，肩部转折处设三个兽首，以兽首为中心设两两相对的龙纹，腹部饰兽面纹，圈足饰两两相对的龙纹。从纹饰风格来看，有着比较明显的殷墟器特征。

根据马今洪先生对商代出土青铜瓹的整理和研究表明，此器的形制、纹饰接近于妇好墓出土的编号 778 号、796 号和 830 号三件瓹。并且认为寨子山瓹盖钮所饰的蟠龙，为中原同时的器物所不见，可能暗示了为中原地区以外的地区所铸造。[①] 熊建华则推测"如果这种可能性存在，考虑到该器在南方发现的青铜器中，没有发现这种类型瓹的后续器物，则该器的铸造年代可能晚于殷墟同类器"。[②] 由此产生两个问题：其一，寨子山瓹是否为受到殷墟同类器影响的产物；其二，寨子山瓹的年代是否会晚于殷墟同类器。

值得注意的是这种型式的瓹在殷墟发现的并不多，妇好墓的三件瓹虽然形制完全相同，但是大小不同，纹饰也有差异。其中两件体形较小的，均有"妇好"铭文，另一件较大的没有铭文。[③]778 号兽面纹瓹（图 15），通高 47.6 厘米、口径 29.8 厘米，

---

①　马今洪：《略论湖南出土的青铜瓹》，《湖南省博物馆馆刊》第五辑，岳麓书社，2008 年，第 71 页。

②　熊建华：《湖南商周青铜器研究》，岳麓书社，2013 年，第 108 页。

③　中国社会科学院考古研究所编著：《殷墟妇好墓》，文物出版社，1980 年，第 66 页。

图17　日本东京国立博物馆收藏的兽面纹瓿　　　　图18　日本出光美术馆收藏的兽面纹瓿

重28.2千克。体形较大，敛口方唇，短颈圆肩，腹下部稍内收，底部近平，圈足较高而直。菌形钮饰蝉纹，盖面饰三组朝上的兽面纹。口沿下饰凸弦纹三周，颈部作斜坡状，肩部有兽首和短扉棱各三个，两者相互间隔，兽首两侧饰对称的鸟纹，勾喙，长身分歧，歧尾上卷，腹部饰兽面纹三组，在兽面的两侧有倒置的龙纹。圈足饰兽面纹，圈足上端有长方形小孔六个。796号兽面纹瓿（图16），通高34.2厘米、口径21.8厘米，重14.3千克；830号兽面纹瓿通高33厘米、口径21.8厘米，重13千克。这两件器物的形制与778号相同，体形较小，纹饰略有不同，肩部和圈足饰相对的龙纹，器底中部有两字铭文"妇好"。

　　妇好墓出土的大部分器物都有铭文，即便是大型器诸如偶方彝、方罍、方斝和圆斝等也有铸铭现象。从器物组合来看，有"妇好"铭文的酒器基本都是成对的，其他族氏铭文的酒器既有成对的，也有单件的。两件有铭文的小型瓿为殷墟本地铸造无疑，没有铭文的大型瓿可能并非同一批所作，那么有没有从外面流入的可能性？妇好墓发现的北方草原文化器物，在一定程度上支持了这种推测。殷墟地区随葬青铜瓿的墓葬较少，主要集中于殷墟一期和二期，殷墟三期以后比较少见。随葬数量基本为单数，大多只有1件，妇好墓有3件是数量最多的。无论是器类的数量还是组合的数量，均反映了青铜瓿在殷墟酒器组合中并非处于重要的地位，对周边地区所产生的影响可能也是比较有限的。况且，殷墟三期以后基本不见的情况更加表明，这种继承二里岗文化因素的器类在殷墟的器物组合中呈逐渐弱化的趋势。

　　反观之，二里岗文化因素的器物在长江流域保持着相对稳定的延续和发展。坂本

图 19　日本泉屋博古馆收藏的兽面纹瓿　　　　图 20　湖南石门的提梁壶

五郎旧藏有一件兽面纹瓿①（图 17），现藏东京国立博物馆。此器高 60.7 厘米，体形巨大是南方青铜器的一个显著特征。这件器物的形制、纹饰与寨子山瓿、妇好墓出土的三件瓿相似。尤其是瓿的盖钮也作盘旋状的龙形，与寨子山瓿完全相同。通过这件器物，可以避免将寨子山瓿认作是殷墟风格的器物流传至湖南的推测，并且应该将其置于长江流域风格的器物群中去考察。

日本出光美术馆所藏的兽面纹瓿（图 18），器高 48 厘米，与妇好墓的大型瓿尺寸相当。此器肩部饰勾喙分歧的鸟纹，腹部的兽面纹作分解式，与妇好墓的同类纹饰基本相同。泉屋博古馆收藏的一件兽面纹提梁瓿②（图 19），高 39.8 厘米、口径 16.5 厘米，重 5.79 千克。如果去掉提梁，完全是一件压缩的瓿，尤其是肩部的火纹与蝉纹相间的纹饰不见于殷墟地区。提梁上装饰的钩状小脊，与 1957 年湖南石门出土的提梁壶③（图 20）完全相同。基于以往的认识，可知长江流域地区对于传统青铜器样式的

①　林巳奈夫、樋口隆康：《（不言堂·坂本五郎）中国青铜器清赏》，日本经济新闻社，2002 年，第 15 页。

②　泉屋博古馆：《泉屋博古——中国古铜器编》，日本京都便利堂，2007 年，第 77 页。

③　湖南省博物馆、上海博物馆：《酌彼金罍——皿方罍与湖南出土青铜器精粹》，上海书画出版社，2015 年，第 78 页。

图 21　日本泉屋博古馆收藏的兽面纹瓿　　　　图 22　日本根津美术馆收藏的兽面纹瓿

改造有着一定的偏好。这些器物一方面具有鲜明的地域特点，另一方面还能看到南方青铜器对殷墟纹饰的吸收和借鉴。

　　泉屋博古馆和根津美术馆分别收藏两件几乎完全相同的兽面纹瓿。泉屋瓿 [①]（图21）通高 36.5 厘米、口径 21.8 厘米，重 7.22 千克。根津瓿 [②]（图 22）通高 36.5 厘米、口径 20.6 厘米。这两件器物虽然体形稍小，但是整器锈色明显为南方水坑器。而且，从器盖、器身至圈足有六道用钩状立鸟表现的扉棱装饰，在石门提梁壶的腹部两侧也有类似的装饰，这是长江流域地区普遍流行的一种艺术风格。肩部所饰相对的龙纹与妇好三联甗的龙纹如出一辙。还有腹部所饰分解式的兽面纹，显示了比较强烈的殷墟二期纹饰的特点。

　　上述所讨论的器物，将之与殷墟器进行比较，纹饰特点大抵不出殷墟二期，尚未发现殷墟三期甚至更晚的特征。而且，其中某些细节都有不同程度的长江流域地区的艺术风格，可以断定这些器物都属于南方青铜器的范畴。从这种器物的发现数量来看，在殷墟地区出土的并不多，具有南方因素的器物反而还要多一些。可以肯定寨子山瓿并非是模仿殷墟同类器的产物，相反妇好墓的三件瓿极有可能还是南方因素对殷墟影响的结果。

---

① 泉屋博古馆：《泉屋博古——中国古铜器编》，日本京都便利堂，2007 年，第 96 页。
② 根津美术馆：《根津美术馆藏品选——工艺编》，日本大冢巧艺社，2001 年。

　　研究文化因素的传播应该充分考虑到在传播过程中存在的不平衡性。这种不平衡性不仅表现为不同文化因素扩散的速率、强度和方向等方面的差异，而且还表现在双向扩散中诸种文化因素相互交织的分别。传统观点认为，殷墟所发现的器物都代表本地铸造的殷墟风格。那么，是否存在殷墟本地铸造的南方风格的器物？苏荣誉先生对花园庄 M54 和妇好墓出土青铜器的铸铆结构进行分析，认为盘龙城的铸铆技术在南方作坊得以流传，盘庚迁都安阳之后，随着四方征伐，将南方青铜工坊毁弃，将工匠迁入安阳。南方工坊废弃后，"纯南方风格青铜器不再生产。南方铸匠在安阳的王室或国家作坊中铸器，但不再铸造纯南方风格器物，而是铸造安阳风格器物，偶尔在器物上表现某种南方因素"。①

　　假设南方工坊悉数毁掉，那么相当多的具有典型南方因素的器物，其时代都不会晚到殷墟三期，这个观点恐怕仍有待于考虑。但是，这个观点的积极意义在于我们不能忽视殷墟地区出土的某些器物存在有南方风格的艺术或技术特征，这种现象恰恰凸显了殷墟二期是南北文化交流的一个重要时期。以寨子山瓿、妇好墓三件瓿以及诸多传世器相互比较的结果，反映了不同空间分布的器物在器形、纹饰和装饰附件等诸多因素共同处于一个时间纬度。那么，这些器物的时代也是一致的。

三、结　语

　　一直以来，南方青铜器的断代研究分歧很大。学术界对中原青铜器影响南方青铜器的模式有着不同的解读，一种观点认为南北方具有相同或相似特点的器物年代相近，另一种观点则强调文化滞后性的现象，认为南方地区模仿中原的器物比中原出土的同类器略晚一个时段或是几个时段。这种分歧阻碍了我们对于整个南方青铜文明的认识。湖南出土的青铜器是整个南方青铜器体系的重要组成部分，湖南青铜器的个案研究有助于推动南方青铜器年代序列的建立。

　　这种在文化传播过程中所出现的滞后现象，诺埃尔·巴纳德解释为"这个现象系指那些经由中介地区从传播中心到达文化'接受地区'的文化因素，不仅发生了空间位移，并且在时间上也经历了一个过程，使得其在'接受地区'出现的时间大大晚于传播中心的相同因素"。② 文化因素会从传播中心以连续不断的方式向周边地区扩散，在这个过程中旧的特征会被传播到更加广泛的地理范围之内，并且在传播区域的边缘

　　① 苏荣誉：《安阳殷墟青铜技术渊源的商代南方因素——以铸铆结构为案例的初步探讨兼及泉屋博古馆所藏风柱斝的年代和属性》，《泉屋透赏——泉屋博古馆青铜器透射扫描解析》，科学出版社，2015 年，第 385 页。

　　② 诺埃尔·巴纳德：《对广汉埋藏坑青铜器及其他器物之意义的初步认识》，《南方民族考古》（五），四川科学技术出版社，1993 年，第 25—66 页。

才有可能得以保存，而新特征则多会在传播中心及其周围地区存在。这个就是古代文献上通常所说的"礼失而求诸野"。那么，这就要求我们在研究不同地域内由文化传播导致的相同文化因素时，不能因为某些相同因素的存在而断然判定两者必然是相同时代的文化遗存。

　　通过对新宁瓠壶的个案分析，首先应该明确考察非墓葬出土的青铜器，不能仅以同出器物的年代作参照标准。因为在南方青铜器中不同时期的青铜器共存的情况比较明显，所以要重视南方青铜器埋藏的特殊性。其次采用考古学文化因素分析法时，充分排列各种文化因素，要判断各种因素所承载的时空界限，避免单一因素决定论。从中既要能看到作为文化载体的物质遗存与文化生态之间的联系，还要注意某些地区由于特殊原因，文化传播的不均衡性和文化因素的历史沉淀性。

　　南方青铜器的共时性则是一个更为复杂的问题。文化因素会因为相邻文化群体的长期接触而产生双向流动，可以扩散的文化因素不仅仅是指表现为有形物质实体的人工制品，同样也包括了非物质形式的思想观念和技术手段。上述分析试图表明文化交流的诸多因素各自的空间特点，以及寻求能否建立共同的时间纬度。通过寨子山瓿的个案分析，可以发现同类型的器物在 A 地常见，B 地不常见；B 地的纹饰，却又在 A 地同类型的器物上反复出现。那么无论是哪种因素滞后都是说不通的，若此可以认为这是具有共时性的器物群。殷墟二期是南北方文化交流的一个比较活跃的时期。随着殷墟三期商王朝势力的北退，南方青铜器可能也经历了一个由兴盛到衰退的过程，对于这个变化应当在今后的研究中引起关注。

2015 年 8 月完稿

2019 年 6 月修改

（原载《湖南省博物馆馆刊》第十二辑，岳麓书社，2016 年）

吴越徐舒青铜器的非均衡性特征及断代刍议

自上世纪九十年代以来，吴越青铜器的年代学问题存在很多分歧，尤以涉及"复古"或"模仿"的青铜器年代争议最为激烈。断代方法主要是对礼器、兵器以及原始瓷器进行同类的比较分析。然而，后两种比较法都有一定的局限性。比如吴越式青铜短剑作为一种地方特色，不适于作为交叉断代的依据。又如南方印纹硬陶和原始瓷器的发展序列只能呈现出相对年代，缺乏绝对年代的佐证，必须与中原青铜器的共存物来确定年代的循环论证都有很大的问题。

讨论地方风格器物的年代学问题，应当是通过器物学的"内证法"，即理清器物发展演变的内在规律性来进行断代。懋镕师在《试论西周青铜器演变的非均衡性问题》中指出西周青铜器演化的非均衡性问题，其形制、纹饰、铭文等因素往往作非均衡性变化。[①] 如果在周文化的核心区域都存在这种现象，那么远离中原的边缘地区其情况更是复杂。

由于吴越徐舒青铜器与中原青铜器的出土"情境"（context）并不相同，在研究方法上也要有所区分。研究中原青铜器时要充分注意组合关系，即将之作为一个考古学单位进行考察。但是，对于吴越徐舒青铜器则要注重个案分析，具体分析某一件器物富有时代特征的因素，有时表现在形制，有时表现在纹饰，有时表现在工艺，断代是根据器物所表现的诸因素中年代最晚的因素来推定的。

马承源先生提出吴越青铜器的研究，不能以中原商周青铜器发展序列来套用，但是也不能不注意到中原商周青铜器对于吴越诸国青铜器铸造工艺的影响，而更主要的是，要从吴越青铜器大量考古资料的实际出发，做具体细致的排比研究，从各种现象中寻求合理的解释，得出真实的正确的结论。[②] 以往对中原青铜艺术发展模式的认识是以考古资料为基础建立起来的，比如商周时期器物形制变化是从深腹到浅腹，由鼓腹到垂腹，纹饰的发展趋势是从繁缛到朴素。那么，吴越徐舒青铜文化是否也符合中原地区的发展模式？在缺少考古学谱系和年代证据的情况下，通过器物学方法构建吴越徐舒青铜器的演变序列是解决年代学争议的有效途径。

讨论吴越徐舒青铜器的风格特征和断代问题，首先要明确三点：

---

① 张懋镕：《试论西周青铜器演变的非均衡性问题》，《考古学报》2008 年 3 期，第 343 页。
② 马承源：《吴越文化青铜器的研究——兼论大洋洲出土的青铜器》，《吴越地区青铜器研究论文集》，香港两木出版社，1997 年，第 24 页。

其一，要将吴越和徐舒的青铜艺术作为一个文化整体进行考察。从艺术特征来看，吴越和徐舒的青铜文化存在着一些差别，比如吴越的棘刺纹就不见于徐舒青铜器。仍将两者视作一个区域文化的整体，是考虑到吴越和徐舒两个文化区都远离周王朝统治的核心区，即都呈现出中心与边缘的文化关系。并且两个文化区相毗邻，交往和联系非常密切。有学者认为吴国早期的都城在沭水与沂水之间，即今江苏邳县北略偏西的"㴉口"。① 吴国都城南迁后，淮水至沂水之间的区域被徐国占据。但是两国直到春秋晚期还保持着密切的交往，邳州戴庄镇九女墩分别出土吴国器和徐国器 ②，吴文化的核心区丹徒大港镇北山顶发现有徐国墓葬 ③。随着吴国和徐国分别向太湖以南和淮水以南的发展，逐渐构成了徐舒和吴越两大文化区。这两大文化区无论是从地缘政治还是文化属性都是相互渗透的，如果能在早期徐舒青铜器上找到考古学支点，实际上也就是打开了吴越青铜器断代的突破口。

其二，要对"复古"和"滞后"两种文化因素的性质进行辨析。影响吴越徐舒青铜器年代判断的最大障碍就是对两种性质认识的不足。"复古"是艺术演进的一种"裂变"，贡布里希谈到文艺复兴时强调其本质就是"恢复"与"再生"。而"复古"本身又孕育着革新，这就要求在模仿中会呈现出一些时代新元素。"滞后"是一种文化因素从"传播中心"到"接受地区"的位移，这种位移既可以是时间上的，也可以是空间上的。滞后性的文化特征是相互关联的文化因素共同体，具有一定的规律可循，并非是孤立存在的。通过器物学构建的艺术发展序列可以明确区分两种文化因素的性质和时间节点。

其三，要重视春秋中晚期吴越徐舒青铜器所处的时代大背景和艺术发展大趋势。一是伴随着周王室的衰微，诸侯大国争当霸主，在礼器艺术上呈现出来一股复古风气。楚文化和齐文化一度流行波曲纹方座簋，晋文化中又出现了兽面纹等等。那么，吴越徐舒地区是否会受到"复古"风潮的影响，这是应当注意的问题。二是这个时期装饰纹样总体上经历了一个逐渐细密化的过程，比如楚文化的蟠虺纹、晋文化的羽翅纹等都是细密纹饰的典型代表。所以，讨论吴越徐舒青铜器纹饰的年代问题也要注意这种逐渐细密化的特征。

器物学研究的立足点必须以考古类型学为基础，将某一类器物中有区域特点、时代特征明确且流行短暂的文化因素作为"定点"，树立起年代标尺。再通过这个"定点"所体现的文化因素与其他类型的器物相联系，由此勾勒出器物形制或纹饰演变的发展轨迹。如何确立"定点"以及某种文化因素的联系是否合适，还要结合周边地区墓葬的出土器物和组合关系进行补充和检验。以下将通过几个研究案例，对这种器物

---

① 王晖：《西周春秋吴都迁徙考》，《历史研究》2000 年 5 期，第 65 页。
② 吴公勤、耿建军、刘照建：《江苏邳州市九女墩春秋墓发掘简报》，《考古》2003 年 9 期。
③ 商志䒩、唐钰明：《江苏丹徒背山顶春秋墓出土钟鼎铭文释证》，《文物》1989 年 4 期。

学研究方法的使用情况进行说明。

一、吴越徐舒青铜器的非均衡性特征

（一）折沿盖鼎

1989 年安徽铜陵市谢垅窖藏青铜器有重环纹鼎、窃曲纹盖鼎、分体甗、曲柄盉和窃曲纹匜。① 张爱冰先生认为其年代不晚于春秋早期②，成为学术界比较主流的认识。其中有一件窃曲纹盖鼎（图 1），通高 22 厘米、口径 17 厘米。腹部扁鼓，蹄足内侧较平，底部有明显的烟炱痕迹。附耳较大，耳廓外侧饰两道弦纹，尖刺圆点，这是吴越徐舒青铜器比较有特色的装饰。子母口设平盖，盖沿下折，盖顶中央有拱形钮，外围分布有三个矩形钮，也饰有弦纹与圆点相间的纹饰。

这件器物就显示了比较明显的非均衡性特征。相较中原器来说，器腹作横宽扁鼓的形态，与 1983 年河南光山宝相寺出土的黄君孟鼎③ 相似，宽大的长方形附耳以及折沿平盖的作风又与山东滕州薛国故城 M2 出土的窃曲纹鼎④ 相同。薛国故城 M2 的两种窃曲纹鼎腹部特征虽有差异，其共同点都表现为蹄形足较短，足根部粗壮高突的特点。共存器物和组合关系表明 M2 的年代为春秋中期。谢垅盖鼎的蹄足较细，三足的根部微有鼓起，并没有春秋早期中原器常见的内凹 "C" 形足，蹄足样式与上海博物

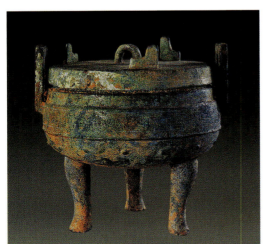

图 1　安徽铜陵谢垅的窃曲纹盖鼎和纹饰拓片

---

①　张国茂：《安徽铜陵谢垅春秋铜器窖藏清理简报》，《东南文化》1990 年 4 期。

②　张爱冰：《铜陵谢垅出土青铜器的年代及其相关问题》，《东南文化》2009 年 6 期。

③　河南信阳地区文管会、光山县文管会：《春秋早期黄君孟夫妇墓发掘报告》，《考古》1984 年 4 期。

④　山东省济宁市文物管理局：《薛国故城勘查和墓葬发掘报告》，《考古学报》1991 年 4 期。

图 2　安徽舒城河口的 S 形云纹盖鼎和鼎盖纹饰

图 3　安徽肥西井王的 S 形云纹盖鼎和纹饰拓片

馆藏西周晚期的应侯见工鼎 [1] 相仿。可见，仅仅依据中原器蹄形足的变化趋势来判断吴越徐舒地区青铜鼎的年代是比较危险的。

　　1988 年安徽舒城县河口墓出土两件 S 形云纹盖鼎 [2]（图 2），通高 30 厘米、口径 25.8 厘米。盖顶正中设有宽厚的桥形钮，盖面饰相扣合的 C 形窃曲纹，腹部饰 S 形云纹，双耳外侧饰弦纹和尖刺圆点纹。此器与 1977 年安徽肥西县井王出土的 S 形云纹盖鼎 [3]（图 3）基本一致，后者通高 31 厘米、口径 25.2 厘米。肥西盖鼎的盖钮饰四道

　　① 陈佩芬：《夏商周青铜器研究·西周篇》，上海古籍出版社，2004 年，第 413 页。

　　② 皖西博物馆：《皖西博物馆文物撷珍》，文物出版社，2013 年，第 23 页。

　　③ 安徽大学、安徽省社会科学院、安徽省文物考古研究所：《安徽江淮地区商周青铜器》，文物出版社，2014 年，第 120 页。

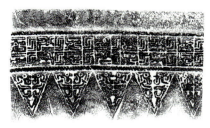

图 4　安徽望江太慈乡竹山村的蟠虺纹盖鼎和纹饰拓片

弦纹，盖沿饰扁长的重环纹，盖面和腹部纹饰与舒城盖鼎相同。舒城县河口墓同出的还有小口鼎、牺首鼎、双系簋等器物，具有春秋中期的器类组合特点。如果从纹饰风格来看，这种粗犷的 S 形云纹、扁长的重环纹以及相扣合的 C 形窃曲纹虽然有春秋早期的风格。但是腹部扁鼓的特征，以及受到山东地区折沿盖鼎样式的影响，年代大致在春秋早中期之际应该是没有问题的。

　　1987 年安徽望江县太慈乡竹山村出土的蟠虺纹盖鼎 ①（图 4），通高 25.5 厘米、口径 23 厘米。这件器物附耳、盖面和腹部的蟠虺纹有着明确的时代性，年代不早于春秋晚期。与舒城盖鼎、肥西盖鼎和谢垅盖鼎相比较，可知蹄形足基本没有发生变化，唯有望江盖鼎的腹部变得更为扁鼓。从春秋早期到春秋晚期，江淮地区附耳盖鼎的蹄形足保持了西周晚期中原器的特征，且没有较大变化，这是徐舒青铜器非均衡性特征的一个重要体现。

　　谢垅盖鼎腹部装饰一种 Z 形窃曲纹，目纹表现得不是特别清楚。纹饰变化的规律显示，类似的纹样大体有一种从略有浮雕感的粗犷纹饰向浅平细密纹饰发展的趋势。1978 年河南信阳明港出土的春秋早期垂鳞纹壶 ② 和河南新郑祭祀坑出土的春秋中期窃曲纹簋 ③ 就是纹饰风格转变的例子。谢垅盖鼎与薛国 M2 盖鼎的纹饰结构相似，后者

---

　　①　安徽大学、安徽省社会科学院、安徽省文物考古研究所：《安徽江淮地区商周青铜器》，文物出版社，2014 年，第 115 页。

　　②　信阳地区文管会、信阳县文化馆：《信阳县明港发现两批春秋早期青铜器》，《中原文物》1981年 4 期。

　　③　河南省文物考古研究所：《新郑郑国祭祀遗址》，大象出版社，2006 年。

图 5　安徽铜陵西湖轮窑厂的窃曲纹鼎和纹饰拓片

图 6　安徽阜阳阜南方集丁营的窃曲纹鼎　　　图 7　河南洛阳中州路 M2415 的窃曲纹鼎

的窃曲纹还没有简省以及向几何形线条转变。2012 年在山东沂水纪王崮 M1 北侧车马坑 K1 中出土一件窃曲纹鼎①，年代为春秋中期晚段，此器简省的纹饰风格与谢坳盖鼎纹饰趋同。

　　这种 Z 形窃曲纹还见于 1998 年安徽铜陵西湖轮窑厂出土的窃曲纹鼎②（图 5），通高 26.8 厘米、口径 24.7 厘米。立耳稍外撇，腹部较浅，蹄形足与江淮地区的附耳盖

____

① 山东省文物考古研究所、临沂市文物考古队、沂水县博物馆：《山东沂水县纪王崮春秋墓》，《考古》2013 年 7 期。

② 安徽大学、安徽省文物考古研究所：《皖南出土商周青铜器》，文物出版社，2006 年，第164 页。

图 8　安徽铜陵顺安镇铁湖村的窃曲纹盖鼎和纹饰拓片

图 9　河南淅川下寺 M3 的佣鼎纹饰拓片

鼎相同。立耳一侧饰弦纹和尖刺圆点纹，另一侧饰简省双龙纹和尖刺圆点纹，腹部的 Z 形窃曲纹还保留有隐约的目纹。阜阳阜南县方集丁营西沟出土的窃曲纹鼎①（图 6），通高 29 厘米、口径 28.2 厘米。虽然腹部依然装饰相同的 Z 形窃曲纹，但是腹底的三足明显内聚。洛阳中州路 M2415 出土的鼎②（图7），同样具有江淮地区的风格。由于这座墓葬共存器物还有敦和舟，李学勤③和朱凤瀚④先生都将此墓的时代定在春秋中期。铜陵顺安镇铁湖村出土的窃曲纹盖鼎（图 8），通高 16.2 厘米、口径 17.6 厘米。盖面饰 Z

形窃曲纹，虽然腹底三足内聚不显著，但是附耳和腹部的交龙纹却有楚文化的特征，与 1978 年河南淅川下寺 M3 的佣鼎⑤纹饰（图 9）基本相同，后者年代为春秋中期晚段。这种样式的 Z 形窃曲纹在江淮地区主要流行于春秋早期至春秋中期，使用时间并不是特别长，并且与山东地区的同类纹饰有着不同的发展轨迹，较早就走向了简省和

①　阜阳博物馆：《阜阳博物馆文物集萃》，文物出版社，2017 年，第 26 页。

②　中国科学院考古研究所：《洛阳中州路（西工段）》，科学出版社，1959 年。

③　李学勤：《东周与秦代文明》（修订本），上海人民出版社，2007 年，第 18 页。

④　朱凤瀚：《中国青铜器综论》（下），上海古籍出版社，2009 年，第 1592 页。

⑤　河南省文物研究所、河南省丹江库区考古发掘队、淅川县博物馆：《淅川下寺春秋楚墓》，文物出版社，1991 年，第 216 页。

图 10　安徽铜陵谢垅的窃曲纹匜和錾部纹饰

图 11　安徽六安思古潭乡高塘村的窃曲纹盖鼎和纹饰拓片

线条化的模式，这是徐舒青铜器非均衡性特征的另一个重要体现。

（二）燕尾錾匜

吴越徐舒青铜器的某些地方存在滞后性因素，某些地方又缺乏同步演进的特点。如果不了解吴越徐舒青铜器发展的这种规律，仅以中原器类型学作参考将会陷入一种误区。若以这种 Z 形窃曲纹作为一个"定点"，通过文化因素联系法对其他有非均衡性特征的器物进行分析，也可以发现有的青铜器形制并未随着中原器同步演进。

铜陵市谢垅窖藏同出的还有一件窃曲纹匜 ①（图 10），通高 22 厘米、通长 42.6 厘米。流口较长，仰起，下置三个小蹄足，流下有一小钉勾，尾部设燕尾錾，连接有小环耳。由于匜与鼎是共存关系，并且纹饰风格一致，应该是同时铸造的器物。值得注

———————————

① 安徽大学、安徽省文物考古研究所：《皖南出土商周青铜器》，文物出版社，2006 年，第 63 页。

图 12　安徽繁昌孙村镇窑上的窃曲纹匜

图 13　安徽芜湖火龙岗镇韩墩村的窃曲纹匜

图 14　安徽天长于洼乡谭井村的龙纹匜

图 15　安徽宿州桂山乡平山村的窃曲纹匜

意的是，这件匜鋬和腹部的 Z 形窃曲纹呈双行排列。1976 年安徽六安思古潭乡高塘村出土的窃曲纹盖鼎 [①]（图 11），通高 26.7 厘米、口径 20.9 厘米。腹部纹饰同样是双行排列的 Z 形窃曲纹，下腹部还有简化的蝉纹。但是立耳外撇的程度较大，腹部有六道短扉棱，明显是受到楚文化的影响，时代为春秋中期。

　　通过对谢垃窃曲纹匜的分析，再联系繁昌县孙村镇窑上的窃曲纹匜 [②]（图 12）、芜湖市火龙岗镇韩墩村的窃曲纹匜 [③]（图 13）、天长市于洼乡谭井村的龙纹匜 [④]（图 14）、宿州市桂山乡平山村的窃曲纹匜 [⑤]（图 15）、当涂云纹匜 [⑥]（图 16）、溧水县和凤镇宽广

　　① 安徽大学、安徽省社会科学院、安徽省文物考古研究所：《安徽江淮地区商周青铜器》，文物出版社，2014 年，第 118 页。

　　② 安徽大学、安徽省文物考古研究所：《皖南出土商周青铜器》，文物出版社，2006 年，第 62 页。

　　③ 安徽大学、安徽省文物考古研究所：《皖南出土商周青铜器》，文物出版社，2006 年，第 64 页。

　　④ 陈建国：《安徽天长县出土西周青铜匜》，《考古》1986 年 6 期。

　　⑤ 安徽博物院：《江淮群舒青铜器》，安徽美术出版社，2013 年，第 127 页。

　　⑥ 安徽大学、安徽省文物考古研究所：《皖南出土商周青铜器》，文物出版社，2006 年，第 68 页。

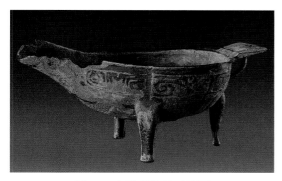

图 16　安徽当涂的云纹匜

图 17　江苏溧水和凤镇黄家村宽广墩的龙纹匜

墩的龙纹匜 [1]（图 17）以及芜湖龙纹匜 [2]
（图 18）等几件器物，可以大致勾勒出吴
越徐舒地区燕尾鋬青铜匜发展演变的序列。

　　从器物的形制特征来看，繁昌窃曲纹
匜通高 20 厘米、通长 38.8 厘米，芜湖窃
曲纹匜通高 21 厘米、通长 38.4 厘米，天
长龙纹匜通高 16.7 厘米、通长 34.5 厘米，
宿州窃曲纹匜通高 20.5 厘米、通长 40 厘
米，这些器物通长均未超过 40 厘米，且都
是短流口，流下有小钉，腹部圆鼓，燕尾

图 18　安徽芜湖的龙纹匜

鋬的环耳较大。当涂云纹匜通高 8.6 厘米、流口残长 18.4 厘米，溧水龙纹匜通高 20.3
厘米、失燕尾鋬残长 34.8 厘米，这些器物的流口稍长，流下小钉渐长，腹部缓收。芜
湖龙纹匜与谢堆窃曲纹匜的形制最为接近，前者通高 19.9 厘米、通长 45 厘米，且都
是长流口，流下有尖长小钉，腹部斜收，燕尾鋬的环耳较小。

　　中原青铜匜的发展轨迹经历过一个短流到长流，并且流口逐渐上翘平折的过程。
虽然吴越徐舒器物的发展演变不会与中原同步，但是仍然有流口逐渐变长的趋势。流
下小尖钉长度的增长也比较明显，马承源先生指出这种小尖钉是长江下游铜匜所独有
的特点 [3]。并且燕尾鋬下接的环耳则是逐渐变小，其发展演变的关系还是十分明确的。

　　梳理江淮地区的纹饰风格，对于构建吴越徐舒青铜文化发展序列尤为必要。繁昌
窃曲纹匜和芜湖窃曲纹匜的纹饰相同，窃曲纹略呈方折状，纹饰较宽，内有阴线的装

　　[1]　杨正宏、肖梦龙：《镇江出土吴国青铜器》，文物出版社，2008 年，第 91 页。
　　[2]　安徽大学、安徽省文物考古研究所：《皖南出土商周青铜器》，文物出版社，2006 年，第 66 页。
　　[3]　马承源：《长江下游土墩墓出土青铜器的研究》，《上海博物馆集刊》第四期，上海古籍出版社，
1987 年，第 217 页。

图 19　安徽铜陵凤凰山的龙纹鼎和纹饰拓片

图 20　安徽繁昌黄浒乡大冲村的龙纹鼎和纹饰拓片

饰。1978 年山东沂水刘家店子出土的窃曲纹鬲 ① 也是这种风格，并且刘家店子窃曲纹鬲纹饰作两个"C"形反联的样式正是吴越青铜器常见的一种纹饰类型。两件匜最有特点的装饰还有窃曲纹之间相夹的火纹。商周时期所见的火纹是四旋夹有小圆点或小圆圈，这种纹饰是四旋之内有涡纹，与 1974 年山东莒县寨里河乡老营村出土的涡纹鼎 ② 纹饰非常相似。

　　天长龙纹匜、溧水龙纹匜和芜湖龙纹匜都装饰顾龙纹，尤其是前两件的纹饰几乎相同。这种顾龙纹与西周时期同类纹饰相比颇有差异，龙首无冠，圆目较大，口部略

① 山东省文物考古研究所、沂水县文物管理站：《山东沂水刘家店子春秋墓发掘简报》，《文物》1984 年 9 期。

② 中国青铜器全集编辑委员会：《中国青铜器全集·9》，文物出版社，1997 年，第 70 页。

图 21　江苏丹阳司徒砖瓦厂的龙纹鼎　　　　　图 22　安徽铜陵顺安镇的龙纹鼎

短，尖唇翘起，龙纹之间使用卷云纹相隔。江淮地区龙纹艺术的发展有自身的独特性，呈现出一种由模仿变形到地域风格确立的过程。例如铜陵市凤凰山的龙纹鼎 [①]（图19）和繁昌县黄浒乡大冲村的龙纹鼎 [②]（图 20），都是立耳圜底，腹部呈半球形，整体形制有西周晚期的遗风。所装饰的顾龙纹均有长卷的冠，虽然与西周时期的纹饰样式大体接近，但是并不属于周人的纹饰风格。主要体现在龙首较小，刻划不清，尤其是龙目很小或者省略，以及口部较短等特征，显示了较强的地方仿制意味。

　　江淮地区龙纹风格的确立，主要在春秋早期。例如 1976 年江苏丹阳司徒砖瓦厂窖藏的龙纹鼎 [③]（图 21）和铜陵市顺安镇的龙纹鼎 [④]（图 22），具体表现为无冠、尖唇和大圆目等特征。山东沂源县姑子坪 M1 龙纹鼎 [⑤]（图 23）的顾龙纹与之相似，但是龙首仍保留有长冠。这座墓葬出土的卷龙纹鼎、窃曲纹三足簋以及卷龙纹簋等器物都是典型的周式器，其年代为春秋早期。这些顾龙纹的纹饰结构具有一致性，但是不同地域仍会有不同的细部特征，体现着一定的地域特色。

　　1982 年江苏丹徒大港磨盘墩出土的龙纹匜 [⑥]（图 24），通高 21.5 厘米、通长 46 厘米，此器作长流口，龙形錾衔住口沿，但是龙首尚未突出口沿。这个特点与西周晚期

---

　　①　安徽大学、安徽省文物考古研究所：《皖南出土商周青铜器》，文物出版社，2006 年，第 39 页。

　　②　安徽大学、安徽省文物考古研究所：《皖南出土商周青铜器》，文物出版社，2006 年，第148 页。

　　③　杨正宏、肖梦龙：《镇江出土吴国青铜器》，文物出版社，2008 年，第 70 页。

　　④　安徽大学、安徽省文物考古研究所：《皖南出土商周青铜器》，文物出版社，2006 年，第 29 页。

　　⑤　山东大学考古系、淄博市文物局、沂源县文管所：《山东沂源县姑子坪周代墓葬》，《考古》2003年 1 期。

　　⑥　杨正宏、肖梦龙：《镇江出土吴国青铜器》，文物出版社，2008 年，第 58 页。

图 23　山东沂源姑子坪 M1 的龙纹鼎和纹饰拓片

图 24　江苏丹徒大港磨盘墩的龙纹匜和纹饰拓片

图 25　安徽芜湖的龙纹匜纹饰拓片

以后中原匜的形制不同，也是体现了非均衡性的特征，其年代与溧水龙纹匜接近。芜湖龙纹匜（图 25）的纹饰很有特点，龙首分列两个弯角，口部作尖刺状，龙纹之间还有蛙纹相隔。这种龙纹也不见于西周时期，蛙纹的样式又与安徽霍山县城关镇的凤纹尊①（图 26）、江苏丹阳司徒砖瓦厂窖藏的凤纹尊②（图 27）相同。两件凤纹尊是当地

---

　①　安徽大学、安徽省社会科学院、安徽省文物考古研究所：《安徽江淮地区商周青铜器》，文物出版社，2014 年，第 79 页。

　②　杨正宏、肖梦龙：《镇江出土吴国青铜器》，文物出版社，2008 年，第 81 页。

图 26　安徽霍山城关镇的凤纹尊纹饰拓片

图 27　江苏丹阳司徒砖瓦厂的凤纹尊

工匠模仿西周早中期青铜尊的"复古"作品，龙纹和凤纹的特征却又显示了较晚的地域文化因素。

　　从器物的组合关系来看，宿州窃曲纹匜共存的还有卷龙纹鼎（图 28）、龙耳簋（图 29）和窃曲纹鬲（图 30）。卷龙纹鼎通高 24.8 厘米、口径 25.1 厘米，其样式是典型的西周晚期中原器，但是腹部刻划不清的 G 形窃曲纹和卷龙纹又表明此器为本地所仿制，其年代上限可至西周晚期。龙耳簋的龙形附耳外侧有蹲踞的人物形象，龙形附耳的造型与山东枣庄小邾国

图 28　安徽宿州桂山乡平山村的卷龙纹鼎

图 29　安徽宿州桂山乡平山村的龙耳簋

图 30　安徽宿州桂山乡平山村的窃曲纹鬲

图 31　安徽繁昌孙村镇窑上的窃曲纹立耳鼎

图 32　安徽繁昌孙村镇窑上的窃曲纹附耳鼎

图 33　安徽繁昌孙村镇窑上的弦纹鼎

图 34　山东莒南十字路街道中刘山村的窃曲纹鼎

墓地 M3 的窃曲纹人足盘 [①] 相同，盘的底部也有三个蹲踞的人形。窃曲纹鬲是裆部较高、尖锥足的淮式鬲，肩部装饰的 S 形窃曲纹主要流行于春秋早期。因此，宿州桂山乡平山村的这组器物年代应在两周之际。

　　与繁昌窃曲纹匜共存的有窃曲纹立耳鼎（图 31）、窃曲纹附耳鼎（图 32）和弦纹鼎（图 33）。窃曲纹立耳鼎通高 20.3 厘米、口径 22.6 厘米，鼎和匜的纹饰完全相同，应为同时期铸造的器物。窃曲纹附耳鼎通高 18.2 厘米、口径 20.5 厘米，腹部较深，圜底，底部微垂，三足不甚高，其形制有西周晚期的特点。腹部装饰的窃曲纹为两个 C 形窃曲纹反联目纹，类似的纹饰还见于山东莒南县十字路街道中刘山村出土的窃曲

① 枣庄市政协台港澳侨民族宗教委员会、枣庄市博物馆：《小邾国遗珍》，中国文史出版社，2006年，第 75 页。

图 35　安徽芜湖火龙岗镇韩墩村的蛇纹鼎

图 36　安徽定远天河的蛇纹鼎

图 37　安徽无为襄安镇的蛇纹鼎

图 38　山东青岛薛家岛的蛇纹鼎

纹鼎[①]（图 34）。附耳鼎的纹饰具有模仿的特征，其年代上限可至西周晚期。弦纹鼎通高 20.8 厘米、口径 17.5 厘米，腹部低垂外鼓，三足稍内聚，年代为春秋早期。因此，繁昌孙村镇窑上的这组器物年代大致也在两周之际。

　　与芜湖窃曲纹匜共存的有蛇纹鼎（图 35），此器通高 21.8 厘米、口径 23.5 厘米，腹部装饰简化的蛇纹。这是模仿商周时期的蛇纹，头部呈三角形，尾部内卷。相同纹饰的器物还见于定远县天河出土的蛇纹鼎[②]（图 36）和无为县襄安镇出土的蛇纹鼎[③]

---

　　① 山东省文物局：《文物山东——第一次全国可移动文物普查藏品集萃》，中华书局，2017 年，第 124 页。

　　② 安徽大学、安徽省社会科学院、安徽省文物考古研究所：《安徽江淮地区商周青铜器》，文物出版社，2014 年，第 98 页。

　　③ 安徽大学、安徽省社会科学院、安徽省文物考古研究所：《安徽江淮地区商周青铜器》，文物出版社，2014 年，第 99 页。

图 39　山东临沂汤河中洽沟 M1 的蛇纹鼎

图 40　山东临沂汤河中洽沟 M1 的双龙纹匜鼎

图 41　山东临沂汤河中洽沟 M1 的双龙纹鬲

图 42　江苏溧阳上沛乡的蛇纹鼎

（图 37），前者通高 28.4 厘米、口径 29.2 厘米；后者通高 33.8 厘米、口径 34.8 厘米，这种简化的蛇纹可能是受到沂水流域东夷文化影响的一类纹饰。1978 年山东青岛薛家岛出土的蛇纹鼎 [1]（图 38），通高 34 厘米、口径 36 厘米，腹部稍深，蹄足较直，足底不外侈。虽然纹饰与三件鼎基本相同，但是并不发达的蹄足显示年代可能会略早，大致在西周晚期。1984 年山东临沂汤河中洽沟 M1 出土的蛇纹鼎 [2]（图 39），通高 31.3 厘米、口径 34.7 厘米，形制与江淮地区的三件鼎相似，但是纹饰比较圆转，与方折状的蛇纹稍有区别。这座墓葬同出的还有双龙纹匜鼎（图 40）和双龙纹淮式鬲（图 41），年代应为春秋早期。1978 年江苏溧阳上沛乡出土的蛇纹鼎 [3]（图 42），通高 31 厘

①　青岛市博物馆：《青岛市博物馆文物精粹》，青岛出版社，2008 年，第 94 页。
②　郑西溪：《临沂市博物馆馆藏集粹》，山东美术出版社，2011 年，第 68 页。
③　杨正宏、肖梦龙：《镇江出土吴国青铜器》，文物出版社，2008 年，第 161 页。

米、口径 31.5 厘米，腹上部所饰方折的波曲纹不见于西周时期。所以，芜湖火龙岗镇韩墩村的这组器物年代大致在春秋早期早段。

通过上述三个层面的分析，基本可以确立两个时间"节点"。宿州窃曲纹匜、繁昌窃曲纹匜和芜湖窃曲纹匜的年代都在两周之际，谢坳窃曲纹匜的年代在春秋中期。天长龙纹匜与溧水龙纹匜的顾龙纹非常相似，两器的年代相距不远。然而溧水龙纹匜流下小钉较之稍长，且流口微仰。若将芜湖龙纹匜相类似的复古性纹饰放在春秋中期艺术发展的总趋势下考虑，所建立的燕尾錾匜的发展序列就呈现出：两周之际（宿州窃曲纹匜、繁昌窃曲纹匜、芜湖窃曲纹匜和天长龙纹匜）—春秋早期晚段（当涂云纹匜和溧水龙纹匜）—春秋中期早段（芜湖龙纹匜）—春秋中期晚段（谢坳窃曲纹匜）四个阶段（图43）。由此可见，吴越徐舒地区的器物发展演变是自成体系的，《皖南出土商周青铜器》和《镇江出土吴国青铜器》将这些燕尾錾匜的年代都断在西周时期值得推敲。

两周之际	春秋早期晚段	春秋中期早段	春秋中期晚段
Ⅰ 期	Ⅱ 期	Ⅲ 期	Ⅳ 期

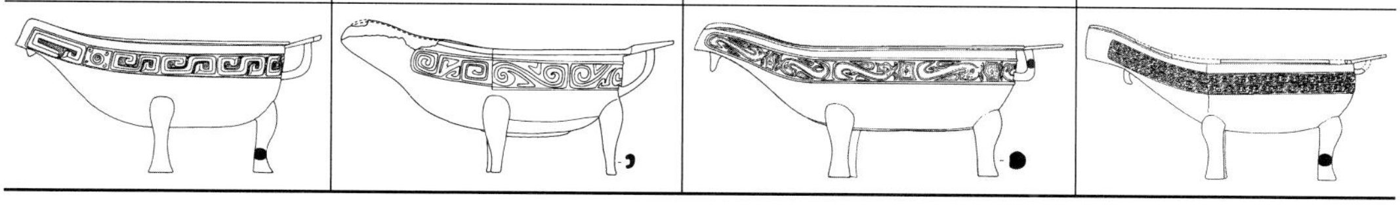

图 43　江淮地区燕尾錾匜类型学序列

综上所述，江淮地区折沿盖鼎和燕尾錾匜的共同特点就是蹄形足并不随着时代推移发生形制上的变化，并且燕尾錾匜的流口形制也不随着同时期的中原匜同步演变，这是吴越徐舒青铜器非均衡性特征的一个重要表现。比如山东滕州薛国故城 M1 交龙纹匜 [1] 和河南信阳光山宝相寺的黄夫人匜 [2]（图44），两者都是流口仰起，作平折状，年代均在春秋早中期之际。这个时期的江淮地区却未发现有这种特点的器物，但是中原匜的形制却影响到沂水流域的燕尾錾匜。1966 年山东日照岚山区巨峰横山水库出土的交龙纹匜 [3]（图45），通高 19.3 厘米、通长 33 厘米。器形、纹饰与薛国故城 M1 交龙纹匜基本相同，虽然设有燕尾錾，但是流口下没有小钉，兽首三足的样式也不见于江淮地区的燕尾錾匜。燕尾錾连接的环耳较大，与江淮地区春秋早期的时代特点保持一致。2012 年山东沂水纪王崮 M1 出土的窃曲纹匜 [4]（图46），通高 20.4 厘米、通长

---

① 山东省济宁市文物管理局：《薛国故城勘查和墓葬发掘报告》，《考古学报》1991 年 4 期。

② 河南信阳地区文管会、光山县文管会：《春秋早期黄君孟夫妇墓发掘报告》，《考古》1984 年 4 期。

③ 董书涛：《日照博物馆馆藏文物集》，齐鲁书社，2010 年，第 79 页。

④ 山东省文物考古研究所、临沂市文化广电新闻出版局、沂水县文化广电新闻出版局：《沂水纪王崮春秋墓出土文物集萃》，文物出版社，2016 年，第 99 页。

图 44　河南信阳光山宝相寺的黄夫人匜

图 45　山东日照岚山区巨峰横山水库的交龙纹匜

图 46　山东沂水纪王崮 M1 的窃曲纹匜

图 47　安徽庐江三塘的窃曲纹匜

图 48　山东沂水纪王崮 M1 的小口鼎

31.8 厘米，纹饰与薛国故城 M2 的器物纹饰相同，年代为春秋中期早段。

　　江淮地区的龙形錾匜与燕尾錾匜的形制基本一致。例如安徽庐江县三塘出土的窃曲纹匜①（图 47），通高 18.5 厘米、通长 36 厘米，龙形錾衔住口沿，流口下有曲尺形小钮。其形制特征与山东枣庄小邾国墓地 M2 的窃曲纹匜②相同，但是纹饰又与沂水纪王崮 M1 的小口鼎③（图 48）相同，表现了年代稍晚的特点。安徽怀宁县杨

　　①　安徽大学、安徽省社会科学院、安徽省文物考古研究所：《安徽江淮地区商周青铜器》，文物出版社，2014 年，第 149 页。
　　②　枣庄市政协台港澳侨民族宗教委员会、枣庄市博物馆：《小邾国遗珍》，中国文史出版社，2006 年，第 56 页。
　　③　山东省文物考古研究所、临沂市文化广电新闻出版局、沂水县文化广电新闻出版局：《沂水纪王崮春秋墓出土文物集萃》，文物出版社，2016 年，第 37 页。

家牌出土的交龙纹匜[①]（图49），通
高 30.8 厘米、通长 55 厘米，腹部
装饰的交龙纹与黄夫人匜相近，同
样是春秋中期的纹饰特点，但是器
形却显得比较古朴。通过这些例子
说明，山东地区的燕尾鋬匜受到中
原匜影响，其形制同步演变；江淮
地区的龙形鋬匜与燕尾鋬匜形制相
同，稳定地保持着自成体系的发展
模式。

图 49　安徽怀宁杨家牌的交龙纹匜

二、吴越徐舒青铜器断代标尺的思考

　　春秋时期沂水流域的青铜器呈现许多具有地方特点的文化因素，这里是各种文化
交融的重要区域。近年来，淮水上游地区的考古发现也为探讨和建立吴越徐舒青铜文
化的谱系提供依据。通过研究沂水流域和淮水上游地区的青铜器，对于建立吴越徐舒
青铜器的断代标尺具有重要意义。

（一）沂水流域

　　江淮地区与沂水流域青铜器之间的关系前文多有涉及，下面再举几个直接证据来
说明将之作为考古学支点的必要性，以及判断吴越徐舒青铜器年代的价值。

　　1976 年江苏南京市雨花台区板桥 9424 工地出土的龙纹匜[②]（图50），通高 20.6 厘
米、通长 38.5 厘米。流口下有小尖钉，燕尾鋬的环耳较大，按照类型学分析应该属
于两周之际。所饰的顾龙纹已经具有江淮地区的特征，但是龙首仍保留下垂的长冠。
1966 年山东临沂俄庄花园乡出土的龙纹匜[③]（图51），通高 16.5 厘米，形制、纹饰与
之完全相同。这座墓葬还出土有鼎、鬲、盘和甬钟[④]，器物均为两周之际的风格，9 件
成编的甬钟说明其年代下限已经到春秋早期。临沂俄庄花园乡墓葬的器物，为江淮地
区燕尾鋬匜的年代提供了可靠的考古学支点，从而也验证了上述关于形制、纹饰和共
存器物的分析。

　　①　安徽大学、安徽省社会科学院、安徽省文物考古研究所：《安徽江淮地区商周青铜器》，文物出
版社，2014 年，第 150 页。
　　②　南京市博物馆：《故都神韵——南京市博物馆文物精华》，文物出版社，2013 年，第 37 页。
　　③　郑西溪：《临沂市博物馆馆藏集粹》，山东美术出版社，2011 年，第 74 页。
　　④　齐文涛：《概述近年来山东出土的商周青铜器》，《文物》1972 年 5 期。

图 50　江苏南京雨花台区板桥 9424 工地的龙纹匜　　　图 51　山东临沂俄庄花园乡的龙纹匜

图 52　江苏丹阳司徒砖瓦厂的窃曲纹鼎和纹饰拓片

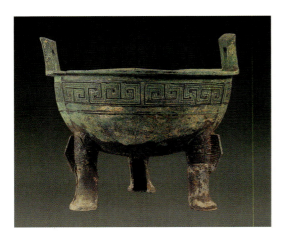

图 53　山东临朐泉头村甲墓的窃曲纹鼎和纹饰拓片

图54　安徽舒城南港镇郭店村的蝉纹鼎和纹饰拓片

　　1976 年江苏丹阳司徒砖瓦厂窖藏出土的窃曲纹鼎 ① （图 52），通高 22.8 厘米、口径 13.4 厘米，腹部的窃曲纹有方折的特点，蹄形足有兽首装饰。这种窃曲纹与 1977 年山东临朐泉头村甲墓出土的鼎 ② （图 53）完全相同。临朐甲墓窃曲纹鼎通高 32 厘米、口径 35 厘米，蹄形足半空，足根部有鱼鳞状兽首装饰。李朝远先生研究上海博物馆收藏的秦公鼎铸造工艺时，认为"（秦公鼎蹄足）断面呈内凹半空弧状，与商代晚期和西周时内范独悬的全封闭足的铸法不同。这种足部的铸造方法在春秋早中期被普遍采用"。③ 临朐甲墓出土的鬲、盘与枣庄小邾国墓地 M3 的器物基本相同，匜的形制比之还要稍晚，年代应为春秋早期。因此，《镇江出土吴国青铜器》将丹阳窃曲纹鼎断在西周时期也是有问题的。

　　1989 年安徽舒城县南港镇郭店村出土的蝉纹鼎 ④ （图 54），通高 20.6 厘米、口径 20.3 厘米，附耳较高，腹部较浅，三蹄足内聚，腹部两道弦纹之间装饰横置的变形蝉纹。相同的器物还见于山东费县南张庄乡台子沟村出土的徐子汆鼎 ⑤ （图 55），通高 27 厘米、口径 29 厘米。两件器物形制、纹饰基本相同，一是附耳，一是立耳，立耳作绞索状，甚有古风。徐子汆鼎腹部铸铭文一周"徐子汆之鼎，百岁用之"。最近又新公布一件徐子汆鼎 ⑥ （图 56），立耳外撇，腹部特征与之相同，装饰的交龙纹

---

　　① 镇江市博物馆、丹阳县文物管理委员会：《江苏丹阳出土的西周青铜器》，《文物》1980 年 8 期。

　　② 临朐县文化馆、潍坊地区文物管理委员会：《山东临朐发现齐、郭、曾诸国铜器》，《文物》1983 年 12 期。

　　③ 李朝远：《上海博物馆新获秦公器研究》，《上海博物馆集刊》第 7 期，上海书画出版社，1996 年，第 30 页。

　　④ 安徽大学、安徽省社会科学院、安徽省文物考古研究所：《安徽江淮地区商周青铜器》，文物出版社，2014 年，第 123 页。

　　⑤ 心健、家骥：《山东费县发现东周铜器》，《考古》1983 年 2 期。

　　⑥ 吴镇烽：《商周青铜器铭文暨图像集成续编》第 1 卷，上海古籍出版社，2016 年，第 212 页。

图 55　山东费县南张庄乡台子沟村的徐子汜鼎和纹饰、铭文拓片

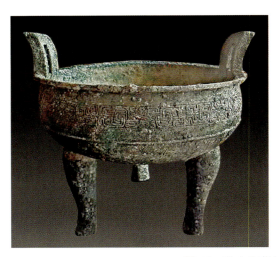
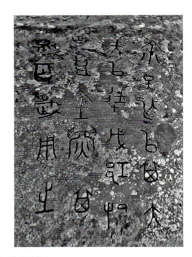

图 56　私人收藏的徐子汜鼎和铭文

是春秋中期的样式。由此可见，这种变形蝉纹的装饰应该是春秋中期徐国青铜器的特色。

　　安徽明光市文物管理所藏的窃曲纹鬲[1]（图 57），通高 15.5 厘米、口径 14.5 厘米，肩部装饰两个 C 形窃曲纹反向联接的纹饰。同样的纹饰还见于山东沂水刘家店子的窃曲纹鬲[2]（图 58），通高 21 厘米、口径 18 厘米。这座墓葬出土有很多徐舒文化因素的

---

　　[1]　安徽大学、安徽省社会科学院、安徽省文物考古研究所：《安徽江淮地区商周青铜器》，文物出版社，2014 年，第 166 页。

　　[2]　山东省文物考古研究所、沂水县文物管理站：《山东沂水刘家店子春秋墓发掘简报》，《文物》1984 年 9 期。

图 57　安徽明光市文物管理所藏的窃曲纹鬲和纹饰拓片

图 58　山东沂水刘家店子的窃曲纹鬲和纹饰拓片

器物，其年代为春秋早中期。1954 年江苏丹徒烟墩山墓葬出土的附耳簋 [1]（图 59），通高 11.8 厘米、口径 18.3 厘米，腹部和圈足所装饰的也是两个反向联接的 C 形窃曲纹。前文提到在考虑吴越徐舒青铜器年代的时候，不能脱离春秋时期纹饰艺术整体走向细密化的趋势。所以，丹徒附耳簋的纹饰不可能早于沂水刘家店子鬲的纹饰。由于丹徒烟墩山墓出土有宜侯夨簋，据此将这些具有地方特色的器物断在西周时期是值得商榷的，这种纹饰风格应在春秋中期以后。这些例子反映了吴越徐舒青铜器与沂水流域的

<hr>

① 杨正宏、肖梦龙：《镇江出土吴国青铜器》，文物出版社，2008 年，第 30 页。

图 59　江苏丹徒烟墩山的附耳簋和纹饰拓片

内在联系。

（二）淮河上游

吴越徐舒青铜器的"复古"问题，以往学者对丹阳司徒砖瓦厂的凤纹尊和丹徒烟墩山的牺觥等器物多有讨论。那么，春秋中晚期所流行的复古风气是否对吴越徐舒青铜艺术产生过影响呢？可以设想，越是出现年代久远的装饰艺术，就越不能否认其作为复古现象的存在，前文所述徐子汭鼎的绞索状立耳即是一例。马今洪先生通过分析浙江安吉三官乡出土的器物，认为"爵、鬲鼎和案足的时代不是商代晚期，当为春秋时期"[①]的结论，为探讨吴越徐舒青铜器的复古现象打开了新的视角。

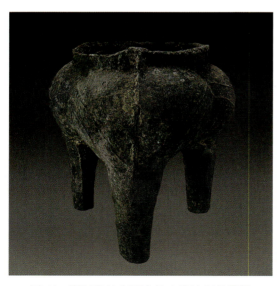

图 60　浙江海盐东厨舍的人字纹甗的鬲部

1974 年浙江海盐县东厨舍遗址出土的铜甗[②]（图 60），甑部缺失，鬲部直口微侈，圆肩鼓起，腹部分裆，下置柱足，一足有补铸痕迹。腹部装饰的人字纹是商代青铜器常见的一种纹饰，到西周时期仍有少量使用，例如上海博物馆

---

① 马今洪：《试论浙江安吉三官乡土墩墓出土青铜器》，《吴越地区青铜器研究论文集》，香港两木出版社，1997 年，第 79 页。

② 海盐县文化馆：《浙江省海盐县出土商周青铜甗》，《考古》1981 年 1 期。

 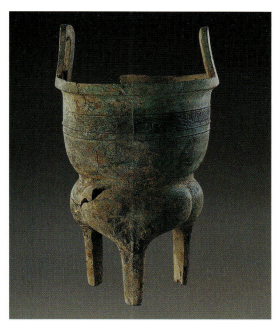

图 61 上海博物馆收藏的兽面纹甗　　　图 62 安徽繁县汤家山的斜角云纹甗

 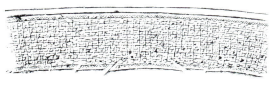

图 63 安徽繁县汤家山的勾连几何纹盘和纹饰拓片

藏商晚期的兽面纹甗 ① （图 61）。然而，海盐甗的鬲部更接近于春秋时期淮式甗的特征，腹部略显扁鼓，柱足细高。通过范线痕迹可知，海盐甗的鬲部有三块范，以及一块三角形的底范，三足实心，底部无铸疵，当以一足作浇口，所以才会有一足补铸的现象。

繁昌县汤家山出土的斜角云纹甗 ② （图 62），通高 46 厘米、口径 28.7 厘米，腹部扁鼓的特征尤为明显，柱足内侧平直的特点有西周中期的遗风。但是共存器物明显具有春秋时期的特征，尤其是勾连几何纹盘（图 63）的年代可至春秋晚期，后面将会详

①　陈佩芬：《夏商周青铜器研究·夏商卷》，上海古籍出版社，2004 年，第 150 页。
②　安徽大学、安徽省文物考古研究所：《皖南出土商周青铜器》，文物出版社，2006 年，第 52 页。

图 64　安徽郎溪的镂空无耳簋

细讨论。相似的扁腹特征还见于 2004 年河南南阳李八庙番子墓的甗①，根据番子墓共存器物的特点和组合关系，可以确定其时代为春秋中期晚段。由此为海盐甗和繁昌斜角云纹甗的年代提供了参照标准，海盐甗的年代可能稍早于繁昌斜角云纹甗。两件器物同样有"复古"的风气，前者体现于纹饰、后

图 65　河南信阳长台关 M9 的镂空四鋬簋和纹饰

者体现于形制。

　　安徽郎溪县出土的镂空无耳簋②（图 64），通高 7 厘米、口径 13.9 厘米，腹部扁鼓呈镂空状，《皖南出土商周青铜器》断定为西周时期。2005 年河南信阳长台关 M9 出土的镂空四鋬簋③（图 65），通高 13 厘米、口径 24 厘米。其形制与郎溪簋基本相似，镂空的隔梁相互勾连，并刻有阴线的槽沟，唯有腹部均匀地设置四个镂空的鋬饰稍有差异。相同造型的器物还见于 1981 年江苏溧水和凤镇黄家村宽广墩出土的两件勾连几何纹簋，簋一④（图 66）通高 9.8 厘米、口径 16.3 厘米，与长台关 M9 簋的纹饰相

①　南阳市文物考古研究所：《河南南阳李八庙春秋楚墓清理简报》，《文物》2012 年 4 期。
②　安徽大学、安徽省文物考古研究所：《皖南出土商周青铜器》，文物出版社，2006 年，第 59 页。
③　信阳博物馆：《信阳博物馆藏青铜器》，文物出版社，2018 年，第 182 页。
④　杨正宏、肖梦龙：《镇江出土吴国青铜器》，文物出版社，2008 年，第 89 页。

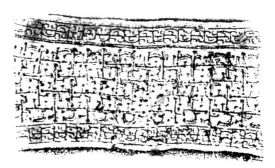

图 66　江苏溧水和凤镇黄家村宽广敦的勾连几何纹簋和纹饰拓片

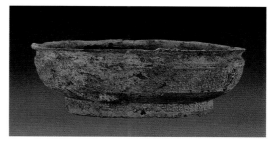

图 67　江苏溧水和凤镇黄家村宽广敦的　　　图 68　浙江杭州湖墅路的勾连几何纹盘
　　　　勾连几何纹环耳簋

图 69　江苏丹阳司徒砖瓦厂的棘刺纹尊　　　图 70　江苏武进淹城内城河的棘刺纹尊

图 71　江苏苏州同里九里湖的棘刺纹尊　　　　图 72　安徽淮南市博物馆收藏的棘刺纹尊

图 73　河南信阳长台关 M9 的鸟纹饰和蟠龙纹方座器

同，腹部主纹都是相互勾连的方格纹，只是不作镂空状。簋二 ① （图 67）通高 9 厘米、口径 16.5 厘米，肩部设两个半环形小耳，圈足下有三个小扁足，纹饰基本相同。1957 年浙江杭州湖墅路出土的勾连几何纹盘 ② （图 68），通高 5.4 厘米、口径 16.5 厘米，錾耳残失仅留有痕迹，形制、纹饰与繁昌汤家山的勾连几何纹盘相同，这些都是属于具有共同纹饰风格的器物。

　　这种纹饰风格的大口尊，还见于 1976 年江苏丹阳司徒砖瓦厂窖藏出土的棘刺纹尊 ③ （图 69），通高 23.2 厘米、口径 24.9 厘米，腹部扁鼓，在勾连方格纹内填有棘刺

① 杨正宏、肖梦龙：《镇江出土吴国青铜器》，文物出版社，2008 年，第 90 页。
② 俞珊瑛：《杭州湖墅路出土的两件西周青铜器》，《东方博物》2014 年 3 期。
③ 杨正宏、肖梦龙：《镇江出土吴国青铜器》，文物出版社，2008 年，第 84 页。

图74　安徽屯溪 M3 的变形兽纹方座器

图75　浙江绍兴坡塘 M306 的卷云纹方座器

纹。1957 年江苏武进淹城内城河出土的棘刺纹尊 [1]（图 70），通高 26 厘米、口径 27.1 厘米；江苏苏州同里九里湖出土的棘刺纹尊 [2]（图 71），通高 24.1 厘米、口径 26.3 厘米，两者形制、纹饰与丹阳棘刺纹尊基本相同。安徽淮南市博物馆收藏的勾连几何纹尊 [3]（图 72），通高 19.1 厘米、口径 18.7 厘米，折肩较宽，扁鼓的腹壁较直，勾连方格纹内不填棘刺纹。吴越和徐舒的大口尊有相同的纹饰结构，说明它们是属于同一时期的器物，只不过吴越青铜尊还有代表地域文化特征的棘刺纹。《镇

图76　河南信阳长台关 M9 的伏鸟罐形器

江出土吴国青铜器》《淮南市博物馆文物集珍》均将这些大口尊的年代定为西周时期，信阳长台关 M9 的发现可以为这些器物的断代提供了考古学支点。

信阳长台关 M9 还出有鸟形饰和蟠龙纹方座器（图 73），鸟形饰为蟠龙纹方座器的柱顶饰，鸟羽用失蜡法铸造的工艺出现于春秋战国之际，这是判断长台关 M9 年代

---

[1]　杨正宏、肖梦龙：《镇江出土吴国青铜器》，文物出版社，2008 年，第 96 页。

[2]　浙江省博物馆：《越王时代——吴越楚文物精粹》，中国书店，2019 年，第 218 页。

[3]　淮南市博物馆：《淮南市博物馆文物集珍》，文物出版社，2010 年，第 29 页。

图 77　河南信阳长台关 M9 的交龙纹钮钟　　　　　　图 78　江苏丹徒北山顶的夫跃申鼎

的一个依据。这种方座器在屯溪 M3①（图 74）、绍兴坡塘 M306②（图 75）都有发现。长台关 M9 的伏鸟罐形器（图 76）两侧有一对贯耳，可以穿绳提拎。这件器物与山东枣庄徐楼 M1 出土的提链伏鸟罐形器③ 近似，其年代在春秋晚期。徐楼 M1 出土的棘刺纹盒和 M2 出土的越式鼎均与屯溪土墩墓 M1、M3 出土的同类器十分相似。长台关 M9 还出土一套 9 件钮钟（图 77），鼓部的龙纹与 1984 年江苏丹徒北山顶出土的夫跃申鼎④（图 78）相同，后者属于春秋晚期徐国器。信阳长台关 M9 的时代明确为春秋晚期，与镂空四鋬簠风格相似的勾连几何纹簠、棘刺纹尊等器物年代自然不可能早到西周时期。并且，这种纹饰风格与春秋晚期普遍流行的细密化纹饰相一致。

　　周亚先生在一篇文章的后记中谈到"和尚岭二号墓出土的镇墓兽方座器形与屯溪三号墓的方座器颇为相似，方座的四壁也作弧面形，与其他方座器作盝顶式是有区别的。这就为我们探讨屯溪三号墓方座器的作用和时代提供了极有价值的实物资料"。⑤由此可见，推定屯溪墓葬年代为春秋晚期的结论并不是孤立的，枣庄徐楼墓以及长台关 M9 的共存器物，说明其文化内涵与屯溪土墩墓相似，并且年代上有联系。长台关

---

　　①　李国梁：《屯溪土墩墓发掘报告》，安徽人民出版社，2006 年。

　　②　浙江省文物管理委员会、浙江省文物考古所、绍兴地区文化局、绍兴市文管会：《绍兴 306 号战国墓发掘简报》，《文物》1984 年 1 期。

　　③　枣庄市博物馆、枣庄市文物管理委员会办公室、枣庄市峄城区文广新局：《山东枣庄徐楼东周墓发掘简报》，《文物》2014 年 1 期。

　　④　江苏省丹徒考古队：《江苏丹徒北山顶春秋墓发掘报告》，《东南文化》1988 年 3—4 期。

　　⑤　周亚：《吴越地区土墩墓青铜器研究中的几个问题——从安徽屯溪土墩墓部分青铜器谈起》，《吴越地区青铜器研究论文集》，香港两木出版社，1997 年，第 70 页。

M9 的镂空四耳簋又为判断吴越徐舒青铜器的年代提供了考古学依据，表明这件器物与郎溪、屯溪、溧水等地出土的同类器时代都不早于春秋晚期。

马承源先生提倡在缺少考古学信息的情况下，要通过器物学和艺术史的研究方法构建吴越青铜器的发展序列。但是，这种发展演变的逻辑关系仍需要考古学来提供年代佐证。马先生由此将视角转向皖南的徐舒文化，试图通过对皖南青铜器的研究以及对兵器的断代来建立年代支点。本文同样关注到吴越和徐舒文化之间的内在联系，而将建立考古学年代支点的位置放在淮水—沂水流域。因为这个区域所发现的青铜器数量更多、文化属性和年代信息更明确，因此这是解决吴越徐舒青铜文化年代学争议的一把钥匙。

2017 年 6 月完稿

2019 年 9 月修订

（原载《南方文物》2018 年 3 期）

第二章
文字考释与器物研究

吉 金 元 鸣 ——

中国青铜时代的考古学研究

关于商晚期筒形卣的几个问题
——从中国国家博物馆收藏的"马永卣"谈起

　　不久前清华大学艺术博物馆举办的"其金孔吉——商周青铜器艺术展",展示有一件中国国家博物馆收藏的马永卣（图 1），旧称"马永盉"。此器传河南安阳出土，高 25.1 厘米、口径 7.5 厘米、腹深 15.9 厘米，造型十分独特。器口为子母口，盖母口罩住器子口。颈部收束，两侧设有兽首提梁，提梁作绳索状，与器身凸榫相套接，这种连接方式比较少见。从折肩下伸出一根流管，腹壁较直，近底处缓缓下收，高圈足外侈有台。盖顶凸起设菌状钮，盖面饰一周三角云目纹，盖沿和管流饰三角形蕉叶纹。颈部前后各设一个兽首，以提梁兽首为中心饰相背的回首鸟纹。腹部饰竖棱纹，圈足饰双层云纹。石志廉、杨桂荣先生将这件器物称为"盉"[①]，吴镇烽先生称为"壶"[②]。根据最新的考古资料，可以重新讨论这件器物的性质和文化内涵。

图 1　中国国家博物馆收藏的马永卣

一、商式筒形卣的定名和分类

　　这件器物似壶有流管，似盉而无足、无鋬。《愙斋集古录》18.20.1 著录的冂父己壶（图 2）和瑞士玫茵堂收藏的冀父丁壶[③]（图 3），两件器物均设有提梁和流管。2013 年湖北随州叶家山 M111 出土的

---

　　① 石志廉、杨桂荣：《中国历史博物馆所藏部分商代青铜器》，《中国历史博物馆馆刊》1982 年总第 4 期。
　　② 吴镇烽：《商周青铜器铭文暨图像集成》第 21 卷，上海古籍出版社，2012 年，第 361 页。
　　③ 李学勤、艾兰：《欧洲所藏中国青铜器遗珠》，文物出版社，1995 年。

图 2 《愙斋集古录》18.20.1 𠂤父己壶

图 3 瑞士玫茵堂收藏的冀父丁壶

图 4 湖北随州叶家山 M111 的曾侯壶和铭文

曾侯壶 ①（图 4），通高 40.3 厘米、口径 10.9 厘米，自名为"田壶"。器形特征与这两件提梁壶相似，不设提梁却在管流的相对一侧设牛首形鋬。如果像曾侯壶这样带流、带鋬、不设提梁的器形可以称为"壶"的话，那么凢父已壶、冀父丁壶的定名也无问题。由此类推，"马永盉"称为"盉"的依据显然并不充分。

容庚、张维持在《殷周青铜器通论》中指出："盉的形状是大腹而窄口，前有流，后有鋬，上有盖，下有三足或四足。" ② 朱凤瀚先生认为盉的形制特征是"硕腹，腹部一侧斜生长管状流，另一侧有一鋬，三足（或作四足），有盖，盖多以链索与鋬相连"。③ 根据商代出土的考古资料可知，青铜盉基本都是作三足或四足，应该与具体的使用方式有关。曾侯壶的主体形制是长颈鼓腹的壶形器，并不能因为增设管流和鋬就改变其功能和名称。由此来看主体形制的差异对于非自名器的定名是应当考虑的主要因素。主体形制的差异正是由于器物功能和器形源流两个方面所决定的。

上述提梁壶都是长颈鼓腹，盖子口插入器母口。"马永盉"则是盖作母口，折肩直腹的样式，与提梁壶的形制明显不同。从两种器物自名的金文书体来看，长颈是壶形器最显著的标志，短颈是卣形器的主要特征。美国旧金山亚洲艺术博物馆收藏有一件光父乙卣 ④（图 5），束颈、腹壁较直，折肩处置流管的造型与马永卣基本相同。此器的盖子口作内插式，颈部两端设贯耳，腹部一侧置鋬的特点与之稍有区别。

懋镕师总结了判断青铜卣的六个标准：其一，有提梁；其二，形体矮胖、短颈硕腹；其三，盖大多数为母

图 5　美国旧金山亚洲艺术博物馆收藏的光父乙卣

---

①　湖北省博物馆、湖北省文物考古研究所、随州市博物馆：《随州叶家山：西周早期曾国墓地》，文物出版社，2013 年，第 130 页。

②　容庚、张维持：《殷周青铜器通论》，文物出版社，1984 年，第 46 页。

③　朱凤瀚：《中国青铜器综论》（上册），上海古籍出版社，2009 年，第 295 页。

④　René-Yvon Lefebvre d'Argencé，*Bronze Vessels of Ancient China in the Avery Brundage Collection*，Asian Art Museum of San Francisco，1977，p.65.

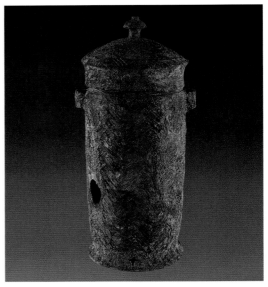

图 6　美国华盛顿弗利尔美术馆收藏的鸮卣　　　图 7　河南安阳刘家庄北地 350 号车马坑的夨卣

口；其四，口、腹横截面为椭圆形；其五，具有组合关系的两件尺寸不同；其六，颈部多装饰浮雕兽首、腹部不装饰十字环带纹。着重提出了第五条标准最为重要，并且说到"盖是内插式，还是外罩式虽然也很重要，但起决定作用的是组合关系"。[①]

　　根据性质明确的筒形卣可知，西周时期基本都是内插式的盖。当然，不能用内插和外罩作为严格的区分标准。虽然大多数贯耳都是设置在壶形器，但是也不能排除少数卣形器依然使用贯耳。例如美国弗利尔美术馆收藏的鸮卣[②]（图 6）和 1992 年河南安阳刘家庄北地 350 号车马坑中出土的夨卣[③]（图 7）。器物组合关系表明一尊二卣组合中两件筒形卣一大一小，筒形卣的形制就不是上述标准所说的矮胖硕腹、口与腹的横截面为椭圆形。因此，懋镕师的六个标准是为典型青铜卣设立的。筒形卣的定名标准虽与此相关，仍要区别对待。所以，旧称的"马永盉"、"光父乙盉"应当称作马永卣、光父乙卣。

　　如果不关注流管和鋬耳，马永卣、光父乙卣的形制与 1986 年山东青州苏埠屯 M8 出土的融卣[④]、日本京都川合定治郎旧藏的亚告卣[⑤]（图 8）基本相似。马永卣腹部的

　　①　张懋镕：《青铜器定名的新方法：组合关系定名法——以青铜卣的定名为例》，《中国古代青铜器整理与研究·青铜卣卷》（序言），科学出版社，2015 年。

　　②　中国青铜器全集编辑委员会：《中国青铜器全集·3》，文物出版社，1997 年，第 138 页。

　　③　中国社会科学院考古研究所、安阳市文物考古研究所：《殷墟新出土青铜器》，云南人民出版社，2008 年，第 417 页。

　　④　山东省文物考古研究所、青州市博物馆：《青州市苏埠屯商代墓地发掘报告》，《海岱考古》第一辑，山东大学出版社，1989 年。

　　⑤　容庚：《海外吉金图录》，考古学社印本，1935 年，第 42 页。

图 8　日本京都川合定治郎收藏的亚告卣　　　　图 9　甘肃灵台白草坡 M1 的泾伯卣

竖棱纹与亚告卣完全相同。光父乙卣腹部不施纹饰，只在盖面、颈部和圈足装饰的特征与泾伯卣 ①（图 9）一致。因此，将马永卣和光父乙卣归入卣形器，正是根据主体形制的相似性。筒形卣与提梁壶的区别，一是表现在长颈与短颈的不同，二是表现在折肩与圆肩的不同，三是表现在圆鼓腹与直腹的不同。马永卣、光父乙卣与提梁壶主体形制的差异比较明显，并且还要考虑到这种类型的筒形卣实质上是周式筒形卣的早期阶段。

　　从客观上来说，目前所见商式筒形卣大部分并非考古发掘所得。少数的几件还是能够反映出一种组合关系，例如青州苏埠屯 M8②、滕州前掌大 M119③、新泰 ④

　　① 甘肃省博物馆文物组：《灵台白草坡西周墓》，《文物》1972 年 12 期。
　　② 山东省文物考古研究所、青州市博物馆：《青州市苏埠屯商代墓地发掘报告》，《海岱考古》第一辑，山东大学出版社，1989 年。
　　③ 中国社会科学院考古研究所：《滕州前掌大墓地》，文物出版社，2005 年。
　　④ 魏国：《山东新泰出土商周青铜器》，《文物》1992 年 3 期。

等墓葬的一尊一卣组合与戚家庄 M269[①]、郭家庄 M160[②] 相同。苏埠屯 M8 与郭家庄 M160 时代相同，滕州前掌大 M119 时代为西周早期。周式筒形卣的一尊二卣组合主要有西周早期甘肃灵台白草坡 M1、M2[③]，宝鸡竹园沟 M13[④] 等地，应该是受到殷墟四期安阳刘家庄北地 M1046[⑤]、大司空村 M303[⑥] 的影响。由此可以看到筒形卣与尊的组合关系可能存在一定的地域性。滕州前掌大 M49 只出土一件筒形卣[⑦]，尚未发现某种组合关系。

对于青铜器的定名和分类，并非只是标明类别的一种符号。实际上应考虑到这种分类是反映器物功能的不同，器类源流的差别，以及古代社会礼仪文化的发展和地域文化的传播诸多方面。从这个意义上讲，器物学研究的根本目的就在于探讨这些深层次的关系。筒形卣与典型青铜卣虽然在器物功能和组合关系上是相同的，但是两者却有着不同的来源，表明了商晚期艺术设计和用器制度日益复杂的程度。

二、商式筒形卣的类型学和年代

岳洪彬先生将筒形卣分为"商式"和"周式"两类，认为是"由（商式）A 型 Ⅰ 式腹部肥鼓渐趋演变成 A 型 Ⅱ 式的瘦腹高圈足，最终演变为（商式）B 型的直筒形卣"。[⑧] 马军霞女士将商式筒形卣列为乙类（非主流形态青铜卣）Ca、Cc 两型，年代都定为殷墟二期；将周式筒形卣列为乙类 Cb 型。[⑨] 岳洪彬先生的类型学分析显然更为合理，但是认为商式筒形卣是从鼓腹到直腹的演变方式，似可再商榷。从目前所掌握的资料来看，商式鼓腹筒形卣不见得比商式直腹筒形卣年代早，并且两种样式都可延续到西周早期。以是否有管状流为标准，可以分为两型。

A 型，无流卣。以体形宽胖和瘦高的不同分为 Aa、Ab 两亚型。

Aa 型 Ⅰ 式：以山东青州苏埠屯 M8 出土的融卣（图 10）为代表，高 26.3 厘米、口径 12 厘米。此式体形稍胖，颈部明显内束，腹部微鼓。苏埠屯 M8 出土的鼎、簋、

---

① 安阳市文物工作队：《殷墟戚家庄东 269 号墓》，《考古学报》1991 年 3 期。

② 中国社会科学院考古研究所：《安阳殷墟郭家庄商代墓葬》，中国大百科全书出版社，1998 年。

③ 甘肃省博物馆文物队：《甘肃灵台白草坡西周墓》，《考古学报》1977 年 2 期。

④ 卢连成、胡智生：《宝鸡强国墓地》，文物出版社，1988 年。

⑤ 中国社会科学院考古研究所安阳工作队：《安阳殷墟刘家庄北 1046 号墓》，《考古学集刊》第 15 集，文物出版社，2004 年。

⑥ 中国社会科学院考古研究所安阳工作队：《殷墟大司空 M303 发掘报告》，《考古学报》2008 年 3 期。

⑦ 中国社会科学院考古研究所：《滕州前掌大墓地》，文物出版社，2005 年，第 283 页。

⑧ 岳洪彬、苗霞：《试论商周筒形卣》，《三代考古》（三），科学出版社，2009 年，第 312 页。

⑨ 马军霞：《中国古代青铜器整理与研究·青铜卣卷》，科学出版社，2015 年，第 46 页。

图 10　山东青州苏埠屯 M8 的融卣　　　　　　图 11　上海博物馆收藏的兽面纹卣

爵、觯、罍等器物与郭家庄 M160 的同类器基本相同，考古报告将其年代定在殷墟三期晚段。此式卣年代不早于殷墟三期，下限可到殷墟四期。

　　Aa 型Ⅱ式：以上海博物馆收藏的兽面纹卣①（图 11）为代表，高 30.6 厘米、口径 9.3 厘米，重 4.3 千克。此器的兽面纹牛角尖翘出器外，是典型的西周早期风格。陈佩芬先生曾经做过研究，指出"目前所见到传世或出土直筒形的卣都是西周早期的，而腹部略为鼓起近乎直筒形的卣，其时代有商末的，也有周初的"。②Ⅱ式卣腹部宽胖，是延续Ⅰ式卣的造型发展而来，也符合西周早期典型青铜卣往宽侈方向发展的趋势。

　　Ab 型Ⅰ式：以台北故宫博物院收藏的⻍卣③（图 12）为代表，通高 24.6 厘米、器高 23.1 厘米、口径 7.4 厘米，重 1.76 千克。此器通体花纹，提梁纵置，兽面纹以提梁扉棱为中心对称。这是很有时代特征的装饰手法，例如美国弗利尔美术馆收藏的鸢卣（图 13）、1976 年陕西扶风贺家村出土的丙卣④和河北灵寿西木佛村出土的亚伐卣⑤等。西周早期的同类型卣基本是提梁横置，例如陕西扶风庄白一号窖藏出土的商

---

　　①　陈佩芬：《夏商周青铜器研究·西周篇》，上海古籍出版社，2004 年，第 182 页。

　　②　陈佩芬：《新获两周青铜器》，《上海博物馆集刊》第八期，上海书画出版社，2000 年，第 125 页。

　　③　陈芳妹：《商周青铜酒器》，台北故宫博物院，1989 年，第 113 页。

　　④　陕西省博物馆、陕西省文物管理委员会：《陕西岐山贺家村西周墓葬》，《考古》1976 年 1 期。

　　⑤　正定县文物保管所：《河北灵寿县西木佛村出土一批商代文物》，《文物资料丛刊》(5)，文物出版社，1981 年。

图 12　台北故宫博物院收藏的[image]卣

卣 ①（图 14）、宝鸡竹园沟 M7 出土的格伯卣 ② 和 1976 年长安马王镇出土的丙父丁卣 ③
等。Ab 型比 Aa 型瘦高，椭圆形口沿，腹壁较直。此式卣当在殷墟三期，年代下限不
晚于殷墟四期。

　　Ab 型 Ⅱ 式：以山东滕州前掌大 M49 出土的兽面纹卣 ④（图 15）为代表，通高
36.9 厘米、器高 33.5 厘米、口径 10.8 厘米。同墓所出的兽面纹爵流口收狭、腹壁较
直，考古报告将之划分为第一期，年代定在商晚期。这种类型的筒形卣还包括美国华

---

①　陕西周原考古队：《陕西扶风庄白一号西周青铜器窖藏发掘简报》，《文物》1978 年 3 期。
②　卢连成、胡智生：《宝鸡強国墓地》，文物出版社，1988 年。
③　王长启：《西安丰镐遗址发现的车马坑及青铜器》，《文物》2002 年 12 期。
④　中国社会科学院考古研究所：《滕州前掌大墓地》，文物出版社，2005 年，第 283 页。

图 13　美国华盛顿弗利尔美术馆收藏的鸢卣

图 14　陕西扶风庄白一号窖藏的商卣

图 15　山东滕州前掌大 M49 的兽面纹卣

图 16　美国华盛顿赛克勒美术馆收藏的兽面纹卣

图 17　美国旧金山亚洲艺术博物馆收藏的兽面纹卣　　图 18　美国纳尔逊艺术博物馆收藏
的兽面纹卣

盛顿赛克勒美术馆收藏兽面纹卣 [1]（图 16）、美国旧金山亚洲艺术博物馆收藏的兽面纹卣 [2]（图 17）、美国纳尔逊艺术博物馆收藏的兽面纹卣 [3]（图 18）、日本泉屋博古馆收藏的兽面纹卣和冉🜊丁卣 [4]、日本京都川合定治郎藏亚告卣等。Ⅱ式筒形卣的提梁横置要晚于 Ⅰ 式，年代大致在殷墟四期，下限可延续至商末周初。

　　Ab 型Ⅲ式：以 1984 年山东新泰出土的龙纹卣 [5]（图 19）为代表，通高 33 厘米、口径 12 厘米。这种类型的筒形卣还包括 1992 年河南安阳刘家庄北地 350 号车马坑出土的癸𠂤卣、美国波士顿美术馆收藏的竖棱纹卣（图 20）等。Ⅲ式卣近似直筒形，腹

　　① ROBERT W. BAGLEY，*Shang Ritual Bronzes in the Arthur M. Sackler Collections*，The Arthur M. Sackler Foundation，Washington，D.C，1987，p.382.

　　② René-Yvon Lefebvre d'Argencé，*Bronze Vessels of Ancient China in the Avery Brundage Collection*，Asian Art Museum of San Francisco，1977，p.521.

　　③ 台北故宫博物院编辑委员会：《海外遗珍·铜器》，台北故宫博物院，1985 年，第 91 页。

　　④ 泉屋博古馆：《泉屋博古——中国古铜器编》，日本京都便利堂，2007 年，第 78—79 页。

　　⑤ 魏国：《山东新泰出土商周青铜器》，《文物》1992 年 3 期。

图 19　山东新泰的龙纹卣

图 20　美国波士顿美术馆收藏的竖棱纹卣

部与颈部、圈足的界段几乎消失，与周式筒形卣的形态最为接近。癸貝卣的年代在商末，有学者认为刘家庄北地 M1046 的年代已经进入西周纪年。[①] 新泰卣仅在盖面和圈足饰一周列鳍式兽面纹，颈、腹交界处饰长鼻龙纹，腹部不施纹饰的作风与泾伯卣和隩伯卣基本一致。同墓所出的鼎、鬲、爵时代均在西周早期早段。由此来看，周式筒形卣应该是承接刘家庄北地筒形卣的样式发展而来，并且在西周早期这种类型仍有短暂的延续。

B 型，有流卣。

B 型 Ⅰ 式，以 1978 年湖南桃江县文物管理所藏的兽面纹卣[②]（图 21）为代表，高 17.3 厘米、口径 7 厘米，重 0.73 千克。盖已佚，从器身的子口来看，盖为宽边的母口。器体的颈部、腹部、圈足分段明显，从上到下有四道钩状扉棱，显示出浓郁的

① 李宏飞：《论宝鸡石鼓山 M3 的商器周用现象及其背景》,《三代考古》(七), 科学出版社，2017年，第 201 页。

② 高至喜：《论中国南方出土的商代青铜器》,《中国考古学会第七次年会论文集》, 文物出版社，1992 年。

图 21　湖南桃江县文物管理所收藏的兽面纹卣

长江流域青铜文化的特点。管状流从颈部向上伸出，颈部两侧有凸榫，表明原先应有套铸的提梁，与马永卣的提梁结构相同。腹部兽面纹的正面与流的方向一致，颈部为两组八只相对的勾喙鸟纹，与妇好墓同类纹饰相同。

　　B 型 II 式，以美国旧金山亚洲艺术博物馆收藏的光父乙卣为代表，高 19.7 厘米，盖面、颈部和圈足饰相同的回首龙纹，龙首有下垂的花冠，体躯均用细线条勾勒，与上海博物馆藏商晚期的小子省壶 [1] 相似。另有光父乙卣（集成 4927）传 1942 年河南安阳出土，还有流散的光父辛爵（集成 8600）、光觯（集成 6030）等器物据说也是安阳出土。1987 年安阳殷都区梅园庄 M92 还出土有光祖乙卣 [2]。此式的年代应在殷墟四期。

　　B 型 III 式，以中国国家博物馆收藏的马永卣为代表。马永卣、亚告卣和波士顿卣的腹部都装饰有竖棱纹，这种纹饰又见于 1994 年山东滕州前掌大 M11 出土的两件史

　　①　陈佩芬：《夏商周青铜器研究·夏商篇》，上海古籍出版社，2004 年，第 306 页。

　　②　中国社会科学院考古研究所安阳工作队：《1987 年秋安阳梅园庄南地殷墓的发掘》，《考古》1991 年 2 期。

卣①。根据考古报告所述，前掌大M11与刘家庄北地M1046的地位和等级相当，时代为商末周初。安阳孝民屯的考古发掘证实，殷墟出土有类似的竖棱纹陶范②。

　　张长寿、陈公柔先生认为旧金山亚洲艺术博物馆收藏的光父乙卣，与殷墟、周原一带出土的器物明显不同，疑即湖南或南方地区出土。③熊建华先生认为桃江卣与旧金山亚洲艺术博物馆的光父乙卣相较年代更早，且铸造风格与湖南出土的商代晚期提梁卣、尊、罍、瓿等表现出高度的一致性，年代上限应可到殷墟三期。④从桃江卣的纹饰来看，可以早到殷墟二期晚段，不晚于殷墟三期。这件器物可能是目前所知最早的一件筒形卣，对于探讨筒形卣的来源有着重要的意义。

图22　私人收藏的叔卣

　　陈梦家⑤、梁彦民⑥等先生都认为周式筒形卣是以竹筒为原型发展起来的。岳洪彬先生力证周式筒形卣是由商式筒形卣演变而来⑦，其说可从。周初，完成了由商式筒形卣向周式筒形卣的演变。商式筒形卣在西周早期晚段基本消失，周式筒形卣则一直沿用到西周中期。吴镇烽先生公布的两件叔卣⑧（图22），是漆木与铜构件组合的周式筒形卣。圆筒为漆木器，今已腐朽，只留下卣盖、口箍、提梁、腰箍和底箍的附件，这是最晚的周式筒形卣。

---

①　中国社会科学院考古研究所：《滕州前掌大墓地》，文物出版社，2005年，第286页。

②　中国社会科学院考古研究所安阳工作队：《2000—2001年安阳孝民屯东南地殷代铸铜遗址发掘报告》，《考古学报》2006年3期。

③　陈公柔、张长寿：《记布伦戴奇收藏的中国青铜器》，《考古与文物》1982年2期。

④　熊建华：《湖南商周青铜器研究》，岳麓书社，2013年，第136页。

⑤　陈梦家：《中国青铜器的形制》，《西周铜器断代》（上册），中华书局，2004年，第525—539页。

⑥　梁彦民：《周初筒形卣研究》，《考古与文物》2007年2期。

⑦　岳洪彬、苗霞：《试论商周筒形卣》，《三代考古》（三），科学出版社，2009年。

⑧　吴镇烽：《商周青铜器铭文暨图像集成》第24卷，上海古籍出版社，2012年，第280页。

三、商式筒形卣的起源和文化特征

关于商式筒形卣的起源问题，岳洪彬先生通过研究殷墟出土的陶器，认为殷墟中、晚期的陶筒形卣是青铜商式筒形卣的祖型。[1] 这种陶卣作束颈折肩，深腹较直，高圈足，上腹部近肩部置对称双贯耳，腹部饰三角绳纹。例如 1983 年在安阳大司空村东南 M663 中出土的陶卣（M663:56），高 36.4 厘米、盖径 15.9 厘米、足径 12.5 厘米（图 23）。还有 20 世纪 80 年代发掘的小屯 H111:5，泥质磨光灰陶，高 27.2 厘米（图 24）。陶筒形卣最早出现于殷墟二期晚段，多见于殷墟四期。由于其形制与青铜商式筒形卣基本相似，推断这种样式的筒形卣可以在殷墟陶器群中找到其源头。

岳洪彬先生的研究为探索筒形卣的起源提供了重要的线索。但是，青铜器模仿陶器的情况多适用于早期阶段。商晚期发达的青铜冶铸业，使得青铜器自身形态的发展变化有着较强的内在动因。即在原有器形的基础上吸收、融合某些元素进行创新，例如妇好三联甗、偶方彝等器物都无法找到相应的陶器原型。因此，这个时期青铜器与仿铜陶器的关系不能简单地理解为是陶器影响青铜器。

殷墟商式筒形卣的主体形制与二里岗时期的高体折肩瓿有诸多相似之处，比如口

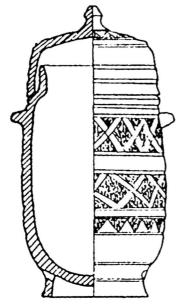

图 23　河南安阳大司空村东南 M663 的陶卣

图 24　河南安阳小屯 H111 的陶卣

① 　岳洪彬、苗霞：《试论商周筒形卣》，《三代考古》（三），科学出版社，2009 年，第 318 页。

图 25　陕西城固龙头镇的兽面纹瓿

图 26　陕西城固龙头镇的兽面纹卣

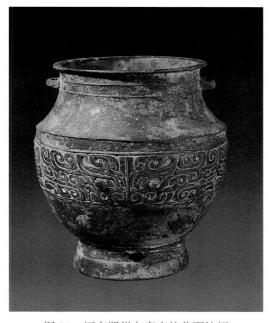

图 27　河南郑州白家庄的兽面纹瓿

图 28　河南小屯 YM331 的兽面纹瓿

图 29　河南小屯 YM331 的雷纹陶瓿　　　　图 30　湖南岳阳鲂鱼山的兽面纹瓿

径小于肩径，束颈折肩，腹部较深等特点。例如 1980 年陕西城固龙头镇出土的兽面纹瓿①（图 25）和兽面纹卣②（图 26）的主体形制非常相似，两者的差别主要在于是否有环耳（或贯耳）和提梁，圈足的高矮则与陈设方式有关。1960 年郑州白家庄出土的兽面纹瓿③（图 27）在口沿下的颈部设两个对称的小系耳，可以穿绳提拎，这种使用方式应该是筒形卣起源的滥觞。由此可见，筒形卣的起源是以瓿形器的主体形制为基础，加设提梁的新设计。

　　以往对于这种高体折肩瓿的定名，尚未达成共识。李济将安阳殷墟 M232、M388、M331 等墓葬出土的这类器物称之为 “瓿形器”。④ 郑振香、陈志达先生认为其与殷墟二期出现的铜罍差别太大，将其归入尊类器。⑤ 张昌平先生称为无耳折肩罍，并提出器物名称只是标明类别的一种符号，未尝不可约定俗成将尊、罍分称。⑥ 马今

---

① 王寿芝：《陕西城固出土的商代青铜器》，《文博》1988 年 6 期。

② 王寿芝：《陕西城固出土的商代青铜器》，《文博》1988 年 6 期。

③ 中国青铜器全集编辑委员会：《中国青铜器全集·1》，文物出版社，1997 年，第 121 页。

④ 李济：《记小屯出土之青铜器》（上篇），《中国考古学报》第三册，1948 年。

⑤ 郑振香、陈志达：《殷墟青铜器的分期与断代》，《殷墟青铜器》，文物出版社，1985 年，第 43 页。

⑥ 张昌平：《论殷墟时期南方的尊和罍》，《考古学集刊》第 15 集，文物出版社，2004 年。

洪先生认为"从形制上看，早期瓿大口折肩与罍小口圆肩有明显的不同。从时间上看，罍出现于商代晚期，大约与瓿在殷墟早期至中期左右有一个同时存在的时期，殷墟中期以后瓿就基本消失了，在礼器组合中代之以罍。而通常所指的尊一般作敞口，肩部直径小于口部直径，早期的折肩瓿与之相反，从形制看两者颇不相同。"①高体折肩瓿与尊有着同源关系，将之与罍区分是十分必要的。

郑州商城出土的高体折肩瓿的肩部较广，小屯 YM232、YM331、YM333 和 YM388 等殷墟一期墓葬出土的瓿肩部开始收狭，腹壁从肩部向下斜收。例如小屯 YM331② 出土的兽面纹瓿（图 28）和雷纹陶瓿（图 29），就有从广平肩到斜肩收狭的趋势。但是，类似的瓿形器在殷墟二期基本趋于消失。殷墟筒形卣的直腹特点，与殷墟一期瓿形器仍有差异，却恰好与湖南岳阳鲂鱼山出土的兽面纹瓿③（图 30）比较相似。可以推断这种类型的器物应该是受到长江流域高体折肩瓿的直接影响。

通过三个方面来看南方青铜文化对于商式筒形卣形成的影响：

其一，从目前考古资料所知，最早的商式筒形卣应该是湖南出土的桃江卣。此器的扉棱装饰具有典型的南方青铜文化特征，是当地所铸造的器物。纹饰具有殷墟二期晚段妇好墓同类纹饰的风格。已经有不少学者从铸造技术、考古学文化的角度进行分析，认为殷墟二期是安阳与长江流域青铜文化交流最为频繁的时期。南方青铜文化的器物形制和铸造技术都在深刻影响着安阳，商式筒形卣出现于殷墟二期晚段正是这种交流和影响的产物。

其二，器体与提梁的凸榫式结构是南方青铜器铸造风格的体现。本文前面谈及中国国家博物馆收藏的马永卣提梁连接方式比较特殊，从外表看提梁两端没有套接的环耳，与器身连接的部分作凸榫状。由于榫头被提梁兽首包裹在内，内部结构不能通过肉眼观察（图 31）。然而，马永卣的提梁结构与日本泉屋博古馆所藏的兽面纹卣④（图 32）相同。通过 X 光片显示这种凸榫的断面为梯形，头宽腰窄。提梁两端的兽首内侧凹陷较大，榫头面积大于提梁兽首内部包住榫头的孔。器身和凸榫的连接处没有分铸造成的连接痕迹，应为浑铸。

需要注意的是，这种结构的提梁从技术难度上并不复杂，与环耳套铸提梁的难度大体相当。但是在实用性上却比环耳套铸提梁要易损得多。比如日本泉屋博古馆所藏

①　马今洪：《试论青铜瓿》，《上海博物馆集刊》第八期，上海书画出版社，2000 年，第 117 页。

②　石璋如：《小屯——遗址的发现与发掘：丙编》（殷墟墓葬之五——丙区墓葬·下），中央院历史语言研究所，1980 年。

③　张经辉、符炫：《岳阳市新出土的商周青铜器》，《湖南考古辑刊》第 2 集，岳麓书社，1984 年。

④　泉屋博古馆、九州国立博物馆：《泉屋透赏——泉屋博古馆青铜器透射扫描解析》，科学出版社，2015 年，第 229—230 页。

图 31   中国国家博物馆收藏的马永卣提梁

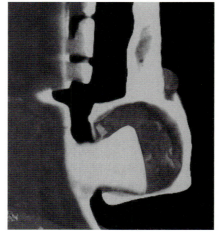

图 32   日本泉屋博古馆收藏的兽面纹卣和 X 光片

图 33　日本泉屋博古馆收藏的冉𩫖丁卣和 X 光片

的冉𩫖丁卣[①]（图 33），X 光片显示左侧的凸榫与器体浑铸，右侧的凸榫则有明显的分
铸痕迹，应该是凸榫残断后修补的痕迹，说明凸榫结构的提梁受力容易断裂。目前所
见这种结构的提梁卣多有遗失提梁的情况，例如美国华盛顿赛克勒美术馆所藏的兽面
纹卣[②]（图 34）、荷兰阿姆斯特丹国家博物馆所藏的兽面纹卣[③]（图 35）等皆是如此，
所以这种包住凸榫的兽首提梁比较容易脱离榫头。

　　通过考古发现来看，这种提梁的铸造偏好可能存在一定的地域性。环耳套铸提梁
是从二里岗时期到殷墟时期使用最多最普遍的一种结构。凸榫套铸提梁在殷墟发现的

　　①　泉屋博古馆、九州国立博物馆：《泉屋透赏——泉屋博古馆青铜器透射扫描解析》，科学出版社，
2015 年，第 231—233 页。

　　②　ROBERT W. BAGLEY，*Shang Ritual Bronzes in the Arthur M. Sackler Collections*，The Arthur M.
Sackler Foundation，Washington，D.C，1987，p.372.

　　③　台北故宫博物院编辑委员会：《海外遗珍·铜器》（续），台北故宫博物院，1988 年，第 54 页。

图 34　美国华盛顿赛克勒美术馆收藏的兽面纹卣和玉器

图 35　荷兰阿姆斯特丹国家博物馆收藏　　　　图 36　湖南浏阳秀山乡保塘村的兽面纹卣
　　　　的兽面纹卣

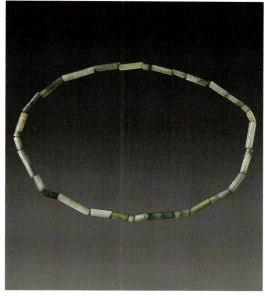

图 37　湖南宁乡黄材炭河里的癸冉卣和玉器

数量非常少，所知仅安阳市博物馆收藏有一件未标明出土地点的提梁卣。但是，这种结构在湖南地区却有较多的发现。1971 年浏阳秀山乡保塘村出土的兽面纹卣 [①]（图36）、1963 年宁乡黄材炭河里出土的癸冉卣 [②]（图 37）、1995 年涟源市桥头河镇水洞村出土的兽面纹卣 [③]、1996 年宁乡横市镇金塘组出土的兽面纹卣 [④]，以及湖南省博物馆收藏有出土地点不明的兽面纹卣 [⑤] 等。日本泉屋博古馆和法国赛努奇博物馆收藏的虎食人卣也是湖南出土，提梁都有相同的结构。泉屋博古馆的虎食人卣 [⑥] X 光片显示为凸榫套铸提梁的结构（图 38），并且凸榫的头部不平，未曾打磨平整。所以，这种器物并非是铸完后套在榫头上的，而是先铸提梁再套接于器范进行二次浇注。由于这种结构的提梁非常易损，如果要对这样的偏好假设一个前提。可以预想铸造这种提梁或许代表器物可能不会被频繁的使用，也就是说不会是以类似中原地区的礼仪活动为背景制作的，只可能是用于使用次数较少的瘗埋祭祀活动。

　　① 湖南省博物馆：《新邵、浏阳、株洲、资兴出土商周青铜器》，《湖南考古辑刊》第 3 集，岳麓书社，1986 年。

　　② 高志喜：《湖南宁乡黄材发现商代铜器和遗址》，《考古》1963 年 12 期。

　　③ 戴小波：《涟源市出土一件商代铜卣》，《文物》1996 年 4 期。

　　④ 李乔生：《湖南宁乡县横市镇出土一件商代提梁卣》，《考古》1999 年 11 期。

　　⑤ 湖南省博物馆：《湖南省博物馆》（中国博物馆丛书）图 41，文物出版社，1983 年。

　　⑥ 泉屋博古馆、九州国立博物馆：《泉屋透赏——泉屋博古馆青铜器透射扫描解析》，科学出版社，2015 年，第 233—238 页。

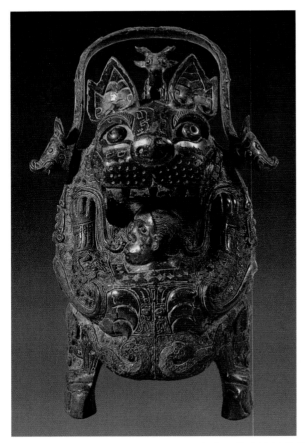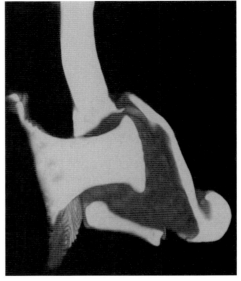

图 38　日本泉屋博古馆收藏的虎食人卣和 X 光片

　　湖南宁乡炭河里出土的癸冉卣里面有数千颗玉管（图 37）。无独有偶，美国华盛顿赛克勒美术馆的兽面纹卣入藏时里面也有玉串饰（图 34）。青铜卣内盛放玉器进行埋藏是湖南青铜文化的显著特点，类似的情况还有 1970 年湖南宁乡黄材王家坟山的凤鸟纹卣[①]、1985 年湖南衡阳城南杏花村的龙纹卣[②] 等。可以推测，赛克勒美术馆所藏的这件器物也是出自于湖南地区。青铜器的铸造技术和装饰风格往往是由一定区域的少数工匠所掌握的，年代最早的桃江卣无论是纹样的装饰风格还是提梁的技术风格都表明这种器物的制作和使用应在长江以南地区，由高体折肩瓿到筒形卣的转变也是合乎情理的。马永卣的提梁结构正是表现了南方工匠和技术的北传，并一直延续到商末周初。

　　其三，商晚期方卣与高体折肩方瓿的关系，在一定程度上也说明了筒形卣与高

　　① 　湖南省博物馆：《湖南省工农兵群众热爱祖国文化遗产》，《文物》1972 年 1 期。
　　② 　郑均生、唐先华：《湖南衡阳发现商代铜卣》，《文物》2000 年 10 期。

图 39　上海博物馆收藏的小臣𠭯卣　　　　　图 40　日本白鹤美术馆收藏的兽面纹卣

体折肩圆瓿的关系。方卣与筒形卣主要在于方圆造型不同，其余特征没有太大的差别。例如上海博物馆收藏的小臣𠭯卣（图 39）、日本白鹤美术馆收藏的兽面纹卣 ①（图 40）和美国克利夫兰美术馆收藏的鸟纹卣 ②（图 41）等。这些器物都是直颈下侈、折肩直腹、腹壁近底部缓收的特点。马军霞女士将这种方形卣称作"罍形卣"，列为乙类 Da、Db 两型。③ 张长寿先生认为方形卣是仿照木器制作的。④ 若是将方形卣的提梁去掉，其造型特征与 1976 年河南安阳小屯 M5 妇好墓出土的司𐓫母方瓿 ⑤ 大体相同（图 42）。

　　司𐓫母方瓿，考古报告称"方壶"，但是考古资料表明至少在商代还没有出现方壶。这个时期的壶都是作颈、腹一体，西周以后才有圆肩的样式，更没有折肩。这种样式的方形瓿其实是二里岗风格的高体折肩瓿方形化的表现。司𐓫母方瓿作三段式，如果不是改敞口作直口，几乎与同墓所出的司𐓫母方尊相同（图 43），由此更加说明了尊与瓿的同源关系。两者的差异主要体现在腹腔的深浅和圈足的外侈程度，即视觉

---

① 中国青铜器全集编辑委员会：《中国青铜器全集·3》，文物出版社，1997 年，第 136 页。

② 台北故宫博物院编辑委员会：《海外遗珍·铜器》，台北故宫博物院，1985 年，第 23 页。

③ 马军霞：《中国古代青铜器整理与研究·青铜卣卷》，科学出版社，2015 年，第 46 页。

④ 张长寿：《殷商时代的青铜容器》，《考古学报》1979 年 3 期。

⑤ 中国社会科学院考古研究所：《殷墟妇好墓》，文物出版社，1980 年。

图 41　美国克利夫兰美术馆收藏的鸟纹卣

图 42　河南安阳妇好墓的司粤母方瓿

图 43　河南安阳妇好墓的司粤母方尊

图 44　安徽合肥文物处收藏的兽面纹方瓿

图 45　台北故宫博物院收藏的兽面纹方瓿　　　　图 46　上海博物馆收藏的四羊首乳钉雷纹瓿

的焦点是集中在突出的腹部，还是集中在外侈的敞口和圈足。相似形制的器物还有安徽合肥文物处藏的兽面纹方瓿 ①（图 44）和台北故宫博物院收藏的兽面纹方瓿 ②（图 45）。前者为高体折肩方瓿，后者是矮体折肩方瓿。这种矮体折肩方瓿与南方风格的矮体折肩圆瓿大致相当，例如上海博物馆收藏的四羊首乳钉雷纹瓿 ③（图 46），同样只是方和圆造型的不同，纹饰都具有长江流域青铜文化的特色。

　　从妇好墓的酒器组合来看，带"司辱母"铭文的有九爵、九觚、二斝、二圆尊、二方尊、二方瓿。重器都是偶数两件组合，大小基本相同，所以将这种类型的方瓿归入方尊是不合适的，更不能归入方壶。而且，殷墟地区所见的瓿形器口部更小，颈、肩部是作圆鼓的样式，没有这种直颈下侈的特点。司辱母方瓿不见于殷墟地区同类器，应该是受到南方青铜文化的影响。一首双身龙纹的龙首作高浮雕，与 1957 年安徽阜南朱砦河出土的龙虎尊 ④ 的风格相似，这是殷墟青铜文化受到长江流域青铜文化影响的又一个表现。由此可见，商晚期的方卣也是高体折肩方瓿加提梁的新设计，其制作原理与高体折肩圆瓿加提梁演变为商式筒形卣相同。这种情况反映了器类源流与器物功能的相互吻合，体现了青铜器形制发展的内在动因。

　　综上所述，中国国家博物馆所藏的马永卣是带流管的卣形器，以往对此类器物的

　　①　安徽大学、安徽省社会科学院、安徽省文物考古研究所：《安徽江淮地区商周青铜器》，文物出版社，2014 年，第 56 页。

　　②　陈芳妹：《商周青铜酒器》，台北故宫博物院，1989 年，第 107 页。

　　③　陈佩芬：《夏商周青铜器研究·夏商篇》，上海古籍出版社，2004 年，第 370 页。

　　④　葛介屏：《安徽阜南发现殷商时代的青铜器》，《文物》1959 年 1 期。

定名应当予以更正。周式筒形卣是从商式筒形卣发展演变而来，但是并非是从鼓腹到直腹的演进方式，而是两种型式并行发展。在湖南地区出土的桃江卣，是目前所知年代最早的筒形卣，由此显示了商式筒形卣受到长江流域高体折肩瓿影响的可能性。通过对提梁铸造结构的分析，确认其技术风格在商文化中心出现的极少，而在南方地区却有大量的发现。并且，以这样的设计考量，殷墟地区的方卣与长江流域的高体折肩方瓿同样存在着相应的源流关系。

2016 年 10 月完稿

2019 年 10 月修订

（原载《中国国家博物馆馆刊》2017 年 11 期）

论商周时期♦⌣族青铜器

首阳斋收藏有一件♦⌣鼎[①]（图1），通高22.3厘米、口径20.5厘米，重2.2千克。此器腹部较宽，垂腹明显，圜底略凸，下置三柱足的内侧较平，腹上部装饰S形顾龙纹。其形制和纹饰与上海博物馆所藏西周恭王的十五年趞曹鼎（图2）完全相同，但是腹内之族徽铭文则比较少见。"♦"形似一个填实的菱形，金文族徽中还有双钩的"◇"与之相似，有的学者隶定为"齐"[②]。"⌣"形似一把横置的刀，有的学者隶定为"刀"[③]。金文族徽中还有反书的"⌣"，以及相似的"⊔"、"⊒"、"⊐"、"⊏"、"⊏"

图1　首阳斋收藏的♦⌣鼎和铭文拓片

①　首阳斋、上海博物馆、香港中文大学文物馆：《首阳吉金——胡盈莹、范季融藏中国古代青铜器》，上海古籍出版社，2008年，第94页。

②　中国社会科学院考古研究所编：《殷周金文集成（修订增补本）》第二册，中华书局，2007年，第941页。

③　张长寿：《首阳斋藏◇刀鼎》，《中国古代青铜器国际研讨会论文集》，上海博物馆、香港中文大学文物馆，2010年，第37页。

图 2　上海博物馆收藏的十五年趞曹鼎

等字。古文字的简省和异体现象十分普遍，这些族徽铭文应当如何认识，还需要进一步讨论。

一、◆族徽和◆族青铜器

甲骨文"齐"字写作"◆"（合集 18693）、"◇◇◇"（合集 6063）、"◆"（合集 36493）、"◆"（合集 36805）、"◇◇"（明 1794）、"◆"（合集 98）等。字形不太固定，但是基本多为三个双钩的"◇"呈品字形排列，偶尔也有特例。"◇"的两侧以及上下两端或有出笔，或不出笔。

早期金文与甲骨文的字形基本相同，齐史遽觯写作"◇◇"（集成 6490）、齐祖辛爵写作"◆"（集成 8345）。西周晚期主要特征为三个菱形出笔的竖线变长，字形逐渐固定，例如师寰簋写作"◆"（集成 4313）。战国时期又在字形下面添加两横划，例如陈曼簠写作"◆"（集成 4595）。同时期的陶文、玺印、竹简均写成这样。

许慎《说文》以禾麦吐穗之形释齐，引申为平齐之意。历代说文家虽不断缘饰此说，仍不得其要义。何琳仪先生认为此字"象蒺藜多刺之形，薺之初文"[1]。于省吾先生考释甲骨文"穧"称："穧即稷字的初文，今称谷子，去皮为。第一至三期甲骨文的穧字均从禾从三点，作◆、◆、◆等形，间有从四至六点者，如◆、◆、◆等形。从第

---

①　何琳仪：《战国古文字典——战国文字声系》，中华书局，1998 年，第 1267 页。

三期开始点变为双钩，作❀、❀形。"① 将小点或小菱形作为某物体之象征符号，在早期古文字构形中比较常见。例如甲骨文"血"字写作"❀"（英 2119），"雹"字写作"❀"（合集 7370），均是以小点或小菱形作为象征物。所以将"◇"释为"齐"的依据似乎并不充分。

值得注意的是，作为义符的"◇"与农作物却是有着一定联系。比如甲骨文"❀"（合集 9946 正乙），以往隶定作"畬"，卜辞有：

（1）乙巳卜，雀贞我受黍年
（2）贞我受畬年，在削　　　（合集 9946 正乙）

陈梦家先生将之释为"稷"。② 温少峰、袁庭栋先生释为"稌"，认为所从之"◇"是"余"的异体字。③ 裘锡圭先生推测此字象大穗的高粱。④ 彭邦炯先生认为此字从余从田，读为"苴"。⑤ 虽然释文各有不同，作为表示禾谷类的农作物却是无可非议的。此字金文作"❀"（集成 1138）、"❀"（集成 6745、7701），同样是表示族徽的铭文。1973 年江西清江吴城出土的石范（图 3）刻有两个字，前字与"❀"的构形相近，土、田两形互相通用。后字为甲骨卜辞常见的"有"，所以学者们多认为吴城文字系统与殷墟文字有关。⑥ "◇"字虽然不能隶定，作为农作物的意义还是明确的。

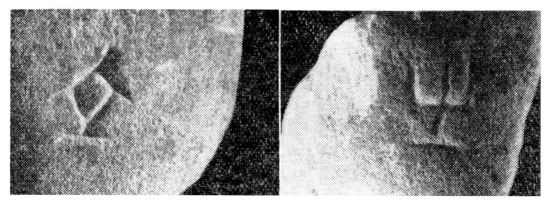

图 3　江西清江吴城出土的石范

①　于省吾：《释黍、穧、乘》，《甲骨文字释林》，中华书局，1983 年，第 244—245 页。
②　陈梦家：《殷虚卜辞综述》，科学出版社，2004 年，第 528 页。
③　温少峰、袁庭栋：《殷墟卜辞研究——科学技术篇》，四川省社会科学院出版社，1983 年，第176—177 页。
④　裘锡圭：《裘锡圭学术文集·甲骨文卷》，复旦大学出版社，2012 年，第 240—241 页。
⑤　彭邦炯：《甲骨文农业资料考辨与研究》，吉林文史出版社，1997 年，第 352 页。
⑥　唐兰：《关于江西吴城文化遗址与文字的初步探索》，《文物》1975 年 7 期。

图 4　北京故宫博物院藏的◇采祖戊爵铭文拓片

并且，这种构形作为古文字的形符与"土"的关系也比较密切。例如甲骨文"壬"字写作"𡈼"（合集4304），《说文通训定声》："从人立土上，会意。挺立也，与立同意，望廷皆以此为义。"李孝定先生认为："从人在土上，壬然而立，英挺劲拔。"[①]"望"字写作"𦣻"（粹1108），人下从土，会人挺立瞻望之意。"壬"和"望"下面所从的土形，有的写成完整的"❍"，有的写成简省的"◇"。

甲骨文"徒"字写作"𡥀"（合集3521正），隶定为"辻"，是"徒"的本字。"埶"字写作"𡎸"（合集5908），"逸"字写作"𡉚"（合集860正乙），隶定为"埜"，下面的土形均写成"◇"。"次"字写作"𡴭"（合集1532正），何琳仪先生称："从中、从土、从冂，会草木生产受阻之意。"[②]"丰"字甲骨文写作"𡙡"（合集36528反）、"𡗒"（合集32287）、金文写作"𡗒"（集成3303）、"𡗒"（集成5951）等，均是表明栽林木于土地以明其地界之义。

虽然有这些线索，"◇"字的隶定仍然不能解决。但是，这个字在甲骨文辞例中明确作为族氏名。殷墟卜辞的"◇"主要有三种用法。其一，表示人名或族名，卜辞有：

（3）丙辰卜，争贞惟◇令比沚𢀛
　　　贞勿惟◇令比沚𢀛　　　　　　（合集13490）
（4）辛未卜，丁惟子［令］比伯或伐邵
　　　辛未卜，丁惟多王臣令比伯或伐邵　（花东275+517）

卜辞（3）"◇"和"◇"两字出现于同版卜辞，所以可知出笔和不出笔的当为同一字。金文族徽大多数是不出笔的，北京故宫博物院收藏有一件◇采祖戊爵（图4），"◇"字却是下笔竖出。根据卜辞（4）辞例，"某令比"的"某"当为名词，表示人名、官员或者族名。

其二，表示地名，卜辞有：

①　李孝定：《甲骨文字集释》，中央院历史语言研究所专刊之五十，1965年。
②　何琳仪：《战国古文字典——战国文字声系》，中华书局，1998年，第1265页。

（5）……三妇宅新寝◇宅，十月　（合集 24951）

（6）勿呼妇奏于沘宅

　　　呼妇奏于沘宅　（合集 13517）

（7）……西宅　　（合集 14249）

（8）戊申于王宅……　（怀 1576）

甲骨文的"宅"通常表示宅舍建筑，又引申为动词义的"居"或"建造"。根据相关辞例，"某宅"的"某"表示地名或是方位。

　　其三，表示贞人名，卜辞有：

　　（9）丙辰……◇贞　（屯南 4177）

肖楠认为这条属于午组卜辞，年代为武丁时期。[1] 但是这个贞人名还出现于《金璋所藏甲骨卜辞》743 和《簠室殷契征文·贞类》25，所以又有学者认为属于黄组卜辞，年代在帝乙、帝辛时期。[2]

　　陈絜先生根据自组卜辞"娶单行﹅"（合集 21457）和龚妊甗的族徽铭文"﹅"（集成877），认为"﹅"是"单"和"◇"的复合族徽，"﹅"字从女从◇，就是表明该女子出自◇族。[3] 由于"◇"的复合族徽有较多类型，是比较复杂的问题。可是，从单一族徽的角度还是能够了解这个族群的发展脉络。

　　◇族青铜器从殷墟二期开始出现，一直延续到西周初年。日本京都泉屋博古馆收藏的◇簋[4]（图 5），通高 13.3 厘米、口径 22.4 厘米，重 2.4 千克。此器为无耳簋，束颈，腹部低鼓，圈足微侈。颈部饰回首的鸟纹，腹部饰斜方格乳钉纹，圈足饰变形龙纹，主要为阴线的浅浮雕纹饰，以云雷纹作地纹。这件器物与 1983 年河南安阳大司空村 M663 的见簋[5] 基本相似，年代为殷墟二期。

　　新乡博物馆收藏的◇斝和◇戈[6]，其中◇斝（图 6）通高 26.5 厘米、口径 15.4 厘米。此器束颈较短，鼓腹圜底，下置外撇的三棱形锥足，腹部一侧设鋬，口沿立有一对较高的伞形柱。颈部饰蕉叶纹，腹部饰兽面纹，形制和纹饰与 1959 年安阳武官村

① 肖楠：《略论午组卜辞》，《考古》1979 年 6 期。

② 王晓鹏：《甲骨刻辞义位归纳研究》，商务印书馆，2018 年，第 207 页。

③ 陈絜：《商周姓氏制度研究》，商务印书馆，2007 年，第 70 页。

④ 泉屋博古馆：《泉屋博古——中国古铜器编》，日本京都便利堂，2007 年，第 24 页。

⑤ 中国社会科学院考古研究所安阳工作队：《安阳大司空村东南的一座殷墓》，《考古》1988 年 10 期。

⑥ 唐爱华：《新乡馆藏殷周铜器铭文选》，《中原文物》1985 年 1 期。

图 5　日本京都泉屋博古馆收藏的◇簋和铭文拓片

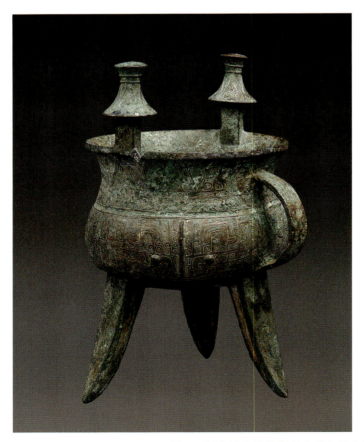

图 6　新乡博物馆收藏的◇斝和铭文拓片

图 7　河南安阳梅园庄 M1 的 ◇ 簋和铭文拓片

图 8　陕西宝鸡戴家湾的 𢼸伯鬲和铭文拓片

M1 罞 [1] 基本相同，年代为殷墟二期。

　　1990 年河南安阳市殷都区梅园庄 M1 出土的 ◇ 簋 [2]（图 7），通高 10.1 厘米、口径 13.5 厘米，腹深 6.8 厘米。此器束颈鼓腹，两侧设有兽首附耳，附耳无垂珥，圈足较

―――――――――

[1]　中国社会科学院考古研究所：《安阳武官村北的一座殷墓》，《考古》1979 年 3 期。

[2]　中国社会科学院考古研究所安阳工作队：《河南安阳梅园庄西的一座殷墓》，《考古》1992 年 2 期。

高。在颈部和圈足分饰两道带状的兽面纹，器物风格与 1987 年安阳郭家庄东南 M1 簋 [1] 基本相同，年代为殷墟四期。

1926～1928 年陕西宝鸡戴家湾出土的繳伯鼎 [2]（图 8），通高 17.9 厘米、口径 15 厘米。原为日本奈良宁乐美术馆旧藏，现归于私人收藏。此器口沿有宽厚的立耳，短颈，圆肩分裆，下置柱形足。通体素面，仅在颈部饰一周斜角云目纹，这是西周早期比较有代表性的装饰。内壁铸有六字铭文"繳伯作簫鼎，◇"，说明"◇"是繳伯原有的族氏徽记，西周早期受封于繳地，故称"繳伯"。根据这些有明确出土地的器物，可知商晚期◇族主要活动于商王畿地区，恰好与卜辞的相关记载能够对应。

二、◟族徽和◟族青铜器

甲骨文"刀"字写作"ϟ"（合集 22474）、"ϟ"（合集 33036）等。字形变化不大，基本都是作竖置的刀形。金文字形则比较多，例如"ϟ"（集成 3079）、"ϟ"（集成 1826）、"ϟ"（集成 6719）、"ϟ"（集成 1881）、"ϟ"（集成 5384）、"ϟ"（集成 7609）、"ϟ"（集成 2136）、"ϟ"（集成 5048）、"ϟ"（集成 8247）、"ϟ"（集成 8116）、"ϟ"（集成 7229）、"ϟ"（集成 7216）、"ϟ"（集成 4989）等。从这些字形中可以看出有的刀装秘置鐏，有的刀横握把手；有的直柄，有的曲柄，有的边刃，有的端刃，有的卷头，有的饰缨。虽然多为竖置的，横置者亦有之。

商周时期青铜刀的用途十分广泛，可以作为战争和刑杀的武器，也作为宰牲和削治的工具。因此推想，刀字书体的不同与其功用有极大的关系。本文所讨论的金文族徽"◟"，有一段较短的执柄，格部下凸的样式见于安阳小屯村东 M10 的环首刀 [3]（图 9），通长 20.5 厘米。刃尖内卷的样式又近似于安阳大司空村东南 SM303 的环首刀 [4]（图 10），通长 21 厘米。以及 1969～1977 年安阳殷墟西区 M1024 的环首刀 [5]

图 9　河南安阳小屯村东 M10 的环首刀线图　　图 10　河南安阳大司空村东南 SM303 的环首刀线图

---

①　中国社会科学院考古研究所安阳工作队：《1987 年夏安阳郭家庄东南殷墓的发掘》，《考古》1988 年 10 期。

②　王光永：《陕西宝鸡戴家湾出土商周青铜器调查报告》，《考古与文物》1991 年 1 期。

③　中国社会科学院考古研究所：《安阳殷墟小屯建筑遗存》，文物出版社，2010 年。

④　中国社会科学院考古研究所：《殷墟发掘报告（1958～1961）》，文物出版社，1987 年。

⑤　中国社会科学院考古研究所安阳工作队：《1969～1977 年殷墟西区墓葬发掘报告》，《考古学报》1979 年 1 期，第 94 页。

图 11　河南安阳殷墟西区 M1024 的环首刀线图

图 12　北京故宫博物院收藏的⊔戈铭文拓片

图 13　上海博物馆收藏的天⊔爵铭文拓片

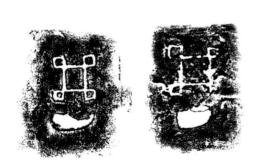

图 14　北京故宫博物院收藏的⊔卣铭文拓片

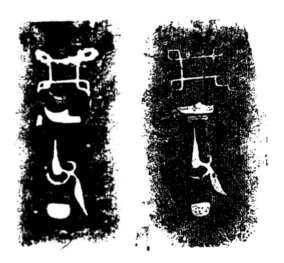

图 15　⊔父丁鼎铭文拓片和⊔父丁壶铭文拓片

（图 11），通长 21.8 厘米。“⊔”与“⊔”是同一族徽的正反书体，小件的青铜刀大多数都有环首，这个族徽无环首，其柄舌可以捆绑木柲。

金文族徽还有“⊔”（集成 1902）、“⊔”（集成 10692、10860）、“⊔”（集成 7713、8153、8527）、“⊔”（集成 1486、3232）、“⊔”（集成 3141、4883、8278）等。这些族徽的共同特点是形似靴子，前端尖细，后端有呈直角的高銎口，但是在细部特征上仍有一些区别。例如北京故宫博物院收藏的⊔戈（图 12），銎口的两端有歧出下弯。上海博物馆收藏的天⊔爵（图 13），銎口处有两道横线，以表示器物与木柲捆绑。相似的例子还有金文族徽的“钺”写作“⊔”（集成 9262）、“⊔”（集成 10532），同样是在

图 16　中国南方地区出土的靴形钺
1. 云南晋宁石寨山　2. 广东广宁铜鼓岗　3. 广西平乐银山岭　4. 湖南省博物馆收藏

捆绑处标识两道横线。北京故宫博物院收藏的 ⛏⛝ 卣（图 14），后端粗壮似为銎口。通过 ⛏⛝ 父丁鼎（集成 1861）、⛏⛝ 父丁壶（集成 9524）等族徽铭文（图 15）的比较，可知"⛝"与"⛝"应为同一种族徽文字。如果将这些族徽文字与南方地区发现的靴形钺①（图 16）对比，两者虽然有一定的相似性，但是靴形钺并不流行于中原地区。

　　无论是带柄的"⛝"，还是带銎的"⛝"，其刃部特征是相同的，只是固定木柲的方式不同。其刃部均呈月牙形，应该就是镰刀，即"乂"的象形字。甲骨文"刈"字写作"⛝"（合集 9557），字形象用镰刀收割谷物。"乂"字写作"⛝"（合集 137 反），就是镰刀的象形。《方言》："刈钩，江淮陈楚之间谓之鉊，或谓之鐹。自关而西或谓之钩，或谓之镰，或谓之锲。"同一字的甲骨文和金文族徽往往有两种书体，金文族徽的书体更接近于图像。先秦时期的青铜镰分为无銎式和有銎式两种，前者的代表有1969～1977 年安阳殷墟西区 M166 的镰②，后者的代表有湖北襄阳山湾 M2 的镰③。

　　根据甲骨文辞例，"乂"作为国名和地名，卜辞有：

　　　（1）辛未卜，夸贞旨𢦏乂　　（合集 940 正）
　　　（2）……焚兕……乂自……夕（合集 10691）

因此，"乂"也可以作为族氏名。卜辞（1）和（2）都是典宾类，年代大约在武丁晚期，下限可至祖庚时期。

　　⛝族青铜器从殷墟二期开始出现，同样一直延续到西周早期。例如海外私人收藏的⛝父丁鼎④（图 17），通高 18.8 厘米。此器窄沿方唇，口沿的立耳稍外撇，鼓腹分裆，下置三个较短的圆柱足。颈部饰有两两相对的龙纹，腹部饰分解式兽面纹，柱足饰变形蝉纹，通体有五道窄扉棱，主纹的浮雕感较强。器内壁铸三字铭文："⛝，父丁。"1990

————————

①　王宁生：《试论不对称形铜钺》，《考古》1985 年 5 期。
②　中国社会科学院考古研究所安阳工作队：《1969～1977 年殷墟西区墓葬发掘报告》，《考古学报》1979 年 1 期，第 94 页。
③　湖北省博物馆：《襄阳山湾东周墓葬发掘报告》，《江汉考古》1983 年 2 期。
④　刘雨、汪涛：《流散欧美殷周有铭青铜器集录》，上海辞书出版社，2007 年，第 45 页。

图 17 海外私人收藏的⌐父丁鼎和铭文拓片

图 18 美国旧金山亚洲艺术博物馆收藏的⌐祖辛簋和铭文拓片

年安阳郭家庄 M160 的亚囊止鼎 ① 在殷墟三期，这件器物细高的柱足，以及颈部饰云纹、腹部饰兽面纹的特征均较晚。说明⌐父丁鼎的年代要早于亚囊止鼎，大致在殷墟二期。

美国旧金山亚洲艺术博物馆收藏的⌐祖辛簋 ②（图 18），通高 13 厘米。此器侈口束颈，腹部微鼓，两侧设带垂珥的兽首耳。颈部饰相间的火纹和四瓣目纹，腹部饰竖

① 中国社会科学院考古研究所：《安阳殷墟郭家庄商代墓葬 1982 年～1992 年考古发掘报告》，中国大百科全书出版社，1998 年，第 79 页。

② René-Yvon Lefebvre d'Argencé，*Bronze Vessels of Ancient China in the Avery Brundage Collection*，Asian Art Museum of San Francisco，1977，p.78.

图 19　韩城市博物馆收藏的印尊和铭文拓片

棱纹，圈足饰列鳍式兽面纹。器内底铸三字铭文："祖辛，⌣。"这件器物的风格与美国华盛顿赛克勒美术馆收藏的觯簋 ① 相同，主要流行于商末周初。

韩城市博物馆收藏有一件印尊 ②（图 19），通高 25 厘米、口径 21 厘米、腹深 20 厘米。此器为三段式筒形尊，长颈鼓腹，高圈足外侈。腹部装饰大兽面纹，两侧饰有长冠凤鸟纹，主纹的上下各饰两道弦纹。器内底铸八字铭文："印作父乙宝尊彝，⌣。"这件器物的样式与 1931 年河南濬县辛村卫国墓地出土的沫伯疑尊 ③ 相似，其年代为西周早期。由于⌣族青铜器的数量并不多，有明确出土地点的更少，所以⌣族的活动区域并不太清楚。

三、♦⌣族青铜器的年代和世系

♦族和⌣族构成复合族徽，虽然目前并不清楚这种复合族徽形成的原因和方式。但是通过器物年代的研究，可知复合族徽要晚于单一族徽。按照铭文内容可以将♦⌣

　　① ROBERT W. BAGLEY，*Shang Ritual Bronzes in the Arthur M. Sackler Collections*，The Arthur M. Sackler Foundation，Washington，D.C，1987，p.520.

　　② 任喜来、呼林贵：《韩城市博物馆收藏的几件青铜器》，《文博》1991 年 2 期。

　　③ 黄濬：《尊古斋所见吉金图》1.35，民国二十五年北平尊古斋影印本。

图 20　美国旧金山亚洲艺术博物馆收藏的◇⊿鼎和铭文拓片

族青铜器分为三大类，即族徽组、日名组和私名组。

1. 族徽组

这组青铜器铭文仅有族徽，没有祭祀对象和作器者的私名，包括首阳斋所藏共有六件。

美国旧金山亚洲艺术博物馆收藏的◇⊿鼎[①]（图 20），原为布伦戴奇旧藏，通高 18 厘米。此器折沿方唇，腹壁微鼓，腹部分裆下置三个细柱足。颈部装饰一周卷云纹，腹部饰大兽面纹，两侧设有倒置的小龙，以云雷纹作地纹。腹内壁铸二字铭文"◇⊿"（集成 1486）。这件器物的形制和纹饰与 1990 年安阳郭家庄 M160 的亚夐止鼎[②] 完全相同，年代在殷墟三期。

美国华盛顿赛克勒美术馆收藏的◆⊿爵[③]（图 21），通高 19.5 厘米、流至尾长 16.6

---

① ［澳］巴纳、张光裕：《中日欧美澳纽所见所拓所摹金文汇编》1718，艺文印书馆，1978 年。

② 中国社会科学院考古研究所：《安阳殷墟郭家庄商代墓葬 1982 年～1992 年考古发掘报告》，中国大百科全书出版社，1998 年，第 79 页。

③ ROBERT W. BAGLEY, *Shang Ritual Bronzes in the Arthur M. Sackler Collections*, The Arthur M. Sackler Foundation, Washington, D.C, 1987, p.194.

图 21　美国华盛顿赛克勒美术馆收藏的◆﹏爵和铭文拓片

厘米，重 0.6 千克。此器长流尖尾，流折处设有较高的菌形柱，卵形腹，腹壁较直有
三道窄扉棱，一侧设兽首鋬，下置外撇的三棱锥足。柱顶饰火纹，流、尾和颈部饰三
角形蕉叶纹，腹部饰分解式兽面纹，以云雷纹作地纹。鋬内铸二字铭文"◆﹏"（集成
8278）。相比于大司空村东南 M303 兽面纹爵 [①] 流口较宽，以及刘家庄北地 M1046 弦
纹爵 [②] 腹部微有下垂的特点，其样式更接近于郭家庄 M1 和 M135 的兽面纹爵 [③]，主要
流行于殷墟三期。

　　2013 年湖北随州叶家山 M2 出土的◆﹏鬲 [④]（图 22），通高 16 厘米、口径 13.8 厘
米。此器口沿设有粗壮、稍外撇的立耳，束颈鼓腹，腹部分档，下置三个较短的圆
柱足。通体纹饰比较光素，仅在颈部装饰一周斜角云目纹。◆﹏鬲的肩部尚未完全鼓

---

　　①　中国社会科学院考古研究所安阳工作队：《殷墟大司空 M303 发掘报告》，《考古学报》2008 年
3 期。

　　②　中国社会科学院考古研究所安阳工作队：《安阳殷墟刘家庄北 1046 号墓》，《考古学集刊》第 15
集，文物出版社，2004 年，第 374 页。

　　③　中国社会科学院考古研究所：《安阳殷墟郭家庄商代墓葬 1982 年～1992 年考古发掘报告》，中
国大百科全书出版社，1998 年，第 74 页。

　　④　湖北省博物馆、湖北省文物考古研究所、随州市博物馆：《随州叶家山：西周早期曾国墓地》，
文物出版社，2013 年，第 180 页。

图 22　2013 年湖北随州叶家山 M2 的 ♦⌐鬲和铭文

图 23　陕西历史博物馆收藏的⌐♦盘和铭文拓片

起，形制近似于 1980 年陕西宝鸡竹园沟 M4 的微仲鬲 [1]，年代应在西周康、昭之际。腹内壁铸二字铭文"♦⌐"，族徽的写法比较特殊，与上述均不相同，却见于延生鼎簋铭文。

　　陕西历史博物馆收藏的⌐♦盘 [2]（图 23），为 1967 年陕西扶风绛帐铜站拣选，通

① 卢连成、胡智生：《宝鸡𢒉国墓地》，文物出版社，1988 年，第 159 页。
② 张天恩：《陕西金文集成》第 5 册，三秦出版社，2016 年，第 232 页。

图 24　陕西扶风刘家村 M2 的 ◆ ↩ 鼎和铭文拓片

高 11.2 厘米、口径 36.7 厘米、腹深 8.7 厘米，重 5.1 千克。此器窄沿方唇，腹部两侧设一对附耳，稍稍超出口沿，圈足外侈有三个镂孔。腹部饰长尾鸟纹，这是昭穆时期比较流行的纹饰，圈足饰两道弦纹。内底铸五字铭文："作宝盘，↩ ◆。" 1954 年陕西西安斗门镇普渡村出土的长由盘 [1] 是穆王时期的标准器，附耳已经超出口沿较多，所以这件器物的年代大致在昭王，下限可至穆王早期。

1980 年陕西扶风法门镇刘家村 M2 出土的 ◆ ↩ 鼎 [2]（图 24），通高 21.9 厘米、口径 20.5 厘米、腹深 10.8 厘米，重 2.4 千克。此器立耳外撇，腹部下垂，下置三个圆柱足。腹上部饰相背的顾首卷龙纹，底部有三角形强筋线。腹内壁铸二字铭文 "◆ ↩"。这件器物与首阳斋 ◆ ↩ 鼎形制、纹饰和铭文基本相同，但是首阳斋鼎的腹部较宽，三足细而稍长，并且柱足内侧平直，表明年代要略晚于刘家村 M2 鼎。首阳斋鼎大致在恭王时期，刘家村 M2 鼎则在穆王时期。

2. 日名组

这组青铜器铭文有族徽和祭祀祖先的日名，没有作器者的私名。共有八件，按照日名不同又分为父癸器、父戊器、父丁器和日癸器。其中 ↩ ◆ 父癸鼎（集成 1902）和

————————————

①　陕西省文物管理委员会：《长安普渡村西周墓的发掘》，《考古学报》1957 年 1 期。

②　曹玮：《周原出土青铜器》第 8 册，巴蜀书社，2005 年，第 1716 页。

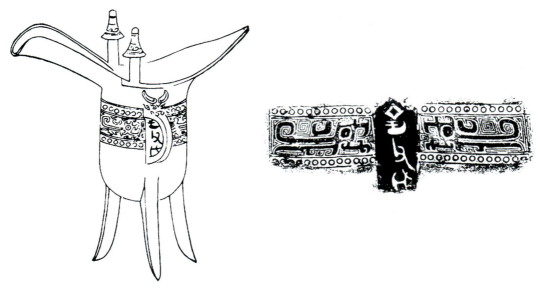

图 25 刘喜海旧藏的◇⌐父戊爵线图和铭文拓片

图 26 日本私人收藏的◆⌐父丁爵和铭文拓片

图27　台北故宫博物院收藏的◆乚父丁簋和铭文拓片

◆乚父丁器（集成10572）形制不明，本文暂不讨论。

　　刘喜海、陈介祺旧藏有◇乚父戊爵（图25），此器长流稍宽，流、尾均上翘，口沿的伞形柱距离流折稍有距离，卵形腹下置三棱锥足。仅在腹部装饰一周较窄的勾喙卷尾鸟纹，主纹上下栏饰有连珠纹。鋬内铸四字铭文"◇乚父戊"（集成8527）。其样式与1977年安阳孝民屯M793的祖辛爵 [①] 基本相同，主要流行于商末周初。这件器物最早著录于《长安获古编》，在陕西地区出土的可能性较大。

　　日本私人收藏的◆乚父丁爵 [②]（图26），通高22厘米。此器流口稍短且宽，伞形柱远离流折向鋬靠近，卵形腹略有微垂，一侧置牛首鋬，下置较宽的刀形足。流口下部饰张口卷尾的龙纹，腹部装饰有伫立式大凤鸟纹，长颈垂冠，以细密的云雷纹作地纹。柱上铸四字铭文"◆乚父丁"，据传同坑出土另一件形制和纹饰完全相同的爵有三字铭文"作宝彝"。这种凤鸟纹还见于上海博物馆收藏的父庚觯 [③]，是西周早期比较有时代特征的纹饰。

　　台北故宫博物院收藏的◆乚父丁簋 [④]（图27），器高12厘米、口径14.1厘米、腹深10.5厘米。此器为子母口，失盖，腹部扁鼓，圈足低矮。两侧兽首形附耳的耳环较宽，兽首的双角粗壮，下有钩状垂珥。腹上部饰一周列鳍式兽面纹，圈足饰两道凸弦

　　①　中国社会科学院考古研究所安阳工作队：《1969～1977年殷墟西区墓葬发掘报告》，《考古学报》1979年1期。

　　②　吴镇烽：《商周青铜器铭文暨图像集成续编》第2卷，上海古籍出版社，2016年，第440页。

　　③　陈佩芬：《夏商周青铜器研究·西周篇》，上海古籍出版社，2004年，第131页。

　　④　陈芳妹：《商周青铜粢盛器特展图录》，台北故宫博物院，1994年，第257页。

图 28 瑞士苏黎世瑞列堡博物馆收藏的◆一父丁簋和铭文拓片

图 29 香港御雅居收藏的◆一父丁簋和铭文拓片

纹。器内底铸五字铭文"作父丁，◆一"（集成 3429）。这件器物的形制和纹饰与陕西宝鸡竹园沟 M7 兽面纹簋[1] 几乎完全相同，唯有附耳的兽首不同，年代在西周康、昭之际。

瑞士苏黎世瑞列堡博物馆收藏的◆一父丁簋[2]（图 28），通高 15.8 厘米、口径 30 厘米。此器侈口束颈，鼓腹微垂，高圈足，底部外侈，两侧设有兽首附耳，下有钩状垂珥。颈部和圈足装饰相间的火纹与四瓣目纹，这种纹饰流行于商末周初，使用下限

---

① 卢连成、胡智生：《宝鸡强国墓地》，文物出版社，1988 年，第 110 页。

② 黄濬：《尊古斋所见吉金图》1.40，民国二十五年北平尊古斋影印本。

可至西周中期，但是已经不施于显著位置。器内底铸八字铭文"◆⌐作父丁宝尊彝"（集成3649）。这件器物与1931年河南濬县辛村出土的沬司土疑簋[①]相似，后者是成王时期的标准器。但是沬司土疑簋的附耳有长垂珥、圈足有高折沿的风格均是周初的特征。◆⌐父丁簋的年代要略晚，大致在西周康王时期。

香港御雅居收藏的◆⌐父丁簋[②]（图29），原为荣厚旧藏，通高14.6厘米、口径19.3厘米。此器侈口束颈、鼓腹微垂，高圈足外侈，两侧设有钩状垂珥的兽首附耳。颈部和圈足均饰有列鳍式兽面纹，与台北故宫博物院所藏的◆⌐父丁簋纹饰相同。器内底铸八字铭文"◆⌐作父丁宝尊彝"（集成3650）。这件器物的形制和纹饰与中国国家博物馆收藏的禽簋[③]相近，但是◆⌐父丁簋的铭文书体有点稍晚。例如"尊"字上面两竖笔已经出头，这种字形变化是从康王时期开始的。[④]

2018年台北门德扬拍卖的◆⌐日癸尊[⑤]（图30），通高19.5厘米。此器作三段式大口尊，体形较矮，腹部圆鼓，圈足外侈起折沿。通体纹饰光素，仅在颈部和圈足各饰两道弦纹，上腹部装饰有小獏首。器内底铸八字铭文"作日癸宝尊彝，◆⌐"。这件

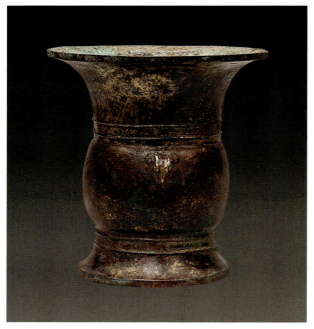

图30　台北门德扬的◆⌐日癸尊

①　中国青铜器全集编辑委员会：《中国青铜器全集·6》，文物出版社，1996年，第30页。
②　梅原末治：《冠斝楼吉金图》上21，京都小林出版部，1945年。
③　王世民、陈公柔、张长寿：《西周青铜器分期断代研究》，文物出版社，1999年，第63页。
④　张懋镕：《金文字形书体与20世纪的西周铜器断代研究》，《古文字与青铜器论集》（第二辑），科学出版社，2006年，第31页。
⑤　门德扬典藏拍卖行：《宏伟艺术：2018年春季拍卖会》，台北门德扬典藏拍卖行，2018年。

器物的形制和纹饰具有西周早期晚段的风格，与 1965 年河南洛阳北窑村庞家沟 M368 出土的作宝尊①基本相同，其年代应在西周昭王时期。

3. 私名组

这组青铜器铭文有族徽、日名和作器者的私名，共有三件。其中，逜生鈶簋（图 31）宋代出土，形制不明。铭文著录于薛尚功《历代钟鼎彝器款识法帖》。根据摹本隶定为"逜生鈶作宝簋，子子孙孙其万年用享，乛◆"（集成 3935）。从"宝"字的摹本来看，书体接近于西周中期后段的仲枏父鬲②。

另外，还有陈介祺旧藏的中盘（图 32），器形已佚，仅存铭文"叔皇父赐中贝，中扬叔休，用作父丁宝尊彝，孙子其永宝叔休，万年不望，◆乛"（三代 17.15.3）。陈梦家先生认为此器为成王时期③，吴镇烽先生推断为西周中期前段④。从铭文的行款和书体来看，更接近于西周穆、恭之际的特征。

上海博物馆收藏的戜簋⑤（图 33），通高 15.5 厘米、口径 24 厘米，重 3.3 千克。此器侈口束颈，腹部下垂，两侧有带垂珥的兽首附耳。颈部饰有相背的 S 形顾龙纹，龙冠飘逸内卷，兽首附耳饰有鳞纹。器内底铸铭文十七字"戜作祖庚尊簋，子子孙孙

图 31　逜生鈶簋的铭文摹本

图 32　陈介祺旧藏的中盘铭文拓片

---

①　蔡运章：《洛阳北窑西周墓青铜器铭文简论》，《文物》1996 年 7 期。

②　陈佩芬：《夏商周青铜器研究·西周篇》，上海古籍出版社，2004 年，第 269 页。

③　陈梦家：《西周铜器断代》上册，中华书局，2004 年，第 75 页。

④　吴镇烽：《商周青铜器铭文暨图像集成》第 25 卷，上海古籍出版社，2016 年，第 540 页。

⑤　陈佩芬：《夏商周青铜器研究·西周篇》，上海古籍出版社，2004 年，第 311 页。

图 33　上海博物馆收藏的戜簋和铭文拓片

其万年永宝用，◆⌣"（集成 3865）。这件器物的形制与 1975 年陕西岐山县董家村一号窖藏的裘卫簋 ① 相同，后者是穆王时期的标准器。

1975 年陕西扶风法门镇庄白村出土了八件伯戜器 ②，1981 年陕西扶风黄堆村 M16 出土的一件戜簋 ③，以及传世的伯戜簋（集成 4115）所组成的戜器具有相同的时代特征，年代属于穆王时期。与上海博物馆所藏戜簋不同的是，这些戜器都没有族徽铭文。并且戜器的祭祀对象是"文祖乙公、文妣日戊、剌考甲公、文母日庚"，与戜簋祭祀对象"祖庚"也不合。在没有新资料的前提下，暂且作为同名异人的情况看待，陕西扶风出土的戜器将不归入◆⌣族。

综上所述，◆⌣族青铜器从殷墟三期开始出现，一直延续到西周中期后段。商晚期的有旧金山亚洲艺术博物馆的◇⌣鼎，华盛顿赛克勒美术馆的◆⌣爵；商末周初的有刘喜海旧藏的◇⌣父戊爵；康、昭之际的有叶家山 M2 的◆⌣鬲，日本私人收藏的◆⌣父丁爵，台北故宫博物院的◆⌣父丁簋，瑞士苏黎世瑞列堡博物馆的◆⌣父丁簋，香港御雅居的◆⌣父丁簋；昭王时期的有台北门德扬的◆⌣日癸尊；昭、穆之际的有陕西历史博物馆的⌣◆盘；穆王时期的有刘家村 M2 的◆⌣鼎，上海博物馆的戜簋；穆、恭之际的有陈介祺旧藏的中盘；恭王时期的有首阳斋的◆⌣鼎；孝、夷时期的有还生盨簋。

① 岐山县文化馆、陕西省文管会：《陕西省岐山县董家村西周铜器窖穴发掘简报》，《文物》1976 年 5 期。

② 罗西章、吴镇烽、尚志儒：《陕西扶风出土西周伯戜诸器》，《文物》1976 年 6 期。

③ 陕西周原考古队：《扶风黄堆西周墓地钻探清理简报》，《文物》1986 年 8 期。

根据◆一族青铜器的年代和铭文内容，可以大致排列出家族世系，即父戊（商末周初）—父丁（成王）—日癸（康王）—祖庚（昭王）—彧（穆王）—中（恭王）—㱿生𣪘（孝、夷时期）。由于资料限制尚不能勾勒出这个族群发展的历史脉络，期待新的考古发现。

2009 年 6 月完稿

2019 年 8 月修订

（原载《中国古代青铜器国际研讨会论文集》，香港中文大学，2010 年）

从蔡侯产剑"戬戏"释读看吴越式剑和矛的同源关系

图 1　安徽淮南市蔡
家岗赵家孤堆 M2 的
Ⅰ式蔡侯产剑

图 2　安徽淮南市蔡
家岗赵家孤堆 M2 的
Ⅱ式蔡侯产剑

1958 年安徽淮南市蔡家岗赵家孤堆 M2 出土了两柄铭文相同的蔡侯产剑[①]。形制分为两式：Ⅰ式（图 1）通长 52.3 厘米、锋刃长 43.3 厘米、最宽处 5 厘米，剑身宽长，近锋处明显收狭，双刃呈弧曲形，中起脊线，圆茎宽格，茎上有两道凸箍，剑首为圆盘形，饰有同心圆，格、箍均饰云纹，镶嵌绿松石；Ⅱ式（图 2）通长 55.8 厘米、锋刃长 45.4 厘米、最宽处 3.6 厘米，剑身狭长，近锋处微有收狭，扁茎无格无首，茎、身分界明显呈直角形。Ⅰ式剑与吴王夫差剑[②]（图 3）、越王者旨於睗剑等基本相同，是典型的吴越式青铜剑；Ⅱ式剑与长沙楚墓 M922[③]（图 4）出土的同类剑相似。

蔡侯产剑的剑身有两行六字错金鸟篆铭文（图 5），隶定作"蔡侯产作戬戏"。蔡侯产即蔡声侯，蔡昭侯申之孙，蔡成侯朔之子。《史记·管蔡世家》记载："十九年，成侯卒，子声侯产立。声侯十五年卒，子元侯立。"蔡声侯于公元前 472 年即位，公元前 457 年卒，在位 15 年。这两柄蔡侯产剑年代为战国早期，当无疑问。

"戬戏"一语旧释颇有争议，陈梦家隶作"黄效"，谓："'黄效'二字，疑与'玄

---

①　安徽省文化局文物工作队：《安徽淮南市蔡家岗赵家孤堆战国墓》，《考古》1963 年 4 期。

②　苏州博物馆：《大邦之梦——吴越楚青铜器》，上海古籍出版社，2017 年，第 8 页。

③　湖南省博物馆等：《长沙楚墓》，文物出版社，2000 年，第 172 页。

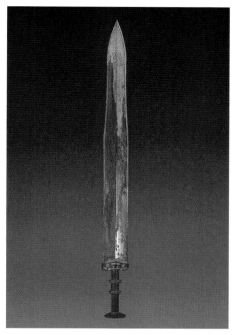
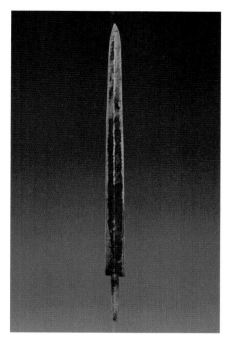

图 3　苏州博物馆收藏的吴王夫差剑　　　　图 4　湖南长沙 M922 的扁茎剑

图 5　蔡侯产剑的铭文拓片和铭文摹本

寥'相类，乃指铸器所用的材料。"① 郭若愚指出"黄"应改释作"畏"②，此说甚是。曹锦炎认为"效"右旁是装饰笔画，应作"爻"。"畏爻"当指剑名，如同《吴越春秋》、《越绝书》所记"湛卢"、"纯钧"等剑名。③ 黄德宽读为"作威教"，乃"兴威教"之义，"威教"是一个词而非剑名，引《晋书·凉武昭王李玄盛传》"黠虏恣睢，未率威教"为证。④

"戥"字从畏从戈。"戈"作"🜚"形，与鸟篆书"戈"字写法基本相同（图6）。同样"戥"字写作从爻从戈。两字均从戈，分别以"畏"、"爻"为声符，曹锦炎认为"爻"右旁为装饰笔画应该是有误的。

图 6　鸟篆书的"戈"字

"戥"字未见于字书，西周金文的"畏"字通常写作"🜚"（大盂鼎）或"🜚"（班簋），从鬼从卜形，隶为"傀"。古汉语的"畏"与"鬼"为同源字⑤，"鬼"的上古音在见母微部，"畏"在影母微部，见影二母喉牙声转，音韵相谐。大盂鼎"傀天傀"（集成2837）。《尚书·微子》："天毒降灾荒殷邦，方兴沉酗于酒，乃罔畏畏。"孙星衍疏："畏畏，当为畏威也。"第一个"傀"读为"畏"，第二个"傀"通作"威"。古书中"畏"与"威"互为通假，"天威"一语金文习见。班簋"旲天傀"（集成4341），毛公鼎"旲天疾傀"（集成2841），师訇簋"天疾傀"（集成4342）。

春秋战国时期楚系金文"畏"字写作"🜚"（王子午鼎、王孙诰钟），从支从鬼从卜形，隶为"魃"；或写作"🜚"（陈财簋）；楚简写作"🜚"（包山简2.166），从心从鬼，隶为"愧"。王子午鼎"魃（畏）忌翼翼"，配儿句鑃"毕恭威（畏）忌"（集成2837），陈财簋盖"毕恭愧（畏）忌"（集成4190）。"畏忌"为固定搭配的复合词，《礼记·曲礼》："畏而爱之。"郑注："心服曰畏。"《左传·昭公元年》："非羁何忌。"杜注："忌，敬也。"

郭店简《唐虞之道》简13记："[虞]用戥，夏用戈，征不服也。"戥字写作"🜚"，从心从畏从戈。有学者认为这个字与上博简《三德》简20的"🜚"字相同，陈剑读作

　　① 陈梦家：《蔡器三记》，《考古》1963年7期。

　　② 郭若愚：《从有关蔡侯的若干资料论寿县蔡墓蔡器的年代》，《上海博物馆集刊》第二期，上海古籍出版社，1982年。

　　③ 曹锦炎：《鸟虫书通考》，上海书画出版社，1999年，第138—140页。

　　④ 黄德宽：《蔡侯产剑铭文补释及其他》，《文物研究》第二辑，黄山书社，1986年，第93页。

　　⑤ 沈兼士：《鬼字原始意义之试探》，《沈兼士学术论文集》，中华书局，1986年，第196页。

"戬"、袁金平读作"危"、曹峰读作"威"。① ""字隶作"愍"，从思从戈。楚简的"思"和"愄"形近易混，然两者的差别还是比较明显的。"思"字写作""（郭店·鲁8）、""（郭店·五9），"甶"形下没有笔画。"愄"字写作""（郭店·性52）、""（郭店·老甲9）、""（郭店·唐12）等形，"甶"形下有两笔或至少一笔以示区别。郭店简的"愍"和"戈"为对文，《韩非子·五蠹》记载："当舜之时，有苗不服，禹将伐之。舜曰：'不可。上德不厚而行武，非道也。'乃修教三年，执干戚舞，有苗乃服。"可知虞舜是以兵威震慑，非某类兵器征伐。"愍"字省心作"愍"，又见于上博简《用曰》简16的""，简文作"愍颂"，读作"威容"。

"戣"字楚简写作""（上博三·周22）、""（上博六·孔17）。上博简《周易》简22记："九晶：良马由，利董贞。曰班车戣，利由卤徍。"马王堆汉墓帛书《周易》作："九三：良马逐，利根贞。曰阑车卫，利有攸往。"今本《周易》作："九三：良马逐，利艰贞。曰闲舆卫，利有攸往。"濮茅佐谓戣"'卫'之会意结构。《说文》：'爻，交也。'交戈自卫，其造字似同'武'"。② 上博简《逸交》简3+4："交交鸣鸟，集于中溝，愷〔悌君子，若□若〕贝，君子相好，以自为戣（卫），愷豫是好，唯心是万，间关谋始，谐小谐大。"其中"溝"、"贝"、"卫"、"万"、"大"押韵，均为月部字。卫的古音在匣母月部，戣从之爻声为匣母宵部，卫从之韦声为匣母微部，声韵俱近。

如果仅从文字字面解读，"愍戣"可以读作"威卫"。"威卫"是修饰语，当理解为"威卫之剑"的省称，铭文大意指蔡侯产作威严护卫之剑。然而，根据金文辞例可知作"某"之"某"通常都是器物名。剑的自名格式基本都是"自作用剑"（集成11668）或者"自作其元用"（集成11637）。表明剑的用途通常要置于"用"、"元用"之后，充当补语。例如攻吴王光剑的铭文是"攻吴王光自作用剑，逗余允至，克我多攻"（集成11666），或"攻吴王光自作用剑，以挡勇人"（集成11654）。又有攻吴太子姑发者反剑"攻吴太子姑发者反，自作元用，在行之先，员用员获，莫敢御余，余处江之阳，至于南行西行"（集成11718）。

所以，"作"＋"威卫"（用途）的释读虽然可通，却只是一个孤例，仍然有讨论的必要。最新著录有一件伯有父剑③（图7），自名为

图 7　私人收藏的伯有父剑

①　曹峰：《〈三德〉零释四则》，《楚地简帛思想研究》（三），湖北教育出版社，2007年，第123页。

②　濮茅佐：《孔子见季趄子》，《上海博物馆藏战国楚竹书》（六），上海古籍出版社，2007年，第215页。

③　吴镇烽：《商周青铜器铭文暨图像集成续编》第4卷，上海古籍出版社，2016年，第324页。

"自作用钜"，说明春秋晚期的青铜剑有不同的自名现象。那么，蔡侯产剑的"作戡戏"极有可能也是一种自名现象。

由于Ⅰ式剑和Ⅱ式剑形制不同，若以"戡戏"为剑之专名恐不适合，应该系剑之通名。字书中既有剑之专名，又有剑之通名。例如《说文》"镆铘"，即名剑"莫邪"，王念孙《广雅疏证》已有详说。《玉篇》"琨珸，剑名"。《列子·汤问》记"周穆王大征西戎，西戎献锟铻之剑，火浣之布"。"琨珸"即"锟铻"，文献又有山名"昆吾"。《山海经·中山经》："又西二百里曰昆吾之山，其上多赤铜。"郭璞注："此山出名铜，色赤如火，以之作刃，切玉如割泥也。"《史记·司马相如列传》作"琨珸"，裴骃集解引《汉书音义》："琨珸，山名也，出善金。""琨珸"、"锟铻"语当源于山名"昆吾"（昆吴），因其山出金可作刀剑，故刀剑名为锟铻，又因其山出玉又为玉石名。

古文字中兵器名的"戈"形、"矛"形与"金"形多可替换，例如杨雄《方言》记："戟……秦晋之间或谓之镒。"戴震《方言疏证》："镒本作戟。"《方言》又记："矛，吴扬江淮、南楚、五湖之间谓之镟。"《荀子·议兵篇》"宛钜铁铊"，杨倞注引《方言》："吴扬之间谓之镟。"《广雅·释器》："稐，矛也。"镟、铊字并与稐同，则戡亦可作镍。

字书有"镍"，《说文》："镍镭，不平也。"镍的古音在影母微部，镭的古音在来母微部，镍镭为叠韵连绵词。王念孙《广雅疏证·释训》："镍镭不平也，《文选·鲁灵光殿赋》注引《埤仓》云：'礧，碨礧也。'《庄子·庚桑楚篇》'北居畏垒之山'，《释文》：'畏，本或作嵔，又作猥。垒，崔本作累。'《史记·老子韩非传》作'畏累'，《管子·轻重乙篇》'山间埌壝之壤'，左思《魏都赋》'或嵬嶵而复陆'，木华《海赋》'碨磊山垄'，并字异而义同。"镍镭又写作碨礧、畏垒、畏累、埌壝、嵬嶵等，由于异体较多，其义当存乎于声。

字书中从"畏"之字多有弯曲之义。《说文》"鰃，角曲中也"，段注："角之中曰鰃，皆其曲处。"又有"隈，水曲，隩也"，"隩，水隈厓也"，段注："隈厓谓曲边也。"《尔雅·释丘》："隈，水岸弯曲处。"《说文》"鰃"字条，段注："《考工记》曰：'夫角之中，恒当弓之畏，畏也者必桡。'杜子春读畏为威，威谓弓渊。郑读畏如秦师入隈之隈。按：《大射仪》'弓渊字作隈'。郑读从之也。弓之中曰畏，角之中曰鰃，皆其曲处。"《仪礼·大射仪》载："大射正执弓，以袂顺左右隈。"注云："隈，弓渊也。"弓把两端的弯曲处，亦可称为"畏"。《说文》"嵔"字条："山石崔嵔，高而不平也。"鬼、畏为同源字，古文献中畏字本作畏惧之义，人因畏惧而蜷缩，又引申出弯曲之义。

清华简《系年》简34："惠公既入，乃僚秦公，弗予。"僚字从保从爻，保、爻皆声。保为帮母幽部，爻为匣母宵部。楚文献中唇音帮母、明母与喉牙音多有交涉，幽宵通转。郭店简《五行》32简："颜色容佟。"佟通貌，貌为明母宵部字。《说文》："爻，交也。"交为见母宵部字，爻、交声近古书多有通假。杨雄《方言》："刺船谓之檋。"戴震《方言疏证》："《释名》：'所用斥旁岸曰交。''交'即'篙'，一声之转。"钱绎《方言笺疏》："《吕氏春秋·异宝篇》：'见一丈人，刺小船，方将渔。'《众经音义》卷十五云：'篙，方言作槁，音高，谓刺船竹也。'引《淮南子·说林训》'以篙测江'，许叔重注曰：'谓刺船竹，长二丈，以铁为镞者也。'《释名》作'交'，云：'所用斥旁岸曰交，一人前一人还，相交错也。'《玉篇》作'篙'，云：'篙，竹刺船行也。'《越绝书》：'子胥答阖闾曰：篙工船师，可当君之轻足骠骑也。'左思《吴都赋》：'檋工樴师，选自闽、禺。'又有《淮南子·主术训》高诱注：'桡，刺船檋也。'"刺船之"交"作长杆，杆头有铁镞，形制类似于"矛"。从功能来讲，矛亦是作刺兵。"戣"应读作"矛"，古音为明母幽部字，与喉音匣母的"爻"、牙音见母的"交"皆可通转。

由此来看，"戵戣"所指可能为一种曲刃的兵器，这个很容易联想到吴越地区一种传说中的兵器——吴钩。《吴越春秋·阖闾内传》记载："阖闾即宝莫邪，复命于国中作金钩，令曰：'能为善钩者，赏之百金。'吴作钩者甚众。"根据后世文献的记载，这种"吴钩"是一种刀身呈曲翘状的弯刀，单侧的刃呈曲线状，适合劈砍。因其锋利无比，后泛指锋利的刀剑。但是，在吴越地区的考古发现中实际上并没有发现类似的武器。秦始皇兵马俑一号坑曾出土了两件形似长条弯月的青铜兵器[1]（图8）。通长65.2厘米、身长54厘米、宽2.2—3.5厘米，柄为实心，身长稍曲，头部弯度较大，顶端平齐。中心厚于内外两侧，虽然有对开的双刃，但不锋利，显然只是象征而已。王学理认为应定名为"秦钩"[2]，李琳、白建钢认为这是一种"镰"，而非吴钩[3]。

古文字训释中凡戈、戟、矛之属皆可以其刃得名。《广雅·释器》："镭谓之鑚。"王念

图 8　陕西临潼秦始皇兵马俑一号坑
的弯月形兵器

①　陕西省考古研究所、始皇陵秦俑坑考古发掘队：《秦始皇陵兵马俑一号坑发掘报告（1974—1984）》，文物出版社，1988年。

②　王学理：《吴钩·秦钩·金钩》，《长安大学学报》（社会科学版），2011年第13卷3期。

③　李琳、白建钢：《"秦弓"与"吴钩"》，《文博》1987年6期。

图 9　江苏丹徒北山顶的工盧矛　　　　　　图 10　湖北江陵马山 M5 的吴王夫差矛

孙《广雅·释器》："《说文》：'鑚，所以穿也。'《管子·轻重乙篇》云：'一车必有一斤、一锯、一钉、一鑚、一凿、一铢、一轲，然后成为车。'此谓鑚凿之鑚也。《方言》'鑚谓之锚'，'矜谓之杖'。此谓矛、戟刃也。"《史记·礼书》："宛之钜铁施，鑚如蜂虿。"司马贞《索隐》："鑚谓矛刃及矢镞也。"所以，大概是因为矛有弯曲的刃部而得名"戲戏"。1984 年江苏丹徒北山顶出土的工盧矛 [①]（图 9），刃部呈弧形弯曲，应该就是"戲戏"的本义。1983 年湖北江陵马山 M5 的吴王夫差矛 [②]（图 10），刃部较直，形制显然与曲刃矛不同。Ⅰ式剑和Ⅱ式剑的刃部都有收狭，呈弧曲状，Ⅰ式剑则表现的特别明显，这是两柄剑形制上的共同特征，"戲戏"当是作为这种曲刃剑的一种自名。

　　青铜剑本有专名，"矛"何以作为吴越式剑的名称。首先，要从吴越式青铜剑的

---

①　杨正宏、肖梦龙：《镇江出土吴国青铜器》，文物出版社，2008 年，第 153 页。

②　中国青铜器全集编辑委员会：《中国青铜器全集·11》，文物出版社，1997 年，第 74 页。

图 11　浙江瓯海 M1 的云纹剑　　　　　　图 12　上海博物馆收藏
　　　　　　　　　　　　　　　　　　　　　　的云纹矛

起源和发展来看。孙华、田伟等先生都认为吴越式剑是从吴城的铜矛演变而来 [1]，此
论极是。吴城所见铜矛的骹与叶均较长，与早期吴越剑的剑茎、剑身相似。在浙江长
兴 [2]、浙江瓯海 M1 [3]（图 11）出土短剑的剑茎呈中空状，类似于矛骹。并且，瓯海 M1
短剑的纹饰风格与吴越地区的矛完全相同，例如江苏高淳县里溪村出土的云纹矛 [4]、上
海博物馆收藏的云纹矛 [5]（图 12）等。后者传江苏吴江县屯村出土，刃内侧饰阳纹的

---

① 孙华：《古越阁藏先秦兵器札记三则》，《商周青铜兵器暨夫差剑特展论文集》，台湾历史博物馆，
1996 年；田伟：《试论两周时期的青铜剑》，《考古学报》2013 年 4 期。

② 夏星南：《浙江长兴出土五件商周铜器》，《文物》1979 年 11 期。

③ 浙江省文物考古研究所：《浙江瓯海杨府山西周土墩墓发掘简报》，《文物》2007 年 11 期。

④ 江苏省文物管理委员会：《江苏高淳出土春秋铜兵器》，《考古》1966 年 2 期。

⑤ 陈佩芬：《夏商周青铜器研究·东周篇》，上海古籍出版社，2004 年，第 276 页。

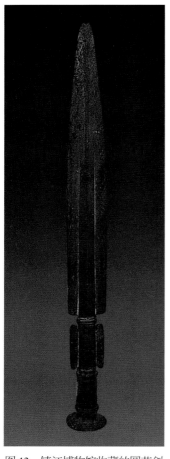

图13　镇江博物馆收藏的圆茎剑　　　　　图14　山东嘉祥武氏祠前石室西壁画像石

卷云纹。这种比较成熟的剑式有镇江博物馆收藏的短剑 ①（图13），已经出现较长茎部和圆首，但是茎部两侧的耳饰，却是与瓯海 M1 短剑有着一脉相承的关系。

　　这种长骹样式的兵器在使用方式上，为装木柲和手持两种皆可。装木柲为长兵，手持则是护身短兵，都是作为刺兵之一种。吴越式剑是沿着手持的方向发展，矛骹和銎口逐渐演变为剑茎和剑首，不再装设木柲。魏晋时期还流行一种手戟也是长短双用的兵器。《释名·释兵》："手所持摘之戟也。"西晋张协作《手戟铭》："锁锁雄戟，清金炼钢。名配越棘，用遇干将。"山东嘉祥武氏祠前石室西壁画像石中还有士兵持手戟的图案 ②（图14），手戟无柲，手持戈胡，戈部无内。在吴越式剑上铸铭"作戡戕"，犹如铜盨铭文中常见的"作宝簋"，实则反映的是两种器类形制之间的联系。

---

①　杨正宏、肖梦龙：《镇江出土吴国青铜器》，文物出版社，2008年，第192页。

②　中国画像石全集编辑委员会：《中国画像石全集·1》，山东美术出版社，2000年，第34页。

　　1974 年云南楚雄万家坝 M23 中出土了两种类型的矛①，Ⅰ式矛宽刃（图 15），通长 42 厘米。Ⅱ式矛窄刃（图 16），通长 72 厘米，还有一件通长 81 厘米。两种类型的矛刃部狭长，与剑的刃部无异，銎口两端有系，并且有插木柲的痕迹。万家坝墓葬出土了科学发掘最早的铜鼓，体现了显著的越文化因素。这个考古发现一方面证明了吴越式剑与矛之间的渊源关系，另一方面还说明了这种文化传统不仅随着越人的迁徙带到了偏远地区，并且作为稳定的文化因素保留下来。

　　其次，"戲毄"作为兵器名称，与"钩钌"相仿。战国时期青铜兵器的复称现象比较复杂，江陵望山 M2 出土遣册简 48 记有"耑戈"，刘国胜认为"耑戈"当读为"短戈"。②裘锡圭、李家浩联系新郑兵器的"端戟刃"读作"彫戟刃"，认为是古书上的"彫戈"。③望山的遣册简 9 还有"耑敄"一词。实际上，"耑戈"、"耑敄"应作"锱戈"、"锱矛"。《广雅·释器》"锱谓之鐕"，又有："欑谓之鋋。"王氏《广雅疏证》："《众经音义》卷十一云：'欑，小矛也。'……小矛谓之欑，犹矛、戟刃谓之鐕。"因此，无论是"锱戈"还是"锱戟刃"都是一种复称。

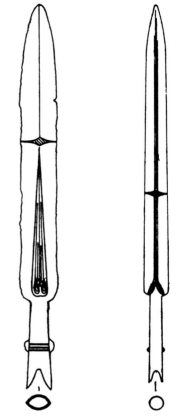

图 15　云南楚雄万家坝 M23 的宽刃矛线图　　图 16　云南楚雄万家坝 M23 的窄刃矛线图

　　杨雄《方言》曰："戟，楚谓之钌。凡戟而无刃秦晋之间谓之钌，或谓之镈；吴扬之间谓之戈。东齐、秦、晋之间谓其大者曰镘胡，其曲者谓之钩钌镘胡。三刃枝，南楚、宛、郢谓之匽戟，其柄自关而西谓之柲。或谓之殳。"《考工记》注"戈"云："戈，今句孑戟也。"钩谓曲也，钌乃戟之异名，左传作"孑"。钌与戟双声叠韵，同为入声韵，钌即戟。戴震《方言疏证》曰："戟有钩钌戟、钩钌镘胡之名，矛亦有钩钌矛之名。"矛专为刺兵，殳专为击兵。戈、戟虽为句兵，戟有刺，故谓之有枝兵，兼刺兵与句兵的功能。戈无刺，又云平头戟，兼句兵与击兵的功能。这四种兵器俱为长兵种属，《周礼·司兵》"司兵掌五兵"，郑司农注："五兵者，戈、殳、戟、酋矛、夷

_____

　　①　云南省文物工作队：《楚雄万家坝古墓群发掘报告》，《考古学报》1983 年 3 期。
　　②　刘国胜：《楚丧葬简牍集释》，科学出版社，2011 年。
　　③　裘锡圭、李家浩：《曾侯乙墓竹简释文与考释》，《曾侯乙墓》附录一，文物出版社，1989 年，第 519 页。

矛。”由于兵器的形制功能多有交叉，“钩钘”与“钘”可作为戈、戟、矛、殳的通名。“钩”是“钘”的修饰语，本义为“曲”，这是一种修饰复称。包山简 277 简文还有“翠矛”，刘信芳释“翠矛”为“翠矛”，指系翠羽作装饰的矛。[①]

综上所述，“威戏”若仅从字面理解可以读作“威卫”，即“威卫之剑”的省称。从器物学发展角度来看，应当看作是曲刃剑的一种称名。“威”指刃部形态，“戏”读作“矛”，这是吴越式剑与矛相关联的重要线索。这种自名在吴越式剑上出现，应该是在春秋时期长江流域吴越文化崛起的背景下产生的。春秋晚期蔡国迁都后，与吴国的联系日益密切。《史记·楚世家》载：“十年冬，吴王阖闾、伍子胥、伯嚭与唐、蔡俱伐楚，楚大败。”蔡侯产剑无论是其形制、鸟篆文的风格还是自名都显示了受到吴越文化的影响，名实相符。

2016 年 7 月完稿

2019 年 8 月修订

（原载《文物研究》第 23 辑，科学出版社，2018 年）

---

① 刘信芳：《包山楚简解诂》，艺文印书馆，2003 年，第 318 页。

第三章

考古发现与古国研究

丂史簋与西周阳国考

　　河南平顶山应国墓地 M257 出土的两件丂史簋形制、纹饰和铭文完全相同。① M257:1（图 1）通高 22.4 厘米、口径 20.2 厘米，器盖同铭；M257:2 通高 22.8 厘米、口径 19.6 厘米，仅有器铭，盖内无铭文。后者的盖有多处旧补痕迹，并且捉手内尚有范土未曾清理，可知器盖下葬时已经遗失，配置的比较匆忙。盖面隆起稍浅，无折沿，盖顶设有圈形捉手。器敛口，鼓腹，两侧设套环兽首耳，圈足外撇，下接三个扁形小足。丂史簋的纹饰与上海博物馆收藏的元年师兑簋、三年师兑簋（图 2）相同，盖沿和口沿饰两周重环纹，圈足饰一周重环纹，其余均饰瓦棱纹。

　　马承源、陈佩芬先生将两件师兑簋的年代定为懿王和孝王时期。② 王世民、陈公柔、张长寿先生定为厉王前后器。③ 两件师兑簋的盖沿作折沿，附耳为垂珥的大兽首耳。这种套环的小兽首耳流行时间较短，主要在西周中晚期之际，例如陕西永寿县店头镇好畤河村出土的伯宾父簋④、陕西岐山董家村一号窖藏的公臣簋⑤（图 3）等，年

图 1　河南平顶山 M257 的丂史簋

图 2　上海博物馆收藏的三年师兑簋

---

　　①　河南省文物考古研究院、平顶山市文物管理局、河南大学历史文化学院：《河南平顶山应国墓地 M257 发掘简报》，《华夏考古》2015 年 3 期。

　　②　陈佩芬：《夏商周青铜器研究·西周篇》，上海古籍出版社，2004 年，第 290—297 页。

　　③　王世民、陈公柔、张长寿：《西周青铜器分期断代研究》，文物出版社，1999 年，第 96—97 页。

　　④　陕西省博物馆：《陕西省博物馆新近征集的几件西周铜器》，《文物》1965 年 7 期。

　　⑤　岐山县文化馆、陕西省文管会：《陕西省岐山县董家村西周铜器窖穴发掘简报》，《文物》1976 年 5 期。

图 3　陕西岐山董家村一号窖藏的公臣簋

代均不晚于厉王时期。M257 同出的重环纹鼎与梁其鼎、函皇父鼎相似，时代大致在西周晚期早段，考古报告将墓葬年代断为西周厉王时期是正确的。

应国墓地 M229 出土有四件青铜器①，一鼎、一簋、一爵、一觯均有铭文称"应史"。这座墓葬长 3.7 米、宽 1.66 米，南北向，单棺单椁。M257 同样是南北向，单棺单椁，长 2.7 米、宽 1.44 米，墓室面积略小于 M229。两座墓葬都出土有车马器和兵器，M257 一鼎二簋的规格与之大体相当，说明属于同等级的墓葬，墓主职官都是"史"。

一、铭文隶定与字形考释

图 4　河南平顶山 M257 的丂史簋铭文拓片

M257 丂史簋铭文四行三十一字（图 4），用通行字隶定如下：

唯（惟）十月初吉丁卯，丂（阳）
史乍（作）寫（唐）似（姒）媵簋，用
祈眉寿永命，子子
孙孙其迈（万）年永宝用享。

这篇铭文的字形写法较怪，例如"吉"口内增一点作"𠮷"，"卯"增中作"𣥂"，"寫"在易字上增一横划作"𧅠"都比较少见。"丂"的字形十分奇特，与增减笔画的情况相关。铭文大意很好理解，王正、雷建鸽先生将"丂史"读作"柯使"，解释为柯国的使者。② 李鹏辉先

---

①　河南省文物考古研究所、平顶山市文物管理局：《平顶山应国墓地》，大象出版社，2012 年，第 188 页。

②　王正、雷建鸽：《柯史簋与柯国、唐国》，《中原文物》2015 年 5 期。

生隶作"考"，读作"考史"。① 虽然近年来出土的青铜器铭文有不少史籍未载之古国名，但是这些文献无征的古国名或是家族墓地出土，或是存世数量较多，作为孤例的国名若作新解必须要慎重。

"丂"金文作"丂"，从丂从卜形。丂形，李孝定怀疑为"柯"之象形古文，象人肩荷枝柯之形。② 屈万里以为"丂"象斧柯之形，即斧柄。③ 季旭昇认为卜辞斤字作"丫"，其柯正作"丁"可证。④ 王正、雷建鸽则认为"丂"字象手杖形。⑤

甲骨卜辞从"斤"的字形（图 5）和从"柯"的字形（图 6），表示与斧斤相关的都是一端出笔，荷枝之形虽有从两端出笔，却未见有从中间出笔的情况。甲骨文原有一字写作"丁"（合集 32616），虽然隶定为"丂"，但是字形音义不明。卜辞里都是用作地名，例如"辛未贞，在丁牧来告，辰卫其比史受□"（合集 32616）。凡是从"丁"的"兮"、"乎"、"昜"、"甹"、"宁"等字形（图 7），与"斤"、"柯"之义显然没有什么关系。

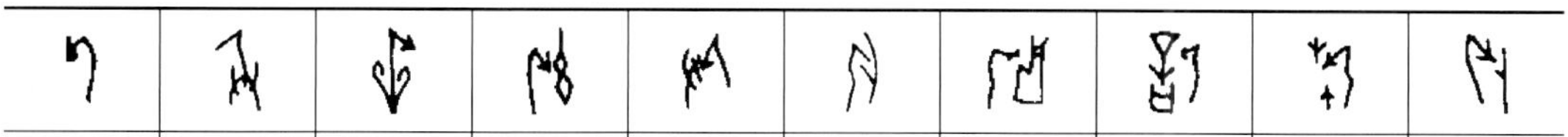

合集 21954	合集 7205	续补 1.26.2	合集 9002	合集 18456	合集 14623	花东 35	屯南 4544	合集 7924	合集 118

图 5　甲骨文从"斤"的字形

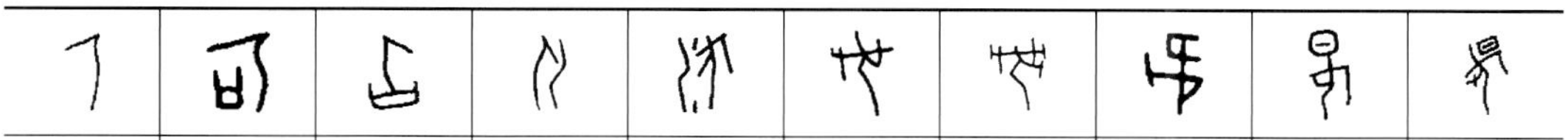

合集 1075 反	合集 18892	合集 4891	合集 13442	合补 8795	合集 27150	合集 30531	合集 18972	合集 33225	合集 9817

图 6　甲骨文从"柯"的字形

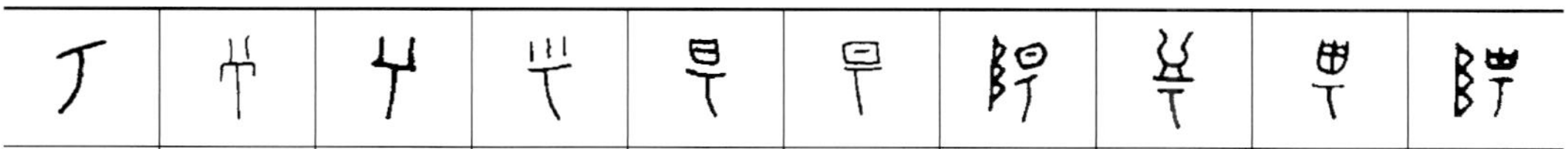

合集 32616	合集 34481	屯南 624	合集 37	合集 3381	合集 3389	屯南 4529	合集 11007	合集 18842	合集 24456

图 7　甲骨文从"丁"的字形

---

①　李鹏辉：《平顶山应国墓地 M257 出土铜簠铭文补释》，《出土文献》第八辑，中西书局，2016 年。

②　李孝定：《金文诂林读后记》第五卷，中研院历史语言研究所，1982 年。

③　屈万里：《殷墟文字甲编考释》，联经出版事业公司，1984 年。

④　季旭昇：《说文新证》，福建人民出版社，2010 年，第 385 页。

⑤　王正、雷建鸽：《柯史簠与柯国、唐国》，《中原文物》2015 年 5 期。

　　结合金文和简帛字形来考察，"丂"形的使用和发展有两个线索值得注意。

　　首先，"丂"形与"示"、"主"有密切的关系。微师耳尊"微师耳对扬侯休"（集成 6007），"扬"写作"⿰"，隶定为"㪿"。通常金文的"扬"写作"⿰"（集成 2726），隶定为"㪿"。此例中两字的"示"形与"丂"形相替。还有的写作"⿰"（集成 4276）、"⿰"（集成 4247），隶定为"㪿"，玉形或在日形下，或在日形上。"丂"形的写法尤其多样，亦有省略写作"⿰"（集成 2759），字形象用玉来祭祀神主。可以推测"丂"形的来源可能是从"示"演变而来，字义当为神主。唐兰最早提出："卜辞示、宗、主实为一字。示之与主，宗之与主皆一声之转也。"[1] 陈梦家引卜辞和文献资料力证唐兰之说。[2] 甲骨文的"号（易）"，写作"⿰"（合集 3389）、"⿰"（合集 6460 正）、"⿰"（合集 11499 正）。貉子卣、敔簋的"对扬王休"，"扬"分别写作"⿰"（集成 5409）、"⿰"（集成 4166），易字均有弧笔和直笔。

　　金文"扬"字为"丮"、"易"双声。师馀鼎作"对陽"（集成 2723）、夷伯夷簋作"对陽"（新收 667）、霸伯簋作"对昜"[3]、蔡鼎作"对号"（集成 2765），皆从"易"得声。穷鼎作"对㪿"（集成 2755）、令鼎作"对㪿"（集成 2803）、纞簋作"对㪿"（集成 4192），皆从"丮"得声。"易"的上古音在喻母阳部，"丮"在见母铎部，铎阳对转，喻、见两系韵部稍远。上古音无喻母，"易"属于喻四字，喻四归定与见系字的谐声通假关系非常多。例如，喻四的"匀"通常读作见母的"钧"。并鼎"锡金一匀"（集成 2696），葡盉"赤金一匀"（新收 62），包山简 129、130 提到的"足金六匀"，"匀"都读为"钧"。

　　此外，见母的"庚"读作定母的"唐"。中觯"王大省公族于庚"（集成 6514），李学勤先生认为是昭王在唐国检阅公族。[4]《史记·韩世家》："司马庚三返于郢。"集解引徐广曰："庚一作唐。"《左传·昭公十二年》："齐高偃纳北燕伯款于唐。"经文作阳，《公羊传》、《穀梁传》昭公十二年亦作阳，杜预注："阳，即唐，燕别邑，中山有唐县。"唐为定母，阳为喻母。阳从易声，喻四归定，唐、阳为叠韵通假。宋公栾簠："有殷天乙唐孙，宋公栾作其妹句吴夫人季子媵簠。"（集成 4590）《史记·殷本纪》："主癸卒，子天乙立，是为成汤。""唐"与"汤"为定透旁纽通假，出土文献中还有溪母的"康"与透母的"汤"通假之例。郭店简《缁衣》简 3"唯尹允及康，咸有一德"，"康"今本作"汤"。上博简《曹沫之陈》8+65 简"君其亦唯闻夫禹、康、桀、纣矣"，"康"读作"汤"。为什么舌头音的喻四字与牙音的见系字多有谐声通假关系，

----

① 唐兰：《释示、宗及主》，北京燕京大学《考古学社社刊》第六期，1937 年，第 328 页。

② 陈梦家：《殷墟卜辞综述》，中华书局，1988 年，第 440 页。

③ 山西省考古研究所大河口墓地联合考古队：《山西翼城县大河口西周墓地》，《考古》2011 年 7 期。

④ 李学勤：《中方鼎与〈周易〉》，《文物研究》第六辑，黄山书社，1991 年。

有学者认为一部分喻四字在上古音方言中与喉塞音的影母相混，而影母是清音，也是塞音，与见母、溪母的发音部位与发音方法都相同或相近，从而发生谐声和通假关系。①

从金文辞例的内证来看，作册夨令簋上文"令敢靱皇王宝"，下文"令敢辰皇王宝"（集成4300），"靱"与"辰"为对文，读作"扬"。"辰"的上古音在定母阳部，这个辞例充分证明了喻四的定母与见系字的谐声通假关系。同样，史颂鼎"日遥天子景命"（集成2787），作册麦方尊上文"遥天子休"、下文"遥明令"（集成6015）。又有荣簋"对昶天子休"（集成4121）、静鼎"静瓢天子休"（新收1795）对证，"遥"从羊得声，可读作"扬"。古文献中喻母阳部的"羊"与匣母阳部的"皇"亦相通。《庄子·逍遥游》："彷徨乎无为其侧。"释文："彷徨，崔本作方羊。"这些都是喻四字与见系字谐声通假之例。

金文字形的形旁多可以省略，唯有声符不可省略，"丮"与"易"必保留其一。在古文字的发展过程中通常将会意字的部分结构转化为声符，成为会意形声字，这是文字语音化的内在要求。如果"易"字的"丂"形最初是作神主，那么其字应是从"示"得声。"示"的上古音为神母脂部，神母与喻母为旁纽，神母与定母为准双声。虽然脂部与阳部通转的例子少有，但是根据楚简材料可知上古音阳部的"羊"声字与质部多发生通假关系。上博简《武王践阼》简9"遥道于嗜欲"，又有"位虽得而易遥，士难得而易外"。郭店简《老子甲》简11："是以圣人亡为故亡败；亡执故亡遴。"郭店简《老子乙》简6："得之若惊，逄之若惊，是谓宠辱惊。""遥"、"遴"、"逄"俱读作质部的"失"。质部与脂部为同类对转，"示"与"羊"作为声符相谐。

邵黛钟"余颉冈事君，余战丮武"（集成225），《说文》谓丮"读若戟"。汤余惠《邵钟铭文补释》说："丮、戟上古均见纽鱼部；其，居之切，见纽之部。丮、其同声纽，而韵部为之鱼近旁转。金文其字繁构作斄，丮为加注的声旁，更说明两者上古读音是极近的。"②上古音"丮"在之部，"示"在脂部，段玉裁创先秦之、脂、支三部分用之说，世人多服其精辟。根据出土文献显示，之、脂、支三部多可通假。郭店简《穷达以时》简6"管寺吾拘囚桎缚，释械柙，而为诸侯相，遇齐桓也"，"管寺吾"即"管夷吾"，寺为之部，夷为脂部，之脂通转。楚简中之部的"而"多假借为人称代词脂部的"尔"，上博简《鲁》简3："出遇子贡曰：赐，而（尔）闻巷路之言，毋乃谓丘之答非欤？"包山简105"过名不赛金"多次出现，陈伟认为是超过规定的期限则不再贷出③，李守奎读为过期④。"名"从几得声，为脂部字，读为"期"，为之部字。

---

①　庞光华：《论汉语上古音无复辅音声母》，中国文史出版社，2005年，第496页。

②　汤余惠：《邵钟铭文补释》，《古文字研究》第二十辑，中华书局，2000年，第131页。

③　陈伟：《楚地出土战国简册（十四种）》，经济科学出版社，2009年，第50页。

④　李守奎、贾连翔、马楠：《包山楚墓文字全编》，上海古籍出版社，2012年，第70页。

　　传世文献中从几得声的字多与从示得声的字通假。《尚书·舜典》："黎民阻饥。"《史记·五帝本纪》作："黎民始饥。"《周礼·春官·肆师》："以岁时序其祭祀，及其祈珥。"郑玄注："祈或作畿。"郘祁盨的"郘妼"读作"郘祁"，祁字寫作"𥶶"（集成634），从几得声。祁，从邑，示声。示可读为祁，《史记·晋世家》："饿人，示眜明也。"索隐："邹诞云：'示眜为祁弥也，即《左传》之提弥明也。'"《史记》作示，邹称为祁，盖由示、祁、提音相近，字遂变而为祁也。因此推测"亏"形最初作神主，读作"示"，并且与"𥋆"字可以谐声通假。

　　其次，"亏"形在后世使用中多读作歌部字，大概是因为商周之际"丁"形与"𠃌"形开始混用，特别是在西周金文中体现得非常明显。例如西周早期的作册疐鼎"康侯在析自"（集成2504），析字写作"𣃟"，"𠃌"形一端粗壮，另一端细锐，保留斧斤的特点用来析木的形象非常明显。

　　郭店简《老子甲》简8"豫乎〔其〕如冬涉川，犹虚其如畏四邻"，今本作"犹兮，若畏四邻"，"虚"作"兮"，马王堆帛书甲、乙本皆作"呵"。匣母支部的"兮"与影母歌部的"猗、猗、呵"通假。阜阳汉简《诗经》简25："父猗母猗，蓄我不萃。"毛诗《邶风·日月》："父兮母兮，畜我不卒。"《尚书·秦誓》："断断猗。"《礼记·大学》："猗作兮。"《诗·魏风·伐檀》："坎坎伐檀兮，置之河之干兮。河水清且涟猗。"王引之云："猗，兮也。"马王堆帛书《老子》甲本"湅呵始万物"，乙本作"渊呵佁万物之宗"，通行本作"渊兮似万物之宗"。"猗、猗、呵"以溪母歌部的"可"作声符，阜阳汉简猗字又写作旆，《说文》段注："奇，可亦声。"

　　"兮"、"乎"本一字之分化，包山简87.116"兮尹"即"乎尹"，读作"亚尹"，为楚国职官。① 郭店简《老子甲》的"虚"从虎得声，"虎"和"乎"都是晓母鱼部字，又证"乎"与"兮"关系之近。除了甲骨文写作直笔的形态，金文中亦有"𠂆"（集成1467）、"𠂆"（集成7733）等字，"兮"字为从"示"形。上博简《孔子诗论》简22"其仪一氏，心如结也"，毛诗作"其仪一兮"。马王堆帛书《老子》甲本卷后古佚书《五行》"尸叴在桑，其子七氏"。毛诗《曹风·鸤鸠》"鸤鸠在桑，其子七兮"。古文字中"氏"、"是"、"示"相通的例子极多。段玉裁、朱骏声、王念孙、黄侃、王力、董同龢归支部，林义光归脂部，称"兮与稽同音，当即钩稽本字"。② "稽"从旨声，"示"与"旨"声字多通假。郭店简《缁衣》简9+10引《君牙》云："晋冬旨沧，小民亦惟日怨。"旨，今本《尚书·君牙》作祁。《礼记·仲尼燕居》："治国其如指诸掌而已乎？"《中庸》："治国其如示诸掌乎？"上博简《缁衣》简4："晋冬耆寒，小民

---

　　① 何琳仪：《句吴王剑补释——兼释冢、主、开、亏》，《安徽大学汉语言文字研究丛书（何琳仪卷）》，安徽大学出版社，2013年，第84页。

　　② 林义光：《文源》，光绪十一年石印本。

亦惟日令。"今本《礼记·缁衣》耆作祁。所以，"兮"归脂部，正是"示"声为脂部。孔广森、严可均归歌部正是看到"万"形读"可"的音变现象。①

以往认为"考"从万声，来自可声。但是《诗经》、《楚辞》等先秦韵文中不见有幽部和歌部通转之例。楚简中只有很少的材料能够反映这种间接联系，比如郭店简《性自命出》简46 + 47 "人之悦然可与和安者"，上博简《性自命出》简38 "悦"作从糸卯声的"緲"，为"悦"的异文。悦为月部，卯为幽部，当为幽、月之转。这个例子说明，"考"之万声并非来自歌部的可声，楚简中呈现的间接关系只是表明早期语音未分化的一种原始联系。从这个问题思考，可以理解为什么"万"形本是从"示"得声，然而先秦语言中没有脂部与阳部通假的例子，却也只是一些间接联系的存在。

何琳仪先生列举了望山简"公𢁅（宝）"、包山简"地𠔼（宝）"的"主"字，以及"𣂏"（货系238）、"𣂏"（货系238）、"𣂏"、"𣂏"（侯马317）、"𣂏"（玺汇1838）、"𣂏"（玺汇2650）等从主形的"𣂏"字②，来说明战国时期古文字中"主"形有弧笔和直笔的两种情形。陈逆簠"皇祖、皇妣、皇𢁅、皇母"（集成1781），"𢁅"应隶定为"主"，读作"考"。照母侯部的"主"与溪母幽部的"考"通假，幽侯对转，"主"属于照三字，上古音归入端母，又是端系舌头音与见系牙音通假之例。清华简《金縢》简4 "是仁若主，能多才多艺"，今本《尚书·金縢》作"予仁若考，能多材多艺"，"主"读作"考"。 清华简《皇门》简13 "作祖羞（考）羞哉"，"主"和"万"声符相替，"考"之万声实来自主声。"示"、"主"同源同声，所以上古音中有何琳仪先生所举例的幽脂通转现象。③

《诗经》、《楚辞》中鱼部字常与侯部字为韵，顾炎武将侯部归鱼部，段玉裁将鱼侯两部分立。虽然有学者认为先秦时期鱼部与侯部基本分用不乱④，但是立论的基础甚少涉及出土文献。在楚简中仍有不少鱼、侯两部通假现象。郭店简《老子》甲简33 "攫鸟猛兽弗扣"，马王堆帛书《老子》甲36、今本皆作"搏"，帛书《老子》乙191作"捕"，"口"为溪母侯部字，"捕"为并母鱼部字，"搏"为帮母铎部字，鱼、铎、侯旁转、牙根音与唇音多可相通。阳部的"易"所从万声，应是来自主声。语音的同源分化现象，是脂部和阳部、歌部和阳部、侯部和歌部、幽部和歌部通假的现象绝少，但是都偶尔存在有间接联系的主要原因。

试用图例来表现上述分析的内容（图8）：

---

① 何九盈：《音韵丛稿》，商务印书馆，2002年，第70页。

② 何琳仪：《句吴王剑补释——兼释家、主、开、万》，《安徽大学汉语言文字研究丛书（何琳仪卷）》，安徽大学出版社，2013年，第80页。

③ 何琳仪：《幽脂通转举例》，《古汉语研究》第一辑，中华书局，1996年。

④ 李新魁：《论侯鱼两部的关系及其发展》，《李新魁音韵学论文集》，汕头大学出版社，1997年。

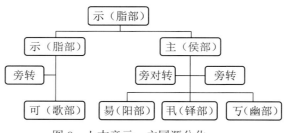

图 8　上古音示、主同源分化

　　幽、阳两部虽有隔远，作为侯部声符的派系仍不乏相通之例。《诗·卫风·硕人》"河水洋洋"，《楚辞·九叹·惜贤》王逸注引"洋洋"作"油油"。"洋"属阳部，"油"属幽部。《史记·殷本纪》记载殷人先公"报乙"、"报丙"、"报丁"之"报"，甲骨卜辞作"匸"。①《说文》："匸，读若方。""方"属阳部，"报"属幽部。上博简《子羔》11 简作"央台"，整理者认为应该读为"瑶台"。②"央"属阳部，"瑶"属幽部。李新魁《潮音证古》称潮州方言中，喻四字的"易"读为〔k〕声母。③

　　"万"与"易"的通假关系通过金文辞例分析大致有以下几处：

　　其一，1976 年陕西扶风法门镇云塘村 M13 的鬪卣 ④（图 9）铭文作"鬪作皇号日辛尊彝"（集成 5322），"皇号日辛"当读作"皇考日辛"。"号"从万得声，"万"即"主"，易为喻四（定母）阳部，主为照三（端母）侯部，考为溪母幽部。

　　其二，据传山西吉县、洪洞出土的杨伯簋 ⑤（图 10），"杨"字从木从号，隶定为"朹"。这个铭文的"号"形上下相连，整体字体略似"子"形，"日"形中间有一点。比如锡子仲濒儿匜（新收 1209），"锡"字的"易"形同样写作"弓"，读作"唐"。

　　其三，1977 年湖北枣阳王城镇杜家庄出土的阳飤生簋盖 ⑥（图 11），"阳"写作"弓"，从阜从子。曶鼎"文孝宪伯"（集成 2838），应读作"文考宪伯"。鲁伯念盨"皇孝皇母"（集成 4458），应读作"皇考皇母"。孝与考形近、声近、义近，可为通假。曾伯霖簠铭文有"用畚用享于我皇祖文考"（集成 4631）。金文辞例中"用孝用享"为常用语，"畚"当通"孝"。此字写作"畚"当从食声，子为精母之部，食为神母职部，之职对转，精神舌齿临纽。上博简《内礼》简 8"君子以成其羑"、简 9"羑子事父母以食"，"羑"从主得声，当读为"孝"。由于孝与考的通假关系，阳飤生簋的"阳"从万得声。

---

　　①　于省吾主编：《甲骨文字诂林》第三册，中华书局，1996 年，第 2184—2191 页。
　　②　马承源主编：《上海博物馆藏战国楚竹书（二）》，上海古籍出版社，2002 年，第 44、194—196 页。
　　③　李新魁：《潮音证古》(声母部分)，《李新魁音韵学论集》，汕头大学出版社，1997 年。
　　④　陕西周原考古队：《扶风云塘西周墓》，《文物》1980 年 4 期。
　　⑤　吴镇烽：《商周青铜器铭文暨图像集成》第 9 卷，上海古籍出版社，2012 年，第 71 页。
　　⑥　襄樊市博物馆：《湖北谷城、枣阳出土周代青铜器》，《考古》1987 年 5 期。

图 9　陕西扶风法门镇云塘村 M13 的闟卣和铭文拓片

图 10　传山西吉县、洪洞的杨伯簋和铭文拓片

图 11　湖北枣阳王城镇杜家庄的阳𩛢生簋盖和铭文拓片

图 12　台湾中研院历史语言研究所收藏的唐姬簋盖和铭文拓片

其四，台湾中研院历史语言研究所收藏的唐姬簋盖 [1]（图 12），唐字写作"□"，隶定作"䵎"，从爵从易。鲁侯爵铭文有"□觴"（集成 9096），"觴"字写作"□"，从角从丂。1993 年山西曲沃晋侯墓地 M31 出土有文王玉环 [2]，铭文称："文王卜曰：我□□（䵎、唐）人弓伐畺人。"此字从爵从卜形，从拓片来看爵形字不封口，摹本不太准确。杜伯盨（集成 4450）"祖考"的"考"字从卜形作"□"、沬伯疑壶（集成 5363）"厥考"的"考"字从卜形作"□"，两者相同。楚簋（集成 4247）"耖"字写作"□"，可知丂形的写法比较随意。上述例子均是卜、丂两形相讹，俱为丂声。觴、䵎从易得声，文献作唐。觃公簋作："王命易（唐）伯侯于晋。"[3] 晋公盆作"晋公曰：我皇祖䵎（唐）公膺受大命"（集成 10342）。由此可知"□"、"□"两字则是从丂声，读作易。

"□"的卜形，李鹏辉先生认为是"攴"省"又"保留了声符"卜"。这个字应该是从"丂"得声，还是从"卜"得声就在李文的考释中显得十分混乱。王正、雷建鸽两位先生认为是中形被"斤"从中间自上而下纵向劈开之形，是片字的异构。此说仍不准确，以斧斤断木是为"折"，通常写作"□"（集成 10173）或"□"（集成 9303）。"卜"形可变为二"卜"形作"□"（集成 2841），或是变为"阜"形作"□"（新收 636）、"□"（集成 2812）。汉隶将二"中"合并成"手"形，金文字形不乏从"卜"、从"阜"隶定为从"手"形的例子，夷伯夷簋"敢对陽王休"（周原 1763、1765），"扬"写作"□"；应侯视工簋"对陽天子休釐"（新收 79），"扬"写作"□"。

北京保利艺术博物馆藏的阳仲卣 [4]，"陽"字写作"□"，从口不从日。1977 年湖北枣阳王城镇杜家庄出土的阳飤生匜 [5]，"陽"字写作"□"，从土从八从易。2003 年陕西宝鸡眉县杨家村窖藏的四十二年逑鼎"余肇建长父侯于杨"（新收 745），"楊"字省日形写作"□"。通过这些例子说明，"易"的构形在金文中异构的情况较多。按照古文字省形不省声的原则，"□"可以看作从阜从易的陽，丂与易谐声通假。

二、商周时期的姒姓阳国

将"□"读为阳与"□"读为唐相区别，主要基于两个层面的考虑。其一，虽然古文字可以相互通假，但是同篇铭文书写两体表示不同的专字。例如扬鼎铭文称"唯王正月初吉丁亥，壃（阳）芈子嫛（扬）择其吉金，自作飤繁"（汇编 229）。"壃"字

---

① 吴镇烽：《商周青铜器铭文暨图像集成》第 10 卷，上海古籍出版社，2012 年，第 222 页。

② 山西省考古研究所、北京大学考古学系：《天马——曲村遗址北赵晋侯墓地第三次发掘》，《文物》1994 年 8 期。

③ 朱凤瀚：《觃公簋与唐伯侯于晋》，《考古》2007 年 3 期。

④ 保利艺术博物馆：《保利藏金（续）》，岭南美术出版社，2001 年，第 136 页。

⑤ 襄樊市博物馆：《湖北谷城、枣阳出土周代青铜器》，《考古》1987 年 5 期。

写作"■"，从阜从土昜声，表示国名。"嬝"字写作"■"，从女从手昜声，表示私名。1995 年河南登封市告成镇袁窑村 M3 出土的郑嬝叔之子宝登鼎 ①，私名写作"■"，隶定为"窑"，读作"宝"，有别于铭文套语"子子孙孙永宝用享"的通行字"■"。这些现象说明虽然金文中有不少通假字，但是同篇铭文表达不同含义的用字，文字构形是不同的。

其二，虽然阳、杨、唐可以相互通假，但是作为古国名却有书写的限定，与矢、虞、吴的情况相同。杨国的族姓按照文献和金文资料整理分为两类：（一）姞姓。山西曲沃晋侯墓地 M63 出土有两件杨姞壶 ②。李学勤先生认为宣王之前的杨国为姞姓 ③，其说可从。

（二）姬姓。《国语·郑语》记幽王八年的成周"西有虞、虢、晋、隗、霍、杨、魏、芮"，韦昭注"八国，姬姓也"。2003 年陕西眉县杨家村窖藏出土的四十二年逨鼎铭文有"余肇建长父侯于杨"（新收 745），与《新唐书·宰相世系表》所言"周宣王子尚父封为杨侯"的记载相合。近几年山西吉县、洪洞县附近出土的杨伯簋、杨伯壶 ④，说明杨国地域范围大致不出山西。

唐国的族姓按照文献和金文资料整理可以分为两类：（一）祈姓。皇甫谧《帝王世纪》云："帝尧陶唐氏，祁姓也。"《古本竹书纪年》记："（尧）有圣德，封于唐。"《左传·襄公二十四年》："昔匄之祖，自虞以上为陶唐氏，在夏为御龙氏，在商为豕韦氏，在周为唐杜氏，晋主夏盟为范氏。"《汉书·高帝纪》颜师古注曰："殷末豕韦徙国于唐。周成王灭唐，迁之于杜，为杜伯。"北京故宫博物院藏杜伯鬲铭文作"杜伯作叔祁尊鬲"（集成 698），还有"■公作杜祁奠铺"（集成 4684）和"□叔颂父作杜孟祁尊铺"⑤，可以证实杜国是祁姓唐国的徙封，杜地在今陕西西安长安区附近。传山西出土有唐男鼎 ⑥、唐邑司鼎 ⑦（图 13），器物年代为西周早期早段，铭文后缀有族徽"子黹"。说明晋侯燮父迁晋后，唐地可能成为晋国附庸的封邑。唐字写作"亯"，与阳史簋"亯姒"的写法相同。

（二）姬姓。《国语·郑语》韦昭注："应、蔡、随、唐，皆姬姓也。"《史记·楚世

---

① 郑州市文物考古研究所、登封市文物局：《河南登封告成东周墓地三号墓》，《文物》2006 年 4 期。

② 山西省考古研究所、北京大学考古学系：《天马—曲村遗址北赵晋侯墓地第四次发掘》，《文物》1994 年 8 期。

③ 李学勤：《续说晋侯邦父与杨姞》，《宝鸡文理学院学报》（社会科学版）2005 年第 25 卷第 6 期。

④ 吴镇烽：《商周青铜器铭文暨图像集成》第 22 卷，上海古籍出版社，2012 年，第 41 页。

⑤ 邓佩玲：《新见颂父铺与西周杜国古史探论》，《古文字研究》第二十八辑，中华书局，2010 年，第 222 页。

⑥ 吴镇烽：《商周青铜器铭文暨图像集成》第 4 卷，上海古籍出版社，2012 年，第 58 页。

⑦ 吴镇烽：《商周青铜器铭文暨图像集成》第 4 卷，上海古籍出版社，2012 年，第 89 页。

图 13 传山西的唐邑司鼎和铭文拓片

家》正义引《世本》曰："唐，姬姓之国。"《史记·晋世家》索隐："及成王灭唐之后，乃分徙之于许、郢之间，故《春秋》有唐成公是也，即今之唐州也。"中觯铭文"王大省公族于庚"，昭王时期唐国已经位居南土，属于"汉阳诸姬"之一。1983—1986年陕西西安市长安区马王镇张家坡 M319 的唐仲鼎①（图 14），以及传世的唐姬簋、唐仲多壶②，器物年代都在西周晚期，唐字均写作"𧜀"。春秋时期唐国属于楚国的附庸，2002 年湖北郧县五峰乡肖家河 M1 出土有唐子仲濒儿瓶（图 15）、唐子仲濒儿盘和唐子仲濒儿匜③，2006 年湖北郧县五峰乡肖家河 M5 出土有唐子斨戈④。这些器物年代都在春秋晚期，唐字均写作"𧜀"。吴师入郢，唐侯叛楚，秦楚联军大败吴师，春秋晚期唐国即被楚国所灭。

阳史簋铭文称阳史为出嫁的女儿唐姒作媵器，姒姓的杨国或唐国与文献和金文资料无征。根据同姓不婚的原则，阳国与杨国、唐国的族姓有别。按照金文辞例女姓前多冠以夫国族氏名，比如"蔡侯作宋姬媵鼎"（新收 1905），"邓公作应嫚毗媵簋"（集

---

① 中国科学院考古研究所：《长安张家坡西周铜器群》，科学出版社，1965 年，第 138 页。

② 吴镇烽：《商周青铜器铭文暨图像集成》第 22 卷，上海古籍出版社，2012 年，第 48 页。

③ 郧县博物馆：《湖北郧县肖家河出土春秋唐国铜器》，《江汉考古》2003 年 1 期。

④ 湖北省文物考古研究所、湖北省文物局南北水调办公室：《湖北郧县乔家院春秋殉人墓》，《考古》2008 年 4 期。

图 14　陕西长安马王镇张家坡 M319 的唐仲鼎和铭文拓片

图 15　湖北郧县五峰乡肖家河 M1 的唐子仲濒儿瓶和铭文拓片

图 16　日本大阪私人收藏的阳小叔毁父鼎和铭文拓片

成 3775），"鲁伯愈父作邾姬仁媵沫盘"（集成 10113）等等。阳史簋的铭文说明西周时期有一个妘姓的阳国。

日本大阪私人收藏有一件阳小叔毁父鼎①（图 16），此器通高 29 厘米，立耳，半球形腹，马蹄形足，腹部饰窃曲纹和波曲纹，是典型的周文化器物，其年代在两周之际。其铭文称："唯王正月吉日丁丑，陽（阳）小叔毁父作恭叔姬宝鼎，其万年无疆，子子孙孙永宝用飨。""阳小叔"为阳国公室，"恭叔姬"为谥号"恭"的姬姓女子，应当是毁父的母亲或妻子。

上海博物馆收藏的叔姬鼎（图 17），通高 31.9 厘米、口径 31.3 厘米，重 11.7 千克。立耳粗壮，腹部略有扁宽，马蹄形足中空，足底外侈较大，腹上部装饰窃曲纹。此器虽然有西周晚期的遗风，但是马蹄足的样式多见于春秋早期。叔姬鼎内壁铸铭文："叔姬作陽（阳）伯旅鼎，永用。"相似的铭文辞例还有 2006 年陕西韩城梁带村 M26 的仲姜鼎②，铭文称"仲姜作为桓公尊鼎"。同样是妻子为丈夫作器，反映了阳国与姬姓贵族通婚是比较普遍的现象。文献所载江汉地区的唐国为姬姓，金文写作从阜从易的"陽"是不能够通假为"唐"。

①　吴镇烽：《商周青铜器铭文暨图像集成续编》第 1 卷，上海古籍出版社，2016 年，第 264 页。
②　陕西省考古研究所、渭南市文物保护考古研究所、韩城市文物旅游局：《陕西韩城梁带村遗址 M26 发掘简报》，《文物》2008 年 1 期。

图 17　上海博物馆收藏的叔姬鼎和铭文拓片

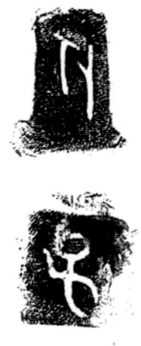

图 18　河南舞阳吴城北高村的卪子爵和铭文拓片

1983 年河南舞阳吴城北高村出土一件丂子爵 ①（图 18），在柱和口沿分别有一字铭文。丂字作"ʡ"，与丂史簋恰好为反书，应当称为"阳子"。舞阳市吴城镇距离应国墓地所在的平顶山市新华区薛庄乡滍阳岭仅八十多公里，两者距离非常近，秦汉时期同属颍川郡。《史记·秦始皇本纪》载："十七年，内史腾攻韩，得韩王安，尽纳其地，以其地为郡，命曰颍川。"颍川郡的治所在阳翟，今河南禹州。《史记·货殖列传》载："颍川、南阳夏人之居也"。

阳子爵的图片不甚清楚，按照文章描述"深腹，腹壁较直，圜底下有三个三角形尖刀状足，一侧有兽面鋬，腹部有弦纹二道"，并将之定在商代晚期。通常所见商晚期的青铜爵都有比较复杂的装饰。此器除了

图 19　山东滕州前掌大 M110 的史嫛爵

二道弦纹外，通体素面的特点比较符合西周早期纹样转向朴素的趋势。1994 年山东滕州前掌大墓地 M21 的父丁爵和 M110 的史嫛爵 ②（图 19），与阳子爵的形制、纹饰基本相同。前掌大 M21 和 M110 属于二期墓葬，时代为西周早期早段。相似的器物还见于宝鸡弜国墓地、北京琉璃河燕国墓地。颍水上游的登封王城岗可能就是文献记载大禹所居的阳城，阳子爵的发现正好佐证了西周早期的颍川地区有一支姒姓的阳族。

传世敔簋铭文记载南淮夷侵伐至洛水流域，"王令敔追拦于上洛"。敔大捷，周王"锡田于敔五十田，于易五十田"（集成 4323）。"易"字摹本写作"ʢ"，与前述杨伯簋的"杨"字写法相同。此字省木形，当隶定为"易"，读作"阳"。1986 年河南平顶山应国墓地 M95 出土有两件敔簋 ③，铭文称"唯八月初吉丁丑，公作敔尊簋，敔用锡眉寿永令，子子孙孙永宝用享"。传世器敔簋（图 20）圈足下附三足，上腹部饰窃曲纹，其下饰瓦棱纹。应国墓地 M95 的两件敔簋（图 21）同样是圈三足簋，附耳作大兽首形，盖面和腹部饰有相同波曲纹。这座墓葬同出的还有两件敔鼎（图 22），铭文与敔簋相同，鼎的腹部显得横宽，圜底下置三蹄足，上腹部饰三组以扉棱为界的分解兽面纹，其下饰一周凸弦纹。敔鼎的形制与 1980 年陕西扶风召陈窖藏出土夷王

①　朱帜：《河南舞阳县吴城北遗址出土铜爵》，《考古》1984 年 5 期。
②　中国社会科学院考古研究所：《滕州前掌大墓地》，文物出版社，2005 年。
③　汤淑君：《平顶山应国墓地出土青铜器鉴赏》，《中原文物》2001 年 3 期。

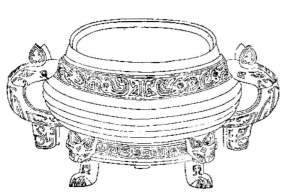

图 20　《博古图》16.36 敔簋和铭文摹本

图 21　河南平顶山 M95 的敔簋和铭文拓片

时期的散伯车父鼎 [1]、上海博物馆收藏厉王时期的史颂鼎 [2]（图 23）相似，波曲纹和分解兽面纹又见于孝王时期的大克鼎，由此表明应国墓地 M95 的年代大体在西周中晚期之际。传器敔簋的铭文书体与 M95 敔簋相似，比如"尊"字上面两撇分离，"宝"字贝形封口有两竖等。所以传器敔簋与应国墓地 M95 的敔器年代一致，两者可能为

①　史言：《扶风庄白大队出土的一批西周铜器》，《文物》1972 年 6 期。
②　陈佩芬：《夏商周青铜器研究·西周篇》，上海古籍出版社，2004 年，第 407 页。

图 22　河南平顶山 M95 的敔鼎　　　　　图 23　上海博物馆收藏的史颂鼎

同一人。

考古报告称"敔鼎和敔簋是在一座带有斜坡墓道的甲字形墓（M95）中出土"[1]，说明墓主人的身份地位非同一般。敔鼎和敔簋铭文称"公作敔尊簋，敔用锡眉寿永命"，此公当指应公，是为生人作器。由此可知，敔为应国宗室成员，与应公或为叔父辈，或为兄弟辈，死后用以高规格的葬制。传世敔簋讲"王令敔追拦于上洛"，表明南淮夷已经打到洛水上游地区。那么，这场叛乱极有可能与盘踞在南阳的鄂侯驭方有关。从南阳经浙水可达上洛，处于东侧的应国出兵正好起到"追拦"的作用。敔有战功，周王所赐之阳田在应国附近，即颍川地区的阳田。

私人收藏有一件率鼎[2]（图 24），铭文记："唯王三月初吉，东宫右率入门立中廷，北向，王命率鞄铍、金车、旂，用司耂卓、陽（阳）人。用作宝鼎，其子孙其永宝用。"此器通高 18.5 厘米、口径 24 厘米，腹部横宽，鼓腹下垂，颈部两侧设附耳，兽首足较短，柱足内侧平直。率鼎的形制与上海博物馆收藏恭王时期的七年趞曹鼎[3] 相近，颈部装饰的 S 形顾龙纹也是穆恭时期流行的纹饰。但是七年趞曹鼎的腹部更宽更浅，率鼎年代应为穆王后期。铭文所记周王命率管理耂卓和阳人。《史记·秦本纪》记庄襄王元年："东周君与诸侯谋秦，秦使相国吕不韦诛之，尽入其国。秦不绝其祀，

①　汤淑君：《平顶山应国墓地出土青铜器鉴赏》，《中原文物》2001 年 3 期。
②　吴镇烽：《商周青铜器铭文暨图像集成续编》第 1 卷，上海古籍出版社，2016 年，第 276 页。
③　陈佩芬：《夏商周青铜器研究·西周篇》，上海古籍出版社，2004 年，第 228 页。

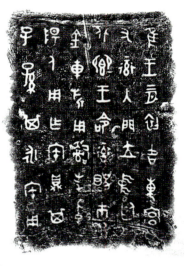

图 24　私人收藏的率鼎和铭文拓片

图 25　北京保利艺术博物馆收藏的阳仲卣和铭文拓片

图 26　上海博物馆收藏的阳叔盨和铭文拓片

以阳人地赐周君，奉其祭祀。"集解引《汉书·地理志》："河南梁县有阳人聚。"其地在今河南汝州市西四十里。

西周阳国的宗室青铜器除了上文提到的"阳伯"、"阳小叔"，所知还有"阳仲"、"阳叔"，简要介绍如下：

北京保利艺术博物馆收藏的阳仲卣（图 25），通高 26 厘米、口径 11.5 厘米，重 3.56 千克。横截面呈椭方形，盖面隆起，长子口，颈部两侧设兽首套铸提梁，腹部下垂。盖面和腹部饰兽面纹，主纹两侧各饰有伫立的鸟纹和龙纹。盖沿、颈部和圈足所饰的龙纹，龙首有后卷的冠羽，龙尾下垂的样式比较特殊。提梁饰蝉纹，两端的兽首大弯角下垂。通体以云雷纹为地纹，四壁均匀设置有钩曲状的扉棱。此器腹部的最大径靠近圈足，相比于上海博物馆收藏的保卣 ①、陕西扶风庄白一号窖藏的商卣 ② 年代略晚。提梁两端的大弯角兽首与扶风庄白一号窖藏的折觥 ③ 相同，所以年代在西周早期晚段。阳仲卣器、盖同铭："陽（阳）仲作宝尊彝。"

上海博物馆收藏的阳叔盨（图 26），通高 14.9 厘米、口长 23.5 厘米、口宽 16.1 厘米，重 3.36 千克。失盖，腹上部两侧设附耳，腹壁较直，圈足稍外侈，四面有缺口。腹部装饰 G 形窃曲纹和瓦棱纹，圈足装饰垂鳞纹。此器具有周文化的典型特征，与 1940 年陕西扶风法门寺任村窖藏的梁其盨相似，年代在西周晚期早段。阳叔盨内底铸铭文："昜（阳）叔作旅盨，其子子孙孙永宝用享。"

---

①　陈佩芬：《夏商周青铜器研究·西周篇》，上海古籍出版社，2004 年，第 160 页。

②③　陕西周原考古队：《陕西扶风庄白一号西周青铜器窖藏发掘简报》，《文物》1978 年 3 期。

图 27　上海博物馆收藏的阳尹簋和铭文拓片

图 28　北京故宫博物院收藏的阳旁簋和铭文拓片

　　阳国的职官铭文除了本文所讲的"阳史"，所知还有"阳尹"。上海博物馆收藏的阳尹簋（图 27），通高 8.9 厘米、口径 21.2 厘米，重 1.3 千克。侈口卷唇，腹部宽侈，鼓腹下置圈足，两侧的附耳尚未超过口沿，通体素面。此器形制非常特殊，与 1972年陕西扶风法门镇刘家村出土的虘簋①相近，但是虘簋腹部不如阳尹簋宽侈，直颈圆

_____

　　①　曹玮：《周原出土青铜器》第六卷，巴蜀书社，2005 年，第 1164 页。

图 29　湖北枣阳市王城镇杜家庄的阳飤生匜和铭文拓片

肩的样式也有差异。附耳长度的变化是一个重要特征，上海博物馆收藏的晋韦父盘①
附耳稍稍超出口沿，年代为西周中期早段。因此阳尹簋的年代应当在昭穆之际，内底
铸铭文"陽（阳）尹作厥旅簋"。

　　阳国族氏的青铜器还有北京故宫博物院收藏的阳旁簋②（图 28），通高 14.3 厘米、
口径 29.2 厘米，重 2.7 千克。侈口卷唇，鼓腹略下垂，下置高圈足，两侧设大兽首
耳，下有钩状垂珥。颈部饰相对的顾首龙纹，龙首垂冠，龙体较长，圈足饰斜三角云
目纹。此器年代为西周中期早段，内底铸铭文："易（阳）旁曰：遣叔休于小臣贝三
朋、臣三家。对厥休，用作父丁尊彝。"阳旁簋的铭文记载受到遣叔赏赐，为父丁作
器，说明阳氏为非姬姓贵族，又从铭文辞例印证阳国为非姬姓封国。

　　1977 年湖北枣阳市王城镇杜家庄出土阳飤生簋盖和阳飤生匜③。阳飤生簋盖通
高 5.8 厘米、口径 19.4 厘米。盖沿有兽首小卡扣，盖面饰瓦棱纹。盖内铸铭文："陽
（阳）飤生自作尊簋，用锡眉寿，万年子子孙孙永宝用享。"阳飤生匜（图 29）通高
15.5 厘米、通长 27.7 厘米。流口上翘，后置兽首形鋬，兽首衔住口沿，下置四条龙形
扁足。口沿饰重环纹，腹部饰瓦棱纹。此器与 1974 年陕西蓝田指甲湾村出土的宗仲
匜④相同，器内底铸铭文："場（阳）飤生自作宝匜，用锡眉寿，用享。""阳飤生"可
以读作"阳飤甥"，类似辞例还有"城虢遣生"（集成 3866）、"番匊生"（集成 9705）
等。因此，"阳飤生"的母家是阳国，严格意义上来说并非阳国族氏，所以阳飤生器

①　周亚：《晋韦父盘与盘盉组合的相关问题》，《文物》2004 年 2 期。

②　故宫博物院：《故宫青铜器》，紫禁城出版社，1999 年，第 135 页。

③　襄樊市博物馆：《湖北谷城、枣阳出土周代青铜器》，《考古》1987 年 5 期。

④　吴镇烽、朱捷元、尚志儒：《陕西永寿、蓝田出土西周青铜器》，《考古》1979 年 2 期。

的出土地并不能说明阳国的地域范围。

　　杨宽认为西周时期的阳国为姬姓封国，在今山东沂南县南。①《春秋·闵公二年》："齐人迁阳。"杜注："阳，国名。"孔疏："《世本》无有阳国，不知何姓。杜《氏族谱》、《土地名》阙，不知所在。"顾栋高《春秋大事表》称"姬姓"，洪亮吉《春秋左传诂》称"偃姓"。《水经注·沂水》："沂水又南径阳都县故城东，县故阳国也。"根据金文材料可知，阳国与姬姓贵族通婚的情况较多，作器祭祀的先祖有日名，所以阳国并不是姬姓诸侯国，并且山东地区至今也没有发现过阳国青铜器。

　　《路史》称阳氏"夏禹之裔"。《史记·夏本纪》正义："夏桀之居，左河济，右太华，伊阙在其南，羊肠在其北。"说明夏代的活动中心是以嵩山为中心的伊河、洛河流域和颍河、汝河上游及其周围地区。《逸周书·史记解》："昔阳氏之君，自伐而好变，事无故业，官无定位，民运于下，阳氏以亡。"潘振云："《淮南子》：'武王伐纣，渡于孟津，阳侯之波，逆流而击，阳侯溺水，其神能为大波。'孟津，今河南怀庆府孟县。阳氏即阳侯与？其国在孟津与？"陈汉章云："阳氏即有易。《大荒东经》：'王亥托于有易、河伯仆牛，有易杀王亥，取仆牛。'……郭注引《汲郡竹书》曰：'殷王子亥宾于有易而淫焉，有易之君绵臣杀而放之。是故殷上甲微假师于河伯以伐有易，灭之，遂杀其君绵臣也。'……此经'陽'字本作'易'，与'易'形近，二字声亦相转。"②

　　楚简的"易"写作"🦴"（郭店·老子甲25）、"🦴"（郭店·语丛1.36），"易"写作"🦴"（包山2.2）、"🦴"（郭店·太一2），两字写法判然有别。清华简《保训》："昔微假中于河，以复有易，有易服厥罪。"③ "易"简文写作"🦴"，说明汲冢竹书的记载可能是正确的，"有易"并非是"有易"的讹混。《楚辞·天问》作"有扈"，所记同样为王亥之事。王国维认为"有扈"乃"有易"之误，并推测"其国当在大河之北，或易水左右"。④

　　殷墟甲骨卜辞有"易地"，

　　　　甲戌卜，宾，贞在易牧获羌。（珠758）

裴锡圭先生指出"在某牧"与"在某田"的性质一样，是商王指派到某地主管畜牧业的官员。⑤《竹书纪年》武乙三十四年周王季朝商，"太丁四年，周人伐余无之戎，克

---

　　①　杨宽：《古史探微》，上海人民出版社，2016年，第235页。

　　②　黄怀信、张懋镕、田旭东：《逸周书汇校集注》，上海古籍出版社，2007年，第963—964页。

　　③　李学勤：《清华大学藏战国竹简（壹）》，中西书局，2010年，第143页。

　　④　王国维：《殷卜辞中所见殷先公先王考》，《观堂集林》卷九，中华书局，2004年。

　　⑤　裴锡圭：《甲骨卜辞中所见"田"、"牧"、"卫"等职官的研究——兼论侯、甸、男、卫等几种诸侯的起源》，《古代文史研究新探》，江苏古籍出版社，1992年，第343—365页。

之。周王季命为殷牧师"。《逸周书·度邑解》："维王克殷，国君诸侯、乃厥献民征主、九牧之师见王于殷郊。"因此，牧官未必是畜牧业的管理人员。由于商人的外服是与敌族犬牙交错共处的，牧官实际上是以诸侯名义管理地区行政与边境安全。

卜辞中易牧与羌人比邻，相关辞例显示易地在晋南地区。

> ……自垔友唐，舌方围……戋舌、示、易，戊申亦有来……自西，告牛家……（合集 6063）

垔友唐是长子族的将领，长子在翼城东北方向，以晋东南长子县为中心。舌、示、易三地并举，相距不远。卜辞还有：

> 王占曰："有祟，其有来艰。"迄至七日己巳允有来艰自西。垔友角告曰："舌方出，侵我示、纂田七十人五。"
>
> 癸巳卜，㱿，贞旬亡祸。王占曰："有［祟］，其有来艰。"迄至五日丁酉允有来［艰自］西。沚䝼告曰："土方围于我东啚，［戋］二邑，舌方亦侵我西啚田。"（合集 6057）

舌方所侵西啚田为示田和纂田。郑杰祥先生认为示地即春秋时期晋国祈地（今祁县东南约 3 公里），易即战国时期魏国的阳邑（今太谷县东阳邑镇）。[①]"舌方"在山西中北部，"舌"是晋西南的商属地，"示"在长子以西，"易"当在"舌"、"示"之间，可能就是文献记载古沁水流域的阳邑。

《国语·周语》云："王至自郑，以阳樊赐晋文公。阳人不服，晋侯围之。"韦昭注："阳樊，二邑在畿内也。"《史记·晋世家》"晋乃发兵至阳樊"，集解引服虔曰："阳樊，周地。阳，邑名也，樊仲山之所居，故曰阳樊。"《国语·晋语》又有"阳有夏、商之嗣典，有周室之师旅，樊仲之官守焉"。可知，阳邑与夏、商两代关系密切，春秋早期仍是周王朝的畿内封邑。《左传·隐公十一年》杜注"一名阳樊，野王县西南有阳城"，即今河南沁阳。杨伯峻注："今济源县东南约二十里有古阳城，当即其地。"《水经注·济水》"溴水"条云："溴水又东南径阳城东，与南源合。水出阳城南溪，阳亦樊也，一曰阳樊。"《左传·成公十一年》"周公楚恶惠、襄之逼也，且与伯与争政，不胜，怒而出。及阳樊，王使刘子复之，盟于鄟而入。三日，复出奔晋"。文献记载表明阳樊当位于晋周通道之上，并不是《后汉书·郡国志》、《晋书·地理志》所言的修武县。

太行八陉最南端的轵关陉在今济源市西北，第二陉太行陉在沁阳市以北，由轵关陉、太行陉北上则进入今山西阳城县地区，在当时是重要的南北通道。《左传·僖公

---

① 郑杰祥：《商代地理概论》，中州古籍出版社，1994 年，第 302—303 页。

二十五年》："（周）与之阳樊、温、原、攒茅之田。晋于是始启南阳。"《吕氏春秋·去私篇》"南阳无令"，高诱注："南阳，晋山阳河北之邑，今河内温、阳樊、州之属皆是也。"《水经·清水注》引马融曰："晋地自朝歌以南至轵为南阳。"杨伯峻注："轵，今济源县东南十三里轵城镇，则南阳大约即河南省新乡地区所辖境，亦阳樊诸邑所在地。其地在黄河之北、太行之南，故晋名之曰南阳。"

殷墟甲骨卜辞还有"丂地"，其地在长子族周边，与舌地毗邻，卜辞有：

> 辛未，贞在丂牧来告辰，卫其比史，受……（合集 32616）
> 癸丑［卜，在］长……步……
> □□卜，在丂……王步於……亡灾（合集 36777）
> 贞……奠……以刍……于丂（合集 101）
> 丁酉卜，争，贞在丂，妥来……二人延……丁用（合集 228）
> □□卜，戈在丂徴（牧）（合集 35240）

同版卜辞中商王先到"长"，再到"丂"，可知丂地距长子不远。"奠舌"是指在舌地置奠，商代通常在附属国族置"奠"建立行政区，即后来的"甸"，舌地与丂地相距亦不远。根据上述卜辞，"易牧"出现于一期，"丂牧"出现于四期，两地的方位可以重合，基本都在长子和舌之间，或许可以为甲骨文"易"字简写成"丂"字增添旁证。

殷墟一期卜辞还有"易国"，首领称伯，与商王室的关系友好。卜辞反映易伯为商王打仗和入贡龟甲：

> 己巳卜，㱿，贞王惟易伯犾钍（英 197）
> 辛亥卜，㱿，贞王惟易伯犾比（合集 6460）
> 庚午卜，争，贞王惟易伯犾岁（合集 7411）
> 贞辜弗其以易刍（合集 3389）
> 易入廿（丙 6）

犾是易伯的私名，钍为动词，可能代表一种征伐前的准备工作。《淮南子·览冥篇》记有："武王伐纣，渡于孟津。阳侯之波，逆流而击，疾风晦冥，人马不相见。"高诱注："阳侯，陵阳国侯也。其国近水，溺水而死。其神能为大波，有所伤害，因谓之阳侯之波。"潘振云："孟津，今河南怀庆府孟县。"《世本·氏姓篇》："阳氏，阳侯之后。"宋忠注："阳侯，伏羲之臣，盖大江之神者。"《史记·周本纪》记载武王十二年，"师毕渡孟津，诸侯咸会"。孟津为武王伐纣北渡黄河的必经之路，其地邻近济源县、沁阳县。通过甲骨卜辞和文献资料可知，商晚期晋南地区有易地，西周、春秋时期太行山以南、黄河以北有阳邑。阳国大致在秦汉时期的颍川郡，这里是姒姓夏后裔的故地。

三、结　语

　　综上所述，丂史簋应当读作阳史簋。丂即示，与主本为同源字。随着语音的分化，丂、昜皆从主得声，这种情况也就是林沄先生提出的同源字所谓的"一形多读"。① "昜"字从日从示当为会意字，在文字发展的过程中，会意字的部分结构改变为声符，并且具有了通假和省形的字例。金文中"阳"、"杨"、"唐"三者作为国族互不混淆。"阳"字写作"昜"，从阜写作"陽"，从土写作"場"，从阜从土写作"𨹕"。"杨"字从木写作"楊"。"唐"字从宝盖写作"𡩋"，从爵写作"𣝅"，从牛写作"犝"。阳氏为姒姓，从青铜器铭文可知祭祀先人有日名，并且与姬姓贵族通婚。阳国宗室青铜器铭文所见有"阳子"、"阳伯"、"阳仲"、"阳叔"、"阳小叔"等，时代从西周早期延续至西周晚期。根据甲骨卜辞和文献资料，大致推测阳氏最初居于黄河以北、太行山南北两侧，商晚期南迁至伊洛流域。西周时期的阳国主要居于颍水、汝水上游地区，与应国的关系比较密切。

2016 年 8 月完稿

2019 年 9 月修订

（原载《商周青铜器与先秦史研究论丛》，科学出版社，2017 年）

---

　　① 　林沄：《王、士同源及相关问题》，《林沄学术文集》，中国大百科全书出版社，1998 年。

从芮国青铜器看芮国的婚媾与邦国关系

芮国为周畿内之姬姓小国。据记载，成康时期芮伯的地位仅次于召公和毕公，是周王室重要的辅政大臣。西周末年，随着北方戎狄势力的逼迫，周王室和畿内小国开始东迁。2005 年陕西韩城梁带村发现芮国墓地，以 M27^①、M26^②、M19^③ 和 M28^④ 出土器物的年代作为标尺，使得早年流传的芮国青铜器与史料记载相互联系。通过传世器与梁带村芮国墓地的考古发现，可以窥知两周之际芮国与其他诸侯国的政治交往和婚姻关系，以及军事征伐对芮国产生的深刻影响。

一、两周之际的芮公器与芮桓公谥称之缘由

北宋时期就有芮国青铜器流传于世，吕大临《考古图》著录的芮公簋（图 1），谓"咸平年，同州民汤善德获于河滨，以献此器"。这是以往所知最早有出土地点的芮公器。清代又有大量芮公器出现，多为清宫旧藏。

《史记·秦本纪》："梁伯、芮伯来朝。"索引云："芮国在冯翊临晋。"《汉书·地理志》："临晋，故大荔，秦获之，更名。有河水祠。芮乡，故芮国，莽曰监晋。"正义引《括地志》谓："南芮乡，故城在同州朝邑县南三十里，又有北芮城，皆古芮伯国。"历代文献皆称今陕西大荔县为芮国故地，又是同州治所所在地。据此，以前学者多认同芮公簋即为大荔所出。然而同州所辖并非只有大荔，仅以同州之名就断定为大荔略显武断。

关于同州的沿革和治辖比较准确的还得看宋人的记载。欧阳忞《舆地广记》同州条下："周为芮伯韩侯国。春秋时属秦、晋。战国时属秦、魏。秦属内史。项羽分属塞国。汉高帝置河上郡，景帝分为左内史，武帝改为左冯翊。东汉因之。魏除'左'字，但为冯翊郡。晋及元魏皆因之，兼置华州。西魏改曰同州，取《禹贡》所谓'漆

---

① 陕西省考古研究院、渭南市文物保护考古研究所、韩城市文物旅游局：《陕西韩城梁带村遗址 M27 发掘简报》，《考古与文物》2007 年 6 期。

② 陕西省考古研究所、渭南市文物保护考古研究所、韩城市文物旅游局：《陕西韩城梁带村遗址 M26 发掘简报》，《文物》2008 年 1 期。

③ 陕西省考古研究所、渭南市文物保护考古研究所、韩城市文物旅游局：《陕西韩城梁带村遗址 M19 发掘简报》，《考古与文物》2007 年 2 期。

④ 陕西省考古研究院：《陕西韩城市梁带村芮国墓地 M28 的发掘》，《考古》2009 年 4 期。

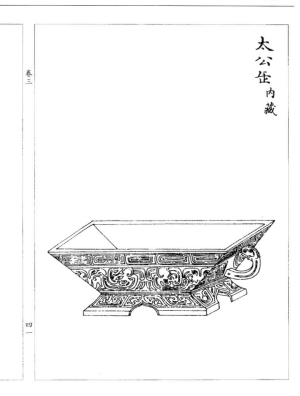

太公垕内藏

右得於馮翊以秦尺黍量校之縮尺有六寸衡尺有四
寸四分深三寸下狹容二斗銘十有二字
按舊圖云咸平年同州民湯善德獲於河濱以獻此器
與後所圖匜中及史剌二器形制全相類銘皆從匜
而丈不同此器從匜匜中器從夫史剌器從古亦
（同音　方方）
甾字匜字即古簋字匜與簋聲相近又形制皆如簋而
方文雖不同疑皆簋也

卷三　四一

太公作盤簋
寶匜在子紋孫
永寶用享

卷三　四二

图1　《考古图》3.41 芮公簋

图 2   台北故宫博物院收藏的芮公鼎（甲）和铭文拓片

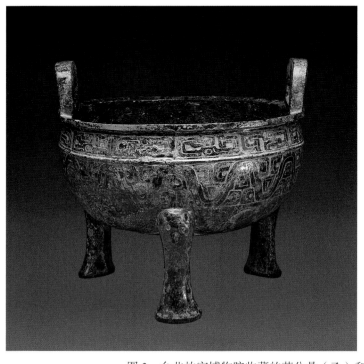

图 3   台北故宫博物院收藏的芮公鼎（乙）和铭文拓片

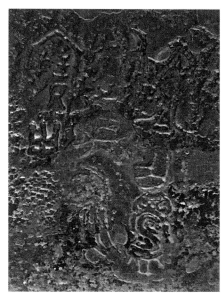

图 4　瑞典斯德哥尔摩远东古物馆收藏的芮公鼎（丙）和铭文

沮既从，沣水攸同'以名焉。隋初郡废，大业州废，复置冯翊郡。唐武德元年曰同州，天宝元年曰冯翊郡。梁曰忠武军。皇朝太平兴国七年升定国军。今县六：冯翊县、澄城县、朝邑县、郃阳县、白水县、韩城县。"[①] 冯翊县即今之大荔县，为同州治所。又有宋代名臣包拯所写《请罢同州韩城县铁冶务人口疏》，宋人认为韩城在同州辖区之内。自从梁带村芮国墓地发现以来，开始怀疑早年误判为大荔所出的芮公器极有可能是出土于韩城。

　　根据目前所见资料，传世和出土的两周之际芮公器（铭文称为"芮公"）数量不少，器类主要有鼎、簋、鬲、簠、壶、戈、钟及钟钩。[②]

　　鼎　A组，4件。形制、纹饰和铭文均同，唯有大小不同，当为一组列鼎。这组器物旧藏于清宫，其中两件现藏于台北故宫博物院，鼎甲 [③]（图 2）通高 34.4 厘米、口径 34.6 厘米、腹深 16.5 厘米，重 13.8 千克；鼎乙 [④]（图 3）通高 31.8 厘米、口径 32.3 厘米、腹深 15.9 厘米，重 11.8 千克。一件现藏于瑞典斯德哥尔摩远东古物馆，鼎丙 [⑤]（图 4）通高 29 厘米、口径 30 厘米，重 11.2 千克。一件为乌程顾寿藏旧藏，2019 年

① （宋）欧阳忞：《舆地广记》，四川大学出版社，2003 年，第 372 页。

② 2017 年陕西澄城刘家洼芮国墓地出土的"芮公"、"芮定公"、"芮太子白"等铭文青铜器，年代为春秋早、中期之际，不在本文所讨论的时间范围。

③ 台北故宫博物院：《故宫西周金文录》，台北故宫博物院，2001 年，第 152 页。

④ 台北故宫博物院：《故宫西周金文录》，台北故宫博物院，2001 年，第 153 页。

⑤ 范季融、周亚：《西清古鉴今访·宫外卷》，胡盈莹·范季融基金会，2020 年，第 55 页。

图 5　西泠印社的芮公鼎（丁）和铭文拓片

浙江杭州西泠印社拍卖，鼎丁①（图 5）通高 28 厘米。此组芮公鼎口径稍大于通高，口沿有一对立耳，颈部微束，鼓腹圜底，下置细长的蹄形足。颈部饰一周 G 形窃曲纹，腹部饰波曲纹。腹内壁铸铭文九字"芮公作铸从鼎永宝用。"

　　B 组，1 件。日本出光美术馆收藏的芮公鼎②（图 6），通高 31.3 厘米、口径 34 厘米。此器颈部收束，两侧设有一对附耳，腹部圆鼓，外附粗壮的蹄形足。颈部饰 G 形窃曲纹，腹部饰波曲纹。腹内壁铸铭文十二字"芮公作铸飤鼎子孙永宝用享。"

　　韩城梁带村 M27 出土有一组七件列鼎（图 7）大小依次递减，最大者通高 32.3 厘米、口径 37.5 厘米，最小者通高 22.4 厘米、口径 27 厘米。此组器物为宽斜沿，腹部较浅，两侧设一对附耳，圜底外附马蹄形足，足底外侈，内侧平齐，仅在上腹部饰一周 G 形窃曲纹。根据张天恩先生的分析，这组列鼎的时代大约在春秋早期中段的三十余年。③ 相比较而言，A 组鼎和 B 组鼎年代均早于 M27 列鼎。A 组芮公鼎的腹部较

---

①　西泠印社：《2019 年秋季十五周年拍卖会（中国历代青铜器专场）》3584，西泠印社，2019 年。

②　中国青铜器全集编辑委员会：《中国青铜器全集·6》，文物出版社，1996 年，第 118 页。

③　张天恩：《芮国史事与考古发现的局部整合》，《文物》2010 年 6 期。

图 6　日本出光美术馆收藏的芮公鼎和铭文拓片

宽，形制接近于宣王时代的虢文公子　鼎 ①（图 8）。蹄形足的根部虽已鼓起，然中间平直微有弯曲，足部下端外侈较缓。这种特点与 1975 年董家村窖藏出土的此鼎 ②，以及上海博物馆所藏晋侯苏鼎 ③ 的蹄形足相似。B 组芮公鼎的深腹圆鼓与三门峡虢国墓地 M1743 的窃曲纹鼎 ④（图 9）相同，年代不晚于春秋早期早段。蹄形足外附和足底外侈的特征与 M27 列鼎相似，说明两者时代比较接近。

　　簋　A 组，3 件。形制、纹饰和铭文均同。这组器物旧藏于清宫，《西清古鉴》著录的器盖齐全，仅有盖铭。其中两件散佚不知下落，一件现藏于台北故宫博物院。这件芮公簋 ⑤（图 10）通高 21.4 厘米、口径 19.1 厘米、腹深 11.9 厘米，重 6.8 千克。盖沿下折，盖顶设圈形捉手。鼓腹，两侧设一对螺旋角的兽首附耳，无垂珥，圈足下设

---

　　① 故宫博物院：《故宫青铜器》，紫禁城出版社，1999 年，第 198 页。

　　② 岐山县文化馆、陕西省文管会：《陕西省岐山县董家村西周铜器窖穴发掘简报》，《文物》1976年 5 期。

　　③ 上海博物馆：《晋国奇珍——山西晋侯墓群出土文物精品》，上海人民美术出版社，2002 年，第101 页。

　　④ 中国科学院考古研究所：《上村岭虢国墓地》，科学出版社，1959 年，第 13 页。

　　⑤ 陈芳妹：《商周青铜粢盛器特展图录》，台北故宫博物院，1994 年，第 339 页。

图 7　陕西韩城梁带村 M27 的窃曲纹鼎

图 8　北京故宫博物院收藏的虢文公子饺鼎

图 9　河南三门峡 M1743 的窃曲纹鼎

三个兽形扁足。盖缘和口沿下装饰 S 形窃曲纹，盖面和腹部饰瓦纹，圈足饰垂鳞纹。在盖顶捉手内铸铭文九字"芮公作铸从簋永宝用"，腹内底无铭文。从铭文的字形书体和辞例格式判断，A组芮公簋与 A 组芮公鼎为同时制作的器物。

B 组，6 件。韩城梁带村 M27 出土一组六件芮公簋大小基本相同，其中一件芮公簋（图 11）通高 23.3 厘米、口径 20.5 厘米，重 7.6 千克。器物形制、纹饰与 A 组芮公簋基本相同，但是盖缘无折沿，盖缘和口沿下装饰 G 形窃曲纹。芮公簋器、盖同铭，盖铭在捉手之内，器铭在内底铸有六字"芮公作为旅簋"。在捉手内铸铭文的情况比较少见，大致从西周中期开始出现，主要表现为竖行书写的格式。B 组簋的铭文为旋转式，所以 A 组簋的行款格式更接近于西周时期的特征。

鬲　A 组，3 件。形制、纹饰和铭文内容相同，字数略有差异。此组芮公鬲为宽平沿、束颈、弧裆、鼓腹下置三个矮蹄足。腹部设有弧形扉棱，腹上部饰交叠的变形窃曲纹，腹下部饰相背的卷体龙纹，龙口吐舌，环绕龙体一周，这是西周晚期主要流行的纹饰。鬲甲（图 12）通高 11.4 厘米、口径 14.9 厘米。原为清宫旧藏，现藏于美国旧金山亚洲艺术博物馆，口沿铸铭文十八字"芮公作铸京氏妇叔姬媵鬲，子子孙孙永用享"。鬲乙[①]（图 13）通高 10.5 厘米、口径 15 厘米，重 1.4 千克。原为潘

---

①　陈佩芬：《夏商周青铜器研究·西周篇》，上海古籍出版社，2004 年，第 432 页。

图 10　台北故宫博物院收藏的芮公簋和铭文拓片

图 11　陕西韩城梁带村 M27 的芮公簋和铭文

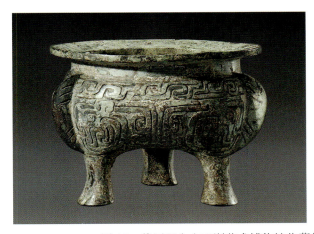

图 12　美国旧金山亚洲艺术博物馆收藏的芮公鬲（甲）和铭文拓片

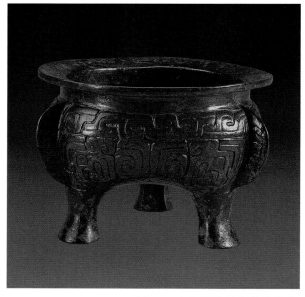

图 13　上海博物馆收藏的芮公鬲（乙）和铭文拓片

图 14　金兰坡旧藏的芮公鬲（丙）铭文拓片

祖荫旧藏，现藏于上海博物馆，口沿铸铭文十九字"芮公作铸京氏妇叔姬滕，其子子孙孙永宝用享"。鬲丙①（图 14）原为金兰坡旧藏，器物已佚，仅存铭文拓片，口沿铸铭文二十一字"芮公作铸京仲氏妇叔姬滕鬲，其子子孙孙永宝用享"。由此可知，"京氏妇叔姬"就是"京仲氏妇叔姬"，是芮公嫁女所作的滕器。

B 组，1 件。韩城梁带村 M19 出土的芮公鬲（图 15），通高 11.8 厘米、口径 11.6 厘米。其形制与 A 组芮公鬲相同，但是腹部装饰为波曲纹。口沿铸铭文十三字"芮公作铸鬲，子子孙孙永宝用享"。两周之际青铜鬲的变化不大，A 组鬲和 B 组鬲的年代相距不远。梁带村 M26 的芮太子伯鬲、M19 的芮太子鬲与这件芮公鬲的纹饰完全相同，所以 A 组鬲稍早于 B 组鬲。M19 虽然出土芮公鬲，却不是芮公的墓葬。根据随葬品的风格，研究者推测 M19 为女性夫人墓②，所以这件芮公鬲很有可能是芮公的赠器。

簠　1 件。宋代出土，今已不知下落。此器失盖，腹壁斜收，腹部两侧设一对兽

①　方濬益：《缀遗斋彝器款识考释》27.19，涵芬楼石印本，1935 年。

②　张天恩：《芮国史事与考古发现的局部整合》，《文物》2010 年 6 期。

图 15　陕西韩城梁带村 M19 的芮公鬲和铭文拓片

图 16　陕西韩城梁带村 M26 的卷龙纹簋

首环耳，圈足四面有矩形缺口。口沿下饰重环纹，腹部饰相背的卷龙纹，圈足饰变形龙纹。腹内底铸铭文十二字"芮公作铸宝簋，子孙永宝用享"。这件器物为西周晚期以来的典型样式，与三门峡虢国墓地 M2001 的虢季簋 [①] 完全相同。梁带村 M26 出土的卷龙纹簋（图 16）虽然形制相同，但是窃曲纹＋卷龙纹相比于重环纹＋卷龙纹的纹饰组合要略晚。

①　河南省文物考古研究所、三门峡市文物工作队：《三门峡虢国墓》，文物出版社，1999 年，第57 页。

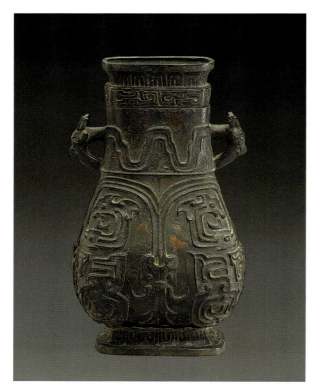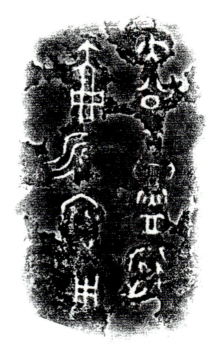

图 17　台北故宫博物院收藏的芮公壶（甲）和铭文拓片

　　壶　3 件。形制、纹饰和铭文均同。这组器物旧藏于清宫，其中一件现藏于台北故宫博物院，壶甲 ① （图 17）通高 37.3 厘米、口长 12.7 厘米、口宽 9.8 厘米，重 9.2 千克。两件现藏于北京故宫博物院，壶乙 ② （图 18）通高 37.6 厘米、口长 12.7 厘米、口宽 9.8 厘米，重 9.4 千克；壶丙 ③ （图 19）通高 37 厘米、口长 12.7 厘米。此组芮公壶为椭方体，盖顶捉手与盖沿同宽，长颈鼓腹，最大径在腹中部，两侧设有兽首环耳，长方形圈足外侈。盖缘饰 G 形窃曲纹，盖顶捉手和圈足饰垂鳞纹，颈部饰波曲纹，腹部装饰的双身龙纹非常少见，龙首居中，龙体向两侧环绕各连接一个龙首，通过卷龙纹将腹部划分为四个区域。盖内铸铭文九字"芮公作铸从壶永宝用"。

　　韩城梁带村 M27、M26、M19 和 M28 都出土有方壶，时代特征比较明确。总体

　　① 台北故宫博物院：《故宫西周金文录》，台北故宫博物院，2001 年，第 190 页。
　　② 故宫博物院：《故宫青铜器》，紫禁城出版社，1999 年，第 213 页。
　　③ 杜廼松：《故宫博物院藏文物珍品大系·青铜礼乐器》，上海科学技术出版社、香港商务印书馆，2007 年，第 167 页。

图 18　北京故宫博物院收藏的芮公壶（乙）和铭文拓片

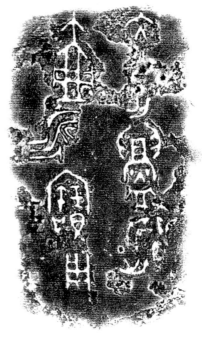

图 19　北京故宫博物院收藏的芮公壶（丙）和铭文拓片

图 20　陕西韩城梁带村 M27 的凤鸟纹壶　　　　图 21　陕西韩城梁带村 M26 的仲姜壶

来看，M27 方壶（图 20）和台北故宫博物院收藏的芮太子伯方壶 [1]，这两件与芮公壶的腹部特征最为接近，但是前者装饰有明显分区的络带纹和凤鸟纹。M26 方壶（图21）、M19 方壶（图 22）和 M28 方壶（图 23）的颈部较长，腹部低垂，最大腹径移至下腹部。M26 方壶的装饰风格继承了分区的传统，M19 方壶和 M28 方壶的装饰特征偏晚，因此 M26 方壶年代又早于 M19 方壶和 M28 方壶。

　　钟　1件。原为清宫旧藏，现藏于台北故宫博物院。这件芮公钟 [2]（图 24）通高35.8 厘米、舞横 17.5 厘米、舞纵 13.2 厘米、铣间 19.2 厘米，重 8.2 千克。体呈合瓦形，平舞，甬上设旋，旋上分布有四枚小乳钉，枚、篆、钲、鼓之间有凸起的界栏。舞部饰卷龙纹，篆部饰 S 形窃曲纹，鼓部饰相背的长鼻卷龙纹。钲部铸铭文十字"芮公作从钟，子孙永宝用"。但是钟的右鼓部没有任何装饰，可能是作为第一枚或第二枚的定音钟。

　　钟钩　2件。一件为刘鹗、方若旧藏，现藏于中国国家博物馆，钟钩甲 [3]（图 25）

---

①　台北故宫博物院：《故宫西周金文录》，台北故宫博物院，2001 年，第 191 页。

②　台北故宫博物院：《故宫西周金文录》，台北故宫博物院，2001 年，第 203 页。

③　商承祚：《十二家吉金图录·旧雨楼》6，金陵大学中国文化研究所影印本，1935 年。

图 22　陕西韩城梁带村 M19 的波曲纹壶

图 23　陕西韩城梁带村 M28 的波曲纹壶

图 24　台北故宫博物院收藏的芮公钟和铭文拓片

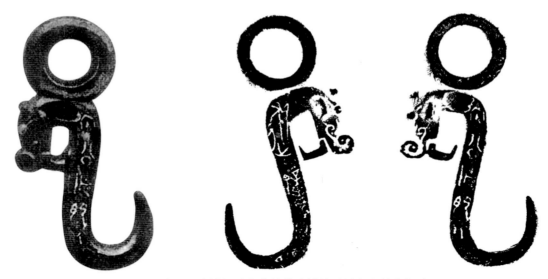

图 25　中国国家博物馆收藏的芮公钟钩（甲）和铭文拓片

图 26　何夙明旧藏的芮公钟钩（乙）铭文拓片

通高 9.1 厘米；一件为何夙明旧藏，钟钩乙 ①（图 26）通高 7.8 厘米。体作龙形，卷尾作钩，龙头上有圆孔用于悬挂。正背面共铸铭文八字"芮公作铸从钟之钩"。通过铭文得知，芮公钟与芮公钟钩为一组乐器。梁带村 M27 出土有一组龙纹编钟（图 27）和钟钩（图 28），形制与之相同，但是 M27 编钟的篆部饰重环纹，鼓部的长鼻龙纹也稍有差异，并且都没有铭文。

戈　1 件。翁树培旧藏，形制不明，仅存摹本铭文三字"芮公戈"（集成 10973）。

传世芮公器的铭文都很简短，缺少准确断定年代的线索，经过上述分析仍然能够大致进行排列。除了韩城梁带村出土的 B 组簋和 B 组簠有比较明确的断代依据外，可以将传世器分为两大组。首先，A 组鼎、A 组簋、壶、钟和钟钩应当为一组。此组器物的整体风格比较一致，形制和纹饰普遍具有西周晚期的特征。铭文的辞例格式

①　吴式芬:《攈古录金文》2 之 1.19.2，吴氏家刻本，1895 年。

图 27　陕西韩城梁带村 M27 的龙纹钟　　　　　　图 28　陕西韩城梁带村 M27 的钟钩

相同，内容均为芮公所作之"从器"。其次，B 组鼎、A 组鬲和簋的风格均早于 M27 和 M26 的同类器，时代为春秋早期早段。由此推测，这两组器物可能属于同一位芮公。

随着芮国墓地考古工作的开展也为我们提供了非常重要的线索。梁带村墓地呈现出北早南晚的埋葬格局，其中北区的墓葬多为西周晚期，个别甚至可以早到西周中期。但是在北区规模稍大的墓葬中并没有发现芮国的青铜器。根据考古工作者的勘探，在北区靠近黄河的河岸边有座被河水冲毁的带有墓道的大墓。假设梁带村芮国墓地的年代跨越两周之际，那么传世的芮公青铜器即有可能出土于此处。

通过上述芮公器的类型学分析，传世芮公器的年代要早于 M27 出土的器物。因此，传世芮公器的主人就是 M27 芮桓公的前一代"芮公"。从铭文内容可知这些器物大部分都是芮公的自作器，但是有三件同铭文的芮公鬲比较特别，是芮公为女儿叔姬所作的媵器，丈夫是京国的京仲氏。芮国和京国联姻在两周时期的邦国交往中本是极为平常之事，如果联系到芮桓公的谥称，以及文献史料中芮人伐京事件的记载就有必要深入探讨一下。

古本《竹书纪年》周桓王五年（公元前 715 年）记有"芮人乘京"。有学者认为

"京"就是指"王城",即大荔。① 也有学者认为"京"可能是在晋南。②《左传·隐公元年》的共叔段,谓之"京城大叔",杜注:"京,郑邑,今荥阳京县。""京"作为地名,最早出现于殷墟卜辞:

  (1)癸卯卜,宾,贞今郭兹在京奠 （合集6）
  (2)乙丑,贞王令圣田于京。
    于赢圣田。   （合集33209）

武丁时期商人在京地有置奠、祭祀的活动,并且一期和四期卜辞中京地均有圣田记录。"京"与"赢"对称,两地均在商王畿之东部。赢地在攸侯领地,由此可知京地大致在河南省东部或山东省西部。北京故宫博物院收藏的师酉簋铭文有"西门夷、秦夷、京夷、䍧夷、弁狐夷"(集成4288)。1959年陕西蓝田寺坡村窖藏出土的询簋铭文有"西门夷、秦夷、京夷、䍧夷、师笭、侧薪、□华夷、弁狐夷"(集成4321)。京夷在西周晚期的铭文中多次出现,并且这些夷族支系的活动范围基本都在东方。

  山东省博物馆收藏有京父己簋③,1933年山东滕州安上村出土有京叔盘④,1973年山东潍坊市麓台村出土有京戈⑤,1979年山东济阳市刘台子出土有京觯⑥。1980年在山东滕州庄里西村出土有叔京簋⑦,"叔京"实际上就是"京叔",传世器中还有不少的京叔器。芮公鬲铭文的"京仲氏"应该是京氏另外一支,犹如河南三门峡虢国墓地M2001的"虢季氏"。

  清宫旧藏有一件京叔姬簠⑧(图29),失盖,口沿下有一小段直壁,直壁和斜壁相交处设兽首耳,底部置四个龙形足。腹部直壁饰重环纹,斜壁饰波曲纹。内底铸铭文九字"京叔姬作宝簠,其永用"。此器最特别之处在于器底没有延续定制化的矩

---

① 王晖、谢伟峰:《韩城芮国考——从梁带村发现谈起》,《文博》2007年3期。

② 今本《竹书纪年》"芮人乘京。荀人董伯皆叛"。徐中舒认为"春秋之虞、芮、荀、董皆在汉河东郡,京亦当在其间"。见于《从古书中推测之殷周民族》,《徐中舒历史论文选辑》,中华书局,1998年,第29页;相同的观点还见于史党社、田静:《梁带村的考古新发现与古芮国——一个基于文献的考察》,《文博》2007年5期。

③ 山东省博物馆:《山东金文集成》,齐鲁书社,2007年,第265页。

④ 山东省博物馆:《山东金文集成》,齐鲁书社,2007年,第659页。

⑤ 传德、次先、敬明:《山东潍县发现春秋鲁、郑铜戈》,《文物》1983年12期。

⑥ 德州行署文化局文物组、济阳县图书馆:《山东济阳刘台子西周早期墓发掘简报》,《文物》1981年9期。

⑦ 山东省博物馆:《山东金文集成》,齐鲁书社,2007年,第272页。

⑧ 清高宗敕编:《宁寿鉴古》11.26,涵芬楼石印宁寿宫写本,1913年。

图 29　《宁寿鉴古》11.26 京叔姬簠　　　　图 30　山东肥城小王庄的龙纹簠

形缺口圈足，而是设置四个龙形小足。1963 年山东肥城小王庄出土的卷龙纹簠①（图 30）与之形制完全相同，只是腹部装饰窃曲纹 + 卷龙纹的纹饰组合略有不同。这种样式的青铜簠目前仅发现于山东地区，应该是当地的一种特色。京叔姬簠和卷龙纹簠都出现直壁，是春秋早期中段开始流行的新形制。如果芮公为叔姬作媵器的年代在两周之际，那么叔姬自作器的年代当不晚于春秋早期中段。京叔姬簠的年代比芮公鬲要稍晚，从器物年代学来看大致符合。

考古资料显示京氏的活动范围主要在山东地区，并且京氏的族姓也与东方族群有关。京叔盘铭文为"京叔作孟嬴媵盘，子子孙孙永宝用"（集成 10095），是京叔为长女孟嬴所作的媵器。京叔簠铭文有"京叔作莆嬴媵簠"②，京叔甗铭文有"京叔荁嬴媵甗"③，分别是京叔为"莆嬴"和"荁嬴"所作的媵器。由此可知京氏为嬴姓，嬴姓正是起源于东方。

嬴姓之始祖，史载出于帝少昊之后裔，是一个以鸟为图腾崇拜的东方部族。《通志·氏族略》："嬴氏，伯益之后。伯益作朕虞，有功，赐姓嬴氏。"《史记·秦本纪》载伯益的后裔："自太戊以下，中衍之后，遂世有功，以佐殷国，故嬴姓多显，遂为诸侯。"1978 年河南安阳殷墟西区孝民屯 M2065 出土有京鼎④，为殷商时期京氏与商王朝关系密切的佐证。

两周之际芮国和京国的关系还比较友好，芮公将女儿叔姬嫁于京仲。此后，由于某种原因导致邦交恶化，出现了公元前 715 年芮国出兵的事件。假设"芮人乘京"发生在山东，从长途跋涉的实际状况考虑又不太合理。并且如此兴师动众的远征，不会不见于鲁国的官方史书。仅见于《竹书纪年》可能说明两个问题：其一，此事件规模

①　齐文涛：《概述近年来山东出土的商周青铜器》，《文物》1972 年 5 期。
②　吴镇烽：《商周青铜器铭文暨图像集成续编》第 2 卷，上海古籍出版社，2016 年，第 82 页。
③　震荣堂：《中国夏商周三代金铜器》，台北震荣堂，2011 年，第 252 页。
④　中国青铜器全集编辑委员会：《中国青铜器全集·2》，文物出版社，1996 年，第 61 页。

图 31　陕西历史博物馆收藏的京叔盨　　　　　图 32　瑞士玫茵堂收藏的京良父簋

不是很大，尚未在诸侯国之间造成较大的影响。其二，《竹书纪年》是魏国史官进行整理，表明这个事件具有地缘因素。由此推测，文献上的京国可能是在周王畿之内的封邑小国，距离芮国不远。

根据传世文献和出土文献可知，西周初年经过两次东征致使大批的商遗民被迁入关中地区。京氏的情况与秦人西迁有一定的相似性，表现了周王室对东土族群的控制。清华简《系年》记载："成王伐商盍，杀飞廉，西迁商盍之民于邾圉，以御奴虘之戎，是秦之先。"[1] 秦人西迁之后，在西周晚期和春秋早期的文献中仍有"秦夷"和"秦地"的记载。《左传·庄公三十一年》"秋，筑台于秦"，杜注："东平范县西北有秦亭。"

2002 年周至公安局缴获了一件京叔盨[2]（图 31），现藏陕西历史博物馆。此器通高22 厘米、口长 20.9 厘米、口宽 13.9 厘米。口沿为椭方形，腹部较深，腹壁较直，腹部两侧有一对附耳，盖顶和底部置四个卷云形扁足。盖沿和口沿饰相扣合的 C 形窃曲纹，腹部饰 S 形卷体龙纹，其年代在西周中期后段。瑞士玫茵堂收藏有一件京良父簋[3]（图 32），盖面隆起，盖顶捉手较大，腹部扁宽，两侧设套环的兽首耳，圈足底置三个兽形扁足。盖沿、口沿和圈足饰重环纹，盖面和腹部饰瓦棱纹，其年代在西周晚期前段。这件器物的氧化层保存较好，坑口具有关中地区的特征。1940 年陕西扶风法门镇任家村窖藏出土的善夫吉父鬲，铭文有"膳夫吉父作京姬尊鬲，其子子孙孙永宝用"（集成 702）。金文中的"尊器"通常作为祭祀礼器，这件器物是膳夫吉父为母亲或妻子作器，"京姬"表示夫家氏称＋母家姓称，可知膳夫吉父即为京氏贵族。这些

①　李学勤：《清华大学藏战国竹简（贰）》，中西书局，2011 年，第 141 页。

②　王辉、萧春源：《新见铜器铭文考跋二则》，《考古与文物》2003 年 2 期。

③　Wang Tao，*Chinese Bronzes from the Meiyintang Collection*，London: Paradou Writing，2009，p.106.

材料表明西周时期的周王畿有京氏的封邑。

韩城梁带村 M27 是芮国墓地规格最高的一座墓葬，唯一有两条墓道的中字形大墓，以及七鼎六簋高规格配置的青铜礼器，这说明墓主人的身份非常高。M27 六件列簋的铭文为"芮公作为旅簋"，相邻的 M26 出土的鼎、簋、甗、壶铭文俱称"仲姜作为桓公尊（器）"，由此确认 M27 的墓主人是芮桓公。"桓"为美谥，谥者多以武功著称。《逸周书·谥法解》有"辟土服远曰桓"，孔晁注"以武正定"；《文献通考》孔注"以武力征四夷"。纵观春秋时期的历史，凡是以此为谥的诸侯，都是武功昭著的国君。郑桓公东取虢、郐两国，使郑国一跃成为春秋早期的强国。齐桓公为春秋五霸之首，"九合诸侯，一匡天下"。鲁桓公在位期间国力强盛，"入杞，讨不敬"，又能大会诸侯数次伐郑。周桓王虽有繻葛之败，仍能联合诸侯亲自挂帅以讨强郑。由此可见，芮桓公能被追谥为"桓"，必定有卓著的武功，但是文献史料对这个时期的芮国史事多有阙佚。通过上述分析，M27 青铜器的年代基本确定在春秋早期中段，结合周桓王五年（公元前 715 年）"芮人乘京"的记载，正好与芮桓公"以武力征四夷"的谥法吻合。

《左传·桓公三年》记载："（公元前 709 年）芮伯万之母芮姜恶芮伯之多宠人，故逐之，出居于魏。"传世文献中的"芮姜"就是 M26 的墓主人"仲姜"。此时芮桓公已薨，继位的是其子芮伯万。芮伯万被仲姜逐出芮国，说明其继位时间不长，羽翼尚未丰满。若以在位三十年推算，若芮伯万即位在公元前 710 年左右，芮桓公即位则在公元前 740 年左右，与器物的时代风格正好吻合。"芮人乘京"事件发生在芮桓公在位期间，此时芮国的国力比较强盛。之后，芮姜能够打败来犯的秦国也是凭借于此。

二、芮国墓地的秦文化因素与芮伯万身世蠡测

韩城梁带村 M19 出土有一件垂鳞纹鼎（图 33），通高 26.5 厘米、口径 27.7 厘米。此器折沿方唇，口沿设一对粗壮的立耳，宽腹低垂，圜底近平，下置蹄形足。口沿下饰六道扉棱，每个区间装饰两个倒置的 G 形窃曲纹，腹部饰三层凸起的垂鳞纹，足根部饰兽面纹。这件器物的形制与上海博物馆收藏的秦公鼎基本相同（图 34），是具有秦文化特点的一种样式。从 M19 的墓葬规格和随葬品来看，无论是青铜礼器的数量，还是精美程度都远不及 M26 仲姜墓。但是这座墓葬出有芮公鬲、芮太子鬲以及大量的玉器，张天恩先生称之为 M27 的次夫人是正确的。[①]

此外，梁带村 M19 还出土一件青铜盉颇具秦文化特点。这件鸟纹盉通高 19 厘米、长 27.8 厘米（图 35），长方形的盖顶装饰一只雏鸟，器口为短颈，腹部呈椭方形，前端有管状直流口，后端为兽首耳，下置低矮的方圈足，腹部装饰的鸟纹图案与盖钮相

---

① 张天恩：《芮国史事与考古发现的局部整合》，《文物》2010 年 6 期。

图 33　陕西韩城梁带村 M19 的垂鳞纹鼎

图 34　上海博物馆收藏的秦公鼎

图 35　陕西韩城梁带村 M19 的鸟纹盉

图 36　陕西扶风齐家村的㝬盉

似。这种扁体盉主要流行于西周晚期，例如 1963 年陕西扶风齐家村出土的㝬盉[1]（图36），以及 2003 年陕西眉县杨家村窖藏出土的逨盉。[2] 周文化的扁体盉腹部呈圆形或椭圆形，底部多设四足。M19 鸟纹盉为椭方形，底部为方圈足。两者的纹饰风格也不相同，周文化扁体盉钮盖的风鸟姿态挺拔，栩栩如生，腹部纹饰基本没有重复装饰鸟纹图案，比较多的是重环纹、变形龙纹等当时比较流行的纹饰。M19 鸟纹盉的盖钮与

[1]　梁星彭、冯孝堂：《陕西长安、扶风出土西周铜器》，《考古》1963 年 8 期。

[2]　陕西省考古研究院、宝鸡市考古研究所、眉县文化馆：《吉金铸华章——宝鸡眉县杨家村单氏青铜器窖藏》，文物出版社，2008 年，第 193 页。

图 37 陕西陇县边家庄 M5 的鸟纹盉

图 38 宝鸡青铜器博物院藏的窃曲纹盘和鸟纹盉

腹部纹饰大体相同，具有崇尚鸟纹装饰的风格，并且鸟形图案诡谲怪诞。

在陕西陇县边家庄秦人墓地发现有不少类似于 M19 鸟纹盉的器物，例如 1986 年边家庄 M5 出土的鸟纹盉[①]（图 37），以及宝鸡青铜器博物院收藏边家庄出土的盘、盉（图 38）等。春秋早期的秦式盉基本都是椭方体的造型，有直流和曲流两类，尤其以盖钮的鸟形装饰为特色，这种鸟纹样式不见于周文化。通过青铜礼器所表现的文化因素，M19 的墓主人与秦文化有较强的联系，由此推测墓主人的身份可能为秦国女性。

值得注意的还有 M19 随葬一件芮公鬲，M26 仲姜墓却没有一件芮公器，体现了芮桓公对次夫人的宠爱，将自己的器物赏赐给她。或许正是由于芮公的偏爱，才导致了芮国政治局势的巨变。根据文献记载，在春秋早期宗法制日益瓦解的背景下，列国都有欲立少子或立之不成发生内乱的情况。《史记·郑世家》："武公十年，娶申侯女为夫人，曰武姜。生太子寤生，生之难，及生，夫人弗爱。后生少子叔段，段生易，夫人爱之。二十七年，武公疾。夫人请公，欲立段为太子，公弗听。是岁，武公卒，寤生立，是为庄公。"《左传·桓公十八年》："周公欲弑庄王而立王子克，辛伯告王，遂与王杀周公黑肩。王子克奔燕。初，子仪有宠于桓王，桓王属诸周公。"当时，连周王室都因废长立幼之事内乱层出不穷，其他诸侯国的情况更是可见一斑。

芮国大概也无法避免这种情况，《左传·桓公三年》提到芮伯万被逐的原因是"多宠人"，或许只是一种托词。真正原因可能是芮伯万非正室仲姜之子，乃是秦女所生的庶出。继位后，依附秦女娘家势力，被芮姜认为是"多宠人"。芮伯万被逐后，秦国对此做出了迅速的反应。《左传·桓公四年》："（公元前 708 年）秋，秦师侵芮，败焉。"仲姜依靠芮桓公遗留的基业，打败了来势汹汹的秦国，说明此时芮国的国力尚

---

① 陕西省考古研究所宝鸡工作站、宝鸡市考古工作队：《陕西陇县边家庄五号春秋墓发掘简报》，《文物》1988 年 11 期。

强。秦国虽然战败，仍然力挺芮伯万并在数年之后纳其归国，两者的关系自可耐人寻味。

芮伯万依附秦国，并且亲近戎人势力，在一定程度上可能也引起了以周王室为首的姬姓贵族的不满。《左传·桓公四年》："（公元前 708 年）冬，王师、秦师围魏，执芮伯以归。"古本《竹书纪年》桓王十二年（公元前 708 年）："王师、秦师围魏，取芮伯万而东之。"但是另外一条记载则略有出入，《水经注·河水注》引古本《竹书纪年》：晋武公八年（公元前 708 年）"周师、虢师围魏，取芮伯万而东"。雷学淇《竹书纪年义证》认为是王师、虢师，而非王师、秦师。芮伯万被逐所居的魏地，《史记·郑世家》正义云："魏城在陕州芮城县北五里。"《读史方舆纪要》芮城县条有："古芮国，春秋时魏国地。后属晋。汉为河东郡河北县地。"魏地在东周王城、虢国以东，与"取芮伯万而东之"的文义相合，出兵者应当为周师和虢师。

次年，周师执芮伯万于王城后将其释放，戎人迎之于郏山附近。《路史·国名纪》戊注引古本《竹书纪年》："（晋武公）九年（公元前 707 年），戎人逆芮伯万于郊。"《水经注·河水注》引古本《竹书纪年》又作："九年，戎人逆芮伯万于郏。"《左传·宣公三年》有"成王定鼎于郏鄏"。杨伯峻注："郏鄏即桓七年《传》之郏，周之王城，汉之河南，在今洛阳市。《楚世家》索隐云：'按《周书》，郏，雒北山名，音甲。'京相璠云：'郏，山名；鄏，地邑也。'《太平寰宇记》谓邙山即郏山之别名。"洛阳王城附近有郏山与文义相合，显而易见"郊"乃"郏"之误。此处"戎人"不知具体所指，料想应该是与魏地之戎有关。《左传·桓公三年》疏引《世本》："芮、魏皆姬姓。"《读史方舆纪要》芮城县条下河北城云："在县东北七里，一名魏城，故魏国城也。晋献公灭之，以封其大夫毕万。"芮伯万被仲姜逐出芮国后，应该是去投奔在魏地的一支芮人亲族。这支芮人与戎人杂处逐渐沦为戎狄。这种现象在春秋时期非常普遍，徐中舒先生通过文献分析过姬姓部族被视作戎狄的现象。[1]

上海博物馆收藏有一件芮子仲殿鼎[2]（图 39），通高 18.4 厘米、口径 20.2 厘米，重 2.6 千克。此器颈部收束，颈部两侧设一对附耳，腹部圆鼓，圜底下置蹄足，足根部粗壮，内侧内凹。颈部饰窃曲纹，腹中部有一周凸棱，腹壁铸铭文十七字："芮子仲殿肇作叔媿尊鼎，子子孙孙永宝用。"这件器物的形制与 1995 年河南登封告成镇袁窑村 M3 的垂鳞纹鼎[3] 相近，但是颈部内束呈凹弧状的特征又十分少见。登封袁窑村 M3 的年代大致在春秋早期晚段，芮子仲殿鼎的年代大致与芮伯万同时。铭文称芮子

① 徐中舒：《殷周之际史迹之检讨》，《徐中舒历史论文选辑》，中华书局，1998 年，第 652—691 页。

② 陈佩芬：《夏商周青铜器研究·东周篇》，上海古籍出版社，2004 年，第 18 页。

③ 郑州市文物考古研究所、登封市文物局：《河南登封告成东周墓地三号墓》，《文物》2006 年 4 期。

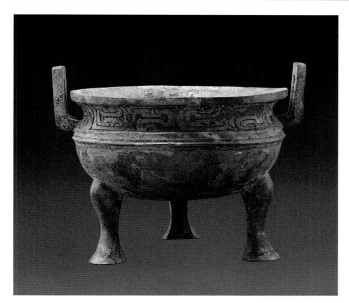

图 39 上海博物馆收藏的芮子仲殿鼎和铭文拓片

仲殿为叔媿作器，反映了这个时期芮国与媿姓的联姻。2004 山西绛县横水倗国墓地出土青铜器的铭文 [1]，学者们多认为"倗"可读为"冯"，即为怀姓九宗之一。《世本》写作归姓，《左传》写作怀姓、隗姓，金文写作媿姓。[2]《左传·定公四年》记载封唐叔虞于晋，赐予怀姓九宗。在晋献公灭魏以前，魏地应该有一支媿姓戎人与芮人杂居。因此，芮伯万失国之后就是投奔此地培植势力以图东山再起。

秦人伐芮失败后，并没有终止扶植芮伯万复位的计划，通过几年的努力终于得以实现。《左传·桓公十年》："（公元前 702 年）秋，秦人纳芮伯万于芮。"此后，文献上所能看到的都是"梁伯、芮伯来朝"（《史记·秦本纪》），以及秦穆公二十年（公元前 640 年）"秦灭梁、芮"（《史记·秦本纪》）的记载。

韩城梁带村芮国墓地是否有芮伯万的墓葬也存在较大争议。M28 出土的青铜器虽有七鼎六簋，但是制作不精，纹饰草率均未铸铭文，而且也没有一件玉器随葬。张天恩先生认为 M28 的墓主人是芮伯万，解释这是芮伯万归国之后能自省其身，过着不尚修饰的简朴日子。[3] 根据文献记载，芮伯万失国之后，芮姜又扶立了新君。《左传·桓公九年》记有"（公元前 703 年）秋，虢仲、芮伯、梁伯、荀侯、贾伯，伐曲沃"的记载。此时的芮伯万尚未归国，芮伯当是另有其人。

传世的芮太子伯器与梁带村 M26 芮太子伯鬲的关系，说明了 M28 的墓主人并非

① 山西省考古研究所等：《山西绛县横水西周墓发掘简报》，《文物》2006 年 8 期。

② 张天恩：《晋南已发现的西周国族初析》，《考古与文物》2010 年 1 期。

③ 张天恩：《芮国史事与考古发现的局部整合》，《文物》2010 年 6 期。

图 40　陕西韩城梁带村 M26 的芮太子伯鬲和铭文拓片

芮太子。M26 出土的芮太子伯鬲（图 40）共有四件，形制、大小和纹饰基本相同，宽斜沿，短束颈，腹部外鼓，平裆下置矮蹄足，腹部饰波曲纹。其中三件铭文为"芮太子白（伯）作为万宝鬲，子子孙孙永宝用享"。另外一件为"芮太子白（伯）作为旂父宝鬲，子子孙孙永宝用享"。[①] 铭文中的"万"就是芮伯万，"芮太子白"作为嫡长子又是芮国的储君，作器时可以直呼"万"的私名。所以，"芮太子白"可读为"芮太子伯"，"伯"乃是行称。相同的金文辞例还有黄太子伯克盆（集成 10338）、曾子伯誩鼎（集成 2450）、复公子伯舍簋（集成 4011），均是行次＋私名的称谓。又有虢宣公子伯鼎（集成 2637）、单子伯盘（集成 10070）、虢季子伯盘（集成 10173）等，行次后未缀私名。文献中所称的"芮伯万"，"伯"应为爵称，并非行次。芮太子伯为"万"作器，说明"万"可能不是嫡长子。

从传世芮太子伯器的风格特征分析，同样说明芮太子伯所处的年代要接近芮桓公和仲姜。天津博物馆收藏的芮太子伯鼎[②]（图 41），通高 30.1 厘米、口径 35.8 厘米。此器折沿方唇，颈部设有一对附耳，鼓腹圜底，下置粗壮蹄形足，形制与 M27 窃曲纹列鼎和 M26 仲姜鼎完全相同。其颈部装饰 G 形窃曲纹与 M27 窃曲纹列鼎相同，腹部装饰三层垂鳞纹的风格更接近于 M26 仲姜鼎（图 42）。仲姜鼎的颈部装饰 S 形窃曲纹，腹部装饰两层垂鳞纹。芮太子伯鼎腹内壁铸铭文十三字："芮太子伯作鼎，其

① 陕西省考古研究院、上海博物馆：《金玉华年——陕西韩城出土周代芮国文物珍品》，上海书画出版社，2012 年，第 190 页。

② 天津博物馆：《天津博物馆藏青铜器》，文物出版社，2018 年，第 135 页。

图 41　天津博物馆收藏的芮太子伯鼎和铭文拓片

万年子孙永用。"于省吾旧藏
还有芮太子鼎①（图 43），形
制、纹饰与之均相同，铭文
作："芮太子作铸鼎，子孙永
用享。"所以，芮太子伯鼎和
芮太子鼎可能为同一人。

　　北京故宫博物院收藏有两
件芮太子伯簋，可能原本合为
一件。簋甲②高 8.9 厘米、口
长 33.9、口宽 27.3 厘米，重
5.3 千克（图 44）；簋乙③通
高 9.1 厘米，口长 33.6 厘米
（图 45）。此器腹壁斜收，两
侧设兽首耳，圈足有四个矩形

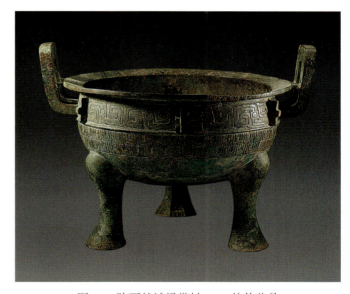

图 42　陕西韩城梁带村 M26 的仲姜鼎

缺口。口沿下饰重环纹，腹部饰相背的卷龙纹，圈足饰变形龙纹和垂鳞纹。内底铸铭
文十四字："芮太子伯作簋，其万年子子孙孙永用。"芮太子伯簋的形制和纹饰与传世的
芮公簋相同，年代要稍早于 M26 的龙纹簋。

――――――――

① 于省吾：《双剑誃吉金图录》，中华书局，2009 年，第 25 页。
② 故宫博物院：《故宫青铜器》，紫禁城出版社，1999 年，第 209 页。
③ 故宫博物院：《故宫博物院 50 年入藏文物精品集》，紫禁城出版社，1999 年，第 80 页。

图 43　于省吾旧藏的芮太子鼎和铭文拓片

图 44　北京故宫博物院收藏的芮太子伯簠（甲）和铭文拓片

图 45　北京故宫博物院收藏的芮太子伯簠（乙）和铭文拓片

图 46　《西清续鉴甲编》8.41 芮太子伯壶（甲）和铭文拓片

图 47　台北故宫博物院收藏的芮太子伯壶（乙）和铭文拓片

　　清宫旧藏有两件芮太子伯壶，形制均为方壶，铭文相同，但是纹饰差异较大。壶甲 ① 形制仅存摹本，盖缘和颈部均饰窃曲纹，上腹部饰波曲纹，下腹部和圈足饰垂鳞纹（图46）。台北故宫博物院收藏的壶乙 ② 通高48.6厘米、口长16.9厘米、口宽12.3厘米，重11千克（图47）。此器盖顶的圈形捉手小于盖体，长颈，颈部两侧设有象鼻兽首耳，鼓腹，最大径在腹中部，高圈足外侈。盖缘饰窃曲纹，颈部饰S形双首龙纹，腹部饰络带纹，交叉处有菱形凸起，四个分区装饰有大凤鸟纹，圈足饰有垂鳞纹。这件器物的形制、纹饰与M27凤鸟纹壶基本相同，唯有颈部纹饰稍有区别。芮太子伯壶铸铭文十四字："芮太子伯作铸宝壶，万子孙永用享。"由此可知，芮太子伯器的风格特征与M19、M28相差较大，与M27的年代最为接近，至迟不会晚于M26。

　　综上所述，通过器物风格、出土位置和铭文内容推测芮太子伯是芮桓公的长子，即仲姜之子。芮伯万可能是庶出，即M19的墓主人秦女之子。由于芮桓公在位时间比较长，芮太子伯年长具有为兄弟作器的能力。但是芮太子伯英年早逝，芮伯万继位后亲附秦国，致使被仲姜驱逐。仲姜所扶立的芮伯，可能就是M28的墓主人。2016年澄城刘家洼芮国墓地 ③ 的发现，或许可以为探讨芮伯万提供新的线索。

---

　　①　清高宗敕编：《西清续鉴甲编》8.41，涵芬楼石印宁寿宫写本，1911年。

　　②　台北故宫博物院：《故宫西周金文录》，台北故宫博物院，2001年，第191页。

　　③　陕西省考古研究院、渭南市博物馆、澄城县文化和旅游局：《陕西澄城县刘家洼东周芮国遗址》，《考古》2019年7期。

论东周时期的曾国青铜簠

曾国是江汉流域非常重要的诸侯国，然而历史文献却鲜有记载。迄今为止所发现的曾国青铜器集中分布在三个区域，即湖北京山北部漳河上游谷地、湖北枣阳中南部滚河中游地区、湖北随州中部涢水中上游地区。[①] 这些地区属于曾国的疆域范围，在这个范围之外的地区亦有零星的出土。曾国是姬姓诸侯国，伴随着楚文化的扩张，器物变化比较具有代表性。因此，对曾国青铜簠的分析和研究，对于探讨东周时期青铜器风格特征和地域文化的演变具有重要意义。

一、曾国青铜簠类型学研究

本文所讨论的曾国青铜簠，不涉及曾国疆域范围出土的无铭文簠和非曾国铭文簠。近年来曾国考古不断有新发现，枣阳郭家庙[②]、京山苏家垄[③]、随州文峰塔[④] 等地都出土不少青铜簠，可惜很多资料尚未公布，本文暂不做讨论。由于这个时期诸侯国之间婚姻、赠赙情况十分频繁，以铭文作为线索对曾国青铜簠进行考察，更具有分域研究的针对性。根据目前资料收集到的曾国铭文青铜簠共有 38 件（见附表），大多数器物形制明确，按照腹部形态特征可以划分为两型。

A 型：斜壁簠，腹部两侧设兽首形附耳，圈足缺口呈矩形，以纹饰结构的不同分为两式。

Ⅰ式：斜壁纹饰为两段式。标本为香港中华古美术公司收藏的曾伯克父簠[⑤]（图1），盖沿中部有四枚兽首形小卡扣，腹壁主体纹饰为相背的卷龙纹，近口沿处为窃曲纹。器、盖同铭七十九字，"唯曾伯克父甘娄，迺用吉父雉叔錾金，用自作旅祜

---

① 张昌平：《曾国铜器的发现与曾国地域》，《文物》2008 年 2 期，第 59 页。

② 方勤、胡刚：《枣阳郭家庙曾国墓地曹门湾墓区考古主要收获》，《江汉考古》2015 年 3 期。

③ 方勤、胡长春、席奇峰、李晓杨、王玉杰：《湖北京山苏家垄遗址考古收获》，《江汉考古》2017 年 6 期。

④ 湖北省文物考古研究所、随州市博物馆：《湖北随州市文峰塔东周墓地》，《考古》2014 年 7 期；湖北省文物考古研究所、随州市博物馆、随州市曾都区考古队：《随州汉东东路墓地 2017 年考古发掘收获》，《江汉考古》2018 年 1 期；湖北省文物考古研究所、北京大学考古文博学院、随州市博物馆、曾都区考古队：《湖北随州枣树林墓地 2019 年发掘收获》，《江汉考古》2019 年 3 期。

⑤ 吴镇烽：《商周青铜器铭文暨图像集成续编》第 2 卷，上海古籍出版社，2016 年，第 281 页。

图1　香港中华古美术公司收藏的曾伯克父簠

（簠），用征用行，走追四方，用齍用稌，用盛黍稷稻粱，用飨百君子辟王，伯克父其眉寿无疆，采夫无若，雍人孔泽，用享于我皇考，子孙永宝，锡匄眉寿，曾鄩氏保"。

Ⅱ式：斜壁纹饰为一段式。标本为2015年湖北枣阳郭家庙曹门湾 M43 出土的曾太保夋簠①（图2），M43:4 通高23.2 厘米、口长31.4 厘米、口宽23.2 厘米。整器较Ⅰ式高挺，盖沿长边各有两枚、短边各有一枚兽首形小卡扣。腹壁仅装饰相背的卷龙纹，盖顶设四个龙形钮，盖面中心装饰双龙首的窃曲纹，器底无纹饰。器、盖同铭十五字，"唯曾太保夋用其吉金，自作宝盂用享"。

B 型：折壁簠，按照口沿唇部和圈足缺口的形态分为四亚型。

Ba 型：折沿方唇，圈足缺口呈矩形，无凹弧状。根据腹部直壁的长度和圈足缺口的大小可以分为两式。

Ⅰ式：口沿直壁极短。标本为2002年湖北枣阳郭家庙 M1 出土的曾孟嬴剈簠②（图3），M1:06 通高18 厘米、口长28 厘米、口宽23.4 厘米。兽首形附耳设在斜壁，直壁不施纹饰，斜壁装饰相背的两组 S 形双首龙纹，圈足两端饰垂鳞纹。器内底铸铭文十二字，"曾孟嬴剈自作行匠（簠），则永祐福"。

Ⅱ式：口沿直壁稍长。标本为上海博物馆收藏的曾孙史夷簠③（图4），通高18.5

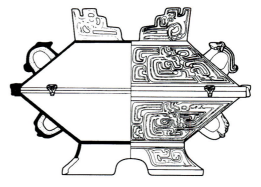

图2　湖北枣阳郭家庙曹门湾 M43 的曾太保夋簠和线图

①　武汉大学历史学院、湖北省文物考古研究所、湖北荆州文物保护中心、枣阳市博物馆考古队：《湖北枣阳郭家庙墓地曹门湾墓区（2015）M43 发掘简报》，《江汉考古》2016 年 5 期。

②　襄樊市考古队、湖北省文物考古研究所、湖北孝襄高速公路考古队：《枣阳郭家庙曾国墓地》，科学出版社，2005 年，第 93 页。

③　陈佩芬：《夏商周青铜器研究·东周篇》，上海古籍出版社，2014 年，第 149 页。

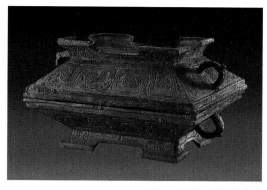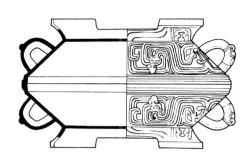

图3　湖北枣阳郭家庙 M1 的曾孟嬴剈簠和线图

图4　上海博物馆收藏的曾孙史夷簠　　　　　　图5　中国国家博物馆收藏的曾子屍簠

厘米、口长 28.2 厘米、口宽 22.8 厘米。
兽首形附耳设在直壁与斜壁两端，直壁饰
连续式 C 形顾龙纹，斜壁饰交龙纹，圈足
饰爬行龙纹。器、盖同铭二十二字，"曾
孙史夷作飤臣（簠），其眉寿万年无疆，
子子孙孙永宝用之"。

图6　湖北随州市公安局追缴的
曾公子叔浅簠

　　Bb 型：平沿无唇，圈足缺口呈矩形，
无凹弧状。标本为中国国家博物馆收藏的
曾子屍簠 ① （图5），通高 17.3 厘米、口横
26.9 厘米、口纵 20.8 厘米。兽首形附耳设在斜壁，口沿直壁长度与 Ba 型 Ⅱ 式相同，直壁
装饰曲折纹，斜壁装饰两层垂鳞纹。器、盖同铭十一字，"曾子屍自作行器，则永祜福"。

　　Bc 型：折沿方唇，圈足缺口呈凹弧形。标本为湖北随州市公安局追缴的曾公子叔
浅簠 ② （图6），通高 23 厘米、口横 32.5 厘米、口纵 25 厘米。口沿直壁稍长于 Ba 型

---

① 湖北省文物考古研究所：《曾国青铜器》，文物出版社，2007 年，第 439 页。
② 吴镇烽：《商周青铜器铭文暨图像集成续编》第 2 卷，上海古籍出版社，2016 年，第 251 页。

图 7　中国国家博物馆收藏的曾伯桼簠

图 8　河南信阳罗山高店的曾子季夨臣簠

Ⅱ式，腹部所饰的交龙纹也较之繁密。兽首形附耳粗壮，盖沿有四枚小卡扣，圈足底径较小，凹弧形缺口略有扩大。器、盖同铭二十九字，"唯正月吉日丁亥，曾公子叔浸择其吉金，自作飤匿（簠），子子孙孙其永宝用之"。

Bd 型：平沿无唇，圈足缺口呈凹弧形。根据腹部直壁的长度和圈足缺口的大小可以分为七式。

Ⅰ式：口沿直壁较短，圈足缺口略显凹弧形。标本为中国国家博物馆收藏的曾伯桼簠 ①（图 7），高 9.9 厘米、口长 32.8 厘米、口宽 24.8 厘米。此器仅存盖，盖沿有四枚小卡扣，腹部两侧的双耳残失，圈足的缺口向两侧内弧。腹部直壁装饰 C 形顾龙纹，尾部相互扣合，斜壁饰波曲形交龙纹，圈足饰垂鳞纹。器内底铸铭文九十字，"唯王九月初吉庚午，曾伯桼哲圣元武，元武孔䰩，克逖淮夷，抑燮繁阳，金道锡行，具既俾方，余择其吉金黄铝，余用自作旅匿（簠），以征以行，用盛稻粱，用孝用享于我皇文考，天赐之福，曾桼遐不黄耇，万年眉寿无疆，子子孙孙，永宝用之享"。

Ⅱ式：口沿直壁较Ⅰ式略长，圈足的凹弧形缺口略大。标本为 1996 年河南信阳罗山高店出土的曾子季夨臣簠 ②（图 8），通高 17.5 厘米、口长 31.7 厘米、口宽 23.2 厘米。盖沿有四枚扁形小卡扣，斜壁设有较粗壮的兽首形附耳，耳孔略大。腹部直壁饰一周波曲形交龙纹，斜壁饰两周波曲形交龙纹，器圈足饰相同结构的交龙纹，盖圈足饰垂鳞纹。器、盖同铭八字，"曾子季夨臣之飤匿（簠）"。

Ⅲ式：口沿直壁长度与Ⅱ式相同，圈足的凹弧形缺口较大，底径尺寸略小于口径。标本为 1988 年湖北随州安居徐家嘴汪家塆出土的曾都尹定簠 ③（图 9），通高 13.4 厘米、口长 20.6 厘米、口宽 14.2 厘米、底长 18.6 厘米、底宽 12.3 厘米。整器延续Ⅱ式扁长的特征，盖沿设六枚小卡扣，斜壁设有扁方状附耳。腹部直壁饰一周半蟠

① 湖北省文物考古研究所：《曾国青铜器》，文物出版社，2007 年，第 441 页。
② 湖北省文物考古研究所：《曾国青铜器》，文物出版社，2007 年，第 393 页。
③ 随州市博物馆：《湖北随州市安居镇发现春秋曾国墓》，《江汉考古》1990 年 1 期。

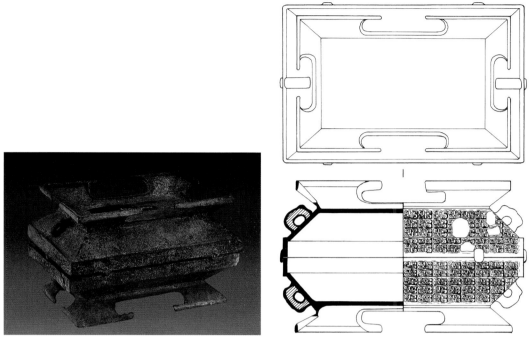

图 9　湖北随州安居徐家嘴汪家塆的曾都尹定簠和线图

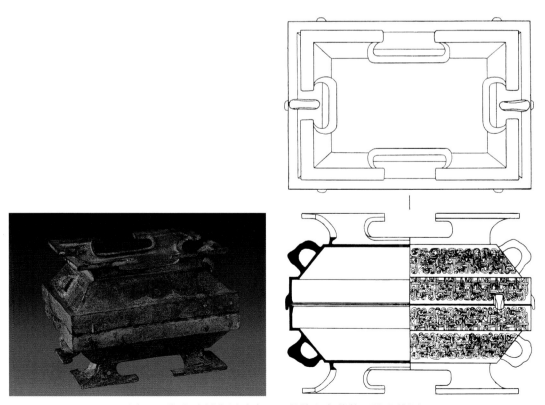

图 10　湖北随州东风油库 M1 的曾少宰黄仲酉簠和线图

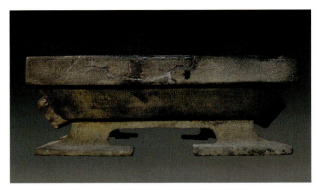

图 11　苏州博物馆收藏的曾子遗簠

图 12　私人收藏的曾侯邲簠

虺纹，斜壁饰三周蟠虺纹。器、盖同铭七字，"曾都尹定之行匿（簠）"。

Ⅳ式：口沿直壁较Ⅲ式稍长，圈足的凹弧形缺口较大，底径尺寸略小于口径。标本为 1994 年湖北随州东风油库 M1 出土的曾少宰黄仲酉簠①（图 10），M1:8 通高 14.6 厘米、口长 19.2 厘米、口宽 13.5 厘米、底长 17.2 厘米、底宽 12 厘米。整器略显高挺，盖沿设六枚小卡扣，兽首形附耳为扁方状，耳孔较大。腹部装饰交龙纹，纹饰线条浅平细密。器、盖同铭九字，"曾少宰黄仲酉之行匿（簠）"。

Ⅴ式：口沿直壁长度与Ⅳ式相同，圈足的凹弧形缺口较大，但是底径尺寸与口径基本相等。标本为苏州博物馆收藏的曾子遗簠②（图 11），高 10.3 厘米、口长 27.4 厘米、口宽 19.8 厘米。腹部斜壁设有粗壮的兽首形附耳，附耳呈扁方状，耳孔较小。腹部和圈足均饰细密的交龙纹，内底铸铭文六字，"曾子遗之行匿（簠）"。

Ⅵ式：口沿直壁较长，底径尺寸与口径基本相等，但是圈足的凹弧形缺口缩小。标本为私人收藏的曾侯邲簠③（图 12），通高 25 厘米、口长 33 厘米、口宽 24 厘米、底长 32 厘米、底宽 23 厘米。盖沿设六枚小卡扣，腹部斜壁设有粗壮的兽首形附耳，附耳浑圆，装饰华丽。腹部饰有细密的交龙纹。器内底铸铭文五字，"曾侯邲作持"。

Ⅶ式：口沿直壁长度和圈足缺口形态与Ⅵ式相同，底径尺寸小于口径，主要流行

①　湖北省文物考古研究所、随州市曾都区考古队、随州市博物馆：《湖北随州义地岗墓地曾国墓 1994 年发掘简报》，《文物》2008 年 2 期。
②　湖北省文物考古研究所：《曾国青铜器》，文物出版社，2007 年，第 373 页。
③　湖北省文物考古研究所：《曾国青铜器》，文物出版社，2007 年，第 376 页。

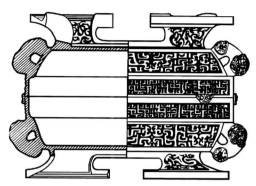

图 13　湖北随州擂鼓墩 M1 的曾侯乙簠和线图

几何纹饰。标本为 1978 年湖北随州擂鼓墩 M1 出土的曾侯乙簠 [①]（图 13），C.123 通高
25.4 厘米、口长 31 厘米、口宽 24 厘米、底长 24.8 厘米、底宽 17.2 厘米。盖沿设六
枚小卡扣，腹部直壁饰 T 形勾连纹，斜壁饰龙凤勾连纹，盖顶和圈足饰鸟首龙纹，纹
饰凹槽均有褐色和白色的填充物。器盖同铭七字，"曾侯乙作持用终"。

二、曾国青铜簠纹饰研究

曾国青铜簠的早期纹饰主要反映为继承周文化的传统，基本延续了西周纹饰的样
式。直到春秋早期晚段这种状况渐渐有所改变，在周文化的传统纹饰中融入一些地方
文化因素，此后又大量吸收楚文化的因素。龙纹简化演变成为几何纹，是对日益繁复
的动物纹装饰的革新，显示出一种新气象。

1. 龙纹

龙纹是曾国青铜簠运用最多的一
种纹饰，按照龙纹形态和构图的不同，
可以分为四型：

A 型：卷龙纹。又可分为单首
卷龙纹和双首卷龙纹。

Ⅰ式：单首卷龙纹。这种纹饰
是西周中晚期很有特色的一种纹
饰，例如上海博物馆收藏恭王时期

图 14　湖北枣阳郭家庙曹门湾 M43 的曾太保畏簠纹饰

<hr>

①　湖北省博物馆：《曾侯乙墓》，文物出版社，1989 年，第 209 页。

图 15　河南三门峡 M2001 的虢季簠纹饰拓片　　　图 16　湖北枣阳郭家庙 M1 的曾孟嬴剈簠纹饰拓片

图 17　湖北枣阳郭家庙曹门湾 M22 的卷龙纹簠　　图 18　上海博物馆收藏的都公諴簠纹饰拓片

的仲柟父鬲 [1] 腹部纹饰。曾伯克父簠和曾太保敻簠（图 14）所装饰的都是单首卷龙纹。春秋早期黄河中下游地区十分流行这种纹饰，比如还有 1990 年河南三门峡上村岭 M2001 的虢季簠 [2]（图 15）。

　　Ⅱ式：双首卷龙纹。这种纹饰表现为首尾各有一个龙首，龙体呈 S 形，龙的上颚环绕龙首与龙体相交，前后端的龙首相对倒置。曾孟嬴剈簠（图 16）所饰的双首卷龙纹，还见于 2014 年湖北枣阳郭家庙曹门湾 M22 的卷龙纹簠 [3]（图 17）。另外一种类型的双首卷龙纹，是前后端的龙首同向并列，比如上海博物馆收藏春秋早期的都公諴簠 [4]（图 18）。

　　① 陈佩芬：《夏商周青铜器研究·西周篇》，上海古籍出版社，2004 年，第 266 页。

　　② 河南省文物考古研究所、三门峡市文物工作队：《三门峡虢国墓》，文物出版社，1999 年，第 225 页。

　　③ 湖北省文物考古研究所、湖北荆州文物保护中心、襄阳市文物考古研究所、枣阳市博物馆考古队：《湖北枣阳郭家庙墓地曹门湾墓区（2014）M10、M13、M22 发掘简报》，《江汉考古》2016 年 5 期。

　　④ 陈佩芬：《夏商周青铜器研究·东周篇》，上海古籍出版社，2004 年，第 48 页。

图19 上海博物馆收藏的陈侯簠纹饰拓片

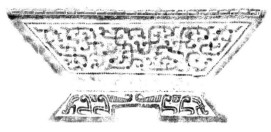

图20 湖北随州季氏梁的陈公子仲庆簠纹饰拓片

从单首卷龙纹到双首卷龙纹,可以看出纹饰线条和空间结构的变化。单首卷龙纹的线条粗犷,双首卷龙纹的线条稍细,这是纹饰风格发展的大趋势。虽然两种纹饰都出现于斜壁簠,但是早期折壁簠流行的双首卷龙纹正好反映了纹饰的更替关系。曹门湾M22的卷龙纹簠较之曾孟嬴剈簠的直壁要长,并且直壁开始出现纹饰。由此表明斜壁簠向折壁簠转变的过渡期,即窃曲纹 + 卷龙纹的两段

图21 中国国家博物馆收藏的曾伯霏簠的盖顶纹饰拓片

式演变为卷龙纹的一段式,在一段式纹饰的基础上出现直壁,随着直壁变长开始出现装饰。

B型:爬行龙纹。这种纹饰主要装饰于圈足,主要表现为无冠的龙首低垂,前后肢向前屈伸作爬行状,尾部较长,尾尖上卷。这种纹饰流行于春秋早期的淮河流域,曾孙史夷簠的圈足纹饰与上海博物馆收藏的陈侯簠[①](图19)相同,以及1979年湖北随州城郊季氏梁出土的陈公子仲庆簠[②](图20)也有这种纹饰。

1974年河南商水练集乡杨庄村和1975年河南商水朱集村出土的原氏仲簠[③],与陈公子仲庆簠的形制、纹饰完全相同。原氏仲簠铭文提到的"原仲"为文献记载春秋早期的陈国大夫。《左传·庄公二十七年》:"秋,公子友如陈,葬原仲。"杜预注:

① 陈佩芬:《夏商周青铜器研究·东周篇》,上海古籍出版社,2004年,第61页。

② 随县博物馆:《湖北随县城郊发现春秋墓葬和铜器》,《文物》1980年1期。

③ 秦永军、韩维龙、杨凤翔:《河南商水县出土周代青铜器》,《考古》1989年4期;河南省周口市博物馆:《周口市博物馆藏有铭青铜器》,《考古》1988年8期。

"原仲，陈大夫。原，氏；仲，字也。""原仲，季友之旧也"。季友就是公子友，《史记·鲁世家》："庄公有三弟，长曰庆父，次曰叔牙，次曰季友。"又云"季友母陈女"。因此，原仲与季友的关系十分亲密。文献记载季友执政鲁国十六年，自僖公元年（前 659 年）至僖公十六年（前 644 年）。原仲死于鲁庄公二十七年（陈宣公二十六年），即公元前 667 年。原氏仲簠是原仲为二女儿所作的媵器，制器时间为公元前 667 年以前，所以这件器物是春秋早期晚段的标准器。这种爬行龙纹的年代大致在春秋早期，是陈国青铜器纹饰的一种特色。

C 型：C 形顾龙纹。这种纹饰主要装饰于腹部直壁，具体表现为龙首回顾，龙口吐舌，体躯呈 C 形，尾部分歧。曾伯霖簠纹饰构图为上下两组 C 形顾龙纹倒置，龙首相对，尾部相扣，构成回形针状。1980 年山东滕州后荆沟出土的不嬰簠[1] 有相似的纹饰，这件器物年代为西周晚期。曾孙史夷簠纹饰构图是 C 形顾龙纹横向排列，中心对称左右各有四条，右侧的头向左，左侧的倒置头向右，与上海博物馆所藏陈侯簠的纹饰相同。C 形顾龙纹是周文化的传统纹饰，在中原地区十分流行。

D 型：S 形交龙纹。按照纹饰风格和纹饰结构分为两式。

Ⅰ式：粗犷的 S 形交龙纹。这种纹饰主要特征为 S 形双首龙纹卷曲相交，龙口吐舌下垂，上颚特长翻卷，纹饰风格比较粗犷。曾伯霖簠（图 21）和曾孙史夷簠（图 22）都有这种纹饰，类似的还见于 1983 年河南信阳光山宝相寺出土的黄君孟鑐[2]、1993 年河南新郑金城路出土的交龙纹鼎[3] 等。这些器物年代均在春秋中期，纹饰线条浅平，纹饰结构密集，其风格当晚于曾伯霖簠和曾孙史夷簠。

Ⅱ式：细密的 S 形交龙纹。这种纹饰主要特征为 S 形双首龙纹前后相叠，前端的龙首下垂，后端的龙首上扬，龙体蜿蜒曲折。在重叠的 S 形双首龙纹上下各有双首龙纹与之相交，构成三条互交的连环式图案。龙首的形态和朝向均相同，线条流畅规整，纹饰风格繁密。曾少宰黄仲酉簠、曾公子弃疾簠、曾子义行簠、曾媵媚朱姬簠、曾子□簠和曾子遱簠[4]（图 23）等都有这种纹饰。相同的纹饰还见于 1979 年河南淅川下寺 M3 的交龙纹簠[5]（图 24），以及 1937 年河南辉县琉璃阁 M55 的交龙纹簠[6]（图 25）。前者年代为春秋晚期，后者虽然发现于中原地区，却是典型的楚式簠，说明这种纹饰是春秋、战国之际楚文化圈比较流行的一种纹饰。

---

①　万树瀛：《滕县后荆沟出土不嬰簠等青铜器群》，《文物》1981 年 9 期。

②　河南信阳地区文管会、光山县文管会：《春秋早期黄君孟夫妇墓发掘报告》，《考古》1984 年 4 期。

③　中国青铜器全集编辑委员会：《中国青铜器全集·7》，文物出版社，1996 年，第 20 页。

④　湖北省文物考古研究所：《曾国青铜器》，文物出版社，2007 年，第 373 页。

⑤　河南省文物研究所、河南省丹江库区考古发掘队、淅川县博物馆：《淅川下寺春秋楚墓》，文物出版社，1991 年，第 233 页。

⑥　郭宝钧：《山彪镇与琉璃阁》，科学出版社，1959 年。

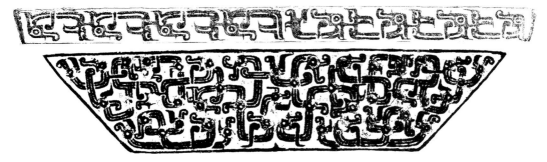

图 22　上海博物馆收藏的曾孙史夷簠纹饰拓片

E 型：波曲形交龙纹。按照纹饰风格和纹饰结构分为三式。

Ⅰ式：粗犷的波曲形交龙纹。这种纹饰主要特征是双首龙纹与波曲形相交，双首龙纹呈 S 形，龙首两两相对，龙口吐舌后卷。曾伯寨簠斜壁纹饰与 2014 年湖北京山苏家垄 M79 的陔夫人芈克簠 ① 相同，纹饰风格粗犷，其年代为春秋早期晚段。

Ⅱ式：简化的波曲形交龙纹。这种纹饰主要特征是整体纹饰以波曲纹为中心，波曲纹与龙纹相交，龙首较小，仅有目纹可以辨认。由于纹饰线条的错位构图，产生与邻近龙首相对或相背的视觉效果。曾子季关臣簠（图 26）所饰的纹饰，还见于 1970 年湖北荆州市纪南镇岳山村出土的鄀伯受簠 ②。这种纹饰甚少见于中原地区，应当是江淮地区的一种地方特色。

Ⅲ式：细密的波曲形交龙纹。纹饰构图与Ⅱ式相同，但是龙首已经消失，目纹省略，龙纹简化为几何形线条，整体纹饰风格细密规整。曾子原鲁簠所饰的这种纹饰与 1972 年湖北襄阳余岗村山湾 M33 的子季嬴青簠 ③、1937 年河南辉县琉璃阁 M55 的交龙纹簠 ④（图 27）均相同。这种类型的纹饰是从西周时期非常流行的波曲纹演变而来，体现了波曲纹与交龙纹的结合。波曲纹上着重突出龙首特征，显示龙体处于交错重叠之中。这是对周文化传统纹饰的创新，显示了春秋时期地方性艺术的崛起。

F 型：蟠虺纹。这种纹饰主要表现以 S 形缠绕的蛇纹为一个纹饰单元，蛇纹仅有目纹可辨，体躯断开，上下相错。采用当时非常盛行的模印制法，纹饰显得十分繁

---

① 方勤、胡长春、席奇峰、李晓杨、王玉杰：《湖北京山苏家垄遗址考古收获》，《江汉考古》2017 年 6 期。

② 荆州地区博物馆：《江陵岳山大队出土一批春秋铜器》，《文物》1982 年 10 期。

③ 湖北省博物馆：《襄阳山湾东周墓葬发掘报告》，《江汉考古》1983 年 2 期。

④ 郭宝钧：《山彪镇与琉璃阁》，科学出版社，1959 年。

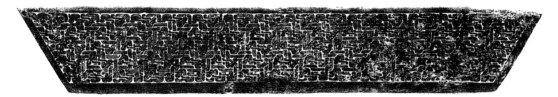

图 23　苏州博物馆收藏的曾子遻簠纹饰拓片

图 24　河南淅川下寺 M3 的交龙纹簠的盖顶纹饰拓片

图 25　河南辉县琉璃阁 M55 的交龙纹簠纹饰拓片

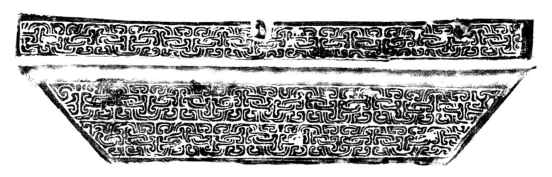

图 26 河南信阳罗山高店的曾子关臣簠纹饰拓片

图 27 河南辉县琉璃阁 M55 的交龙纹簠纹饰拓片

图 28 湖北随州安居徐家嘴汪家塆的曾都尹定簠纹饰拓片

密。曾都尹定簠（图 28）所饰的纹饰，还见于 1979 年河南淅川下寺 M8 的何次簠 [①] 和 1994 年湖北随州东风油库 M2 的可簠 [②]。这类纹饰最早出现在春秋中期，何次簠的纹饰风格比较粗犷，年代明显要偏早。可簠的纹饰风格与之相同，器物形制一致，两者年代大体相近。

2. 鳞纹

鳞纹通常装饰于腹部和圈足，按照形态的不同可分为三型。

A 型：U 形鳞纹。形状较大，内层呈 U 形，转角圆润，以内层图案的不同分为三式。

Ⅰ式：鳞纹内层两壁向内侧歧出翘起。这种纹饰在西周中期尚未见到，从西周晚期开始出现，延续至春秋早期。曾孟嬴剈簠的圈足纹饰，以及上海博物馆收藏的苏甫人盘 [③]（图 29）的圈足纹饰都是这种。

Ⅱ式：鳞纹内层两壁向内侧歧出翘起或下垂，中心有柱形饰。这种纹饰是西周晚期的传统样式，例如台北故宫博物院收藏的颂壶 [④]。曾伯桼簠的圈足纹饰是两壁内侧歧出翘起，与 1977 年河南信阳吴家店乡坟扒村出土的番昶伯者君盘 [⑤]（图 30）圈足纹饰相同。鳞纹内层两壁向内侧歧出下垂的还见于 1983 年河南信阳光山宝相寺出土的黄夫人盘 [⑥]，说明这种纹饰在春秋早中期依然流行。

Ⅲ式：鳞纹内层两壁向内侧分两层歧出下垂。这种纹饰在西周晚期尚未出现，主要发现于曾子季炅臣簠（图 31）的圈足纹饰。

B 型：V 形鳞纹。形状较大，鳞瓣三层相叠加，内层呈 V 形。这种纹饰是周文化的传统纹饰，例如上海博物馆收藏的仲義父鬲 [⑦]。曾子屎簠的腹部斜壁装饰的这种纹饰，还见于信阳光山宝相寺的黄夫人方座器 [⑧]（图 32）。

C 型：凹形鳞纹。形状较小，单层鳞纹，两端向内卷曲形成内凹状。这种纹饰出

---

① 河南省文物研究所、河南省丹江库区考古发掘队、淅川县博物馆：《淅川下寺春秋楚墓》，文物出版社，1991 年，第 9 页。

② 湖北省文物考古研究所、随州市曾都区考古队、随州市博物馆：《湖北随州义地岗墓地曾国墓 1994 年发掘简报》，《文物》2008 年 2 期。

③ 陈佩芬：《夏商周青铜器研究·西周篇》，上海古籍出版社，2004 年，第 551 页。

④ 陈芳妹：《商周青铜酒器》，台北故宫博物院，1985 年，第 169 页。

⑤ 信阳地区文管会：《河南信阳发现两批春秋铜器》，《文物》1980 年 1 期。

⑥ 河南信阳地区文管会、光山县文管会：《春秋早期黄君孟夫妇墓发掘报告》，《考古》1984 年 4 期。

⑦ 陈佩芬：《夏商周青铜器研究·西周篇》，上海古籍出版社，2004 年，第 385 页。

⑧ 河南信阳地区文管会、光山县文管会：《春秋早期黄君孟夫妇墓发掘报告》，《考古》1984 年 4 期。

图 29　上海博物馆收藏的苏甫人盘的圈足纹饰拓片

图 30　河南信阳吴家店的番昶
伯者君盘的圈足纹饰拓片

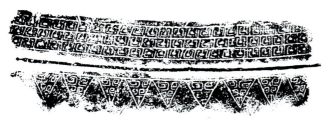

图 31　河南信阳罗山高店的曾子季关臣簠的圈足纹饰拓片

图 33　湖北随州义地岗八角楼的鳞纹盖鼎纹饰拓片

图 32　河南信阳光山宝相寺的
黄夫人方座器的纹饰拓片

现于春秋中期，例如 1980 年湖北随州义地岗八角楼出土的鳞纹盖鼎 ①（图 33）。曾子原鲁簠的腹部装饰有这种细小的凹形鳞纹，与波曲形交龙纹相交错。

3. 几何纹

几何纹中有的是动物形纹饰简化抽象的一种纹饰，仅保留躯体形态，主要有三种类型。

A 型：曲折纹。这种纹饰主要装饰于直壁，例如曾子屎簠的直壁纹饰。

B 型：三角纹。这种纹饰主要在直壁，有的也作为斜壁

图 34　上海博物馆收藏的曾子叔㸓父簠

的主纹，例如上海博物馆收藏的曾子叔㸓父簠（图 34），直壁和斜壁均饰有三角纹，内填勾云纹。

C 型：曲折勾连纹。这种纹饰可以看作是交龙纹抽象的一种类型，例如曾侯乙簠的腹部纹饰，龙凤相交的图案已经高度抽象，全部是用线条表示，纹饰结构仍与交龙纹极其相似。

---

① 随县博物馆：《湖北随县城郊发现春秋墓葬和铜器》，《文物》1980 年 1 期。

三、曾国青铜簠铭文研究

曾国青铜簠的铭文书体大致可以分为三类，即周式、楚式和吴越式。曾国是姬姓诸侯国，周式书体的流行时间最长，即使在楚文化影响最深刻的春秋晚期也有所延续。楚式书体在春秋晚期至战国早期的曾国铭文中占有重要地位，发现的数量较多。吴越式书体仅在春秋晚期晚段偶有出现，反映了吴楚争霸事件对楚文化圈的影响。

第一类：周式书体。早期以曾伯霖簠（图 35）为代表，字体较小，笔道圆转，"曾"字上端的撇笔和捺笔较短，下端日形略有出笔。中期以曾子屖簠（图 36）为代表，"曾"字上端两笔弧长。晚期以曾子义行簠（图 37）为代表，"曾"字上端两笔略带方折，下端日形明显出笔。

第二类：楚式书体。早期以曾都尹定簠（图 38）为代表，字体较长，字形圆转，"曾"字上端的撇笔和捺笔方折，下端日形出笔。晚期以曾子遱簠（图 39）为代表，字体瘦长，字形较方，"曾"字上端两笔方折，下端日形出笔。

第三类：吴越式书体。以曾侯邺簠（图 40）为代表，字体瘦长，笔道卷曲，字形中出现吴越地区金文中常见的鸟形结构。

根据曾国青铜簠铭文中关于器类功能的记载，可以分为三大类。第一种是礼器类，包括有旅器、飤器和馐器；第二种是明器类，包括有登器和行器；第三种是媵器类。

第一类：礼器

1. 旅器

旅器，作为表示器物用途的说法较多。宋人吕大临称"旅食所用"，引用《仪礼·燕礼》"士旅食"，表示行旅之器。[1] 黄盛璋认为旅器是可移动之器，功能兼具实用与祭祀两方面，"所以用途不限一种，地方不限一地，陈设不专一处"。[2] 宋人董逌称"古者鼎、俎、簠、簋皆有数，故其次者谓之旅，旅言其众"。[3] 清人阮元引用《尔雅·释诂》"旅，陈也"，认为"彝器凡言旅者，皆胪陈之义"。[4] 耿超认为金文中的旅器指使用时的摆陈之器，其具体用途或用于宗庙祭祀，或用于宴飨宾客，乃至随行出

---

① （宋）吕大临：《考古图》2.18，清乾隆十七年亦政堂校刊本。

② 黄盛璋：《释旅彝——铜器中"旅彝"问题的一个全面考察》，《中华文史论丛》第 2 辑，上海古籍出版社，1979 年，第 105—125 页。

③ （宋）董逌：《广川书跋》1.13.1，南林张氏适园丛书本，1915 年。

④ （清）阮元：《积古斋钟鼎彝器款识》1.2.1，清嘉庆九年扬州阮氏写刻本。

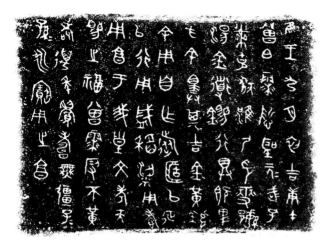

图 35　中国国家博物馆收藏的曾伯黍簠铭文拓片

图 36　中国国家博物馆收藏的曾子㞚簠铭文拓片

图 37　江苏六合程桥 M3 的曾子义行簠铭文摹本

图 38　湖北随州安居徐家嘴汪家塆的曾都尹定簠铭文拓片

图39　苏州博物馆收藏的曾子遾簠铭文拓片　　图40　私人收藏的曾侯邲簠铭文摹本

征。① 郭沫若认为"旅彝者，谓陈祭于宗庙之彝器"，引用《周礼·大宗伯》"国有大故，则旅上帝及四望"，称"旅为祈祷天地山川，实则人鬼亦可称旅，彝铭多见"。②西周时期祭祀礼器和实用器的区别尚不严格，曾伯克父簠和曾伯黍簠均称作"旅簠"。曾伯克父簠记"用征用行，走追四方"，曾伯黍簠记"以征以行，用盛稻粱，用孝用享于我皇文考"，说明这种"旅器"具有一定的军旅背景，可能与征伐、巡守的祭祀制度有关。

2. 飤器

飤器，通常认为是盛食之器。《说文》段注："飤，以食食人物，其字本作食，俗

---

① 耿超：《郚召簠及相关问题初探》，《中原文物》2010年3期。

② 郭沫若：《金文丛考》，《郭沫若全集·考古编》第五卷，科学出版社，2002年。

作飤，或作飼。经典无飤。"这种名称多见于金文，陈梦家认为金文飤字其义实为载食之器，所以鼎、簋、簠多称飤。① 裘锡圭根据《国语·郑语》"主芣騩而食溱洧"、《管子·幼官》"食天壤山川之故祀"，认为祭鬼神可以叫作"食"，鬼神飨祭祀也可以叫作"食"。② 因此，飤器既可以认为是盛食之器，也可以理解为飨祀之器。曾孙史夷簋、曾仲墅簋、曾子义行簋、曾子季类臣簋、曾子□簋和曾公子叔浸簋等器均称自作"飤簋"，并且有"眉寿万年"或"子孙永宝"等套语。

3. 餴器

餴器，通常认为是饭食之器。《说文》段注："餴，脩饭也。饋，餴或从賁。"商承祚赞同宋人、清人成说，主张"鼎曰餴鼎，鬲曰餴鬲，簋曰餴簋，簠曰餴簠，皆饭器也"。③ 陈梦家认为"餴"有动静二义，动义为蒸饭之蒸，静义为所蒸之饭。④ 陈英杰认为"饋"有进献义，引申为宴飨。⑤ 陈剑将"奉"读为"祷"，"餴"有进行祭祷义，可以理解为盛装祭品的礼器。⑥ 因此，餴器既可用于宗庙祭祀，又可用于宴飨。曾□□簋铭文称"唯正□月初吉丁亥，曾□□择其吉金，自作餴簋，其眉寿无疆，子子孙孙永宝用之"（集成4614）。这是自作器，祈祷健康长寿，推测用途应该是礼器。

第二类：明器

1. 登器

登器，一般认为是进献祭祀物品所盛之器。"登"本义为荐新之祭，在传世文献与金文中多借为"烝"或"蒸"。《诗经·小雅·信南山》"是烝是享"，毛传："烝，进也。"《礼记·月令》"农乃登麦"，郑玄注："登，进也。"《尔雅·释天》郭璞注："蒸，进品物也。""登"作动词表示进献之义，作形容词表明进献祭祀物品。曾公子弃疾簋铭文称"曾公子弃疾之登簋"。⑦ 同墓还有曾公子弃疾甗，铭文称"曾公子弃疾之登甗"。由于甗的鬲部有许多大小不同的孔洞，根本无法使用，应当为明器。因此，春秋晚期的登器又有明器的性质，可作为进献的陪葬之器。

---

① 陈梦家：《寿县蔡侯墓铜器》，《考古学报》1956年2期。
② 裘锡圭：《读书札记（九则）》，《古代文史研究新探》，江苏古籍出版社，1992年，第143—144页。
③ 商承祚：《十二家吉金图录》，《金文文献集成》第20册，线装书局，2005年，第326页。
④ 陈梦家：《西周铜器断代》，中华书局，2004年，第48页。
⑤ 陈英杰：《西周金文作器用途铭辞研究》，线装书局，2008年，第457—476页。
⑥ 陈剑：《据郭店简释读西周金文一例》，《甲骨金文考释论集》，线装书局，2007年，第31页。
⑦ 湖北省文物考古研究所、随州市博物馆：《湖北随州义地岗曾公子去疾墓发掘简报》，《江汉考古》2012年3期。

2. 行器

行器，一般认为是为征行、巡守活动准备的器物。《左传·昭王元年》："具行器矣！楚王汏侈而自说其事，必合诸侯。吾往无日矣。"杜注："行器，会备。"杨伯峻注："准备行装为盟会之用。"张亚初认为"行器是贵族专为出行时制作的用器。从目前材料看，行器之鼎未见到大小成套的列鼎，而且器形较小，制作较粗，当为简易的用器"。[①] 西周时期的行器都有征行、巡守的背景，东周时期江淮地区的"行器"，大多器身残存范土，无实用痕迹，显然与传统的巡守征行之器不同。1978 年河南淅川下寺 M1 的敬事天王钟，铭文有"百岁之外，以之大行"（集成 73）。2013 年湖北随州曾都区文峰塔 M21 的曾孙邵壶，铭文有"曾孙邵之大行之壶"。[②]《后汉书·安帝纪》"大行皇帝不永天年"，李贤引韦昭注："大行者，不反之辞也。"《仪礼·既夕礼》："（大遣奠毕）行器，茵、苞、器序从，车从。"郑注："行器，目葬行明器，在道之次。"曾孟赢削簠、曾都尹定簠、曾少宰黄仲西簠和曾子遴簠等均称"行簠"，曾子屡簠和曾子叔牷父簠等称作"行器"。曾孟赢削簠和曾子屡簠的辞例后缀"永祜福"，曾子叔牷父簠有"用祜福"。这种辞例与西周时期的"永命"、"眉寿"、"万年无疆"等祈求长寿的语句不同，暗指了"行器"功能的特殊性。所以这种器物是专门为丧葬制作的明器，并非实用之器。

第三类：媵器

媵器，是专为嫁女陪送制作的器物。《仪礼·士昏礼》"媵布席于奥"，郑注："媵，送也，谓女从者也。"《公羊传·庄公十九年》："媵者何？诸侯娶一国，则二国往媵之，以姪娣从。"金文中有同姓媵和异姓媵两种情况，同姓媵又分为亲属作器和同姓诸侯作器。曾子原鲁簠铭文称"唯九月初吉庚申，曾子原鲁为孟姬鄗铸媵簠"（集成 4573），这是曾子原鲁为女儿孟姬鄗所作的媵器。曾侯簠铭文称"叔姬霝连黄邦，曾侯作叔姬、江芈媵器肆彝，其子子孙孙，其永用之"（集成 4598），这是曾侯为嫁入黄国的叔姬霝和嫁入江国的芈姓女子所作的媵器，出现了两名女子分别嫁入不同国家的情况。

四、曾国青铜簠分期断代研究

通过上述对曾国青铜簠类型学、纹饰和铭文的综合研究，结合墓葬共存器物的年代，可以将其分为五期八段。

---

① 张亚初：《殷周青铜鼎器名、用途研究》，《古文字研究》第十八辑，中华书局，1992 年，第 276 页。

② 湖北省文物考古研究所、随州市博物馆：《湖北随州市文峰塔东周墓地》，《考古》2014 年 7 期。

第一期：西周晚期。

A 型 I 式曾伯克父簋是西周晚期青铜簋的典型样式，同铭文器物（图41）主要体现这个阶段的特征。曾伯克父鼎为半球形，粗壮的马蹄形足，腹部饰重环纹，与1933年陕西扶风康家村出土的函皇父鼎 ① 相同。曾伯克父簋有华丽的兽首形附耳，圈足下置蜷曲的兽首小足，装饰窃曲纹和瓦棱纹，与上海博物馆收藏的史颂簋 ② 相同。曾伯克父盨与河南三门峡虢国墓地 M2001 的虢季盨 ③ 相似，纹饰与曾伯克父簋相同。曾伯克父壶的颈部较粗，腹部比较宽侈，形制与1993年山西曲沃北赵村晋侯墓地 M63 的杨姞壶 ④ 相似，颈部向下依次装饰波曲纹、窃曲纹、瓦棱纹、S 形云纹、三角蝉纹和垂鳞纹。曾伯克父鬲与1972年湖北随州熊家老湾出土的曲折纹鬲 ⑤ 一致，这些器物年代基本都在西周晚期。此外，曾伯克父簋铭文有私名"甘娄"，同样见于伯克父器组。其中伯克父鼎 ⑥ 为半球形，马蹄形足稍细，腹壁饰窃曲纹和波曲纹。伯克父盨 ⑦ 的圈

图41 中国国家博物馆收藏的曾伯克父器

① 陈梦家：《西周铜器断代》，中华书局，2004年，第803页。
② 陈佩芬：《夏商周青铜器研究·西周篇》，上海古籍出版社，2004年，第455页。
③ 河南省文物考古研究所、三门峡市文物工作队：《三门峡虢国墓》，文物出版社，1999年。
④ 上海博物馆：《晋国奇珍——山西晋侯墓群出土文物精品》，上海人民美术出版社，2002年，第160页。
⑤ 鄂兵：《湖北随县发现曾国铜器》，《文物》1973年5期。
⑥ 吴镇烽：《商周青铜器铭文暨图像集成续编》第2卷，上海古籍出版社，2016年，第279页。
⑦ 吴镇烽：《商周青铜器铭文暨图像集成续编》第2卷，上海古籍出版社，2016年，第192页。

足下有小支足，形制与上海博物馆收藏的翠生盨 ① 接近，通体饰竖棱纹。因此，曾伯克父器组的年代大体在西周晚期，下限可至两周之际。

第二期：春秋早期，分为早、晚两段。

早段：A 型 Ⅱ 式和 Ba 型 Ⅰ 式。A 型 Ⅱ 式曾太保夋簋是斜壁簋的最晚形态，同墓所出的曾子𩛥鼎（图 42）附耳宽大，腹部横宽、较浅，马蹄形足附于腹部外侧，与 1966 年湖北京山苏家垄出土的九件窃曲纹列鼎 ②、1972 年湖北枣阳熊集镇段营出土的曾子仲谏鼎 ③ 完全相同。这种附耳鼎是春秋早期曾国青铜鼎的流行样式，相比较中原地区同类器的腹部更浅。

图 42　湖北枣阳郭家庙曹门湾 M43 的曾子𩛥鼎

Ba 型 Ⅰ 式曾孟嬴剕簋是折壁簋的滥觞。如果不仔细观察，很容易忽略口沿那一段不明显的直壁。这件器物的形制与西周晚期的斜腹簋有着一脉相承的关系，腹部装饰中原地区常见的双首卷龙纹。但是，纹饰特征略晚于河南三门峡虢国墓地 M2001 的虢季簋 ④。枣阳郭家庙 M1 同出的附耳鼎与曾子𩛥鼎、曾子仲谏鼎完全相同。幻伯佳壶为椭方体，长颈两侧各有一个贯耳，垂腹下置宽大的圈足。腹部饰十字交叉的络带纹，交叉处有菱形凸起，与河南平顶山应国墓地 M95 的应伯方壶 ⑤ 相近。因此，第二期早段的时代应为春秋早期早段。

晚段：Ba 型 Ⅱ 式和 Bd 型 Ⅰ 式。Ba 型 Ⅱ 式曾孙史夷簋与陈侯簋、陈公子仲庆簋的形制基本相同，所饰的 S 形交龙纹和爬行龙纹也是这个时期的特色。需要说明的是，曾孙史夷簋的铭文非作器者錾刻。从铭文字体分析，"曾"字上部两笔弧长，写法比曾伯霥簋要晚。由此推测曾孙史夷大概是春秋中晚期人，在无铭文的器物上进行刻铭也符合这个时期的习惯。所以，这件器物的年代在春秋早期晚段，铭文年代在春秋中

① 　陈佩芬：《夏商周青铜器研究·西周篇》，上海古籍出版社，2004 年，第 488 页。
② 　湖北省博物馆：《湖北京山发现曾国铜器》，《文物》1972 年 2 期。
③ 　湖北省博物馆：《湖北枣阳县发现曾国墓葬》，《考古》1975 年 4 期。
④ 　河南省文物考古研究所、三门峡市文物工作队：《三门峡虢国墓》，文物出版社，1999 年。
⑤ 　河南省文物研究所、平顶山市文物管理委员会：《平顶山应国墓地九十五号墓的发掘》，《华夏考古》1992 年 3 期。

晚期。这种类型的器物在曾国青铜
簋中比较少见，不排除原先就是陈
国的青铜簋。

　　Bd 型 I 式曾伯桼簋以往多认为
是山东郜国的青铜器①。笔者曾经指
出这件器物的圈足缺口略呈凹弧形，
是江汉流域楚式簋的早期样式，所
以是湖北曾国之器。②2014 年湖北
京山苏家垄发掘的 M88 和 M79③，
已经明确为曾伯桼夫妇墓。M79 曾

图 43　湖北京山苏家垄 M79 的陜夫人芈克簋

伯桼墓出土的陜夫人芈克簋（图 43）的形制、纹饰与曾伯桼簋完全相同，直壁饰有 C
形顾龙纹，尾部相互扣合，斜壁饰有波曲形交龙纹。M88 曾伯桼夫人墓出土的曾伯桼
壶与台北故宫博物院收藏的曾伯陭壶④相似，双线凸起的纹饰风格与 1966 年湖北京山
苏家垄出土的曾仲斿父壶⑤相同。只不过曾仲斿父壶仅有波曲纹，曾伯桼壶的波曲纹
中开始出现交龙纹，说明其年代要略晚于曾仲斿父壶。因此，第二期晚段的时代应为
春秋早期晚段。

　　第三期：春秋中期，分为早、晚两段。

　　早段：Bb 型曾子屖簋有中原式簋的矩形缺口圈足，又兼具楚式簋平沿无唇的特
点，附耳位置也是楚式簋的样式。这件器物具有中原式簋和楚式簋的双重特征，反映
了曾国青铜器一方面继承周文化的传统，一方面又深受楚文化的强烈影响。通体装饰
垂鳞纹的风格，与 1981 年河南信阳明港出土的垂鳞纹壶⑥、1983 年河南信阳光山宝相
寺出土的黄夫人方座器⑦相同。黄夫人器组是春秋中期早段的标准器，曾子屖簋的铭
文书体也要晚于曾伯桼簋，其时代应为春秋中期早段。

　　晚段：Bd 型 II 式和 Bc 型。

　　Bd 型 II 式曾子季关臣簋圈足的凹弧形缺口稍大，附耳较为粗壮，形制和纹饰风格
都晚于曾伯桼簋。这件器物所装饰的波曲形交龙纹，与 2014 年湖北京山苏家垄 M85

　　①　屈万里：《曾伯桼簋考释》，《中研院历史语言研究所集刊》第 33 本，1962 年。

　　②　胡嘉麟：《两周青铜簋研究》，陕西师范大学硕士学位论文，2007 年。

　　③　方勤、胡长春、席奇峰、李晓杨、王玉杰：《湖北京山苏家垄遗址考古收获》，《江汉考古》2017
年 6 期。

　　④　湖北省文物考古研究所：《曾国青铜器》，文物出版社，2007 年，第 119 页。

　　⑤　湖北省博物馆：《湖北京山发现曾国铜器》，《文物》1972 年 2 期。

　　⑥　信阳地区文管会、信阳县文化馆：《信阳县明港发现两批春秋早期青铜器》，《中原文物》1981
年 4 期。

　　⑦　河南信阳地区文管会、光山县文管会：《春秋早期黄君孟夫妇墓发掘报告》，《考古》1984 年 4 期。

的交龙纹匜 ① 基本相似，但是纹饰线条更为密集。M85 絠鼎为深腹圜底，兽蹄形足较直，盖顶设有弧形柱的环形捉手，口沿有一周凸棱，上腹部装饰一周凸弦纹，其特征稍早于淅川下寺 M8 絠鼎 ②。M85 盘为直口折沿，长方形附耳，浅腹平底，下置三个小蹄足，相比于淅川下寺 M7 三足盘 ③ 年代偏早。曾子季头臣簠的铭文书体与曾子屎簠相近，延续周式书体的风格，年代大致在春秋中期晚段偏早。

Bc 型曾公子叔浧簠的折沿方唇并非楚式簠的特征，同样是一种融合中原式簠和楚式簠的新风格。这种特征是汉水流域的一种特色，最早发现于湖北襄阳沈岗 M1022 的波曲纹簠 ④。这件器物的形制与 1979 年河南淅川下寺 M8 上郜公簠 ⑤ 相近，但是直壁较之稍长，表明时代略晚。并且曾公子叔浧簠的铭文书体中，已经开始出现楚文字的结构特征，年代应在春秋中期晚段偏晚。

第四期：春秋晚期，分为早、晚两段。

早段：Bd 型 Ⅲ 式和 Bd 型 Ⅳ 式。Bd 型 Ⅲ 式曾都尹定簠的器形扁长，腹部直壁稍短，与 1994 年湖北随州东风油库 M2 的可簠 ⑥ 基本相同，两者都装饰有蟠虺纹。安居徐家嘴汪家塆墓葬同出的曾孙定鼎 ⑦ 深腹圜底（图 44），细高的兽蹄形足外撇，盖面微隆，盖顶有三个兽形环钮。相比于淅川下寺 M10 絠鼎 ⑧ 腹部稍浅、蹄足中部弯曲较大的特征，曾孙定鼎的年代明显要偏早。"曾孙定"与"曾都尹定"是同一人，"曾孙"为公族身份，"都尹"为官职，说明这座墓葬的年代为春秋晚期早段。随州东风油库 M2 同出的絠鼎，深腹圜底，兽蹄形足尚未外撇，具有春秋中期的特征。曾都尹定簠的铭文书体晚于曾公子叔浧簠，是比较成熟的楚式书体。由此来看，Bd 型 Ⅲ 式的年代上限可到春秋中期晚段，是春秋中晚期之际流行的一种样式。

Bd 型 Ⅳ 式曾少宰黄仲酉簠的器形高挺，腹部直壁稍长。随州东风油库 M1 同出的曾少宰黄仲酉鼎 ⑨ 腹部稍浅（图 45）、蹄足中部弯曲较大的特征，与淅川下寺 M10 絠鼎 ⑩ 完全相同。曾少宰黄仲酉盘的附耳上端弯曲，腹部较浅，盘底下承三个粗壮的兽蹄形矮

① 湖北省文物考古研究所：《湖北京山苏家垄墓群 M85 发掘简报》，《江汉考古》2018 年 1 期。
② 河南省文物研究所：《淅川下寺春秋楚墓》，文物出版社，1991 年，第 7 页。
③ 河南省文物研究所：《淅川下寺春秋楚墓》，文物出版社，1991 年，第 35 页。
④ 襄阳市文物考古研究所：《湖北襄阳沈岗墓地 M1022 发掘简报》，《文物》2013 年 7 期。
⑤ 河南省文物研究所：《淅川下寺春秋楚墓》，文物出版社，1991 年，第 9 页。
⑥ 湖北省文物考古研究所、随州市曾都区考古队、随州市博物馆：《湖北随州义地岗墓地曾国墓 1994 年发掘简报》，《文物》2008 年 2 期。
⑦ 随州市博物馆：《湖北随州市安居镇发现春秋曾国墓》，《江汉考古》1990 年 1 期。
⑧ 河南省文物研究所：《淅川下寺春秋楚墓》，文物出版社，1991 年，第 250 页。
⑨ 湖北省文物考古研究所、随州市曾都区考古队、随州市博物馆：《湖北随州义地岗墓地曾国墓 1994 年发掘简报》，《文物》2008 年 2 期。
⑩ 河南省文物研究所：《淅川下寺春秋楚墓》，文物出版社，1991 年，第 250 页。

图 44　湖北随州安居徐家嘴汪家塆的曾孙定鼎

图 45　湖北随州东风油库 M1 的曾少宰黄仲酉鼎

足，相比于淅川下寺 M7 三足盘[①]年代要晚。此式还包括 1975 年湖北随州鲢鱼嘴出土的曾子原鲁簠（图 46）[②]、1988 年江苏六合程桥 M3 的曾子义行簠（图 47）[③]，以及台北故宫博物院所藏的曾子□簠（图 48）[④]。因此，第四期早段的时代应为春秋晚期早段。两式的圈足底径都略小于口径，但是仍有早晚关系，Bd 型Ⅲ式年代偏早，Bd 型Ⅳ式年代略晚。

图 46　湖北随州鲢鱼嘴的曾子原鲁簠

晚段：Bd 型Ⅴ式和 Bd 型Ⅵ式。Bd 型Ⅴ式曾子遇簠腹部直壁较长，圈足底径与口径基本相等。1978 年随州擂鼓墩曾侯乙墓随葬的青铜器铭文中先后发现“曾侯遇、曾侯邸、曾侯乙”三位曾侯的名字，大多数学者都认同曾侯邸是曾侯乙的父辈，曾侯遇是曾侯乙的祖辈。[⑤]2009 年湖北随州文峰塔 M1 出土的鬲铭文有“曾侯舆之行鬲”，编钟作器者自名为“曾侯舆”，由此确

① 河南省文物研究所：《淅川下寺春秋楚墓》，文物出版社，1991 年，第 35 页。
② 湖北省文物考古研究所：《曾国青铜器》，文物出版社，2007 年，第 383 页。
③ 南京市博物馆、六合县文教局：《江苏六合程桥东周三号墓》，《东南文化》1991 年 1 期。
④ 陈芳妹：《商周青铜粢盛器特展图录》，台北故宫博物院，1994 年，第 371 页。
⑤ 张昌平：《曾侯乙、曾侯遇和曾侯邸》，《江汉考古》2009 年 1 期。

图 47　江苏六合程桥 M3 的曾子义行簠

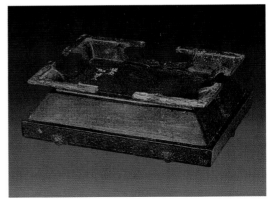

图 48　台北故宫博物院收藏的曾子□簠

图 49　河南淅川徐家岭 M9 的曾媵嬩朱姬簠

图 50　湖北随州曾都区义地岗 M6 的曾公子弃疾簠

认 M1 墓主人为曾侯舆。[①] 曾侯舆钟铭文与文献所记"吴师入郢之役，楚王避险于随"的史料相吻合，器物年代应在公元前 506 年之后。根据铭文历日的推断，M1 下葬年代当在公元前 497 年正月之后。所以，曾侯舆器是春秋晚期晚段的标准器。曾子遴簠铭文称"曾子"，说明此时遴尚未即位，其年代在春秋晚期晚段偏早。

　　Bd 型 Ⅵ 式曾侯郯簠的圈足底径与口径基本相等，但是圈足的凹弧形缺口开始缩小。此式还包括 1990 年河南淅川徐家岭 M9 的曾媵嬩朱姬簠[②]（图 49）、2011 年湖北

　　① 湖北省文物考古研究所、随州市博物馆：《随州文峰塔 M1（曾侯舆墓）、M2 发掘简报》，《江汉考古》2014 年 4 期。

　　② 河南省文物考古研究所、南阳市文物考古研究所、淅川县博物馆：《淅川和尚岭与徐家岭楚墓》，大象出版社，2004 年，第 182 页。

随州曾都区义地岗 M6 的曾公子弃疾簠 ①（图 50）。徐家岭 M9 同出的郳子受鼎 ② 束腰鼓腹，长立耳外撇，口沿设有四个龙形鋬，平底下置粗壮的矮蹄足。这件鼒鼎与淅川M1 鼒鼎非常相似，但是郳子受鼎的腹部更为圆鼓。曾侯乙鼒鼎 ③ 的长立耳外撇程度更大，腹部外鼓略方，其特征明显晚于郳子受鼎。徐家岭 M9 鸟嘴兽纹鼎 ④ 的附耳微外撇，腹部较深，底部近平，盖面隆起正中设有桥形衔环钮，周边有三个环钮。相比较曾侯乙墓出土的扁鼓腹盖鼎 ⑤，其腹部要深，兽蹄形足更为粗壮。徐家岭 M9 蟠虺纹斗的纹饰已经具有几何线条特征，相同的纹饰还见于义地岗 M6 的曾公子弃疾鼎和曾公子弃疾方壶。因此，第四期晚段的年代应为春秋晚期晚段。

从曾子遳簠和曾侯邮簠的铭文来看，字形书体比较相似，但是铭文辞例却有较大差别。曾子遳簠铭文的"行簠"与曾都尹定簠、曾少宰黄仲酉簠的辞例相同，这是春秋晚期流行的辞例格式。曾侯邮簠和曾媵媵朱姬簠的铭文都有"作持"，显然更接近曾侯乙簠"作持用终"的辞例格式。通过铭文同样说明，曾子遳簠的年代要稍早于曾侯邮簠、曾媵媵朱姬簠等器物。有学者根据曾侯乙墓下葬年代，推断曾侯邮大约在公元前 480～前 455 年。⑥ 因此，Bd 型Ⅵ式年代下限可到战国早期早段。

第五期：战国早期。

Bd 型Ⅶ式曾侯乙簠的圈足底径小于口径，圈足的凹弧形缺口缩小，主纹从细密繁缛的交龙纹转向抽象的几何纹。这是楚式簠形制和纹饰发展到极致走向反面的必然结果，符合器物发展的一般规律。曾侯乙墓出土的器物是战国早期的标准器，随葬有楚惠王五十六年镈钟。根据考古报告推断曾侯乙的下葬年代大约是"在公元前 433 年至公元前 400 年之间"，⑦ 属于战国早期晚段。

五、结　语

综上所述，青铜器分域研究的基本内核，即形制、纹饰和铭文三个方面。本文通过对曾国青铜簠的分析，大体勾勒出器物的发展轨迹和文化演变的脉络。其中，曾孟

---

①　湖北省文物考古研究所、随州市博物馆：《湖北随州义地岗曾公子去疾墓发掘简报》，《江汉考古》2012 年 3 期。

②　河南省文物考古研究所、南阳市文物考古研究所、淅川县博物馆：《淅川和尚岭与徐家岭楚墓》，大象出版社，2004 年，第 177 页。

③　湖北省博物馆：《曾侯乙墓》，文物出版社，1989 年，第 194 页。

④　河南省文物考古研究所、南阳市文物考古研究所、淅川县博物馆：《淅川和尚岭与徐家岭楚墓》，大象出版社，2004 年，第 179 页。

⑤　湖北省博物馆：《曾侯乙墓》，文物出版社，1989 年，第 200 页。

⑥　徐少华：《论随州文峰塔一号墓的年代及其学术价值》，《江汉考古》2014 年 4 期。

⑦　湖北省博物馆：《曾侯乙墓》，文物出版社，1989 年，第 464 页。

嬴剈簠的发现和认识具有重要的意义，这是斜壁簠到折壁簠演变的过渡环节。早期曾国青铜簠继承周式簠斜壁和圈足矩形缺口的特征，纹饰从二段式发展为一段式，这是折壁簠出现的前奏。随着直壁增长，又开始出现纹饰，直壁长度的变化成为判断青铜簠时代的重要依据。所以，曾孟嬴剈簠弥补了两周之际青铜簠形制演变发展的一个缺环。

春秋时期折壁簠根据口沿特征、附耳位置，以及圈足缺口的形状大体划分为南北两系。北方系以黄河流域为中心，基本特征为折沿方唇、附耳设在直壁和斜壁之间，圈足缺口呈矩形或凸字形。南方系以长江流域为中心，基本特征为平沿无唇、附耳设在斜壁，圈足缺口呈凹弧形。圈足缺口大小的变化，以及圈足底径和口径尺寸的变化也是断代的重要依据。曾国青铜簠的 Bb 型和 Bc 型都是属于南北两系交融的文化特征，发现的数量极少。春秋中期以后的曾国青铜簠主要流行 Bd 型，这种是典型的楚式簠，表明曾国的文化面貌属于楚文化体系。

曾国是姬姓诸侯国，青铜器风格具有周文化因素，又不可避免地受到楚文化的影响。从曾国青铜簠形制和纹饰发展变化的历程中，可以看到春秋时期江汉流域青铜簠的发展速度远远超过了黄河流域。曾国青铜簠的早期铭文主要是周式书体，直至春秋晚期仍有少量延续。晚期铭文流行楚式书体，由于楚国和吴国、越国的战争关系，还一度出现吴越式的鸟虫书体。正是伴随着周边军事力量的崛起和扩张，新生文化对原有的传统文化产生了冲击，在青铜器艺术风格上表现为各种区域文化相互交融的局面。

2008 年 10 月完稿

2019 年 10 月修改

（原载《上海博物馆集刊》第十二期，上海书画出版社，2012 年）

附表　曾国铭文青铜簠统计表

器　名	通高/厘米	口径/厘米	足径/厘米	重量/千克	类　型	分期	备　注
曾伯克父簠					A 型 I 式	一期	两件，香港中华古美术公司藏
曾太保夋簠（M43:3）	23.7	31.4×23.5	22×15.2	6.04	A 型 II 式	二期早段	枣阳郭家庙曹门湾出土
曾太保夋簠（M43:4）	23.2	31.4×23.2	19.2×14.8	5.9	A 型 II 式	二期早段	枣阳郭家庙曹门湾出土
曾孟嬴剈簠（M1:06）	18	28×23.4			Ba 型 I 式	二期早段	两件，枣阳郭家庙出土
曾孙史夷簠	18.5	28.2×22.8	17.7×12.9	4.86	Ba 型 II 式	二期晚段	上海博物馆藏
曾子屎簠	17.3	26.9×20.8	19.3×14		Bb 型	三期早段	两件，中国国家博物馆藏
曾公子叔浚簠	23	32.5×25			Bc 型	三期晚段	两件，随州市公安局追缴
曾伯霏簠	9.9	32.8×24.8			Bd 型 I 式	二期晚段	一件，中国国家博物馆藏
曾子季关臣簠	17.5	31.7×23.2		6.35	Bd 型 II 式	三期晚段	两件，信阳罗山高店出土
曾仲塞簠	19	34×24			Bd 型 II 式	三期晚段	两件，私人收藏
曾子叔牧父簠	5.8	20.8×16.3					仅存盖，圈足残，上海博物馆藏
曾都尹定簠	13.4	20.6×14.2	18.6×12.3	1.71	Bd 型 III 式	四期早段	两件，随州安居汪家塆出土
曾子原鲁簠	10.7	30.6×24	28.1×20.4	2.05	Bd 型 IV 式	四期早段	仅存器，随州鲢鱼嘴出土
曾少宰黄仲酉簠	14.6	19.2×13.5	17.2×12	1.94	Bd 型 IV 式	四期早段	随州东风油库 M1 出土
曾子□簠	10	30.8×23	28.7×21		Bd 型 IV 式	四期早段	仅存盖，台北故宫博物院藏
曾子义行簠	19.2	28.2×22.9			Bd 型 IV 式	四期早段	南京六合县程桥中学 M3 出土
曾子遗簠	10.3	27.4×19.8			Bd 型 V 式	四期晚段	仅存器，苏州市博物馆藏

（续表）

器　名	通高 / 厘米	口径 / 厘米	足径 / 厘米	重量 / 千克	类　型	分期	备　注
曾公子弃疾簠	35.9	30.7 × 20.2		8.89	Bd 型 Ⅵ式	四期 晚段	两件，随州义地岗 M6 出土
曾侯邨簠	25	33 × 24	32 × 23	6.69	Bd 型 Ⅵ式	四期 晚段	私人收藏
曾姪孃朱姬簠	23.5	29.5 × 22.3			Bd 型 Ⅵ式	四期 晚段	淅川徐家岭 M9 出土
曾侯乙簠 （C.122）	26.2	31.4 × 24.1	24.8 × 17.2	1.34	Bd 型 Ⅶ式	五期	随州擂鼓墩曾侯乙 墓出土
曾侯乙簠 （C.123）	25.4	31 × 24	25.2 × 16.6	1.3	Bd 型 Ⅶ式	五期	随州擂鼓墩曾侯乙 墓出土
曾侯乙簠 （C.124）	26.6	31.3 × 24.1	24.7 × 17.1	1.32	Bd 型 Ⅶ式	五期	随州擂鼓墩曾侯乙 墓出土
曾侯乙簠 （C.125）	25.9	31.3 × 24	24.8 × 16.8	1.35	Bd 型 Ⅶ式	五期	随州擂鼓墩曾侯乙 墓出土
曾侯簠							丁树桢旧藏
曾□□簠							日本某收藏家
曾孙卲簠 （M21.5）							随州曾都区文峰塔 M21 出土
曾大司马伯国 簠（M32.6）							随州曾都区文峰塔 M32 出土
曾孙裹簠 （M38.7）							随州曾都区文峰塔 M38 出土
曾工差臣簠 （M46.3）							随州曾都区文峰塔 M46 出土

论东周时期的小邾国青铜簠
——兼论小邾国墓地的相关问题

　　春秋时期邾分三国，一曰邾，一曰小邾，一曰滥。《世本》云："邾颜居邾，肥徙郳。"宋衷注："邾颜别封小子肥于郳为小邾子。"杜预《氏族谱》："小邾，邾侠之后也。夷父颜有功于周。其子友别封为附庸，居郳。曾孙犁来始见《春秋》。附从齐桓以尊周室，命为小邾子。"《左传·庄公五年》记"郳犁来来朝"，孔颖达疏："《世本》言肥，杜《谱》言友，当是一人。"根据《公羊传》所载，邾颜为周宣王时人，其子友为小邾国的始封君。"郳犁来"，《公羊传》作"倪黎来"。何休解诂："倪者，小邾娄之都邑，时未能为附庸，不足以小邾娄名通，故略谓之倪。"犁来为夷父颜之曾孙，数从齐桓公勤王，晋爵为子，乃称国为小邾。《公羊传·僖公七年》记："小邾娄子来朝。"何休解诂："至是所以进称爵者，时附从霸者朝天子。"

　　王献唐《春秋邾分三国考》称："小邾一称，亦非国名之正。立国不自称小，邻邦亦不能以小呼之。时人以非旧邾，而原出于邾，于邾上加小为别。习俗相沿，史家因之，遂号小邾，小邾非其正名也。……受爵而后，春秋或仍称郳，不尽划以小邾。"[1] 从所见青铜器铭文，亦不见"小邾"。2002 年山东枣庄山亭区东江墓地出土的郳庆鬲铭文作"郳庆作秦妊羞鬲，其永宝用"，邾君庆壶铭文作"邾君庆作秦妊礼壶，其万年眉寿，永宝用"。由此可知，"邾君庆"即是"郳庆"，小邾国器物铭文自称亦用"邾"。关于东江墓地出土器物、铭文和组合关系的研究，李学勤[2]、李零[3]、王恩田[4]、林沄[5]、李锦山[6]、李光雨[7]、

---

　　① 王献唐：《春秋邾分三国考》，齐鲁书社，1982 年，第 5 页。

　　② 李学勤：《小邾国墓及其青铜器研究》，《东岳论丛》2007 年 2 期，第 1—4 页。

　　③ 李零：《读小邾国铜器的铭文——兼论东江墓地的墓主和年代》，《小邾国文化》，中国文史出版社，2006 年，第 173—189 页。

　　④ 王恩田：《枣庄山亭郳器与郳国》，《小邾国文化》，中国文史出版社，2006 年，第 159—172 页。

　　⑤ 林沄：《小邾国东江墓地青铜器铭文部分人名的考释》，《小邾国文化》，中国文史出版社，2006 年，第 190—196 页。

　　⑥ 李锦山：《郳国公室墓葬及其相关问题》，《小邾国文化》，中国文史出版社，2006 年，第 205—239 页。

　　⑦ 李光雨：《东江村小邾国墓地发掘情况及出土文物简介》，《小邾国文化》，中国文史出版社，2006 年，第 152—158 页。

冯峰 [①] 等诸先生已经做了比较全面的分析。本文从小邾国墓地出土和流传的青铜簠为切入点，对同出器物时代和墓葬序列重新予以考察，通过铭文来讨论小邾国的邦国关系和媵婚制度。

一、小邾国青铜簠的类型学

2002 年枣庄东江墓地发现有六座墓葬，四座墓葬遭到盗掘，两座墓葬出土青铜簠八件。2003 年安徽省公安厅缴获东江墓地盗出的四件，现藏于上海博物馆和安徽省博物院。2016 年山西省公安厅缴获两件，现藏于山西青铜博物馆。目前小邾国墓地出土和流传的青铜簠共有十四件（表一），形制均为长方体，器与盖相互扣合，圈足外侈，缺口呈矩形，按照腹部特征分为二型。

表一　小邾国青铜簠统计表

器名	通高/厘米	口径/厘米	足径/厘米	重量/千克	类型	出土地点	备 注
正叔之士 鵙俞簠 （M2:11）	17	28 × 24	16.4 × 13.3	4.4	A 型 I 式	枣庄山亭区东 江墓地 M2	器盖不同铭，枣庄 市博物馆藏
鲁宰虢簠 （M2:12）	16.1	28 × 24	16.4 × 13.3	4.4	A 型 I 式	枣庄山亭区东 江墓地 M2	器盖不同铭，枣庄 市博物馆藏
毕仲弁簠 （M2:13）	16	29.8 × 24	16.2 × 13.4	4.4	A 型 I 式	枣庄山亭区东 江墓地 M2	枣庄市博物馆藏
子皇母簠 （M2:14）	16	29.8 × 24	16.2 × 13.4	4.5	A 型 I 式	枣庄山亭区东 江墓地 M2	枣庄市博物馆藏
邾季簠	19.3	29.6 × 24.1		4.95	A 型 I 式	2016 年山西 省公安厅缴获	山西青铜博物馆藏
邾季簠	19.2	30 × 24.3		5.35	A 型 I 式	2016 年山西 省公安厅缴获	山西青铜博物馆藏
邾公子害簠 （M3:11）	17.2	29.7 × 25	18.3 × 15.3	4.5	A 型 II 式	枣庄山亭区东 江墓地 M3	同出 4 件，枣庄市 博物馆藏
邾庆簠 （甲）	20.1	29.3 × 24.1	17.8 × 12.8	6.7	B 型	2003 年安徽 省公安厅缴获	疑 M6 出土，上海 博物馆藏
邾庆簠 （乙）	20.1	29.8 × 24.5	18 × 12.9	6.46	B 型	2003 年安徽 省公安厅缴获	疑 M6 出土，上海 博物馆藏
邾庆簠 （丙）		29.2 × 23.4			B 型	2003 年安徽 省公安厅缴获	疑 M6 出土，安徽 博物院藏
邾庆簠 （丁）		29.2 × 23.4			B 型	2003 年安徽 省公安厅缴获	疑 M6 出土，安徽 博物院藏

---

① 　冯峰：《枣庄东江墓地出土金文人名三题》，《齐鲁文化研究》第十二辑，泰山出版社，2013 年，第 47—55 页。

图 1　山东枣庄东江 M2 的正叔之士赐俞簋

图 2　山西青铜博物馆收藏的邾季簋

　　A 型：10 件，斜壁簋。兽首形附耳设在斜壁，器口沿四面中部设小卡扣，根据纹饰组合又分为两式。

　　Ⅰ式：6 件，腹部装饰卷龙纹和 S 形云纹的二段式纹饰。标本为东江 M2 出土的四件青铜簋，分别为正叔之士赐俞簋（图 1）、鲁宰虢簋、毕仲弁簋和子皇母簋①，以及山西省公安厅缴获的两件邾季簋②（图 2）。这些青铜簋的形制、纹饰完

图 3　上海博物馆收藏的铸公簋

全相同，唯有铭文不同。形制是西周晚期以来的典型样式，但是卷龙纹和 S 形云纹的纹饰组合，不同于西周晚期常见的卷龙纹和重环纹或者窃曲纹的组合。说明Ⅰ式簋纹饰组合的年代略晚，年代为春秋早期早段偏早。并且这种纹饰组合具有一定的地域特点，1973 年山东滕州官桥镇狄庄村薛城遗址出土的薛子仲安簋③，上海博物馆收藏的铸公簋（图 3）、铸子叔黑簋④等器物都与之相同。春秋早期山东地区所见的斜壁簋都是在器的口沿设置兽首形小卡扣，兽首倒置，与西周晚期关中地区在盖的口沿设小卡扣颇为不同。从纹饰可以区分器和盖，不设小卡扣的盖顶部装饰有窃曲纹，口沿设有小卡扣的器底部光素无纹。

---

　　①　枣庄市政协台港澳侨民族宗教委员会、枣庄市博物馆：《小邾国遗珍》，中国文史出版社，2006 年；枣庄市博物馆、枣庄市文物管理办公室：《枣庄市东江周代墓葬发掘报告》，《海岱考古》第四辑，科学出版社，2011 年，第 141—231 页。

　　②　山西省公安厅、山西省文物局：《国宝回家——2018 山西公安机关打击文物犯罪成果精粹》，文物出版社，2018 年，第 32—37 页。

　　③　滕县文化馆：《山东滕县出土杞薛铜器》，《文物》1978 年 4 期。

　　④　陈佩芬：《夏商周青铜器研究·东周篇》，上海古籍出版社，2014 年，第 52 页。

图 4　山东枣庄东江 M2 出土器物位置

正叔之士𩡧俞簠和鲁宰虢簠的器和盖不同铭，两件盖铭均为鲁西子安母簠，两件器铭分别是正叔之士𩡧俞簠和鲁宰虢簠。从 M2 的发掘现场来看四件青铜簠放置整齐（图 4），被扰乱的可能性不大，应该是下葬之时就错置了。1978 年陕西武功县苏坊乡任北村窖藏①也有类似的情况，除了三件器盖同铭的默叔默姬簋，另有三件默叔默姬簋盖扣于芮叔㿻父簋之上，虽然不同铭文，但是器物形制和纹饰完全相同。1995 年山东长清仙人台邿国墓地 M3②的两件青铜簠在出土时每件的盖内底有铭文，但是盖与器的纹饰略有差别，器耳、器壁的厚薄也不相同，应是在入藏时已经放错。恢复过来有铭者一套，无铭者一套。东江 M2 错置的两盖可以组成鲁西子安母簠，但是两器都不成组，显然是当时临时拼凑的结果。

Ⅱ式：4 件，腹部装饰卷龙纹的一段式纹饰。标本为东江 M3 出土的四件郳公子害簠（图 5），形制与Ⅰ式簠完全相同，腹部仅饰相背的双首卷龙纹，龙体呈 S 形卷曲，龙口吐舌的特征与Ⅰ式簠卷龙纹稍有区别。盖顶饰窃曲纹，中间有目纹，圈足饰卷云纹。这种纹饰布局应该是斜壁簠向折壁簠过渡的必然阶段，斜壁的装饰空间被压缩，开始由两组纹饰变为一组纹饰。2002 年湖北枣阳郭家庙 M1 出土的曾孟嬴削簠③口沿开始出现短直壁，郳公子害簠与曾孟嬴削簠的纹饰大体相同，年代为春秋早期早段偏晚。

B 型：4 件，折壁簠。口沿有一段直壁，兽首形附耳设在直壁和斜壁之间。折沿方唇，圈足外侈，缺口呈矩形。标本为东江墓地盗出，现藏于安徽省博物院的郳庆簠（图 6）。此器形制与 1979 年湖北随州季氏梁出土的陈公子仲庆簠④（图 7）相同，后者

① 卢连成、罗英杰：《陕西武功县出土楚簋诸器》，《考古》1981 年 2 期。

② 山东大学考古系：《山东长清仙人台周代墓地》，《考古》1998 年 9 期。

③ 胡嘉麟：《论东周时期的曾国青铜簠》，《上海博物馆集刊》第十二期，上海书画出版社，2011 年，第 168—169 页。

④ 随县博物馆：《湖北随县城郊发现春秋墓葬和铜器》，《文物》1980 年 1 期。

图 5　山东枣庄东江 M3 的郳公子害簠

图 6　安徽省博物院收藏的郳庆簠

为春秋早期晚段的标准器。郳庆簠的直壁开始出现装饰，卷龙纹和 S 形云纹的纹饰组合表明年代不会晚于陈公子仲庆簠。

郳庆簠分别藏于安徽省博物院和上海博物馆。安徽省博物院的两件比较完整，上海博物馆的两件入藏时均有一耳残缺，一件的圈足有残缺。考古报告称，M5 清理时发现有部分青铜簠的残片。①由于上海博物馆收藏的两件郳庆簠均为盖顶装饰窃曲纹，器底无装饰。根据枣庄市博物馆

图 7　湖北随州季氏梁的陈公子仲庆簠

提供 M5 发现的青铜簠残片（图 8），可以确认这是簠盖的残件，并且没有铭文。这件盖残片所饰的窃曲纹（图 9），中央有巨大的目纹，一侧有龙首，与郳庆簠盖顶的窃曲纹

图 8　山东枣庄东江 M5 的青铜簠残片

图 9　山东枣庄东江 M5 的青铜簠盖残片

① 枣庄市博物馆、枣庄市文物管理办公室：《枣庄市东江周代墓葬发掘报告》，《海岱考古》第四辑，科学出版社，2011 年，第 193 页。

图 10　上海博物馆收藏的邾庆簠盖纹饰拓片

图 11　山东枣庄东江 M2 的鲁宰虢簠盖纹饰拓片

图 12　山东枣庄东江 M2 的子皇母簠盖纹饰

图 13　山东枣庄东江 M3 的邾公子害簠
盖纹饰拓片

（图 10）结构相同。M2 和 M3 青铜簠的盖顶纹饰基本相同，例如鲁宰虢簠的窃曲纹（图11）、M2 子皇母簠的窃曲纹（图 12），以及 M3 邾公子害簠的窃曲纹（图 13）都没有双龙首的纹饰结构，相比于邾庆簠的盖顶纹饰明显不同。M5 和 M6 并列为一组墓葬，发现的器物残片风格相同，可以推测 4 件相对完整、器盖同铭的邾庆簠可能都是出自 M6。

　　上海博物馆收藏有一件邾大宰欉子耕簠盖（图 14），高 10.5 厘米、口长 30.2厘米、口宽 24.2 厘米，重 3.44 千克。旧著录另有一件邾大宰欉子耕簠（集成4623），形制无征。上海博物馆的这件器物折沿方唇，直壁较长，圈足缺口呈凸字形。直壁装饰上下相错的三角纹，斜壁装饰浅浮雕的交龙纹，龙纹作游动状，纹饰间隙较大。圈足饰爬行的兽纹，与陈侯簠、曾孙史夷簠圈足所饰的爬行龙纹相近。邾大宰欉子耕簠与邾庆簠都是属于折壁簠，但是前者的直壁较之后者要长，圈足缺口的形态也不一样。相同的样式还见于山东滕州薛国故城 M4 交龙纹簠[①]，

――――――――――

①　山东省济宁市文物管理局：《薛国故城勘查和墓葬发掘报告》，《考古学报》1991 年 4 期。

以及河南辉县琉璃阁甲、乙墓^①和
山西长治分水岭 M269、M270^②出
土的青铜簠。邾大宰欁子耕簠的交
龙纹很有特色，东江 M3 出土的提
链罐也有类似的纹饰。

图 14　上海博物馆收藏的邾大宰欁子耕簠

　　邾大宰欁子耕簠的铭文格式为
官职＋封邑＋私名，相似的铭文还
见于邾大宰黱子敔钟（集成 86）。
两器的纹饰相同，年代大致相近，
唯独作器者的私名不同。传世金文
中相关的邾国六卿官职器还有邾大
司马戈（集成 11206）。文献记载
邾国和小邾国都是子爵，"某（国
名）公"从春秋早期开始成为列国
国君的通称。邾国国君的金文记有
邾公轻（集成 149）、邾公华（集
成 245）等。小邾国国君的金文虽
然见于上海博物馆所藏的郳公镈父
镈^③，但是小邾国青铜器仍然会使
用"邾"，因此不能以官职来确定
邾大宰欁子耕簠的国别。

图 15　山东枣庄徐楼 M1 的宋公固铺

　　《左传·僖公三十三年》："公
伐邾，取訾娄。"《公羊传》作：
"公伐邾娄，取丛。"王献唐先生考
证："陬、鄹、聊三字，与丛、娄、楼古读皆如邹，同音通用，知公羊之丛、邹，左
传之娄，穀梁之楼，即史之陬，论语之鄹，左传之聊。其地东北两面界鲁，故为鲁
取，实邾之故邑也。"^④陈佩芬先生认为邾大宰欁子耕簠之"欁"即是丛邑^⑤，可见此为
邾国青铜器，非小邾国的。文献记载鲁僖公三十三年（公元前 627 年）丛邑不复为邾

　　①　河南博物院、台北历史博物馆：《辉县琉璃阁甲乙二墓》，大象出版社，2003 年。

　　②　山西省考古研究所、山西博物院、长治市博物馆：《长治分水岭东周墓地》，文物出版社，
2010 年。

　　③　周亚：《郳公镈铭文及若干问题》，《古文字研究》第二十九辑，中华书局，2012 年，第 386—
397 页。

　　④　王献唐：《三邾疆邑图考》，齐鲁书社，1982 年，第 40 页。

　　⑤　陈佩芬：《夏商周青铜器研究·东周篇》，上海古籍出版社，2004 年，第 147 页。

国的领土，此器的年代下限不晚于春秋中期。2009 年枣庄市峄城区徐楼 M1 出土了四件形制、纹饰完全相同的青铜簠 ①，以及两件纹饰相同的宋公固铺（图 15）。《春秋·成公十五年》载"夏六月，宋公固卒"，器物的年代不会晚于鲁成公十五年（公元前 576年）。可知这种交龙纹是春秋中期睢水、泗水以北地区比较流行的纹饰。

二、小邾国墓地的器物组合

　　小邾国青铜簠按照类型学可分为三组，大体出自三个墓葬。根据各个墓葬的同出器物，对墓葬年代有比较准确的认识。东江 M2 的器物组合为四鼎、四鬲、四簠、二壶、一罍、一盘、一匜。其中鼎、罍有比较明显的复古现象，但是某些细部装饰仍然有这个时代的特点。鬲、壶是邾庆为秦妊作的器物，盘、匜均无铭文。M3 的器物组合为三鼎、一匜鼎、二鬲、四簠、二壶、一盥缶、一盘、一匜、一方盉、一提链罐。其中 M3 鼎、鬲与 M2 鼎、鬲完全相同，壶、匜和盥缶的形制比较特殊，仅有鬲是邾庆之器。流散的器物还有两组各五件的龙纹鼎、一组四件弦纹鼎、两件邾庆鬲、两件邾华妊鬲、两件滕侯苏盨、四件邾庆簠、四件邾君庆壶、三件邾庆方壶、一件昶伯夒父罍、一件龙纹罍、一件龙纹罐、一件铸叔盘、两件邾庆盘、两件邾庆匜、一件龙纹盉。这些器物分属于不同的墓葬，很难做明确的划分，只能从其风格做大致的推断。

　　（一）鼎

　　M2 四件窃曲纹鼎与 M3 三件窃曲纹鼎的形制和纹饰相同。M3 窃曲纹鼎（图 16）通高 36.8 厘米、口径 31.5 厘米、腹深 18.5 厘米，重 14.1 千克。口沿有粗壮的立耳，颈部较直，腹部呈圆鼓形，下收为圜底，长蹄足内侧凹空。这种造型的器物发现的较少，颈部收束、腹部圆鼓的特征与 1954 年陕西西安长安区斗门镇普渡村出土的作宝鼎 ②（图 17）相似，纹饰也比较接近。1981 年山东临朐泉头村乙墓出土的窃曲纹鼎 ③（图 18）与之大致相同，年代为春秋早期晚段。M2 的窃曲纹鼎有平盖，M3 的无盖。这种平盖无环无钮，提放十分不便。经观察盖中央有一道范线痕迹，盖面不太平整有合范错位的现象。考古报告称"M2:3 内盛有牛骨，M2:4 内盛有鲤科类鱼骨，M2:5 内盛有鹿骨和牛骨……M3:5 内盛有牛骨"，④ 说明这种器物是实用祭祀的礼器，并非象征

　　① 枣庄市博物馆、枣庄市文物管理委员会办公室、枣庄市峄城区文广新局：《山东枣庄徐楼东周墓发掘简报》，《文物》2014 年 1 期。

　　② 陕西省文物管理委员会：《长安普渡村西周墓的发掘》，《考古学报》1957 年 1 期。

　　③ 临朐县文化馆、潍坊地区文物管理委员会：《山东临朐发现齐、郳、曾诸国铜器》，《文物》1983年 12 期。

　　④ 枣庄市博物馆、枣庄市文物管理办公室：《枣庄市东江周代墓葬发掘报告》，《海岱考古》第四辑，科学出版社，2011 年，第 152、174 页。

图 16　山东枣庄东江 M3 的窃曲纹鼎

图 17　陕西西安长安普渡村的作宝鼎

意义的明器。

　　M3 匜鼎（图 19）通高 18.6 厘米、口径 20.6 厘米、流口长 3.3 厘米，重 2.6 千克。立耳、短流口，圆腹圜底，长蹄足。纹饰十分精细，腹部饰窃曲纹和双首龙纹，龙首回顾，龙口吐舌。器内底铸铭文"郳庆作秦妊匜鼎，其永宝用"。这件器物具有典型的中原文化因素，与 1995 年山东济南长清区仙人台 M5 的匜鼎 ① （图 20）非常相似。两件匜鼎都是短平的流口，不同之处一为立耳，一为附耳。1984 年山东临沂汤河乡中洽沟 M1 出土的匜鼎 ② 和沂水李家庄出土的匜鼎 ③ 形制相同，口沿立有环形耳，流

图 18　山东临朐泉头村乙墓的窃曲纹鼎

口作兽首状，微微翘起，另一侧设有龙形鋬，显示出一定的地方风格。这两件匜鼎的纹饰与 M3 匜鼎相同，都饰有双首龙纹，但是没有窃曲纹，其年代较之 M3 匜鼎略晚。

　　流散的两组龙纹盖鼎各有五件，形制和纹饰相同。龙纹鼎（图 21）浅平盖，盖中

---

① 山东大学历史文化学院考古系：《长清仙人台五号墓发掘简报》，《文物》1998 年 9 期。
② 临沂市博物馆：《山东临沂中洽沟发现三座周墓》，《考古》1987 年 8 期。
③ 山东省文物管理处、山东省博物馆：《山东文物选集》，文物出版社，1959 年，第 99—105 页。

图 19　山东枣庄东江 M3 的匜鼎

图 20　山东济南长清仙人台 M5 的匜鼎

图 21　山东枣庄东江墓地流散的龙纹盖鼎

图 22　湖北随州义地岗八角楼的交龙纹盖鼎

图 23　陕西临潼零口镇窖藏的陈侯簠

图 24　山东枣庄东江墓地流散的弦纹鼎

央设有半环形桥钮，周边有三个曲尺形钮，盖沿下折装饰一周重环纹。子母口，两侧有长附耳，附耳内收，腹部扁鼓，腹中部一周凸棱将纹饰分为上、下两部分，上部装饰双叠的双首顾龙纹，下部装饰 S 形双首顾龙纹，底部近平，下置三个兽蹄形足，足底外侈。这种盖钮的样式虽然还见于滕州薛国故城 M4 的盖鼎 ①，整体造型却有较大差异。这件龙纹盖鼎与 1980 年湖北随州义地岗八角楼出土的交龙纹盖鼎 ②（图 22）比较接近，但是交龙纹盖鼎的盖壁较高，盖沿起台，其形制要晚于龙纹盖鼎。双叠的双首顾龙纹与 1978 年河南信阳平桥 M1 的樊君盆 ③，以及 1976 年陕西临潼县零口镇窖藏出土的陈侯簋 ④（图 23）纹饰均相似。所以，这种盖鼎的年代应为春秋早期晚段。

流散的四件弦纹鼎尚有一件缺失，应当也是一组五件的列鼎。四件鼎的通高和口径分别为 39 厘米、35 厘米；37.5 厘米、36 厘米；29.3 厘米、29.6 厘米；29.3 厘米、28.7 厘米。在第 2 件与第 3 件之间通高差较大，推测当中缺有一件。这种弦纹鼎（图 24）为立耳、鼓腹圜底、蹄形足，腹部饰两道简单的弦纹。从器物风格来看具有西周晚期的遗风，年代大致在春秋早期早段，推测应该出自 M1 或 M4。东江墓地以 M4 最大，M1 与之相仿，两座墓葬相邻为时代相同的一组。由于两座墓葬盗掘严重，根据 M4 残留的 130 枚青铜镞，墓主人应该为男性。

（二）鬲

M1 四件邾友父鬲形制、纹饰和铭文相同。邾友父鬲（图 25）通高 11.2 厘米、口径 16 厘米，重 1.6 千克。此器造型低矮，浅腹低平裆，腹部饰卷体龙纹，与 1967 年陕西永寿县好時河村出土的仲柟父鬲 ⑤（图 26）、河南三门峡上村岭 M2001 的虢季鬲 ⑥ 相同。邾友父鬲（集成 717）早年就有出土，原为夏之盛旧藏（周金 2.27.1），现藏北京故宫博物院。2007 年山西公安局又缴获一件邾友父鬲 ⑦，这些器物形制、纹饰和铭文完全相同。口沿铸铭文"邾友父媵其子胙曹宝鬲，其眉寿永宝用"，表明这是邾友父为出嫁胙国的女儿所作的媵器。曾毅公考证邾友父就是小邾国的始封君友，后世学者多从其说。这是目前所见最早的小邾国青铜器，具有西周晚期青铜鬲的风格。其年代大致在两周之际，基本吻合传世文献所载宣、幽时期小邾国册封的时间。

M2 四件邾庆鬲与 M3 两件邾庆鬲形制、纹饰和铭文相同。M2 邾庆鬲（图 27）通

①　山东省济宁市文物管理局：《薛国故城勘查和墓葬发掘报告》，《考古学报》1991 年 4 期。
②　随州市博物馆：《随州东城区发现东周墓葬和青铜器》，《江汉考古》1989 年 1 期。
③　河南省博物馆、信阳地区文管会、信阳市文化局：《河南信阳市平桥春秋墓发掘简报》，《文物》1981 年 1 期。
④　临潼县文化馆：《陕西临潼发现武王征商簋》，《文物》1977 年 8 期。
⑤　吴镇烽、朱捷元、尚志儒：《陕西永寿、蓝田出土西周青铜器》，《考古》1979 年 2 期。
⑥　河南省文物考古研究所、三门峡市文物工作队：《三门峡虢国墓》，文物出版社，1999 年。
⑦　吴镇烽：《商周青铜器铭文暨图像集成》第 6 卷，上海古籍出版社，2012 年，第 357 页。

图 25　山东枣庄东江 M1 的邾友父鬲

图 26　陕西永寿好畤河村的仲枏父鬲

图 27　山东枣庄东江 M2 的郳庆鬲

图 28　山东枣庄东江墓地流散的邾华妊鬲

高 15.4 厘米、口径 18.9 厘米，重 2.94 千克。口沿铸铭文"郳庆作秦妊羞鬲"。流散的四件鬲与郳庆鬲形制、纹饰均相同，但是铭文不同。两件邾庆鬲铭文作"邾庆作华妊羞鬲"，两件邾华妊鬲（图 28）铭文作"邾华妊作羞鬲"。郳庆鬲、邾庆鬲和邾华妊鬲应当制作于同一个时期，前后相距的时间并不太久。这种鬲为宽折沿，束颈圆肩，裆部稍高，棱脊为三出戟，腹部装饰对称的卷体龙纹虽然与邾友父鬲相同，但是整体造型较之高挺，蹄形足细长。1981 年山东临朐泉头村乙墓出土的齐趫父鬲 [①] 与之相似，其年代要晚于邾友父鬲。

---

　　① 临朐县文化馆、潍坊地区文物管理委员会：《山东临朐发现齐、郭、曾诸国铜器》，《文物》1983年 12 期。

（三）簋

私人收藏的一件郑庆父簋①（图29）腹部扁鼓，螺旋角的兽首附耳有垂珥，圈足下置三个兽形小足。这件器物具有西周晚期青铜簋的风格，类似的还见于1970年山东济南历城区北草沟出土的鲁伯大父簋②（图30）、山东长清仙人台M6的窃曲纹簋③等。春秋早期以后这种圈三足簋的数量大大减少，但是腹部向扁鼓发展的趋势说明其年代不早于春秋早期。郑庆父簋的纹饰很有特点，盖面和腹部饰瓦棱纹，盖沿和口沿却饰有相间的龙纹和鸟纹。这种纹饰组合比较少见，器盖同铭"郑庆父作州车母宝簋，永宝用"。

图29　私人收藏的郑庆父簋

图30　山东济南北草沟的鲁伯大父簋

（四）盨

流散的两件滕侯苏盨（图31），形制、纹饰和铭文均相同。器呈椭方形，盖顶设

图31　山东枣庄东江墓地流散的滕侯苏盨

图32　曲阜鲁国故城乙组M30的鲁伯念盨

---

① 吴镇烽：《商周青铜器铭文暨图像集成续编》第2卷，上海古籍出版社，2016年，第115页。
② 中国青铜器全集编辑委员会：《中国青铜器全集·6》，文物出版社，1996年，第65页。
③ 山东大学考古系：《山东长清县仙人台周代墓地》，《考古》1998年9期。

四个龙形饰，腹部微鼓，两侧有一对附耳，圈足四边有长方形缺口。盖沿和口沿装饰有窃曲纹，腹部饰瓦棱纹，圈足饰卷云纹。器内底铸铭文"滕侯苏作厥文考滕仲旅簠，其子子孙孙万年永宝用"。曲阜鲁国故城乙组 M30 的鲁伯念簠（图 32）、M48 鲁司徒仲齐簠 ① 与之相同，盖顶设有同样的龙形钮饰，只是附耳和纹饰细部稍有不同。这件器物的年代应在两周之际，青铜簠在春秋早期晚段基本消失。

（五）壶

M2 两件邿君庆壶与流散的四件邿君庆壶形制、纹饰和铭文相同。M2 邿君庆壶（图 33）通高 46.5 厘米、口径 15 厘米、腹径 25.5 厘米、腹深 32.8 厘米，重 11.8 千克。此器设高盖，盖顶圈形捉手较大，长颈，鼓腹下垂，高圈足。形制与山西曲沃北赵晋侯墓地 M63 的杨姞壶 ②（图 34）相似，只是邿君庆壶的腹部更为宽侈。并且兽首衔环耳的装饰很有特点，附耳的兽首有龙形长鼻，龙首长身，作攀援状。这种附耳与1940 年陕西扶风任家村窖藏的梁其壶 ③ 几乎一致，具有典型的西周晚期艺术风格。邿

图 33　山东枣庄东江 M2 的邿君庆壶　　　图 34　山西曲沃北赵晋侯墓地 M63 的杨姞壶

①　山东省文物考古研究所等：《曲阜鲁国故城》，齐鲁书社，1982 年，第 149 页。

②　上海博物馆：《晋国奇珍——山西晋侯墓群出土文物精品》，上海人民美术出版社，2002 年，第 160 页。

③　中国青铜器全集编辑委员会：《中国青铜器全集·5》，文物出版社，1996 年，第 140 页。

图 35　山东枣庄东江墓地流散的邾庆壶　　　　图 36　山东泰安肥城小王庄的陈侯壶

君庆壶的盖沿装饰窃曲纹，捉手和圈足饰垂鳞纹，颈部和腹部饰三层的波曲纹，这种样式的波曲纹还见于山东滕州薛国故城 M1 的波曲纹壶①，年代为春秋早期晚段。

　　流散的三件邾庆方壶分为两型，都是邾庆为秦妊所作之器。A 型邾庆方壶（图35）现藏安徽省博物院，通高 52.3 厘米、口长 14.5 厘米、口宽 14 厘米。此器盖顶设长方形捉手，子母口，长颈两侧有兽首衔环耳，兽首的龙形长鼻残断，鼓腹下垂，圈足起高台。器盖、颈部和圈足饰环绕的三层阶梯状带纹，腹部饰交错的阶梯状络带纹，将前后分为八区，其间不施纹饰，交连处有突起的菱格。相同的器物有 1963 年山东泰安肥城小王庄出土的陈侯壶②（图 36），年代为春秋早期。此器形制虽为壶，铭文所记"邾庆作秦妊簠，其万年子子孙孙永宝用享"，显然是工匠错用了铭文范。

　　B 型邾庆方壶（图 37）共有两件，形制与 A 型方壶相近，只是纹样装饰更为华丽。盖顶捉手饰镂空的波曲纹，中央立有一只鸟。颈部稍粗，装饰波曲纹和窃曲纹，络带纹分区，内饰卷体龙纹，圈足饰垂鳞纹，这些都是两周之际比较常见的纹饰，与1940 年陕西扶风任家村窖藏出土的梁其壶（图 38）非常相似。铭文有"邾庆作秦妊壶，其万年子子孙孙永宝用享"。这种器盖作镂空波曲纹装饰在齐鲁地区多有发现，

① 山东省济宁市文物管理局：《薛国故城勘查和墓葬发掘报告》，《考古学报》1991 年 4 期。
② 齐文涛：《概述近年来山东出土的商周青铜器》，《文物》1972 年 5 期。

图 37　山东枣庄东江墓地流散的邾庆壶

图 38　陕西扶风任家村窖藏的梁其壶

图 39　山东枣庄东江 M3 的昆君妇媿罍壶

图 40　香港思源堂收藏的蔡公子叔汤壶

图 41　浙江省博物馆收藏的昆君妇媿需盉全形拓

例如 1940 年前后临淄出土的龙耳簋 ①、1932 年曲阜林前村出土的鲁大司徒铺 ② 等。

M3 两件昆君妇媿需壶形制、纹饰和铭文相同。昆君妇媿需壶（图 39）通高 45.3 厘米、口径 17.7 厘米、腹径 29.9 厘米，重 14.3 千克。此器口沿外侈，颈部较粗，设有兽首衔环耳，鼓腹宽侈，圈足起高台。颈部和圈足装饰垂鳞纹，腹部饰三角形几何纹，上下分饰瓦棱纹。其形制特点与台北故宫博物院收藏的曾伯陭壶 ③ 相近，纹饰风格又与香港思源堂收藏的蔡公子叔汤壶 ④（图 40）相同。传世的昆君妇媿需器还有一鼎（集成 2502）、一盉（集成 9434），历代著录皆无图像。数月前，中国印学博物馆"吉金留影——青铜器全形摹拓捃存展"有一幅浙江省博物馆藏的"六舟拓彝器全角四条屏"，其中就有昆君妇媿需盉的全形拓（图 41）。昆君妇媿需盉自名为"鐅"，直颈圆腹的样式是延续西周中晚期盉的造型，器盖为盘旋向上的龙首与沂水刘家店子 M2 的罍盖 ⑤ 如出一辙。颈部饰窃曲纹，腹部饰瓦棱纹的风格与昆君妇媿需壶相同，说明这组

①　中国青铜器全集编辑委员会：《中国青铜器全集·9》，文物出版社，1996 年，第 11 页。

②　故宫博物院编：《故宫青铜器》，紫禁城出版社，1999 年，第 239 页。

③　湖北省文物考古研究所：《曾国青铜器》，文物出版社，2007 年，第 119 页。

④　李学勤：《中国青铜器萃赏》，新加坡亚洲文明博物馆，2000 年，第 111 页。

⑤　山东省文物考古研究所、沂水县文物管理站：《山东沂水刘家店子春秋墓发掘简报》，《文物》1984 年 9 期，第 7 页。

器物的年代应为春秋早期晚段。

（六）罍

M2 涡纹罍（图42）通高43厘米、口径21厘米，重17千克。敞口束颈，圆肩饰涡纹，腹部下收为平底，王恩田先生认为属于殷商晚期器。[①]1973年辽宁喀左县北洞村铜器窖藏出土的孤竹父丁罍[②]虽然与之相似，但是孤竹父丁罍的体形高挺。这种圆胖特点的罍多属于西周时期的器物，例如北京琉璃河燕国墓地 M1193 出土的克罍[③]（图43）和陕西宝鸡纸坊头 M1 出土的涡纹罍[④]。西周时期的罍通常有外侈的圈足，而此器未见。并且兽首附耳的头部有螺旋状的龙角，与2003年陕西眉县杨家村窖藏的叔五父匜、逑盘[⑤]等器物特征相同。2012年山东沂水纪王崮 M1 的涡纹罍[⑥]（图44）与之非常相似，说明直到春秋中期山东地区仍有对商式器的仿制，阔口盖和蛇形鋬显示了新的文化元素。

流散的昶伯夐父罍（图45）体形较矮，束颈折肩，肩部两侧设兽首衔环耳，腹壁下收为高圈足，圈足外侈起台。颈部饰顾龙纹，宽肩饰卷体龙纹，腹部的蕉叶纹内填相对的龙纹。这件器物的形制和纹饰风格与1960年陕西扶风齐家村窖藏的龙纹罍[⑦]

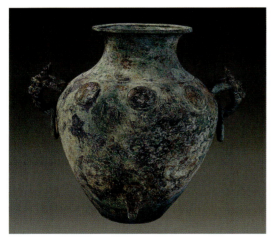

图42　山东枣庄东江 M2 的涡纹罍

图43　北京琉璃河 M1193 的克罍

①　王恩田：《枣庄山亭郳器与郳国》，《小邾国文化》，中国文史出版社，2006年，第165页。

②　辽宁省博物馆、朝阳地区博物馆：《辽宁喀左县北洞村发现殷代青铜器》，《考古》1973年4期。

③　北京市文物研究所：《琉璃河西周燕国墓地（1973～1977）》，文物出版社，1995年。

④　卢连成、胡智生：《宝鸡強国墓地》，文物出版社，1988年，第35页。

⑤　陕西省考古研究院、宝鸡市考古研究所、眉县文化馆：《吉金铸华章——宝鸡眉县杨家村单氏青铜器窖藏》，文物出版社，2008年，第184—191、204—209页。

⑥　山东省文物考古研究所、临沂市文化广电新闻出版局、沂水县文化广电新闻出版局：《沂水纪王崮春秋墓出土文物集萃》，文物出版社，2016年，第73页。

⑦　陕西省博物馆、陕西省文物管理委员会：《扶风齐家村青铜器群》，文物出版社，1963年。

（图 46）十分相似，但是昶伯夋父罍的器形较之矮胖，表明年代要晚于西周中期的龙纹罍。传世的昶伯夋父器还有盉、簋[1]，这些器物的形制特点均在两周之际。

　　流散的龙纹罍和龙纹罍锈色一致，可能系同坑所出。这件龙纹罍（图 47）通高 30 厘米、口径 17.2 厘米，束颈圆肩，腹壁斜收为圈足，圈足外侈较大。整体形制接近于河南洛阳庞家沟 M410 的考母罍[2]，但是附耳较直，以及兽首的长嘴特点表明年代偏晚。山东滕州安上村出土的

图 44　山东沂水纪王崮 M1 的涡纹罍

云纹罍[3]（图 48）与龙纹罍基本相同，这种器物主要出现于春秋早期。龙纹罍（图 49）通高 25.8 厘米、口径 17 厘米，斜肩装饰两个卷体的小龙与上海博物馆收藏的伯夏父罍[4]（图 50）相似。但是龙纹罍的整体造型低矮、颈部较短等特征明显晚于西周晚期的伯夏父罍，更接近于 2000 年沂源南麻镇鱼台村姑子坪 M1 的龙纹罍[5]，其年代应为春秋早期。

图 45　山东枣庄东江墓地流散的昶伯夋父罍

图 46　陕西扶风齐家村窖藏的龙纹罍

　①　吴镇烽：《商周青铜器铭文暨图像集成》第 10 卷，上海古籍出版社，2012 年，第 210—213 页。

　②　洛阳博物馆：《洛阳庞家沟五座西周墓的清理》，《文物》1972 年 10 期。

　③　鲁文生：《山东省博物馆馆藏精品》，山东友谊出版社，2008 年，第 196 页。

　④　陈佩芬：《夏商周青铜器研究·西周篇》，上海古籍出版社，2004 年，第 541 页。

　⑤　山东大学考古系、淄博市文物局、沂源县文管所：《山东沂源县姑子坪周代墓葬》，《考古》2003 年 1 期，第 38 页。

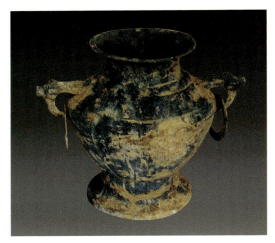

图 47　山东枣庄东江墓地流散的龙纹罍　　　　图 48　山东滕州安上村的云纹罍

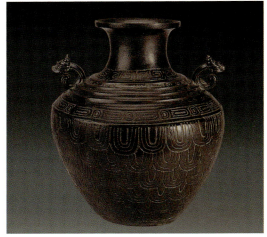

图 49　山东枣庄东江墓地流散的龙纹罐　　　　图 50　上海博物馆收藏的伯夏父罐

（七）缶

M3 两件素面盥缶形制比较特殊，原报告和图录定名为"罍"或"罐"。盥缶（图51）通高 28 厘米、口径 13.6 厘米，重 3.9 千克。此器没有附耳，整体显得矮胖，短颈、圆肩、平底，盖作覆碗形，通体素面。这件器物与 1978 年河南淅川下寺 M7 的交龙纹盥缶（图 52）、2012 年山东沂水纪王崮 M1 的交龙纹盥缶 [1]（图 53）都十分相似，

———————————

[1]　山东省文物考古研究所、临沂市文化广电新闻出版局、沂水县文化广电新闻出版局：《沂水纪王崮春秋墓出土文物集萃》，文物出版社，2016 年，第 92 页。

说明这种素面盥缶不是罍形器或罐形器，年代大体在春秋早、中期之际。

（八）盘

M2 和 M3 虽然都是盘、匜同出，但是形制和纹饰风格皆不同，可能并非同时铸造的器物。M2 窃曲纹盘（图 54）通高 16 厘米、口径 38 厘米，重 7.5 千克。附耳稍外撇，高圈足，腹部饰 S 形窃曲纹，目纹突出，圈足饰 G 形窃曲纹，纹饰较平，这是两周之际比较流行的纹饰风格。M3 窃曲纹盘（图 55）通高 18 厘米、口径 43 厘米，重 8.7 千克。此器附耳为龙形耳，龙体作 S 形，尾部钩卷，龙口噬住口

图 51　山东枣庄东江 M3 的盥缶

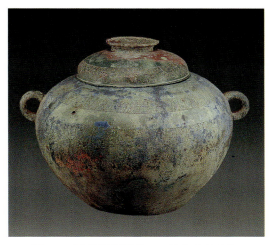

图 52　河南淅川下寺 M7 的交龙纹盥缶

图 53　山东沂水纪王崮 M1 的交龙纹盥缶

沿，圈足附有的三足为裸人负重的造型。腹部所饰窃曲纹的样式与 M2 窃曲纹匜相近，圈足饰垂鳞纹。这种有人形足装饰的盘还见于 1980 年滕州后荆沟出土的窃曲纹盘 [1]（图 56）、曲阜鲁国故城 M48 的鲁司徒仲齐盘 [2]、1977 年临朐泉头村甲墓出土的盘 [3] 以及

---

[1]　滕县博物馆：《滕县后荆沟出土不婴簋等青铜器群》，《文物》1981 年 9 期。

[2]　山东省文物考古研究所等：《曲阜鲁国故城》，齐鲁书社，1982 年。

[3]　临朐县文化馆、潍坊地区文物管理委员会：《山东临朐发现齐、鄀、曾诸国铜器》，《文物》1983 年 12 期。

图 54　山东枣庄东江 M2 的窃曲纹盘

图 55　山东枣庄东江 M3 的窃曲纹盘

图 56　山东滕州后荆沟的窃曲纹盘

图 57　山东枣庄东江墓地流散的郳庆盘

图 58　上海博物馆收藏的鲁伯愈父盘

图 59　山东枣庄东江墓地流散的铸叔盘

图 60　上海博物馆收藏的番昶伯者君盘

2000 年沂源鱼台村姑子坪 M1 的盘①。

流散的三盘、二匜、一盉正好构成三组水器组合。盘分为两型，A 型是圈足盘，两件铭文记"郳庆作秦妊盘，其永宝用"。B 型是三足盘，铭文记"铸叔作叔妊秦滕盘，其万年眉寿永宝用"。郳庆盘（图 57）附耳较厚实，且有小短棍与口沿相连，腹部饰 G 形窃曲纹，圈足饰垂鳞纹，形制与上海博物馆收藏的鲁伯愈父盘②（图 58）相同。铸叔盘（图 59）的形制、纹饰与郳庆盘基本相同，唯圈足下置三小足仍是西周晚期风格的延续，上海博物馆收藏的番昶伯者君盘③（图 60）与之基本相近，年代为春秋早期。

（九）匜

M2 窃曲纹匜（图 61）通高 17.5 厘米、通长 35 厘米、宽 20.6 厘米、重 3.4 千克。此器流口微微翘起，另一侧设有龙形鋬，下置三个蹄形足。整体形制虽然接近于上海博物馆收藏的函皇父匜④（图 62），但是两周之际中原地区的青铜匜口沿基本没有加厚的唇边，流口下的曲尺形小钮饰也比较少见。安徽庐江县三塘出土的窃曲纹匜⑤（图 63）与之形制完全相同，

图 61　山东枣庄东江 M2 的窃曲纹匜

图 62　上海博物馆收藏的函皇父匜

图 63　安徽庐江县三塘的窃曲纹匜

---

① 山东大学考古系、淄博市文物局、沂源县文管所：《山东沂源县姑子坪周代墓葬》，《考古》2003 年 1 期。

② 陈佩芬：《夏商周青铜器研究·东周篇》，上海古籍出版社，2004 年，第 92 页。

③ 陈佩芬：《夏商周青铜器研究·东周篇》，上海古籍出版社，2004 年，第 90 页。

④ 陈佩芬：《夏商周青铜器研究·西周篇》，上海古籍出版社，2004 年，第 555 页。

⑤ 安徽大学、安徽省社会科学院、安徽省文物考古研究所：《安徽江淮地区商周青铜器》，文物出版社，2014 年，第 149 页。

图 64　山东枣庄东江 M3 的单耳錾匜

图 65　上海博物馆藏的逢叔匜

图 66　山东枣庄东江墓地流散的邿庆匜

图 67　山东枣庄东江墓地流散的邿庆匜

纹饰较之更加细密，表明年代偏晚。M2 窃曲纹匜年代大致为春秋早期晚段。

　　M3 单耳錾匜（图 64）通高 9 厘米、长 26 厘米、宽 18.5 厘米，重 1.6 千克。此器形制非常少见，短窄流口，腹部一侧设单耳錾，垂珥有孔，通体素面。单耳錾的样式还见于滕州薛国故城 M2 的匜 ①、上海博物馆收藏的逢叔匜 ②（图 65）和美国大都会博物馆收藏的齐侯匜。这些器物的单耳錾基本相同，都是腹部一侧伸出平板作铺首衔环。薛国故城 M2 匜的体形较长，短流平折，后设环形錾，器底下置三个蹄形足。逢叔匜和齐侯匜是长流平折，后设兽首形錾，器底下置四足为透雕的卷龙形，逢叔匜的腹部还有红铜镶嵌的龙纹。前者年代为春秋中期早段，后两件器物年代为春秋晚期。M3 单耳錾匜的年代应不早于春秋早期晚段，并且这种腹部设单耳錾的样式主要流行于山东地区。

　　流散的两件邿庆匜形制、纹饰和铭文均不同。A 型邿庆匜（图 66）通高 17 厘米、通长 30.5 厘米、宽 14.5 厘米，流口稍长，后设龙形錾，造型与 M3 窃曲纹盘附耳的卷尾龙形相同，下置四个龙形扁足。上腹部饰卷云纹，下腹部饰瓦棱纹，器内底铸铭文

　　①　山东省济宁市文物管理局：《薛国故城勘查和墓葬发掘报告》，《考古学报》1991 年 4 期。

　　②　陈佩芬：《夏商周青铜器研究·东周篇》，上海古籍出版社，2004 年，第 204 页。

"邾庆作奏妊簠,其万年子子孙孙永宝永享"。这件器物与 A 型邾庆方壶的铭文相同,错用了青铜簠的铭文范。B 型邾庆匜(图 67)流口较短,龙形鋬和龙形扁足更具有西周晚期的风格。上腹部饰有目窃曲纹,下腹部饰双龙首的窃曲纹,器内底铸铭文"邾庆作秦妊匜,其永宝用"。所以,B 型邾庆匜的年代要早于 A 型邾庆匜。

(十)盉

图 68 山东枣庄东江墓地流散的龙纹盉

流散的龙纹盉(图 68)通高 23.5 厘米,鸟形盖、扁圆腹、回首的龙形鋬以及龙形长流均是西周晚期流行的样式,1963 年陕西扶风齐家村铜器窖藏出土的它盉①与之相近。但是这件龙纹盉的底部作奔跑的兽形,类似的装饰多见于春秋时期。春秋早期的水器组合基本为盘匜组合,鲁国故城 M48 随葬有两套盘匜,薛国故城 M4 随葬有一盘一匜、一盘一盉两套水器。邾庆盘和邾庆匜显然应该是出自 M5 和 M6。

(十一)方奁

M3 方奁(图 69)通高 7 厘米、长 14 厘米、宽 11 厘米,重 0.8 千克。顶部设盖可以对开,盖面装饰两只虎钮,一只作爬行状,一只作屈体蹲踞状。器壁四面饰顾首卷龙纹,中央各饰一条攀爬顾首的小龙,底部四隅饰半裸的人形,作负重抬起状。这

图 69 山东枣庄东江 M3 的方奁

图 70 山东莒县的裸人方奁

① 梁星彭、冯孝堂:《陕西长安、扶风出土西周铜器》,《考古》1963 年 8 期。

图 71　山东枣庄东江 M3 的提链罐

图 72　山东长清仙人台 M6 的提链罐

图 73　山东临朐泉头村乙墓的提链罐

种器物通常出于女性墓中，方奁里面放置有玉耳勺一把，玉玦两件。[①]1993 年山西曲沃晋侯墓地 M63 的立鸟人足筒形器和龙耳人足方盒[②]，都有人形负重的艺术表现。山东莒县出土的裸人方奁[③]（图 70），盖钮作裸体的男女人形，两件器物的年代大致相同。

（十二）提链罐

　　M3 提链罐（图 71）通高 8 厘米、口径 8 厘米、腹深 5.5 厘米，重 1.2 千克。浅平盖，鼓腹下置圈足，颈部两侧设双环耳套铸提链，腹部饰浅浮雕的交龙纹。类似的器物还见于 1995 年长清仙人台 M6 的提链罐[④]（图 72）、1977 年临朐泉头村乙墓出土的提链罐[⑤]（图 73）和 1976 年烟台蓬莱县村里集 M7 的提链罐[⑥]。仙人台 M6 和泉头村乙墓的提链罐的盖面呈弧形，盖顶有小立鸟，器、盖均设有环耳，细

---

　　①　李光雨、张云：《山东枣庄春秋时期小邾国墓地的发掘》，《中国历史文物》2003 年 5 期，第 66 页。

　　②　山西省考古研究所、北京大学考古学系：《天马—曲村遗址北赵晋侯墓地第四次发掘》，《文物》1994 年 8 期，第 17 页。

　　③　鲁文生：《山东省博物馆馆藏精品》，山东友谊出版社，2008 年，第 197 页。

　　④　山东大学考古系：《山东长清县仙人台周代墓地》，《考古》1998 年 9 期。

　　⑤　临朐县文化馆、潍坊地区文物管理委员会：《山东临朐发现齐、郳、曾诸国铜器》，《文物》1983 年 12 期。

　　⑥　山东省烟台地区文管组：《山东蓬莱县西周墓发掘简报》，《文物资料丛刊》3，文物出版社，1980 年，第 52 页。

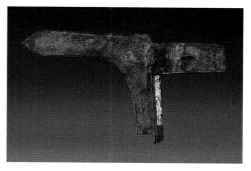

图 74　山东枣庄东江 M2 的目纹戈　　　　图 75　湖北随州季氏梁的周王孙戈

部特征与 M3 提链罐有差异，纹饰风格也比较粗犷。村里集 M7 提链罐和薛国故城 M2 的小罐①均是浅平盖，M3 提链罐的交龙纹又见于 1978 年沂水刘家店子 M1 的盘②，纹饰线条和风格比邾大宰欉子耕簠的稍早，年代应在春秋早、中期之际。

（十三）戈

M2 目纹戈（图 74）通长 23.6 厘米、胡长 5 厘米。三角锋，援长而窄，王恩田先生认为此器比春秋早期的标准器虢太子元戈、郳侯戈、栾左库戈等年代略晚，当属春秋早、中期之际。③值得注意的还有援后部铸两个浮雕小牛首，类似的装饰还出现于 1979 年湖北随州季氏梁出土的周王孙戈④（图 75）。周王孙戈援后部是兽形钮，但是胡部较之长直，目纹戈的形制特点当不晚于春秋早期。M2 同出有一剑、三十件镞，推测墓主人应为男性。

因此，A 型Ⅰ式簠和 A 型Ⅱ式簠虽然属于春秋早期早段，但是 M2 和 M3 共存的器物却有一定的时间跨度，主要集中于春秋早期晚段，有的器物可到春秋早、中期之际。李学勤先生已经谈到通过对晋侯墓地的研究可以确知上一代制作的青铜器会在下一代墓内出现⑤，所以 M2 和 M3 有比较明显的后代随葬前代器物的现象。相比较而言，流散的小邾国青铜器与 M2 和 M3 的器物年代同时或稍早，目前还没有发现明显晚于 M2 和 M3 的器物。邾友父鬲发现于 M1，一些时代稍早的器物可能出自 M1 和 M4。流散的邾庆器和邾华妊器基本都出自 M5 和 M6，这些器物有的具有西周晚期的遗风，有的具有春秋早期晚段的特点，说明这两组墓葬处于春秋早期早、晚段之际。那么，东江墓地的六座墓葬年代应大致如下：

①　山东省济宁市文物管理局：《薛国故城勘查和墓葬发掘报告》，《考古学报》1991 年 4 期。

②　山东省文物考古研究所、沂水县文物管理站：《山东沂水刘家店子春秋墓发掘简报》，《文物》1984 年 9 期。

③　王恩田：《枣庄山亭郳器与郳国》，《小邾国文化》，中国文史出版社，2006 年，第 166 页。

④　随县博物馆：《湖北随县城郊发现春秋墓葬和青铜器》，《文物》1980 年 1 期。

⑤　李学勤：《小邾国墓及其青铜器研究》，《东岳论丛》2007 年 2 期，第 4 页。

M1、M4（春秋早期早段）；

M5、M6（春秋早期晚段偏早）；

M2、M3（春秋早期晚段偏晚，M2 早于 M3）。

三、小邾国墓地的墓葬序列

东江墓地的六座墓葬排列有序（图 76），可以分为东西两列。东列有四座墓葬，由南至北依次编号 M4、M1、M2、M3，西列有两座墓葬，由南至北为 M5、M6。诸位学者已经对此做过排序，本文不揣浅陋随从诸家观点附列如下（表二）：

表二　山东枣庄东江小邾国墓葬年代序列表

	M4	M1	M2	M3	M5	M6
李锦山	第一代友	第二代	第三代庆	第四代害	邾小君	邾小君
李光雨、刘爱民	第一代友	第二代	第三代邾庆和秦妊		小邾君	小邾君
李学勤	邾庆和秦妊（二代）		邾害和夫人（三代）		邾犁来和夫人（四代）	
李零	金父和夫人（二代）		需父和秦妊（四代）		邾庆和夫人霝（三代）	
胡嘉麟	小邾君和夫人（二代）		小邾君和夫人（四代）		邾庆和秦妊（三代）	

首先，可以确认 M2、M3 为一组夫妻墓。M2 出土青铜剑、戈、镞等兵器，墓主当为男性。M3 出土青铜奁和玉贝饰，奁内盛有玉玦、玉耳勺，墓主当为女性。西周晚期以后的大型贵族墓都是两两成对，并列在一起。男性墓内多兵器而少装饰品，女性墓内多装饰品而无兵器。并且墓道的多少也是区分墓主性别的标志。M2 为甲字形墓，墓口长 5.74 米、宽 5.7 米。M3 无墓道，墓口长 6 米、宽 5.7 米。将东江六座墓葬分为三组，M2 和 M3 的大小仅次于 M4 和 M1。

根据春秋早中期山东地区墓葬的器物组合（表三），东江 M2、M3 与临朐甲、乙墓，薛国故城 M1、M2 和 M4 基本相同。但是薛国故城的墓葬规格无论是墓室大小，还是随葬品的数量都要高于东江 M2 和 M3。《左传·隐公十一年》："滕侯、薛侯来朝，争长。薛侯曰：'我先封。'滕侯曰：'我，周之卜正也，薛，庶姓也，我不可以后之。'"小邾国是依附于齐桓公才进为子爵，其墓葬规格自然不能与薛国相比。然而，比起鲁国贵族的 M30 和 M48、齐国贵族的甲墓和乙墓还是比较大的，甚至还要大于长清仙人台 M6 的邿国国君墓。因此，M2 和 M3 的墓主人为一代小邾国君及夫人。

其次，M4、M1 为一组夫妻墓，这是东江墓地时代最早、规格最高的一组墓葬。M4 的规模最大，从残存的迹象看为甲字形墓，墓口长 6.54 米、宽 6.36 米。M1 同为

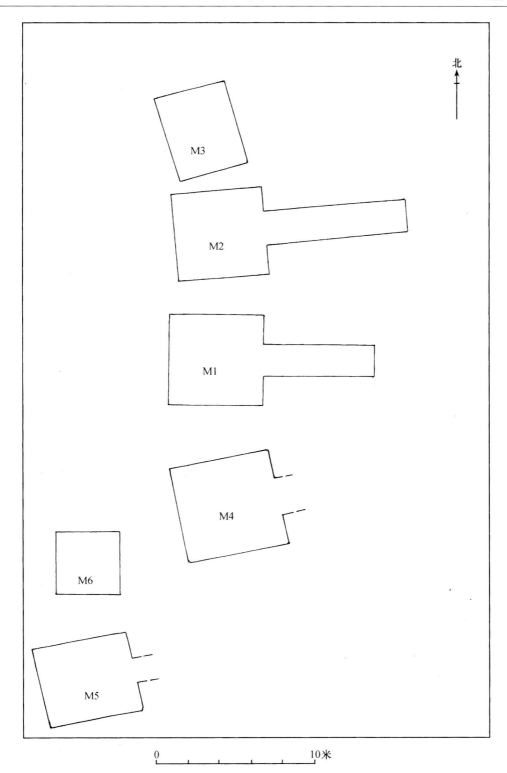

图 76　山东枣庄东江小邾国墓地平面图

甲字形墓，墓口长6米、宽6米，比之略小。根据上述对器物的分析，四件弦纹鼎（或为五件）、滕侯苏盨和昶伯㽙父罍等器年代相对偏早，可能都是出自M4和M1之中。从器物组合来看，春秋早期早段的鲁国故城M48和M30都有青铜盨，春秋早期晚段的墓葬却不见。由此来看，M4和M1的时代确实要早于M2和M3。

表三　春秋早中期山东地区墓葬器物组合表

墓　葬	尺寸（米）	器　物　组　合
东江M2	5.74×5.7	4鼎、4鬲、4簋、2壶、1鐏、1盘、1匜
东江M3	6×5.7	4鼎（3+1）、2鬲、4簋、2壶、1鑐、1盘、1匜、1提链罐
临朐M甲	4×3	2鼎、5鬲、1罐形器、1盘、1匜
临朐M乙	4×3	3鼎、2鬲、2簋、1盘、1匜
鲁故M30	2.86×1.6	1鼎、1盨、1壶、1盘、1匜、1提链罐
鲁故M48	3.6×2.72	3鼎、1甗、2簋、2盨、1簠、1壶、2盘、2匜
薛故M1	7.74×4.7	8鼎（7+1）、6簋、6鬲、2簠、3壶（2+1）、1舟、1盘、1匜
薛故M2	7.6×4	8鼎（7+1）、6簋、6鬲、2簠、3壶（2+1）、1舟、1盘、1匜、1罐
薛故M4		10鼎（7+3）、6簋、6鬲、2簠、3壶（2+1）、3鸟形杯、1舟、2盘、1盉、1匜、1鉴
长清M3	4.4×2.7	2鼎、2簋
长清M6	4.6×4.5	15鼎（8+2+2+2+1）、8簋、2豆、1盉、4壶（2+2）、1钫、1盘、1匜、1罐、1提链罐

最后，M5、M6为一组夫妻墓。M5墓口长6米、宽5.2米，M6墓口长5米、宽4米。虽然是三组墓葬中最小的一组，相比于长清仙人台M6长4.6米、宽4.5米的规格还是比较大的。由于这组墓葬盗掘严重，根据流散的邾庆簋以及M5发现的簋残片推断，这两座墓葬可能就是流散邾庆器和两组龙纹鼎的出土地点。薛国故城M2和M4开始出现曲尺形钮的平盖鼎，圆壶和方壶的器物组合也比较相近，应该是同时期的。所以，M5和M6的时代要早于M2和M3。

李学勤先生认为"M2、M3都有邾庆为秦妊所作的器物，然而都是个别的。更多更重要的秦妊器应该出自秦妊本人的墓，却在流散品中，这样说明秦妊墓已遭盗掘，因而只能是M1。与M1相邻，墓主又是男性的M4，最可能是邾庆的墓"。[①] 李先生关注到流散的邾庆器数量和种类要远远大于M2和M3出土的，这个线索无疑是正确的。因此，M2和M3的墓主人不可能是邾庆和秦妊。

从所有邾庆器和秦妊器的流存情况（表四），可以发现东江M2和M3是两件圆壶，薛国故城M1、M2和M4是两件圆壶和一件方壶，长清仙人台M6则是两件圆壶

① 李学勤：《小邾国墓及其青铜器研究》，《东岳论丛》2007年2期，第4页。

和两件方壶。因此，流散的四件邾君庆圆壶必定是出自两个墓葬之中，配以 A 型邾庆方壶和 B 型邾庆方壶。这种组合方式在春秋早中期之际的薛国故城 M1、M2 和 M4 和长清仙人台 M6 都很普遍。A 型邾庆壶和 A 型邾庆匜的铭文相同，甚至铭文出错的情况也相同，当是同时铸造的。这是制作器物时的大意，错用了邾庆簠的铭文范。从 M5 发现的簠盖残片推想，正是由于这种失误才会出现没有铭文的簠盖残片。

青铜鬲的组合方式基本为偶数配置，墓葬的形制和规格也会决定其数量。东江 M2 和 M3 有墓道的为四件、无墓道的为两件。M4 和 M1 同为甲字形墓，鬲的数量应该相等或略少。M1 已发现四件邾友父鬲并且时代在两周之际，若流散的四件邾庆鬲和邾华妊鬲出自 M4，则两组器物的时代差距过大。况且，山西省公安厅缴获有邾友父鬲。若邾华妊的自作器在 M4 也不能证明 M1 的墓主人为秦妊。由此可见，M5 和 M6 的墓主人是邾庆和秦妊的可能性更大。

表四　邾庆器和妊姓器统计表

器　名	铭　　　文	出土	数量	备注
邾庆鬲	邾庆作秦妊羞鬲，其永宝用	M2	4 件	
邾君庆壶	邾君庆作秦妊礼壶，其万年眉寿，永宝用	M2	2 件	圆壶
邾庆鬲	邾庆作秦妊羞鬲，其永宝用	M3	2 件	
邾庆匜鼎	邾庆作秦妊匜鼎，其永宝用	M3	1 件	
邾庆鬲	邾庆作华妊羞鬲	流散	2 件	
邾华妊鬲	邾华妊作羞鬲	流散	2 件	
邾君庆壶	邾君庆作秦妊礼壶，其万年眉寿，永宝用	流散	4 件	圆壶
邾庆壶	邾庆作秦妊壶，其万年，子子孙孙永宝用享	流散	2 件	方壶
邾庆壶	邾庆作秦妊簠，其万年，子子孙孙永宝用享	流散	1 件	方壶
邾庆盘	邾君庆作秦妊礼盘，其万年眉寿，永宝用	流散	2 件	
邾庆匜	邾庆作秦妊匜，其永宝用	流散	1 件	
邾庆匜	邾庆作秦妊簠，其万年，子子孙孙永宝用享	流散	1 件	

长清仙人台邿国墓地使用鼎簠（鼎簋）组合皆用偶数，且数量相当，不同于中原地区的用鼎制度。反之，鲁国故城 M48、临朐乙墓却保持着与中原地区的一致性。从流散的四件弦纹鼎尺寸来看，应当是五件大小相差的列鼎缺少了一件。此外，流散的有两组各五件的龙纹鼎，并且 M3 也是三件列鼎。因此，M2 的四件列鼎就是一个特殊的现象，可能与当时用鼎制度的变化有关。M5 和 M6 的墓葬虽然略小于其他四座墓葬，但是规格并不低。除了随葬的五鼎，还有圆壶和方壶的组合。

文献记载公元前 689 年小邾国国君犁来朝鲁。[1] 当时小邾君并未受到周天子的封

---

[1] 《左传·庄公五年》：邾犁来来朝，名，未王命也。

号，没有爵位。因此，我们看到邾庆器的称名有"邾君庆"、"邾庆"、"郳庆"三种。
充分反映了之前小邾国未被册封的情况，故而会沿用"邾"的称号。《文献通考》记：
"齐桓公霸，郳君附从，进爵为子，始列诸侯。"齐桓公在位时间为公元前685年至前
643年，公元前681年北杏会盟霸业初成。史载公元前653年郳犁来再次朝鲁时已经得
到周天子的任命，① 故称为"小邾子"。由此可知，郳犁来受封为子爵应该是在公元前
681年至公元前653年之间。虽然郳犁来即位时间不太明确，下限却已到春秋中期早
段。作为小邾国受王命的第一代封君不可能没有自作的器物，但是在东江六座墓地中
皆未有此发现。因此，东江六座墓地皆早于郳犁来下葬的时间，即早于春秋中期早段。

　　公元前679年小邾国叛宋，遭到宋国、齐国、邾国的征伐。② 根据考古发现"在
东江邾君墓地的西、北两面还残存着夯土城墙，墙基底部残宽21米（南侧为农田石
坝所压，未到边），残高2.6米，属棍夯法。城墙外有护城河。夯土中夹杂有西周晚期
至春秋早期的陶片。棍夯法夯筑城墙的年代大都是春秋时代以前的。因此，城墙年代
下限当不晚于春秋"。③ 东江故城的废弃或许正是经历了这次战争，导致郳犁来迁都。
李零先生怀疑东江墓地并不包括第一代邾友和第五代郳犁来 ④ 是正确的，郳犁来的墓

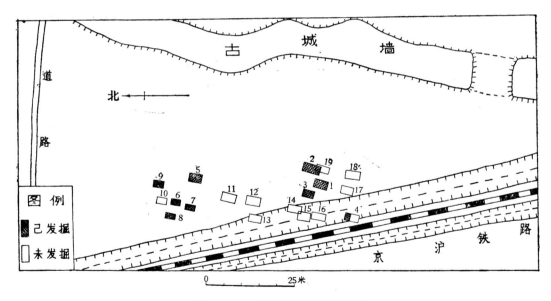

图77　山东滕州薛国墓地平面图

　　① 《春秋·僖公七年》：夏，小邾子来朝。杜注：郳犁来始得王命而来朝也。

　　② 《左传·庄公十五年》：秋，诸侯为宋伐郳。杜注：郳，附庸，属宋而叛，故齐桓为之伐郳。
《穀梁传·庄公十五年》：秋，宋人、齐人、邾人伐郳。

　　③ 王恩田：《枣庄山亭郳器与郳国》，《小邾国文化》，中国文史出版社，2006年，第167页。

　　④ 李零：《读小邾国铜器的铭文——兼论东江墓地的墓主和年代》，《小邾国文化》，中国文史出版
社，2006年，第183页。

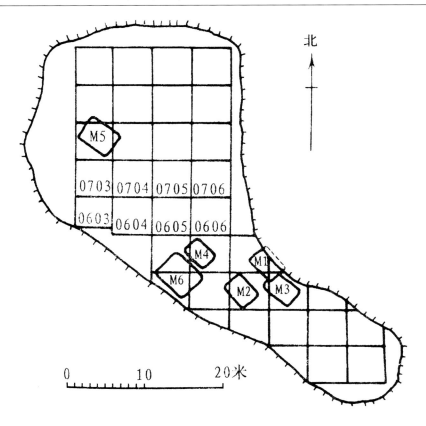

图 78　山东长清仙人台邿国墓地平面图

应该在迁都后的所在地。

从薛国故城墓地（图 77）和长清仙人台墓地（图 78）的布局来看，总体呈现出南早北晚的情况。以薛国故城墓地为例，M1 的器物风格和组合明显早于 M2 和 M4，M2 与 M4 的器物形制和种类基本相同，二者基本为同时期的墓葬，但是 M4 的位置又在 M1-M3 的西南方向。由此来看，小邾国墓地总体呈现南早北晚布局，以及 M5 和 M6 位置偏西南方向，又晚于 M1 和 M4 的情况也是合理的。

四、器物铭文和媵婚制度

小邾国墓地出土青铜器铭文信息比较丰富，其中多有涉及小邾国和其他诸侯国交往，以及反映当时媵婚制度的相关内容。首先从 M2、M3 出土青铜簠铭文来看，M2四件青铜簠的铭文如下：

正叔止士䍐俞簠：正叔之士䍐俞作旅簠，子子孙孙永宝用。

　　鲁酉子安母簋：鲁酉子安母肇作簋，其眉寿万年子子孙孙永宝用。
　　鲁宰虢簋：鲁宰虢作旅簋，其万年永宝用。
　　毕仲弁簋：毕仲弁作为其北善簋，其万年眉寿子子孙孙永宝用之。
　　子皇母簋：子皇母作馔簋，其万年眉寿，永宝用之。

作器者分别是正叔之士鵗俞、鲁酉子安母、鲁宰虢、毕仲弁和子皇母。其中，"正叔之士鵗俞"的辞例又见于《博古图》的鲁正叔之穷盘（集成10124），此器应该是鲁国器。顾栋高《春秋大事表》引李廉之语云："《春秋》内兵之伐国仅二十，而书公伐邾者六，书大夫伐邾者八，止书伐邾者一。"可见，鲁国和邾国的矛盾向来尖锐，鲁国拉拢小邾国可以牵制邾国。公元前679年宋国、齐国和邾国一起讨伐小邾国，也说明邾国和小邾国的关系并不和睦。

　　子皇母簋的辞例比较简单，很难判断出国别。林沄先生怀疑子皇母簋的器主为宋国女子是有道理的。[1]西周晚期青铜器铭文多见"皇考、皇母"，表示对故去先人的尊称。此器铭文为"子皇母作馔簋"，为生人作器。"某母"同"某父"，是"姓+字"的格式，"子"为姓，"皇母"为字。相似的例子还有：

　　　　"姬趚母作尊鬲"（集成628、629），为"姓+字"
　　　　"仲姬义母作旅匜"（集成10238），为"行+姓+字"
　　　　"京姜㡒母作尊鬲"（集成641），为"国族+姓+字"
　　　　"辛中姬皇母作尊鼎"（集成2582、2583），为"国族+行+姓+字"

M2的子皇母簋可能是宋国馈赠或者赗赙的器物，说明小邾国和宋国的关系是比较密切的。史载公元前679年宋国、齐国和邾国讨伐小邾国，是因为小邾国背叛宋国。子皇母簋的发现反映此时小邾国和宋国尚未交恶，从另一个层面证明了M2年代要早于公元前679年。

　　上海博物馆实验室的丁忠明先生通过科技检测验证了子皇母簋确为外来青铜器。子皇母簋为典型的Cu-Sn-Pb三元合金，尤其是杂质元素Fe的含量明显偏低，合金成分及金相组织有异于M3的邾公子害簋。邾公子害簋的金相组织均有铸造后加热的痕迹，而此器未见。[2]由于子皇母簋与邾公子害簋在金属原料的来源，铸造作坊和铸造熔炼工艺等方面存在差异。那么，M2的四件青铜簋都不是小邾国自己制作的，而是

　　① 林沄：《小邾国东江墓地青铜器铭文部分人名的考释》，《小邾国文化》，中国文史出版社，2006年，第195页。
　　② 丁忠明、吴来明、尹秀娇：《枣庄东江东周贵族墓出土青铜器成分及金相分析》，《海岱考古》第四辑，科学出版社，2011年，第230页。

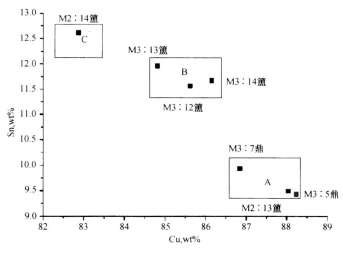

图79 小邾国青铜器的Cu-Sn成分分布图

诸侯国馈赠的器物。M2的墓主人是一代小邾君，表明小邾国和鲁、毕、宋等国曾有着较好的邦交关系。

通过小邾国墓地七件青铜器的Cu-Sn成分分布图（图79），可以看出M3两件鼎和M2毕仲弁簠的主成分上十分相近，三件器物的金相组织、晶粒大小以及α相晶内析出的杂质相都极为相似，[①] 这些现象与M3的三件邾公子害簠有明显的区别。虽然M2、M3的窃曲纹鼎和毕仲弁簠为不同的器物，或许可以推测其来源和铸造地区有一定关系。

M3四件青铜簠铭文为"邾公子害自作簠，其眉寿无疆，子子孙孙永宝用"。小邾国公子的自作器在女性墓中的情况，与韩城梁带村芮国墓地M27、M19女性墓的发现颇为相似。M27有四件芮太子伯鬲和一件芮太子鬲，M19有三件芮太子鬲。芮太子伯鬲的铭文表示这是他分别为"万"和"盨父"所作的器物，芮太子鬲则是芮太子的自作器。[②] 这是诸侯国内年长的、有能力作器的公室子弟以自己的器物为母辈助葬。

其次，M1四件邾友父鬲，铭文作"邾友父媵其子胙曹宝鬲，其眉寿永宝用"。胙国是周公后嗣的封国，邾友父为女儿胙曹所作的媵器，出现在小邾国墓地是一个比较有趣的现象。王恩田先生认为"这是由于春秋时代出嫁的妇女，丈夫死后可以返归娘家另行改嫁。故可把媵器仍然带回来"。[③] 通过前文分析确知M1、M4的墓主人为第

---

① 丁忠明、吴来明、尹秀娇：《枣庄东江东周贵族墓出土青铜器成分及金相分析》，《海岱考古》第四辑，科学出版社，2011年，第230页。

② 陕西省考古研究院、上海博物馆：《金玉华年——陕西韩城出土周代芮国文物珍品》，上海书画出版社，2012年，第190、194页。

③ 王恩田：《枣庄山亭邾器与邾国》，《小邾国文化》，中国文史出版社，2006年，171页。

二代小邾君和夫人，M4 男性墓主人与胙曹的关系应该为兄妹或姐弟。根据 M2、M3 随葬二鬲或四鬲的组合方式，推测 M1 女性墓大概是相同的配置。

两周青铜礼器的核心组合是鼎簋组合，鬲与鼎、簠与簋的形态相近，功能有相同之处，往往可以起到相互替换的作用。当共存时，鬲、簠的数量就有着提升随葬器物等级的作用。因此，春秋时期随葬的有铭铜鬲或铜簠并不能如实反映墓主人的身份，有的是跟墓主人相关的人赠赇的器物。通过这个线索，可以更加确定 M2 和 M3 的墓主人并非是邾庆和秦妊。然而，在流散的邾庆器中除了邾庆为秦妊作器，还各有两件邾庆为华妊作器以及华妊的自作器。例如：

> 邾庆鬲：邾庆作华妊羞鬲。
> 邾华妊鬲：邾华妊作羞鬲。

此外，还有邾庆为奏妊作器，例如：

> 邾庆簠：邾庆作奏妊簠，其万年，子子孙孙永宝用享。
> 邾庆壶：邾庆作奏妊簠（壶），其万年，子子孙孙永宝用享。
> 邾庆匜：邾庆作奏妊簠（匜），其万年，子子孙孙永宝用享。

秦妊之秦字，从双手执杵舂禾。华妊之华字，从草象花蕾盛开。奏妊之奏字，从手持着植物供奉。三者虽然都跟植物有关，字体区分的比较清楚，讹写的可能性不大。按照金文惯例，"某＋姓"的格式一般认为是"氏族＋姓"的情况较多。赵平安先生认为在山东地区先秦时有妊姓秦国存在，不见于史籍，与嬴姓秦国相区别。[1] 若秦妊是山东秦国的妊姓之女，华妊、奏妊必然也是出自妊姓的华国和奏国。

询簋铭文记有"西门夷、秦夷、京夷、䣄夷、师笭、侧薪、□华夷、弁狐夷"（集成 4321），□华夷是否为妊姓的华国无从考证。但是，西周金文中有出现华地和华氏。

> 命簋：唯十又一月初吉甲申，王在华，王锡命鹿，用作宝彝，命其用以多友簋飤。（集成 4112）
> 仲姞鬲：仲姞作羞鬲，华。（集成 547）
> 仲义父鼎：仲义父作新客宝鼎，其子子孙孙永宝用，华。（集成 2541）

仲姞鬲和仲义父鼎的铭文末尾都缀有"华"，相同的铭文辞例还有：

---

① 赵平安：《山东秦国考》，《华学》第七辑，中山大学出版社，2004 年，第 117—118 页。

叔男父匜：叔男父作为霍姬滕旅匜，其子子孙孙其万年永宝用，邢。（集成 10270）

彝妊甗：彝妊滕甗，单。（集成 00877）

狸尊：狸作父癸宝尊彝，单。（集成 05904）

铭文后缀的"华"、"邢"和"单"都是表示族氏。仲义父鼎为光绪十六年（1890 年）陕西扶风县法门寺任家村窖藏出土，说明这一支华氏是在陕西。传世的华季嗌鼎（集成 2547）、台北故宫博物院收藏西周晚期的华季嗌盨（集成 4412），以及春秋早期的华母壶（集成 9638），表示族氏的"华"在"行称 + 私名"和"尊称"之前，这是有封邑的象征，应该与陕西的华族有所区别。2012 年山东沂水纪王崮 M1 的铜鼎[1] 铭文称"华孟子作中叚氏妇仲子滕宝鼎"，表明山东地区确有华氏的封地。从金文辞例而言，尚不能轻易否认"秦"、"华"、"奏"作为氏族的可能性，但是三个氏族都为妊姓的证据还相当的薄弱。

小邾国墓地流散有一件铸叔盘，铭文作"铸叔作叔妊秦滕盘，其万年眉寿永宝用"。此铭"叔妊秦"，李学勤先生认为古时女人可把姓放在名前，但是不能将名放到姓前，所以叔妊秦不会是秦妊。[2] 1990 年河南淅川徐家岭 M1 出土的邡子孟芈青簠[3]，盖铭为"邡子孟芈青之飤簠"，器名为"邡子孟青芈之飤簠"。"孟芈青"对应"孟青芈"，"青"作为私名可以置于姓前，与行称合读就是"孟青"，这种属于"名 + 姓"的格式。类似的例子还有：

成伯孙父鬲：成伯孙父作浸嬴尊鬲，子子孙孙永宝用。（集成 680）

散车父壶：散车父作皇母醒姜宝壶，用迎姞氏，伯车父其万年，子子孙孙永宝。（集成 9697）

陈侯簠：陈侯作嘉姬宝簠，其万年子子孙孙永宝用。（集成 3903）

叔噩父簠：叔噩父作鸾姬旅簠，其夙夜用享孝于皇君，其万年永宝用。（集成 4058）

伯梁父簠：伯梁父作嬛姞尊簠，子子孙孙永宝用。（集成 3793）

叔向父簠：叔向父作婷妣尊簠，其子子孙孙永宝用。（集成 3852）

---

① 山东省文物考古研究所、临沂市文化广电新闻出版局、沂水县文化广电新闻出版局：《沂水纪王崮春秋墓出土文物集萃》，文物出版社，2016 年，第 26 页。

② 李学勤：《小邾国墓及其青铜器研究》，《东岳论丛》2007 年 2 期，第 3 页。

③ 河南省文物考古研究所、南阳市文物考古研究所、淅川县博物馆：《淅川和尚岭与徐家岭楚墓》，大象出版社，2004 年，第 223 页。

所以"妊秦"可作"秦妊"，亦就是"叔妊秦"，其余也应是"妊华"、"妊奏"。《世本》云："祝，妊姓。"上海博物馆收藏的铸公簠盖铭文有"铸公作孟妊车母媵簠"（集成4574），铸国为妊姓可以佐证。行称的有无正好体现了父为女作器与夫为妻作器，两者亲属关系的微妙差异。由此来看，将"秦"、"华"、"奏"作为私名理解似乎更合适一些。

先秦时期的媵婚制度为"凡诸侯嫁女，同姓媵之，异姓则否"（《左传·成公八年》）。《公羊传·庄公十九年》云："媵者何？诸侯娶一国，而二国往媵之，以姪娣从。"周人礼制规定同姓国的娣随着姊，侄随着姑，嫁给一个丈夫。文献记载，卫国嫁女于陈国，鲁国大夫以同姓媵之。① 又有鲁国嫁女伯姬于宋共公，卫、晋两国作为同姓来媵女。② 秦妊、华妊、奏妊是同出一国，还是分属于不同的妊姓之国尚难确定。并且，华妊与奏妊的墓葬是否也在东江墓地，目前也没有直接的证据。

虽然有流散的华妊器和奏妊器，并不妨碍我们认定M5和M6的墓主人是邾庆和秦妊。从华妊器的种类来看，只有鬲一种器型。奏妊器虽然有簠、壶、匜三种器型，但是铭文只有"簠"。前面已经谈到，可能是由于工匠的失误。如果仔细对比三器铭文，可以发现书体十分相似并且铭文内容和行款也一致。因此，这是壶和匜错用了簠的铭文范。在被盗的M5中发现的簠残片没有铭文，说明四件邾庆为奏妊所作的簠都是出于M6邾庆墓。同样，这种现象就与M2、M3的情况相似，不能因为M2、M3都有邾庆为秦妊作的器物就认定墓主人是秦妊。邾庆分别为秦妊、华妊和奏妊作器，秦妊器有的年代较早，华妊和奏妊器年代均偏晚，说明秦妊年纪较长且早逝。由此推测，邾庆为华妊和奏妊所作的器物大概都出自M6，邾庆和秦妊的子嗣，即M2男性墓主人成为下一代小邾国君，能够随葬父母的器物也是合情合理的。

五、结　语

综上所述，本文通过对小邾国青铜簠形制和纹饰的分析，大体勾勒出春秋早期青铜簠从斜壁簠到折壁簠的演变轨迹，即A型Ⅰ式—A型Ⅱ式—B型。Ab型Ⅱ式是前后两型的中间环节，体现了既有形制的继承又有纹饰布局的变化。由腹部两组纹饰变为一组，正好是折壁簠出现的先兆。这种纹饰布局的变化与曾国青铜簠的研究结果是一致的。但是，比较有意思的是A型Ⅰ式和A型Ⅱ式两类形制偏早的器物却出现在东江六座墓葬年代最晚的一组M2和M3之中。

若非对整个墓地的出土器物做全面细致的分析，实难得出这样的结论。所以，某

---

① 《春秋·庄公十九年》：秋，公子结媵陈人之妇于鄄，遂及齐侯、宋公盟。

② 《左传·成公八年》：宋华元来聘，聘共姬也。夏，宋公使公孙寿来纳币……卫人来媵共姬。《左传·成公九年》：夏，晋人来媵。

类器物的类型学研究和墓葬年代的判定一定要以同出器物作参照系。由于 M5 中发现的青铜簋残片，基本锁定上海博物馆和安徽省博物馆所藏的四件郳庆簋是出自 M6。从而可以推知，流散的郳庆器也是出自 M5、M6 之中。对比 M2、M3 共存器物，可以发现 M5、M6 流散器物的年代基本不会晚于 M2、M3，应在同时代或稍早。而且 M2 和 M3 出土器物的文化特点非常复杂，既有 M2、M3 鼎和 M2 甗的复古倾向，又有 M3 匜和盥缶时代特征相对较晚的现象。因此，小郳国墓地的排序是 M1、M4（春秋早期早段），M5、M6（春秋早期晚段偏早），M2、M3（春秋早期晚段偏晚）。其中 M2 的年代与 M5、M6 相去不远，M3 的年代下限有可能进入春秋中期。从这个角度来说，恰好反映了 M2 墓主人在位时间不长，没有留下自己的器物，所以会出现后代随葬前代铜器的现象。

　　文献记载郳犁来受封为子爵应该是在公元前 681 年至公元前 653 年之间，那么即位时已经到春秋中期早段。如果以年代最晚的 M2 和 M3 来衡量，是符合文献记载的。并且，从文献得知郳犁来在位最少有 28 年，除去长寿的因素，不能忽视的还有少年即位的可能性。郳犁来在位时间偏长的事实反证了 M2 墓主人，即上一代封君在位时间不会太长。郳犁来时期最严重的一次战争是由于叛宋，直接后果是导致迁都，因此东江墓地不包括小郳国的第一代封君郳友和第五代封君郳犁来。但是，M2 出土的诸侯国赠赙的器物，也说明了郳犁来的上一代国君与列国，尤其是与宋国保持了良好的关系。

　　东江小郳国墓地的最大特色是发现许多郳庆为三位女性所作的器物，秦妊、华妊和奏妊之间是什么关系，以及与郳庆的关系都是值得继续研究和讨论的。从郳庆为秦妊作器的铭文来看，有 "郳庆"、"郳君庆"、"郲庆" 三种不同的称呼方式，这种变化的过程和原因也是需要关注的，期待将来新资料的发现。

2014 年 12 月完稿

2019 年 11 月修订

（原载《东方考古》第 14 集，科学出版社，2017 年）

第四章

出土文献与制度研究

论西周时期的监国制度

　　西周的分封制与监国制相辅相成，是周王朝管理和控制地方的一项重要政治制度。长久以来，"三监"问题成为研究监国制度的基础。关于"三监"的具体人物主要流行两种说法。一种是班固提出的三监为武庚、管叔、蔡叔。《汉书·地理志》记载："河内本殷之旧都，周既灭殷，分其畿内为三国，《诗·风》邶、庸、卫国是也。邶，以封纣子武庚，庸，管叔尹之，卫，蔡叔尹之，以监殷民，谓之三监。"另一种是郑玄提出的三监为管叔、蔡叔、霍叔。《毛诗谱》称"庶殷顽民被纣化日久，未可以建诸侯，乃三分其地，置三监，使管叔、蔡叔、霍叔尹而教之。自纣城而北谓之邶，南谓之鄘，东谓之卫"。此后众多学者引经据典，拉开了争讼不已的序幕。清代孙诒让还提出折中观点，以武庚、管叔、蔡叔为正监，霍叔为副监，与武庚同治邶。①

　　随着出土文献的大发现，对西周时期监国制度的性质有更深入的讨论。根据金文资料，郭沫若②、耿铁华③认为周王派驻监国者直接监督诸侯国，以维护周王朝的利益。孙作云提出"军监"的概念，他认为管、蔡、霍是三叔的封地，邶、鄘、卫是三叔的军事驻点，"三监"即为军事长官。④徐中舒⑤、伍士谦⑥认为周初的监国，地位与四服的侯、甸、男、卫相当，并称诸侯国是从监国发展而来。赵伯雄认为周初的监国制度是一种诸侯监诸侯之制，三叔各有封国，同时又负有监殷的使命。⑦陈昌远提出"监官制度"的看法，无论中央或地方的军事和政治各方面都设有监官，"三监"只是军事方面的监官。⑧任伟认为周初的监国制度主要是监之于外，监之于内的监国制度是西周以后中央集权背景下的产物。⑨刘雨通过金文资料将"监殷遗民"与"监诸侯国"两种监察制度分开，认为后者确保了中央集权制度的实施，并与秦以后的郡

---

①　孙诒让：《邶鄘卫考》，《籀庼述林》，中华书局，2010年，第9页。

②　郭沫若：《释应监甗》，《考古学报》1960年1期。

③　耿铁华：《关于西周监国制度的几件铜器》，《考古与文物》1985年4期。

④　孙作云：《说𢽠在西周时代为北方军事重镇——兼论军监》，《河南大学学报》1983年1期。

⑤　徐中舒：《西周史论述（上）》，《四川大学学报（哲学社会科学版）》1979年3期。

⑥　伍士谦：《论西周初年的监国制度》，《西周史研究》，人文杂志丛刊第二辑，1984年。

⑦　赵伯雄：《周代国家形态研究》，湖南教育出版社，1990年，第151—154页。

⑧　陈昌远：《西周监官制度浅说》，《河南大学学报》1985年4期。

⑨　任伟：《从"应监"诸器铭文看西周的监国制度》，《社会科学辑刊》2002年5期。

县制度结合成为特有的国家管理形式。①

　　清华简《系年》记载："周武王既克殷，乃设三监于殷。武王陟，商邑兴反，杀三监而立彔子耿。"②"彔子耿"即武庚禄父，那么"三监"可能并非是武庚、管叔、蔡叔、霍叔中任意三人的组合。李学勤先生称"杀三监"，并不是杀三叔，所指大约是参与监管的周人官吏军士。③路懿菡的认识似乎更准确，她认为"三监"并非三叔，是周王朝派驻在商邑内对武庚等殷遗民进行监管的官员，三叔则是在商邑外围的军事要地布军设防。④由此推想，司马迁的《殷本纪》、《周本纪》、《鲁周公世家》、《管蔡世家》、《卫康叔世家》、《宋微子世家》均提到三叔作乱的事情，但绝不提"三监"应该还是有所本的。《尚书大传》称"使管叔、蔡叔监禄父，禄父及三监叛"。《尚书·大诰》序称"武王崩，三监及淮夷叛"。《书传》和《书序》可能都是受到了《孟子·公孙丑下》"周公使管叔监殷，管叔以殷畔"的影响。稍早的《左传》、《国语》也均未提及"三监"。

　　《礼记·王制》记载"天子使其大夫为三监，监于方伯之国，国三人"。虽然历代学者均认为这段材料成书较晚，但是文献所记的命卿制度在春秋时期还有所体现。《左传·僖公十二年》："王以上卿之礼飨管仲。管仲辞曰：'臣，贱有司也。有天子之二守国、高在，若节春秋来承王命，何以礼焉？陪臣敢辞。'"齐国的国氏和高氏为"天子之二守"，二卿为天子所命，在齐国为世卿。《周礼·太宰》称"乃施典于邦国，而建其牧，立其监，设其参，傅其伍，陈其殷，置其辅"。郑注："监谓公侯伯子男各监一国。"这个注解实际上还是郑玄认为三叔为"三监"的看法，即以国监国。

　　仲幾父簋铭文记"仲幾父使，幾使于诸侯、诸监，用厥傧作丁宝簋"（集成3954）。"诸侯"与"诸监"并举，诸监是受到周王册命的卿士，其地位仅次于诸侯。西周的监国制度既保证了中央政令在地方贯彻执行，又防止了地方势力坐大形成难以控制的局面。根据目前所见金文资料，这项制度不仅施行于诸侯国，还施行于王畿地区。因此，可以将监国制度分为内服王畿和外服诸侯两个层面来讨论。

一、内服王畿地区的监官

　　周王朝的内外服制度继承了殷商旧制，将王畿视作内服与外服的分界线。《国语·周语》记载"邦内甸服，邦外侯服"，韦昭注："邦内，谓天子畿内千里之地。"明确指出内外服是以王畿为界线，畿内有内服的邦君采邑，畿外有外服的诸侯封国。《尚

---

①　刘雨：《西周的监察制度》，《古文字研究》第 25 辑，中华书局，2004 年。

②　李学勤：《清华大学藏战国竹简（贰）》，中西书局，2011 年。

③　李学勤：《清华简〈系年〉及有关古史问题》，《文物》2011 年 3 期。

④　路懿菡：《从清华简〈系年〉看周初的"三监"》，《辽宁师范大学学报》2013 年 6 期。

书·酒诰》记载："越在外服，侯、甸、男、卫、邦伯；越在内服，百僚、庶尹、惟亚、惟服、宗工，越百姓、里居。"令方彝铭文记有"诰令舍三事令，暨卿事寮、暨诸尹、暨里君、暨百工、暨诸侯：侯、甸、男，舍四方令"（集成9901）。内外服的区别即是各级邦君、诸侯对周天子履行的义务，承担不同的职事与贡赋构成的。西周王畿的范围通常认为是以宗周和成周为中心，西起渭河上游的天水，东达洛水流域的郑州。[①] 在王畿地区设立监官的金文资料主要有两种。

1. 阑监引鼎

上海博物馆收藏的阑监引鼎（图1），通高28.1厘米、口径23.5厘米，重7.1千克。此器腹部较宽，腹壁斜侈，下腹部倾垂，三柱足的足根部略粗，足内侧较平。整体光素，仅在颈部饰有一道凸棱纹。腹内壁铸铭文"鬲（阑）监引作父己宝鼎（肆）彝"。这件器物相比于昭王时期的"梁山七器"憲鼎[②]、曲沃曲村M6080的作宝鼎[③]，其腹壁外侈的程度，以及垂腹和柱足内侧平直的特征，明显要晚。1978年河北石家庄元氏县西张村墓葬出土的攸鼎[④]（图2），通高19.7厘米、口径14.4厘米，与此器形制、纹饰完全

图1　上海博物馆收藏的阑监引鼎和铭文拓片

① 吕文郁：《周代的采邑制度（增订版）》，社会科学文献出版社，2006年，第8—9页。

② 陈梦家：《西周铜器断代》，中华书局，2004年，第651页。

③ 北京大学考古学系商周组、山西省考古研究所：《天马-曲村（1980—1989）》，科学出版社，2000年，第396页。

④ 河北省文物管理处：《河北元氏县西张村的西周遗址和墓葬》，《考古》1979年1期。

图 2　河北石家庄元氏县西张村出土的攸鼎

相同。这座墓葬中，除同出的臣谏簋年代稍早外，攸鼎、叔趯父尊和叔趯父卣均在西周中期前段。因此，阑监引鼎的年代大致在西周穆王时期。

于省吾考证"阑"为"管"，认为是管叔所封之地，即今河南郑州。① 徐中舒、杨宽等学者均赞同之。刘雨先生认为"'管监引'一名是由'地名＋官名＋私名'组成的，犹金文中习见之'微师耳'、'鲁太宰原父'、'螯司土幽'、'虞司寇伯吹'等人名的构成是一样的"。② 关于阑地的地望，也是众说纷纭。陈梦家推测在涧上"王城"，即今河南洛阳。③ 蔡运章先生认为在今河南偃师。④ 王震中先生认为属于卫地的范围，在今河南濮阳。⑤ 雷晋豪先生认为是管叔的封地，在今河南鹤壁。⑥

关于阑地的金文资料还有以下几件，用通行字隶定如下：

（1）戍嗣子鼎：丙午，王赏戍嗣子贝廿朋，在阑宗，用作父癸宝餗，唯王飨阑太室，在九月，犬鱼。（集成 2708）

（2）坂方鼎：乙未，王窜、文武帝乙肜日，自阑俌，王返入阑，王赏坂贝，用作父丁宝尊彝，在五月，唯王廿祀又二，鱼。（新收 1566）

（3）亚古簋：己亥，王赐贝，在阑，用作父己彝，亚古。（集成 3861）

（4）宰椃角：庚申，王在阑，王格，宰椃从，赐贝五朋，用作父丁尊彝，在六月，唯王廿祀，翌又五，彦册。（集成 9105）

① 于省吾：《利簋铭文考释》，《考古》1977 年第 8 期。

② 刘雨：《西周的监察制度》，《古文字研究》第二十五辑，中华书局，2004 年，第 171 页。

③ 陈梦家：《西周铜器断代》，中华书局，2004 年，第 65 页。

④ 蔡运章：《〈齑师〉新解》，《中原文物》1988 年 4 期。

⑤ 王震中：《商代周初管邑新考》，《2004 年安阳殷商文明国际学术研讨会论文集》，社会科学文献出版社，2004 年，第 480 页。

⑥ 雷晋豪：《金文中的"齑"地及其军事地理新探》，《历史地理》第 26 辑，上海人民出版社，2012 年，第 211 页。

（5）利簋：武王征商，唯甲子朝，岁贞，克昏，夙有商。辛未，王在阑师，赐右史利金，用作旜公宝尊彝。（集成4131）

（6）新邑鼎：癸卯，王来奠新邑，[二]旬又四日丁卯，□自新邑于柬，王□贝十朋，用作宝彝。（集成2682）

《逸周书·世俘解》记载："惟一月丙辰旁生魄，若翼日丁巳，王乃步自于周，征伐商王纣。越若来二月既死魄，越五日甲子朝，至，接于商。则咸刘商王纣，执天恶臣百人。太公望命御方来；丁卯，望至，告以馘、俘。戊辰，王遂御，循自祀文王。丁日，王立政。吕他命伐越、戏方；壬申，荒新至，告以馘、俘。侯来命伐靡集于柬；辛巳，至，告以馘、俘。甲申，百弇以虎贲誓，命伐卫，告以馘、俘。"根据甲骨卜辞（合集586、6371），戉方在黄河以西，邻近舌方和畬方。朱佑曾引《太平寰宇记》称："卫州汲县，古陈城也。"潘振《周书解义》称："卫，邑名，在朝歌之东。"《逸周书·作雒解》记周公东征"临卫政殷，殷大震溃"。由此可知，越、陈、卫均在畬王畿地区，距离商王都不远。牧野之战后，周人仅用了二十多天就平定了黄河以北、太行山以东的地区。

通过金文资料得知商代的阑地有"阑宗"、"阑太室"、"阑偪"，并且还有对贵族进行赏赐的事件，说明此地有大型的礼仪建筑。帝辛前往帝乙的宗庙举行"肜祭"，当天便能返回阑地。帝乙的宗庙若在商王都，两地相距应当不远。《小戴礼记·大传记》载："牧之野，武王之大事也。既事而退柴于上帝，祈于社，设奠于牧室。"郑注："柴祈，奠告天地及先祖也。"牧野之战后的第五日武王在牧野举行燎祭敬告文王，第八日武王在"阑师"赏赐功臣，说明阑地大致应当在商王畿的南部区域。汤威先生引证清华简《系年》的"管叔"写作"官叔"，结合陆尊（集成5986）、兢卣（集成5415）的铭文记有"官地"，指出郑州的官地应为管叔的始封地。[1] 若如此，阑地不在今郑州，在黄河以北地区的可能性更大。

由于阑地具有重要的战略地位，新邑鼎铭文记录了周王从成周至阑地巡视的情况。这件器物与梁其器传1940年陕西扶风法门镇任家村窖藏一同出土，现藏陕西历史博物馆。新邑鼎[2]（图3）通高20.7厘米、口径16.7厘米，重1.6千克。此器颈部微束，腹部下垂，浅分档，下置细长的三柱足，颈部所饰的兽面纹为锈所掩。其形制相比于2011年湖北随州叶家山M28的曾侯谏鼎[3]（图4）、上海博物馆收藏的亢鼎[4]

① 汤威：《周初"三监"新证——兼谈叔鲜封管的时机》，《两周封国论衡——陕西韩城出土芮国文物暨周代封国考古学研究国际学术研讨会论文集》，上海古籍出版社，2014年，第350页。

② 段绍嘉：《介绍陕西省博物馆的几件青铜器》，《文物》1963年3期。

③ 湖北省文物考古研究所、随州市博物馆：《湖北随州叶家山M28发掘报告》，《江汉考古》2013年4期。

④ 陈佩芬：《夏商周青铜器研究·西周篇》，上海古籍出版社，2004年，第10页。

图 3　陕西扶风法门镇任家村窖藏的新邑鼎和铭文

图 4　湖北随州叶家山 M28 的曾侯谏鼎　　　　图 5　上海博物馆收藏的亢鼎

图 6　刘体智旧藏的阐卣和铭文拓片

（图 5），垂腹的特征更是明显。曾侯谏鼎和亢鼎的年代均不早于康王，新邑鼎大体应在昭王时期。结合阐监引鼎的铭文可知，穆王时期阐地并未纳入外服诸侯国，此地很可能就在邻近卫国的周王畿范围内。

刘体智旧藏有一件阐卣[1]（图 6），失盖，子口较长，腹部圆鼓，两侧套铸绳索状提梁，圈足稍外侈起折沿。颈部饰相对的龙纹，上下栏饰连珠纹，圈足饰斜角云目纹，其年代在西周初年。腹内底铸铭文"鄏（阐）作尊彝"（集成 5114），"阐"是以地名为氏。李学勤先生曾举例"荣"、"遣"、"霸"均为单氏人名[2]，此处的"阐"则是阐氏。旧传还有一件柬人守父簋（图 7），通高 15 厘米。此器侈口束颈，腹部略鼓，两侧的兽首耳下有钩状垂珥，高圈足有折沿。颈部饰火纹与龙纹相间的纹饰，腹部饰竖棱纹，圈足饰火纹和四瓣目纹相间的纹饰。这件器物的形制与中国国家博物馆收藏的覣公簋[3] 相同，后者为康王时期的标准器。腹内底铸铭文"柬人守父作厥宝尊彝"（集成 3698），"柬"为畿内封邑。1983 ～ 1986 年陕西西安市长安区马王镇张家坡

① 容庚：《善斋彝器图录》112，哈佛燕京学社，1936 年。
② 李学勤：《谈单氏人名——金文释例之二》，《传统文化研究》第 19 辑，群言出版社，2012 年。
③ 朱凤瀚：《覣公簋与唐伯侯于晋》，《考古》2007 年 3 期。

图 7　柬人守父簋和铭文拓片

M199 出土有丰人戈 [①]，1971 年陕西西安市长安区马王镇车马坑出土有丰师当卢 [②]。若金文中的周师、豳师、丰师、京师是西六师的驻地，那么阚师可能就是殷八师的驻地之一。

2. 叔赵父耑

1981 年陕西扶风南阳乡沟原村窖藏出土的叔赵父耑 [③]（图 8 ），高 5.5 厘米、銎长 4.1 厘米、銎宽 1.9 厘米，重 0.1 千克。简报认为是剑鞘末端的饰物，此器中有小孔可以打入木楔固定，可能是作为木质衡杆的饰物。两面铸有铭文"叔赵父作旅耑其宝用。荣监"。刘雨先生认为："铭文中的叔赵父是荣地之监国者，故称荣监"。[④] 这个窖藏同出的还有王簋盖（图 9 ），盖沿饰一周窃曲纹，盖面饰瓦棱纹，铸有铭文"王作𪾢彝"。这件器物的年代在西周中期晚段，叔赵父耑的铭文书体与之大体相似，说明其年代相差不远。

荣氏为周王朝畿内诸侯，郭沫若认为荣之封邑与丰京相邻，大致在今陕西户县西。[⑤]《史记·周本纪》集解引马融注："荣伯，周同姓，畿内诸侯为卿大夫也。"《国语·周语》："厉王说荣夷公，芮良夫曰：'王室其将卑乎！夫荣公好专利而不知大

---

① 中国科学院考古研究所：《长安张家坡西周铜器群》，科学出版社，1965 年，第 174 页。
② 王长启：《西安丰镐遗址发现的车马坑及青铜器》，《文物》2002 年 12 期。
③ 罗西章：《扶风沟原发现叔赵父耑》，《考古与文物》1982 年 4 期。
④ 刘雨：《西周的监察制度》，《古文字研究》第二十五辑，中华书局，2004，第 172 页。
⑤ 郭沫若：《金文丛考》，《郭沫若全集·考古编》，科学出版社，2004 年，第 305—306 页。

图 8　陕西扶风南阳乡沟原村窖藏的叔赵父卣和铭文拓片

图 9　陕西扶风南阳乡沟原村窖藏的王簋盖和铭文拓片

难.'" 韦昭注:"荣,国名." 根据考古发现可知,芮国和荣国均为畿内诸侯.1973 年陕西岐山县贺家村 M3 出土有荣有司再鼎和荣有司再鬲 [1],这两件器物是再为女儿"嬴龓母"所作的媵器."有司"是荣国职官,荣有司再为嬴姓贵族.韩巍先生根据荣仲方鼎推测,荣氏是在王季之时随着周人与东方妊姓国族的通婚迁入关中,被周人赐为姬姓. [2]

通过上述金文资料,"阑监"和"荣监"都在周王畿.不仅是王畿内的战略要地设有监官,在同姓诸侯的采邑也设有监官."阑监引"的作器对象为"父己",根据"周人不用日名"的原则,表明周王朝册命的监官可以为非姬姓贵族.

二、外服诸侯封国的监官

《尚书·召诰》记载:"周公乃朝用书,命庶殷侯、甸、男、卫、邦伯.厥既命庶殷,庶殷丕作." 大盂鼎铭文记有"我闻殷坠命,唯殷边侯、甸与殷正白辟,率肆于酒,故丧师矣"(集成 2837).西周初年为了有效地统治东部广大地域,周王朝在分封制的基础上,延续并发展了殷人的内外服制度.有学者认为西周的外服是一个政治地理综合体系,其构成主要包括诸侯和未受封为诸侯的邦君,二者皆为外服君长. [3] 在外服诸侯国设立监官的金文资料主要有三种.

1. 应监甗

1958 年江西余干县黄金埠中学出土的应监甗 [4](图 10),通高 34.9 厘米、口径 22.4 厘米,重 3.5 千克.此器为连体甗,侈口深腹,口沿立有索状耳,鬲部分裆,柱足较高.甑部的颈部饰火纹与四瓣目纹相间的纹饰,鬲部饰牛首纹,内壁铸有铭文"应监作宝尊彝".1997 年河南鹿邑县太清宫 M1 的长子口甗 [5](图 11),甑部的腹壁斜收,鬲部的分裆较高,其年代不晚于成王.1980 年陕西宝鸡竹园沟 M4 的伯甗 [6](图 12),侈口较大,腹部微有下垂,鬲部略有扁鼓,其年代在昭王时期.相比较来看应监甗早于伯甗,晚于长子口甗,其形制更接近于 2007 年山西翼城大河口 M1 的霸仲甗 [7](图

---

① 陕西省博物馆、陕西省文物管理委员会:《陕西岐山贺家村西周墓葬》,《考古》1976 年 1 期.

② 韩巍:《从叶家山墓地看西周南宫氏与曾国——兼论"周初赐姓说"》,《青铜器与金文》第一辑,上海古籍出版社,2017 年,第 113 页.

③ 邵蓓:《〈封许之命〉与西周外服体系》,《历史研究》2019 年 2 期.

④ 朱心持:《江西余干黄金埠出土铜甗》,《考古》1960 年 2 期.

⑤ 河南省文物考古研究所、周口市文化局:《鹿邑太清宫长子口墓》,中州古籍出版社,2000 年,第 76 页.

⑥ 卢连成、胡智生:《宝鸡强国墓地》,文物出版社,1988 年,第 152 页.

⑦ 山西省考古研究院、临汾市文物局、翼城县文物旅游局联合考古队,山西大学北方考古研究中心:《山西翼城大河口西周墓地一号墓发掘》,《考古学报》2020 年 2 期.

图 10　江西余干县黄金埠中学出土的应监甗和铭文拓片

图 11　河南鹿邑县太清宫 M1 的长子口甗　　　　图 12　陕西宝鸡竹园沟 M4 的伯甗

图 13　山西翼城大河口 M1 的霸仲甗

图 14　湖北随州叶家山 M2 的曾侯谏甗

图 15　潘祖荫旧藏的应监鼎
铭文拓片

13）和 2011 年湖北随州叶家山 M2 的曾侯谏甗 ①（图 14），甗部的腹壁均斜收较缓，没有明显的垂腹，年代大致在康、昭之际。潘祖荫旧藏的应监鼎（图 15）形制无征，仅存铭文记"应监作旅"（集成 1975）。从铭文书体的风格来看，此器与应监甗的年代大体相同。

在私人收藏家处还有一件应监甗 ②（图 16），通高 38 厘米、口径 27.2 厘米。此器为连体甗，侈口，口沿的立耳较直，甗部的腹部下垂，鬲部的肩部圆鼓，裆部较低，柱足较短。整体光素，仅在甗部的颈部饰两道弦纹，内壁铸铭文"应监作宝尊彝，其万年永用"。此器形制显然晚于 1992 年河南平顶山市北滍村 M84 的应侯甗 ③（图 17），与 1933 年陕西扶风法门镇上康村窖藏的伯鲜

①　湖北省文物考古研究所、随州市博物馆：《湖北随州叶家山西周墓地发掘简报》，《文物》2011 年 11 期。

②　吴婉丽：《记新发现的几件西周铜器》，《考古与文物》2010 年 4 期。

③　河南省文物考古研究所、平顶山市文物管理委员会：《平顶山应国墓地八十四号墓发掘简报》，《文物》1998 年 9 期。

图 16　私人收藏的应监甗和铭文拓片

图 17　河南平顶山市北滍村 M84 的应侯甗

图 18　陕西扶风法门镇齐家村窖藏的犀甗

甗①、1960 年陕西扶风法门镇齐家村窖藏的犀甗②（图 18）基本相同，其年代在西周晚期。

《左传·僖公二十四年》记载："邘、晋、应、韩，武之穆也。"应国为姬姓诸侯国，郭沫若认为应监是周王朝派往应国的监国使臣。③ 李学勤认为应国国君不会称为应监，也没有朝廷专派应监的理由，此处应监未必是姬姓的应国。④ 何光岳⑤、王龙正⑥都认为应国初封于山西境内，应监主要是监督殷遗民。通过对应监甗的年代分析，"应监"从西周早期至西周晚期一直存在，说明诸侯国并非是从诸监国发展来的。并且，应监的主要职责是监督殷遗民的观点也不能够成立。目前还没有资料支持非姬姓应国的存在，可是从"荣监"的情况来看，周王派往姬姓诸侯国的监官仍不乏其例。

2. 鄂监簋

中国国家博物馆收藏的鄂监簋⑦（图 19），通高 17.6 厘米、口径 15.5 厘米。此器设有弧形盖，盖顶有较高的捉手，敛口，球形腹，两侧设兔首耳下附钩状垂珥，圈足微侈。盖面和颈部装饰一周细密的菱格纹，前后各饰有一个貘首。器、盖同铭："鄂监作父辛宝彝。"这件器物田率先生定为成王时期，下限在成、康之际。⑧ 从类型学来看，虽然这件器物与 1958 年河南安阳大司空村出土的大丏簋⑨（图 20）、2013 年宝鸡石鼓山 M4 的凤鸟纹簋⑩（图 21）、美国旧金山亚洲艺术博物馆收藏的牛簋⑪（图 22）都很相似，其年代分别为商晚期、商末周初和西周早期。但是鄂监簋的腹部明显呈扁鼓形，弧形盖和大捉手的特征也晚于三簋，与 2002 年陕西扶风黄堆乡齐家村 M4 的伯簋⑫（图 23）更为接近。这两件器物都有兔首形的附耳，腹部光素，后者的颈部还饰有卧牛纹。从纹饰特征来看，鄂监簋的貘首装饰主要流行于昭穆时期，最早出现的器

---

①　陈梦家：《西周铜器断代》，中华书局，2004 年，第 793 页。

②　曹玮：《周原出土青铜器》第 1 卷，巴蜀书社，2005 年，第 68 页。

③　郭沫若：《释应监甗》，《考古学报》1960 年 1 期。

④　李学勤：《应监甗新说》，《江西历史文物》1987 年 1 期。

⑤　何光岳：《应国略考》，《江汉考古》1988 年 2 期。

⑥　王龙正、孙清远：《也谈应监甗》，《中原文物》2012 年 1 期。

⑦　吕章申：《中国国家博物馆百年收藏集粹》，安徽美术出版社，2014 年，第 60 页。

⑧　田率：《新见鄂监簋与西周监国制度》，《江汉考古》2015 年 1 期。

⑨　中国科学院考古研究所安阳发掘队：《1958～1959 年殷墟发掘简报》，《考古》1961 年 2 期。

⑩　陕西省考古研究院、宝鸡市考古研究所、宝鸡市渭滨区博物馆：《陕西宝鸡石鼓山商周墓地 M4 发掘简报》，《文物》2016 年 1 期。

⑪　中国青铜器全集编辑委员会：《中国青铜器全集·5》，文物出版社，1996 年，第 54 页。

⑫　周原考古队：《2002 年周原遗址（齐家村）发掘简报》，《考古与文物》2003 年 4 期。

图 19　中国国家博物馆收藏的鄂监簋和铭文拓片

图 20　河南安阳大司空村出土的大丏簋

图 21　宝鸡石鼓山 M4 的凤鸟纹簋

图 22　美国旧金山亚洲艺术博物馆藏的牛簋

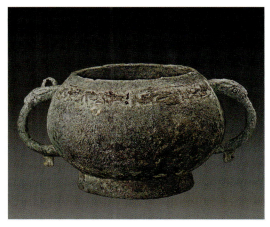

图 23　陕西扶风黄堆乡齐家村 M4 的伯簋

物也不会早于康王，例如 2010 年山西翼城县大河口 M1 的燕侯旨卣[①]。从铭文书体来看，鄂监簋的波磔体风格已经淡化，笔画细致匀称。综合以上考虑，其年代大致应在康、昭之际。

《战国策·赵策三》记载："昔者，鬼侯、鄂侯、文王，纣之三公也。"有学者认为商晚期的鄂国在山西临汾以西的乡宁县南，周初迁到随州安居镇羊子山。[②]《左传·隐公六年》载"颍父之子嘉父，逆晋侯于随，纳诸鄂，晋人谓之鄂侯"。杜注："鄂，晋别邑。"《史记·晋世家》索隐引《世本》载唐叔虞"居鄂"，宋忠注："鄂地今在大夏。"1975 年随州安居羊子山就出土有鄂侯弟厉季尊，2007 年随州安居羊子山 M4 出土有鄂侯器[③]，基本可以肯定羊子山墓地为西周早期鄂国公室墓地。随着鄂国青铜器的陆续发现，在随州叶家山还发现有曾国墓地，印证了中甗、静方鼎铭文中曾、鄂两国相邻的记载。随枣走廊是北接中原，南通江汉的军事战略要地，同时还是周王朝矿产资源的重要通道。昭王时期，王师在曾、鄂两国驻扎，委派王臣进行巡查和管理。"鄂监"同样反映了这个时期周王朝对南方诸侯国的控制，以保障"金道"的畅通无阻。

3. 句监鼎

1964 年山东龙口市芦头镇韩栾村出土的句监鼎[④]（图 24），通高 20.2 厘米、口径 17.7 厘米。此器折沿方唇，口沿的立耳稍外撇，鼓腹分裆，三柱足较高。腹部饰大兽面纹，以云雷纹为地纹，两侧饰有倒置的龙纹，柱足饰变形蝉纹。腹内壁铸铭文"冏（句）监作宝尊彝"。这件器物相比商晚期的分裆鼎，腹部略鼓，例如 1999 年河南安阳市刘家庄北地 M1046 的亚凩鼎[⑤]（图 25），其年代属于商末周初。中国国家博物馆收藏的旅鼎[⑥]（图 26），腹部更浅，柱足更高，铭文称"公太保来伐反夷年"，其年代不晚于康王。因此，句监鼎的年代晚于亚凩鼎，稍早于旅鼎，大致应在成王时期。

刘雨先生认为"句监"为句地的监国者，其地可能在菏泽北面的"句渎"。[⑦]《左

---

①　山西省考古研究院、临汾市文物局、翼城县文物旅游局联合考古队，山西大学北方考古研究中心：《山西翼城大河口西周墓地一号墓发掘》，《考古学报》2020 年 2 期。

②　孙清远、王正：《西周早期诸侯国的大规模南迁》，《两周封国论衡——陕西韩城出土芮国文物暨周代封国考古学研究国际学术研讨会论文集》，上海古籍出版社，2014 年，第 298 页。

③　随州市博物馆：《随州出土文物精粹》，文物出版社，2009 年。

④　李步青、林仙庭：《山东省龙口市出土西周铜鼎》，《文物》1991 年 5 期。

⑤　中国社会科学院考古研究所安阳工作队：《安阳殷墟刘家庄北 1046 号墓》，《考古学集刊》第 15 集，文物出版社，2004 年。

⑥　吕章申：《中国国家博物馆百年收藏集粹》，安徽美术出版社，2014 年，第 42 页。

⑦　刘雨：《西周的监察制度》，《古文字研究》第二十五辑，中华书局，2004 年，第 171 页。

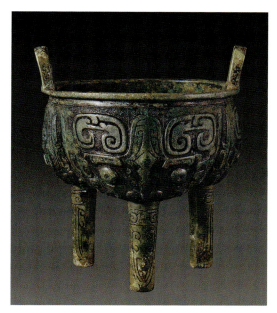

图 24　山东龙口市芦头镇韩栾村出土的句监鼎和铭文拓片

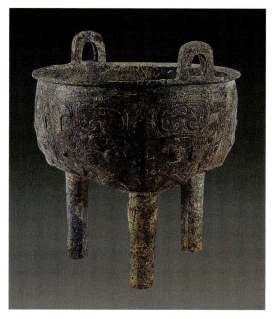
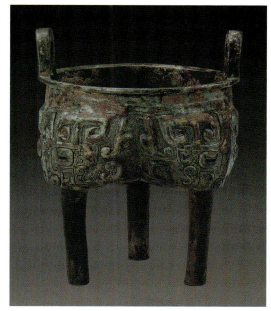

图 25　河南安阳市刘家庄北地 M1046 的亚丮鼎　　　图 26　中国国家博物馆收藏的旅鼎

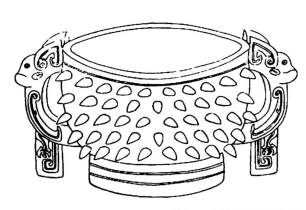

图 27　潘祖荫旧藏的须句簋和铭文拓片

图 28　丁筱农旧藏的句它盘铭文拓片

传·桓公十二年》记载"公及宋公盟于句渎之丘"，杜注："即谷丘也"。此处的"句"应为须句，传为太皞后裔风姓之国。潘祖荫旧藏有须句簋①（图 27），根据图像显示须句簋的兽首形附耳有扁长的垂珥，以及腹部尖长的乳钉均有非常明显的周初风格。《左传·僖公二十一年》记载："任、宿、须句、颛臾，风姓也，实司太皞与有济之祀。"杨宽考证称"任在鲁国西南，在今山东微山夏镇西北；宿和须句都在鲁国西北，靠近济水，宿在今山东东平的东南，须句在东平的西南；颛臾在鲁国东南，在今山东平邑东"。② 丁筱农旧藏有一件句它盘（图 28），此器形制无征，铭文记"唯句它□自作宝盘，其万年无疆，子子孙孙永宝用享"（集成 10141）。《缀遗斋彝器款识考释》称"此与太保鼎、敦诸器同出山东寿张"。寿张即今山东阳谷县寿张镇，与东平县相邻。"句它"是以句为氏，说明周初的须句就在东平、阳谷交界处。根据句监鼎的年代，很可能是周公东征后对须句设置的监官。

通过上述金文资料，"应监"、"鄂监"和"句监"都是在诸侯国设立监官。既有

①　潘祖荫：《攀古楼彝器款识》35，滂喜斋木刻本，1872 年。
②　杨宽：《西周史》，上海人民出版社，2016 年，第 416 页。

同姓诸侯的应国，也有异姓诸侯的鄂国和须句。这些诸侯国基本都在非常重要的战略要地，应国和须句是阻挡淮夷和东夷的门户，鄂国是抵御楚国的前沿阵地。根据鄂监篡可知，对诸侯国册命的监官同样可以为非姬姓贵族。

三、结　语

综上所述，西周时期的监国制度不仅施行于外服的诸侯国，还施行于内服的王畿采邑。从这些金文资料的时代来看，西周早期的有"应监"、"鄂监"、"句监"，西周中期的有"阑监"、"荣监"，西周晚期的还有"应监"。由此说明，监国制度作为周王朝统治的基本政治制度贯穿于整个西周时期。通过对诸监器年代学的分析，能够更好地理解西周监国制度的性质和内涵。

首先，西周时期的监国制度并不是"以国监国"的模式。应监甗、鄂监篡的年代均在康、昭之际，尚不能早到成王时期。这个时期的应公器、鄂侯器已经屡见不鲜，所以有学者认为诸侯是从诸监演变来的观点并不能成立。并且，根据作器对象有日名的情况，"鄂监"为父辛作器，"阑监"为父己作器，表明这些监官均为非姬姓贵族。因此，还有学者认为设置监官主要是监督殷遗民的观点也不能成立。

其次，西周时期的监国制度并不能等同于周初的"军监"。武王伐商后，在商王畿重要的军事战略要地设置据点，即邶、鄘、卫。传统观点认为三叔为"军监"，是管辖殷商旧都的军事长官。法国赛努奇博物馆收藏有西周中期的善鼎，铭文记"昔先王既令汝佐胥豢侯，今余唯肇申先王令，令汝佐胥豢侯，监豳师戍"（集成2820）。金文材料指出豢侯是豳地王师的最高长官，善是豢侯的佐官，负责监督豳师。结合清华简《系年》"商邑兴反，杀三监而立彔子耿"。"三监"应该是指管叔、蔡叔、霍叔的佐官，负责监督邶、鄘、卫三地的师戍。随着分封制度的出现，军监逐渐被监国制度所代替。《左传·僖公二十四年》记载："昔周公吊二叔之不咸，故封建亲戚以藩屏周。"在实行分封制的同时，通过"命卿"的方式对地方进行控制。无论是王畿地区的采邑，还是具有军事战略地位的诸侯国都设立监官。

最后，西周时期的监国制度是以命卿制度为根本。《礼记·王制》记载："大国三卿，皆命于天子，下大夫五人，上士二十七人。次国三卿，二卿命于天子，一卿命于其君，下大夫五人，上士二十七人。小国二卿，皆命于其君，下大夫五人，上士二十七人。"梁其钟铭文记"天子肩事梁其身邦君大正，用天子宠，蔑梁其历"（集成187）。杨宽认为"邦君"是畿内诸侯，"大正"是执掌司法的刑官。[①] 周王册命梁其为膳夫，其职官从邦君的大正升迁成为周王的近臣。豆闭篡铭文记"用俾乃祖考事，司窒俞邦君司马、弓、矢"（集成4276）。"窒俞"为邦名，豆闭管理邦君的军队和兵器

---

①　杨宽：《西周史》，上海人民出版社，2016年，第349页。

同样要受到周王的册命。由此说明，无论是王畿邦君，还是诸侯国君都有受到周王册命的卿大夫，并且这些属官能够在王官体系内得到升迁，体现了周王朝对地方的统治和管理。

2006 年 10 月完稿

2019 年 12 月修订

（原载《学术研究》第三辑，内蒙古大学出版社，2007 年）

"王卒左廩" 与齐国官营制陶业

上海博物馆收藏了一件有田齐陶文的豆柄（图 1），材质为泥质灰陶，残高 9.5 厘米，直径 4.7 厘米，重 246.7 克。豆柄有阴文九字"王卒左敀（廩）城圜榩里宝"，陶文呈竖长方形，外有印框，边框长度为 3.2×2.8 厘米。《左传·昭公三年》记载："齐旧四量，豆、区、釜、锺。四升为豆，各自其四，以登于釜，釜十则锺。"根据考古发现的实物资料，田齐量器自名的有"升"、"豆"、"区"、"釜"（图 2），"锺"尚未发现。"升"为杯形器，"豆"和"区"的形制非常接近，例如中国国家博物馆收藏有传临淄出土的公豆和公区 [①]。两者都是钵形器，但是容量大小不同。

图 1　上海博物馆收藏的陶量豆柄和铭文拓片

齐国私营制陶业的豆形器种类较多，可以分为三型（图 3），Ⅰ 型：高柄浅腹；Ⅱ 型：中粗柄，盘腹较深；Ⅲ 型：短柄深腹。山东省博物馆收藏有一件传临淄出土的豆柄 [②]（图 4），铭文为"王卒左敀城圜榩里五"，与上海博物馆收藏的这件豆柄形制和铭文款识相似。以往认为"王卒左敀"类的陶器是官府经营的陶业 [③]。近来又有学者认为这类陶器制作的比较粗糙，应该是民营产品 [④]。一般而言，私营制陶业的产品多为生活用器，少数可作量器。那么，"王卒左敀"类陶文的性质以及器物功能，就是本文所要讨论的内容。

---

① 国家计量总局：《中国古代度量衡图集》，文物出版社，1984 年，第 49—50 页。
② 徐在国：《新出齐陶文图录》第三册，学苑出版社，2015 年，第 536—537 页。
③ 高明：《从临淄陶文看乡里制陶业》，《高明论著选集》，科学出版社，2001 年，第 259 页。
④ 许淑珍：《临淄齐国故城新出土陶文》，《考古与文物》2003 年 4 期。

图 2　"田齐"陶文自名的量器（1.升　2.豆　3.区　4.釜）

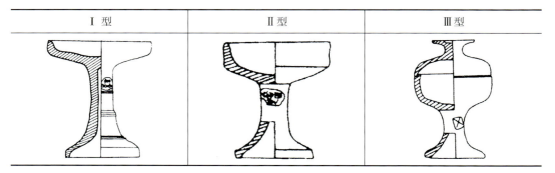

图 3　"田齐"私营陶豆的类型

图 4　山东省博物馆收藏的陶量豆柄和铭文拓片

图 5　北京文雅堂收藏的陶印和印文

　　齐国陶文多有钤印文字的习惯，戳印的位置大部分施于器物明显的部位。印面款式类型多样，官营印文多为较大的长方形，私营的各种形式均有。迄今发现的许多玺印与陶文正好契合，印材有青铜质也有陶质。例如北京文雅堂收藏有一件"蒦圆南里𫟼"陶印 ①（图 5），这样完整的陶印十分少见，与之印文相同的陶文不乏其例。上海博物馆所藏陶文的款识还见于《古陶文汇编》（以下简称陶汇）3.500、3.501，旧释文作"王卒左敀城圆梼里宝"。

一、关于"王卒"的考释

　　"王卒"，学者们普遍认为是与军事性质有关，应该是陶工的一种身份。杨宽先生指出"齐国陶器铭文，陶工在自己籍贯、姓氏之前有称'王卒左敀'、'王卒右敀'说明这些陶工是以王卒的身份参与制陶官营手工业的"。② 孙敬明先生认为"王卒"是陶器制造者的身份之称，"陶工有双重身份，既是军队的'王卒'，又是陶器的直接制造者，平时生产，战时从戎"。③ 两位学者基本都认同有"王卒"陶文的为官营产品。许淑珍先生提出了与之不同的看法，根据临淄故城发现的陶器，认为其制作多粗糙，是

---

　　①　孙慰祖：《历代玺印断代标准品图鉴》，吉林美术出版社，2010 年，第 6 页。

　　②　杨宽：《战国史》，上海人民出版社，1998 年，第 108 页。

　　③　孙敬明：《齐陶新探（附：益都藏陶）》，《古文字研究》第十四辑，中华书局，1986 年，第 227—228 页。

民营产品。"王卒"表明制陶业主具有可以从军打仗的身份。① 李零先生也同意"王卒"大概是一种带有军事性质的编制。②

根据《国语·齐语》记载管仲之言："昔者圣王之治天下也，参其国而伍其鄙，定民之居，成民之事。"韦昭注："国，郊以内也。鄙，郊以外也。谓三分国都以为三军，五分其鄙以为五属。"《齐语》又云：

> 管子于是制国以为二十一乡、工商之乡六，士乡十五，公帅五乡焉，国子帅五乡焉，高子帅五乡焉。参国起案，以为三官，臣立三宰，工立三族，市立三乡，泽立三虞，山立三衡……五家为轨，轨为之长；十轨为里，里有司；四里为连，连为之长；十连为乡，乡有良人焉。以为军令：五家为轨，故五人为伍，轨长帅之；十轨为里，故五十人为小戎，里有司帅之；四里为连，故二百人为卒，连长帅之；十连为乡，故二千人为旅，乡良人帅之；五乡一帅，故万人为一军，五乡之帅帅之。
>
> 制鄙三十家为邑，邑有司；十邑为卒，卒有卒帅；十卒为乡，乡有乡帅；三乡为县，县有县帅；十县为属，属有大夫。五属，故立五大夫，各使治一属焉；立五正，各使听一属焉。是故正之政听属，牧政听县，下政听乡。

《管子·小匡》与《国语·齐语》的记载大体相同。齐国实行编户齐民的政策，国、鄙各成体系，无论任何区域都有生产和军事职能，是军政合一的体制。《国语·齐语》有："公帅五乡，国子帅五乡，高子帅五乡。"《管子·小匡》记有"公帅十一乡，高子帅五乡，国子帅五乡，参国故为三军"，又有"三军，故有中军之鼓，有高子之鼓，有国子之鼓"。由此可知，有一部分乡邑和军队是属于齐国君直接领导，这种情况到战国时期依然如此。《古玺汇编》（以下简称玺汇）63"王卒右司马鉌"，吴振武先生进行过考证③，"王卒"是齐王的直系部队。金文中还有"郾王职作黄卒鈇"（集成11517）、"中阳，卒人"（集成11494）、"公孚里雁之大夫披之卒"（集成11402）等，燕王的直系部队为"黄（广）卒"，县、邑大夫皆有兵卒。

陶文中表示身份的还有"王孙"，比如"王孙陈棱立事岁左里敀京区"（陶汇3.13）。由于齐国公室和卿士通常聚族而居，世代相沿。随着居地规模的不断扩大，这种身份氏称逐渐成为地名。《左传·襄公二十五年》有"士孙之里"，《陶文图录》（以

---

① 许淑珍：《临淄齐国故城新出土陶文》，《考古与文物》2003年4期。

② 李零：《齐、燕、邿、滕陶文的分类与题铭格式》，《新编全本季木藏陶》，中华书局，1998年，第5页。

③ 吴振武：《古文字中的借笔字》，《古文字研究》第二十辑，中华书局，2000年，第335页。

图 6 临淄齐故城遗址博物馆收藏的王卒粞陶量和铭文

下简称陶录）3.285.1 有"□王孙□里"。此外还有"孟棠（尝）陶里"（陶汇 3.425）、"子裴子里"（陶录 2.543.1）等。《战国策·齐策》中苏秦称齐国"带甲数十万……不待发于远县，而临淄之卒固以二十一万矣"。在临淄城周边有齐王直属部队的驻地，并且规模还不小。陶文有"王卒左乡城圙中岳里人曰得"（陶汇 3.497），传世有两件"城阳辛城里戈"（集成 11154、11155）。"城阳"是齐王直属部队的驻地，其地望大致有两处。《战国策·齐策》云："燕人兴师而袭齐墟，王走而之城阳之山中。"鲍本注："城阳，兖州国，莒其县也。"在临淄故城附近出土不少戳记有"城圙"的陶文，孙敬明认为其地在临淄城东四十里，今益都县"臧台城"。① 可以推测"王卒"可能为军事单位，类似于今天所说的军区，凡是王卒驻地皆可称之。

1965 年北京大学考古队在临淄齐故城内阚家寨发现有陶文"王粞"的量升，在临淄齐故城遗址博物馆还收藏有一件"王卒粞"的单甇量升 ②（图 6）。无论是量名前的"王"，还是"王卒"之"王"，字形上均有一点写作"𠂤"，这是田齐"王"字的标准写法。陈璋壶"惟王五年"（集成 9703），梁伯可忌豆"唯王正月"（近出 453）均是如此。"王 + 量名"可能是"王卒 + 量名"的省称，表明这是具有官方标准的量器，并且实际制造者可能是私营制陶业者。陶文中还有"公 + 量名"，通过两者的比较显示量器的性质应是相同的，例如：

（1）王豆，中蒦阳人王莽　　　　　　（陶录 2.42.1）

（2）王豆，丘　　　　　　　　　　　（陶录 2.43.3）

---

① 孙敬明：《考古发现与战国齐兵器研究》，《考古发现与齐史类征》，齐鲁书社，2006 年，第 158 页。

② 魏成敏、朱玉德：《山东临淄新发现的战国齐量》，《考古》1996 年 4 期。

（3）王豆，豆里郭□　　　　　　　　　　（陶录 2.39.4）

（4）王釜，豆里郭□　　　　　　　　　　（陶录 2.46.2）

（5）公区，蒦阳镡里人邑　　　　　　　　（陶录 2.38.1）

（6）公区，大蒦阳寿所□　　　　　　　　（陶录 2.37.1）

（7）公豆，大蒦阳寿所□　　　　　　　　（陶录 2.39.2）

（8）公釜，大蒦阳寿所□　　　　　　　　（陶录 2.40.1）

（9）公釜，蒦阳镡里人邑　　　　　　　　（陶录 2.40.2）

这些陶文均有两处戳印的文字，一处为"王 + 量名"或"公 + 量名"，是官方标准的量器；另一处为"制造地 + 制造者"，例如（5）例陶文（图 7）。再试看下面几类陶文：

（1）……左里敀　　　　　　　　　　　　（陶录 2.24.1）

（2）陈向立事岁淄之王釜　　　　　　　　（陶汇 3.5）

（3）脖之公豆　　　　　　　　　　　　　（陶录 2.292.4）

（4）平陵陈得邞宫王釜①　　　　　　　　（陶录 2.14.1）

（1）例陶文同样是一器双印（图 8），"左里敀（廪）"属于监造机构。（2）、（3）、（4）例陶文的"淄"、"脖"、"邞宫"为王量或公量的使用地。陶文中有"淄京"（陶汇 3.687）、"临淄京升"（陶汇 3.688）、"临淄市"（陶汇 3.689）。《史记·仲尼弟子列传》记载："宰我为临淄大夫，与田常作乱，以夷其族，孔子耻之。"临淄大夫为一县之

图 7　《陶文图录》2.38.1 公区　　　　　　　图 8　《陶文图录》2.24.1 左里廪

---

①　李学勤：《燕齐陶文丛论》，《上海博物馆集刊》第六期，上海古籍出版社，1992 年。文中提及还有多例"一器双印"，例如"平门内陈赏左里敀市京区，邞宫市节"、"疤尚陈得再左里敀京豆，鄩市师玺"、"平陵陈得邞宫王釜，鄩市师玺"、"昌橺陈固南左里敀京区，左廪涌玺"，但是陶汇、陶录等著作均未收入拓片，怀疑是否"一器双印"，本文暂不讨论。

图 9　山东临淄刘家庄出土的青铜量和铭文拓片

长，春秋末期临淄城已经设县。"邳邑"的"邑"陶文作"🜨"，旧释作"怨"。又有陶文"邳邑市节"（陶录 2.39.2），"邑"字陶文作"🜨"，旧释作"苑"字，读为"馆"。李家浩先生考证"邑"字有"苑"音，"苑"、"怨"古音相近，上博简《缁衣》的"邑"字可以假借为"怨"。① 《玺印汇考》（以下简称玺考）有"辛邑□市"（玺考 59）、"南邑"（玺考 52），陶文有"辛邑🜨市"（陶汇 3.710）、"南邑左敀"（陶录 2.23.3）。1992 年在临淄区永流乡刘家庄发现两件青铜量②（图 9），柄右侧的腹部刻铭有"棗邑乡郏里"。"棗邑"的陶文以往也有著录，如"棗乡新里"（陶汇 3.678）、"棗邑乡贰里"（陶汇 3.679）等，"某邑"可能指乡一级的行政单位。

　　王量和公量的不同名称可能反映了使用时间的差异。田太公代齐后，直到齐威王、宣王、愍王开始称王。从量器的容量来看，这两种量器实际上是不一样的。公豆和公区自成体系，容量较大，与官方量器存在明显的差别。③ 例如，中国国家博物馆收藏的公豆约容 1275 毫升，比临淄出土的官方量豆平均容 1024 毫升几乎大了 1 升。④ 《史记·田敬仲完世家》记载田常子"以大斗出贷，以小斗收"，为了收买人心而采用自制大量出贷，而以较小的官量进行收贷。文献记载与实物资料可以互证，公量和王量都是官方性质的量器。许淑珍先生认为临淄河崖头出土的"王卒左敀"陶文豆柄制造得粗糙不堪，相反诸城藏家庄战国墓出土的"公"字豆以及临淄桐林村出土的"国"字豆制作精良，形成了鲜明的对比。造成这种情况的原因是齐国官营制陶业实行官方监造、地方生产的模式。齐国量器的标准统一为国家制定，一般由官府陶业进行制造，也允许个别私营作坊进行生产，但是必须有官方监造机构的钤印，所以会导致产品质量不一的情况。

---

① 李家浩：《战国文字中的"邑"字》，《出土文献与古文字研究》第六辑，上海古籍出版社，2015 年，第 252 页。

② 魏成敏、朱玉德：《山东临淄新发现的战国齐量》，《考古》1996 年 4 期。

③ 山东大学历史文化学院考古学系、山东博物馆、新泰市博物馆：《新泰出土田齐陶文》，文物出版社，2014 年，第 291 页。

④ 战国田齐量器 5 升 =1 豆，1 升平均值为 205.7 毫升，公豆约合 6 升。

二、关于"左敀"的考释

长期以来"敀"字的考释聚讼纷纭,有几家影响较大的观点:

第一种,释𣪊。朱德熙先生读为"廄",即厩,畜养牛马的牲口舍。廄舍需要用量器,标记此字说明此量器属于某廄舍。[①] 孙敬明先生读为"轨",引用文献《国语·齐语》、《管子·小匡》,认为是一种官职名,与文献中的"轨长"合证。[②]

第二种,释敀。最早主张的有丁佛言、顾廷龙、罗福颐等人,认为大约是当时一种地方军事编制。[③] 李学勤先生认为是《说文》的"敀",一种军事性的编制受司马管辖,"左右敀"即《管子·轻重戊》中的"左右伯",并说明这种制度在战国时代不但设于中央政府,而且也设于都邑和鄙、部;[④] 李先生后有订正,读为"搏埴"之"搏",义为陶工之长。[⑤] 高明先生认为其同于伯,为主事之官,"王卒左敀"则代表王国官吏的名称。[⑥] 魏成敏先生认为"某里敀"为负责量器校正制造,"敀"有可能为里的行政管理机构或其长官。[⑦] 李零先生根据齐国玺印认为"敀"可能是守城之吏的佐官,而且这个字在燕国陶文中也有出现,推测可能表示的是主管制陶工师的助手。[⑧]

第三种,释敋。曹锦炎先生认为"敋"司职量器制造,即《周礼·冬官·考工记》"㮚氏"。"敋"既是量器制造机构,其职官也称"敋",标识以"敋"的量器表明是属于某地的"敋"所造,但是职位较低,为设置在里一级的行政单位。[⑨]

陶文"敀"字写作"🖎"(陶录 2.11.1)或"🖎"(陶录 2.297.3),高明先生曾经著文详细考证并非"𣪊"字,无可争辩。[⑩] 从文献的角度考察,"五家为轨、十轨为里",

① 朱德熙:《战国文字中所见有关廄的资料》,《古文字学论集》,香港中文大学,1983 年;《战国文字资料里所见的廄》,《出土文献研究》(一),文物出版社,1985 年,第 244—249 页。

② 孙敬明:《齐都陶文丛考》,《考古发现与齐史类征》,齐鲁书社,2006 年,第 69—85 页。

③ 丁佛言:《说文古籀补补》卷十二;顾廷龙:《古陶文舂录》卷十二;罗福颐:《古玺文编》卷三。

④ 李学勤:《战国题铭概述(上)》,《文物》1959 年 7 期。

⑤ 李学勤:《燕齐陶文丛论》,《上海博物馆集刊》第六期,上海古籍出版社,1992 年,第 170—173 页。

⑥ 高明:《从临淄陶文看乡里制陶业》,《古文字研究》第十九辑,中华书局,1992 年,第 304—321 页。

⑦ 魏成敏、朱玉德:《山东临淄新发现的战国齐量》,《考古》1996 年 4 期。

⑧ 李零:《齐、燕、邾、滕陶文的分类与题铭格式》,《新编全本季木藏陶》,中华书局,1998 年,第 10 页。

⑨ 曹锦炎:《释战国陶文中的"敋"》,《考古》1984 年 1 期。

⑩ 高明:《说"鋻"及其相关问题》,《考古》1996 年 3 期。

"轨"的行政级别小于"里"。下面通过一组陶文辞例来说明：

（1）左里啟 　　　　　　　　　　　　（陶录 2.24.1）
（2）王啟芦里得 　　　　　　　　　　（陶录 2.305.2）
（3）王孙陈棱立事岁左里啟京区 　　　（陶汇 3.13）
（4）王卒左啟□圈楼里宝 　　　　　　（陶录 2.297.3）

"啟"若代表一级行政单位，只有（1）例和（3）例是在"里"之后。但是这两条辞例中的"里"、"啟"连缀，后者明显不是表示行政单位。

曹锦炎先生敏锐的观察到"白"字在战国文字中的特征，指出"没有一例在上部向右伸出一横画，中间省略"的情况。并且，对这个字是机构名的认识还是相当准确的。但是他以甲骨文和西周早期金文字形作为释字的依据，论证稍显单薄，尤其是忽略了战国时期陶文和玺印文字的特殊性。这个时期各个国家的文字都有不同程度的地域特征，因此对于文字的考释应当从本系统的文字谱系中寻求变化的规律。

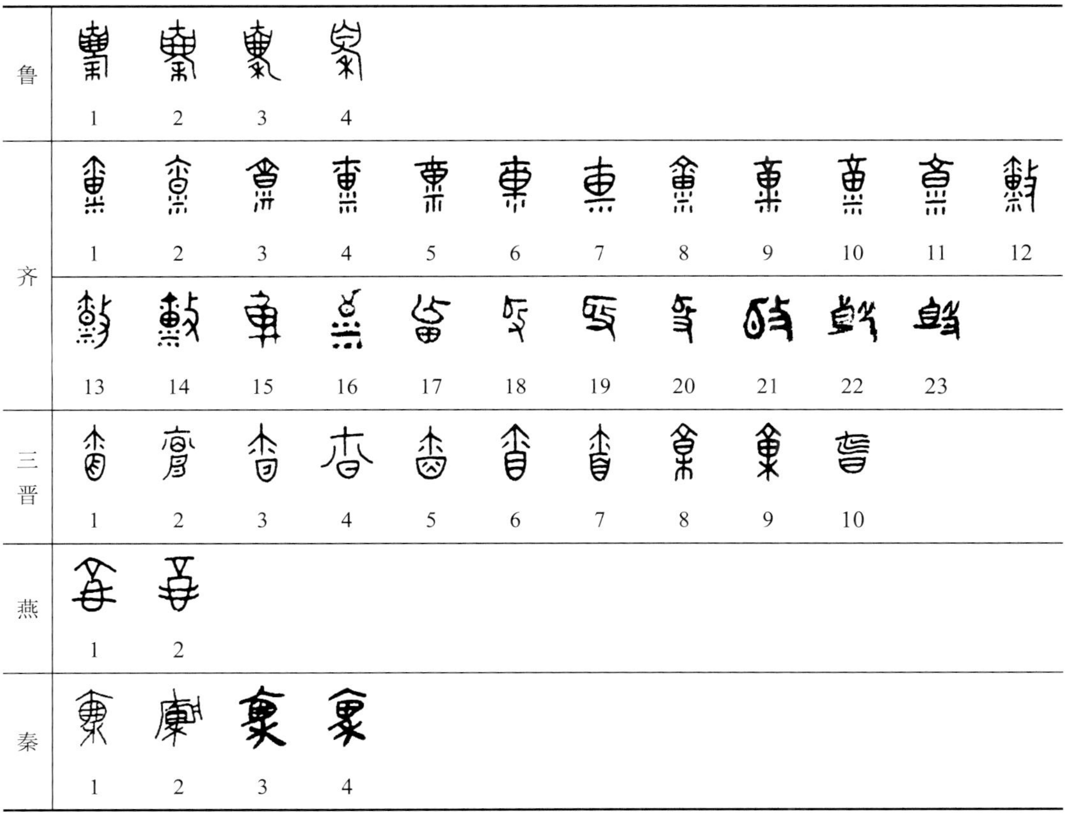

图 10　战国时期各国文字系统的"廩"字

　　通过字形和辞例分析，"左敀"应当释作"左廪"。从陶文字形来看，"廪"字在齐系文字中有明确的字形。吴振武先生梳理过战国时期六国文字中的"廪"字①，这些文字均有一定的地域性特点，齐国的"廪"字书体尤为多样。《说文》："亩，谷所振入，宗庙粢盛，仓黄亩而取之，故谓之亩。从入，回象屋形中有户牖。……廪，亩或从广从禾。""亩"字为仓亩之象形，金文加禾、米、木等义符，表示这是堆禾、米、木用的。员方鼎的"廪"字写作"䆖"（集成 2695）、免簋写作"䆞"（集成 4626），字形均可从"攴"形。

　　从东周时期各个诸侯国文字系统来看（图 10），鲁国的"廪"字从亩从广从禾，但是齐国标准的"廪"字从米，三晋从木，均有不同。并且，鲁国"亩"字的中间写法比较繁复，一般是作"䆐"，有的中间省略成一横画作"䆑"。齐国的多作"田"字形，写作"䆒"，也有中间省略为一点或一横画，分别作"䆓"和"䆔"。齐国 1—15 例是标准字形，12—14 例的"廪"字从"攴"，这个特点也不见于其他国家。18—23 例是以往诸多学者所认为的"敀"，那么通过 15—17 例，可以将这些标准字形和异体字形联系起来。

　　其一，齐国 15 例陶文"陈固右廪京釜"（陶录 2.7.1）的"廪"字上部写作"⌐"，当是"介"、"佘"、"亼"、"⟡"诸形的省笔，其特点与齐国 16—23 例的字形结构相似。这种书体是玺印文字的一种特征，笔画弯曲往往是出于章法布局的需要。例如三晋 10 例的"䆕"形，同样是三晋 4 例"木"形的一种变形。右廪宫鼎的"廪"写作"䆖"（集成 2307），左边类似于"白"的部分也是向右伸出一横画。齐国 15 例"廪"字下部从米的部分省略写成"䆗"，类似的还有"䆘"和"䆙"等，基本都是一横下有三点。齐国 22—23 例的"亩"字下部有一横画，也是从米的省笔，中间作"两横"的特点与三晋 6—7 例相似。这些字形特点和变化情况说明此字释作"敀"是不对的。

　　其二，齐国 17 例陶文（图 11）"左廪湧玺"（陶录 2.23.2）与 14 例陶文（图 12）"左廪湧玺"（陶录 2.23.1）正好是对文。这个发现有助于我们对"廪"字异形书体的认识。齐国 16 例"廪"字从⌐从田，"⌐"与齐国 17—20 例的"⌐"、"δ"构形基本相同。齐国 14 例"廪"字从亩从米从攴，"⌐"隶定为"亩"，字形中间多作省略。"亩"中间写成一点与齐国 13 例和 16 例相同。16 例从米，17 例从田，两者亦是相通。由此来看，齐国 15—23 例是"廪"字的异形书体，"䆚"字就是从亩从攴的"敀"，读作"廪"。《周礼·地官·廪人》："掌九谷之数。"郑注："藏米曰廪，藏谷曰仓。"《国语·周语》"廪协出"，韦昭注："廪人掌九谷出用之数。"说明廪人是负责粮库收纳的管理人员，量器是不可或缺的工具。通过齐国陶文、玺印和金文可知，"廪"的设置地点遍及各个县邑，"左廪"或"右廪"表明的是官方量器的监造机构。

　　其三，《陶文图录》2.24.4"右里廪㽅"（图 13）的"㽅"字有借笔现象，可知"⌐"

---

　　①　吴振武：《战国"亩（廪）"字考察》，《考古与文物》1984 年 4 期。

图 11　《陶文图录》2.23.2 左廪湧玺　　　　图 12　《陶文图录》2.23.1 左廪湧玺

图 13　《陶文图录》2.24.4　　图 14　《殷周金文集成》10367　　图 15　《山东金文集成》740.2
　　　右里廪鋻　　　　　　　　　　右里廪鋻　　　　　　　　　　右里廪鋻

形书体应为省形。陶文"鋻"字写作"鋻"，裴锡圭先生释作"节"，并且注意到"'鋻'字所从的'口'，位置恰好写的特别高，很容易被人看成上面的'敢'字的下部"。① 中国国家博物馆收藏的右里廪鋻量（图 14），原为陈介祺旧藏，铭文有规范的田字格，"敢"字下部从口。1991 年山东临淄区梧台镇东齐家庄窖藏出土的右里廪鋻量②（图 15），"敢"字的口形完全下移省略。由此来看，陶文"敢"与"鋻"存在共用口形的现象，这个口形可能也是"廪"字从田的一种异构情况。类似的辞例还有"左廪之玺"（玺汇 227）、"敢（廪）玺"（玺汇 345）等，表明这种监造机构是有相应的官职。

　　从陶文辞例来看，"左敢"与"左廪"的语法结构以及所在位置的意义都是相同的，通过下面三组辞例比较说明。

　　第一组：陶文比较

① 裴锡圭：《战国文字中的"市"》，《考古学报》1980 年 3 期，第 290 页。

② 魏成敏、朱玉德：《山东临淄新发现的战国齐量》，《考古》1996 年 4 期。

（1）陈固立左敀（廪）釜　　　　　　（陶汇 3.30）
　　　陈固右廪京釜　　　　　　　　　（陶汇 3.31）
（2）句华门陈棱再鄙廪均京釜节　　　（陶录 2.7.2）
　　　王孙陈棱右敀（廪）均京区　　　（陶汇 3.16）
（3）陈棱左敀（廪）京釜　　　　　　（陶汇 3.14）
　　　陈和忎左廪　　　　　　　　　　（陶录 2.17.1）
　　　陈醢左廪釜　　　　　　　　　　（陶录 2.16.1）
　　　陈槫三立事岁右廪釜　　　　　　（陶录 2.17.2）

　　（1）例的"立"为"立事岁"的省称，这在陶文辞例中非常普遍。同样，（2）例的"再"、（3）例的"三"都是"再立事"、"叁立事"的省称。根据文献记载战国时期督造器物的职官称"工正"，《左传·庄公二十二年》载陈公子完奔齐，齐侯"使为工正"，杜注："工正，掌百工之官。"《左传·文公十年》"（楚）王使（子西）为工尹"，杜注："掌百工之官。"楚人称"工尹"，金文有大工尹（集成 11576）、右工尹（集成 11919）、左大尹（集成 11923）等等。工正掌管手工业，其中一项工作就是负责度量衡的制造。《左传·昭公十七年》："五雉为五工正，利器用，正度量，夷民者也。"孔疏："以雉名工正之官，使其利便民之器，用正丈尺之度斗斛之量，所以平均下民也。"

　　齐系文字尚未发现"工正"之称，那么立事者可能就是齐国主管国家手工业生产的工正。"釜"、"区"为量器名，前面冠以"京"。这个字过去旧释为"亳"、"亭"，赵平安先生释作"京"[①]，可从之。京为谷仓，《广雅·释宫》："京，仓也。"王念孙疏证引《说文》："圜谓之囷，方谓之京。"《管子·轻重丁》"有新成囷京者二家"，尹知章注："大囷曰京。"《史记·扁鹊仓公列传》"黄氏诸倩见建家京下方石，即弄之"，裴骃集解引徐广曰："京者，仓廪之属也。""王区"表示的是量器的性质，"京区"则是表示量器的用途，一般用于仓廪。（1）例"左敀"和"右廪"，（2）例"鄙廪"和"右敀"以及（3）例均为对文，固定的词义非常明确。这些陶文辞例作"左（右）廪＋量名"的格式，"京"是修饰量名，指示用途。

　　第二组：陶文与玺印比较

　　（1）陈喜立事岁平陵廪釜　　　　　（陶汇 3.39）
　　　　闾间陈得平陵县廪豆宿载所为　（陶汇 3.41）
　　　　平陵县左廪玺　　　　　　　　（玺考 46）

---

① 赵平安：《"京"、"亭"考辨》，《复旦学报》（社会科学版）2013 年 4 期。

（2）平阿左廩　　　　　　　　　　（玺汇 313）

　　〓乡右敀（廩）　　　　　　　　（玺汇 196）

　　〓俟左敀（廩）　　　　　　　　（玺汇 195）

　　（1）例的"平陵"见于《银雀山汉墓竹简·孙膑兵法·擒庞涓》："田忌曰：'若不救卫，将何为？'孙子曰：'请南攻平陵。平陵其城小而县大，人众甲兵盛。'"可知平陵县城的规模虽小，但是辖区范围较大，人数众多。玺印的"左廩"为监造机构的官职，陶文的"平陵廩"和"平陵县廩"均是量器的监造机构。（2）例的"平阿"见于《吕氏春秋·离俗》"齐晋相与战，平阿之余子亡戟得矛"，高诱注："平阿，齐邑。""平阿"、"〓乡"和"〓俟"均是地名，这些辞例为"地名＋左（右）廩"的格式。

　　第三组：陶文与金文比较：

　　（1）平阳左库戈　　　　　　　　（集成 11017）

　　平陆左戟　　　　　　　　　　　（集成 11056）

　　昌城右戈　　　　　　　　　　　（集成 10998）

　　（2）句华门陈棱再鄗廩均京釜节　（陶录 2.7.2）

　　王孙陈棱右敀（廩）均京区　　　（陶汇 3.16）

　　齐城右造车戟冶朡　　　　　　　（集成 11815）

　　平阿左造徒戟　　　　　　　　　（集成 11158）

　　齐地出土的兵器辞例主要是"地名＋左（右）库＋兵器名"。"库"是兵器铸造的机构，又是储藏兵器的地方，其性质与"廩"相同。（1）例的"左"或"右"为"左库"、"右库"之省。（2）例的"均"，或写作"勼"，战国文字从土、从立实为同字。李学勤先生认为，此字训为匠，"敀均"即"敀"的繁称，意为制陶匠师。①《说文·立部》："勼，健也，一曰匠也。"《方言》、《广雅·释诂》"勼，治也"，又有"勼，巧也"。《小尔雅·广诂》："攻、为、话、相、旬、宰、营、匠，治也。""匠"可训为"治"，"勼"、"均"应为"攻治"的意思，与金文的"造"同义。"车戟"、"徒戟"表示的是车兵、徒兵所用的武器，与"京釜"、"京区"表示用途的格式类似。因此，"右廩"和"右库"实际是量器和兵器的铸造机构或者监造机构，辞例的格式为"机构名＋均（造）＋用途＋器名"。

　　以往有学者使用燕国陶文来研究"左敀"的含义和性质，这里需要澄清一下。首

---

　　①　李学勤：《燕齐陶文丛论》，《上海博物馆集刊》第六期，上海古籍出版社，1992 年，第 170—173 页。

先认为"左敀"是助手或佐官的看法，并不符合金文惯例。中国国家博物馆收藏的陈介祺旧藏两件铜量为铸铭，临淄区梧台乡东齐家庄出土的两件铜量为刻铭，两者铭文相同。这种铭文既非工尹，又非工匠，若所署的是佐官之印，显然不合常理。燕国金文有直署工尹的"右攻尹"（集成 11919），或者署名工尹和工匠的"郾王詈授行仪镁，右攻尹青，其攻竖"（集成 11350）等，均未发现单署工师佐官的情况。战国晚期韩国的盛季壶铭文为"郑右廪，盛季壶"（集成 9575），"郑右廪"与"右里敀（廪）"同是前缀地名的机构名。

其次，燕系陶文有"左陶尹记疋器瑞，左陶佴汤敀国，左陶攻敢"（陶汇 4.7），"右陶尹记疋器瑞，佴断敀贷，右陶攻汤"（燕下都 377）等。"陶攻某"犹如齐系陶文的"陶者某"，是陶器的直接制造者。首称有高级官吏的"陶尹"，中层官吏的"陶佴"以及"陶佴"的佐官"敀"，还有制造者"陶攻"，显示了完整的三级督造制度。其中"敀"在陶文中写作"𡥀"（陶汇 4.1）、"𡥀"（陶汇 4.2）、"𡥀"（陶汇 4.3）诸形，完全没有齐系"亯"字向右伸出一横画的写法。这种文字释作"敀"应该是没有问题的，但是不能与齐系文字的"廪"相混淆。

再次，齐系文字玺印有"司马敀（廪）玺"（玺汇 34）、"左司马敀（廪）"（玺汇 38）、"右司马敀（廪）"（玺汇 40）、"敝陵右司马敀（廪）玺"（玺考 37）等等，"司马"与"敀（廪）"连缀的辞例可以参考"左中库司马"（玺汇 47）。后者表明是齐国管理左库和中库的司马用印，"库"是兵器制造和收藏的场所，具有非常重要的军事功能。同样，仓廪对于国家生计保障、征战养备也非常重要。根据文献记载宋国和鲁国工正是司马的属官，《左传·襄公九年》"使皇郧（宋国司马）命校正出马，工正出车"，杜注："工正主车。"孔疏："是诸侯之官司马之属有工正，主车也。"《左传·昭公四年》记有"夫子为司马，与工正书服"，杜注："谓叔孙也，服，车服之器，工正所书。"齐国的重镇一般都是武库和粮库并存的，同时也设有司马之官进行管理。下属的工正及其机构还有统兵的权利，例如《左传·昭公二十七年》有"工尹寿帅师至于潜"，金文有左廪戈（集成 10930）等。

《古陶文汇编》收录"王卒"陶文 13 例，《陶文图录》收录有 55 例，仅有 1 例是"王卒左乡"，其余均为"王卒左敀（廪）"，还有一些陶文作"王敀（廪）"。从文字构形来看，"王卒左敀"的"敀"作"𡥀"（陶录 2.11.1），"王敀"的"敀"作"𡥀"（陶录 2.305.2），两者稍有差异。从陶文辞例来看，"王敀"后缀仅有"芦里"。"王卒左敀"后缀的有"城圜梓里"、"囗圜北里"、"昌里"。通过两例陶文"王卒左圜芦里囗"（陶录 2.700.1、2.700.2），说明"王敀"是省文，与"王卒左敀"的性质相同。"敀"的书体不同，一方面表明齐系文字有很强的异构性，另一方面说明这种特征仅存在于各自的辞例系统中，所以才有标准字形和特殊字形。

临淄城周边分布着比较密集的私营制陶作坊，以家族为单位的作坊组织形式世代相传。有学者通过考古调查认为官营制陶作坊分布在大城西及西北郊，民营作坊分布在淄河两岸孙板村、东周傅与西周傅之间以及大城西南谢家庄附近 ①（图16）。从"左敀"类陶文的发现来看，相对于其他陶文在临淄故城出土的情况，数量还是相当少的。有明确出土信息和数量的大致有三处：其一，临淄阚家寨出土，例如有"王卒左敀（廩）□圀北里五"（QTW：41）；其二，临淄河崖头出土，例如有"王卒左敀（廩）城圀榗里宝"（QTW：1）、"王卒左敀（廩）城圀榗里五"（QTW：197）；其三，临淄城内采集，例如有"王卒左敀（廩）城圀榗里宝"（QTW：73）、"王卒左敀（廩）城圀榗里宝"（临采：048）。

　　陶文中的省文现象比较普遍，"左"、"左敀"实际就是"左里敀"的省称。试看下面几组辞例：

　　　　（1）陈道立事左釜（陶汇3.3）
　　　　（2）陈棱左敀京区（陶汇3.14）
　　　　（3）王孙陈棱立事岁左里敀京区（陶汇3.13）
　　　　（4）王敀芦里得（陶汇3.510）
　　　　（5）王卒左敀城圀榗里宝（陶汇3.500）

　　陶文还有"蒦圆圀芦左里敀□豆"（陶汇3.321）、"丘齐辛陶左里敀京区"（陶汇3.619），似乎表明"左里敀"并非仅有一处。但是通过陶文辞例的比较，有几点特殊现象值得重视：其一，"蒦圆圀芦"不见于"蒦圆"类的陶文，"圀芦"仅见于"王卒左圀芦里□"（陶录2.700.1、2.700.2）。其二，"丘齐辛陶"的"辛陶"仅见于"左南郭乡"类陶文，"丘齐"类陶文只出现有"丘齐辛里"（陶汇3.621）和"丘齐乡陶里"（陶汇3.328）两类。"蒦圆"与"王卒"并无直属的行政关系，陶文辞例明确指出"蒦圆"的上级行政单位是"繇乡"。所以，"蒦圆圀芦"、"丘齐辛陶"均为行政单位，"王卒"应为军事单位。"王卒左敀"是官方量器的监造机构，可以监管多个行政单位的私营制陶业。

　　"左里敀"并非某地之"左里"。"王孙陈棱立事岁左里敀京区"（陶汇3.13），"疤尚陈得再左里敀京豆"（陶汇3.26）等，"左里"前均无地名。"昌檽陈固南左里敀京豆"（陶汇3.28），"昌檽陈固北左里敀京豆"（陶汇3.38）等，"左里"可分南、北。因此，"蒦圆圀芦左里敀"断句为"蒦圆、圀芦，左里敀"，"圀芦"前省略一字，可能为"城圀芦"。同样，"丘齐辛陶左里敀"断读为"丘齐辛、陶，左里敀"，实际是"丘齐辛里、陶里"，"左里敀"为监造机构。

　　还有相关陶文辞例可以印证上述的推论，例如：

　　① 孙敬明：《从陶文看战国时期齐都近郊之制陶手工业》，《考古发现与齐史类征》，齐鲁书社，2006年，第36—52页。

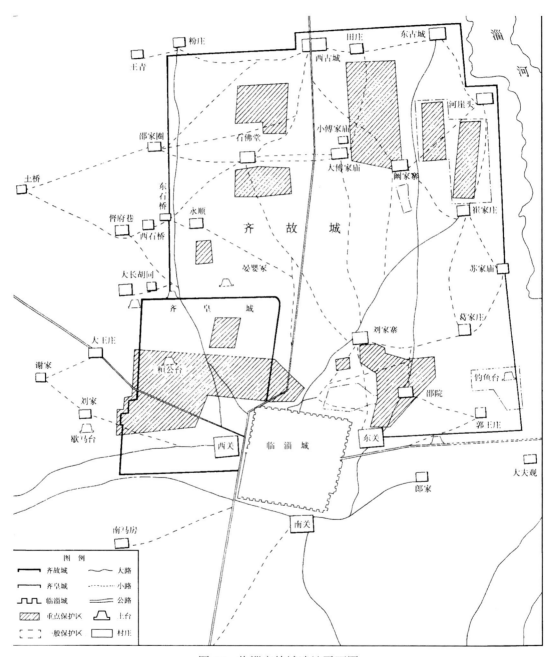

图 16　临淄齐故城遗址平面图

　　（1）右敀𦿆乡尚毕里季𦖋（陶汇 3.673）
　　（2）右敀𦿆乡荣里□众□（陶汇 3.675）

（1）例和（2）例的"右敀"与"左敀"是对应关系，"右敀"也是属于"王卒"系统。"右敀𦿆乡尚毕里"应该断读为"右敀，𦿆乡尚毕里"，与"王卒左，乡城圂中岳里人曰得"（陶汇 3.497）的辞例相同。可知，"右敀"负责监造的有"𦿆乡尚毕里"和"𦿆乡荣里"两个地方。

三、结　语

　　综上所述，对于战国文字的研究要通过分区分域的方法，探求文字因地域变化而形成的差异。尤其是陶文，往往有着较多的地方特色和发展缓慢的"惰性"特征。通过对字形的分析和辞例的比较，以往释作"王卒左敀"，应当释作"王卒左廩"。这是齐国量器的监造机构，同时也担负着监督私营制陶业生产国家统一标准量器的任务。

　　齐国对量器的生产管理十分严格，通过陶文辞例可以看到官营制陶业有两种模式。一种是官方直接制造的模式。"公"、"王"、"国"字印款的陶文均是如此，没有工匠的市籍和姓名。这类的陶量一般制作比较精良，量器名称前缀有"某"、"廩"或"市"，表示量器的性质或置用场所。传世文献称廩人掌管粮食出纳，量器是其不可或缺的工具。子禾子釜和陈纯釜铭文中都有"节于廩釜"（集成 10371），这里的"廩釜"代表的是官方法定之标准釜，也说明"廩"这个机构具有量器核准和管理职能。另一种是由官方监造，地方生产的模式。"王卒左廩＋某里某"的格式与私营制陶业的"某里某"基本相同，表示制造者的市籍和姓名。"王卒左廩"是官方监造的一个重要标识，"某廩"印章钤印在量具上，表明有监督、核准量具的职责。

　　战国时期迅速发展起来的私营手工业，冲破了"工商食官"的格局。王恩田先生通过对齐国陶文的分类整理发现，"民营制陶作坊中生产豆的场家集中在豆里、城阳等十一个乡里之内。生产鐕的场家则集中在陶乡、蒉阳等另外的七个乡里之内。而钵则基本上都是楚郭乡、关里生产的。……证明齐国民营制陶业已经有了明确的专业分工和地区分工"。[①] 因此，"王卒左廩"类印文的形制和文字风格相当一致，应该是由主管私营作坊的官府机构统一颁发的，表明这些私营作坊接受官府的统一管理和监督。

2015 年 11 月完稿

2019 年 10 月修订

（原载《高明先生九秩华诞庆寿论文集》，科学出版社，2016 年）

―――――――――

　　①　王恩田：《陶文图录·自序》，齐鲁书社，2006 年，第 9 页。

霸伯盂铭文与西周宾礼制度

2009 年山西翼城县大河口霸国墓地 M1017 出土一件霸伯盂[①]（图 1），通高 34 厘米、口径 39.2 厘米、腹深 21.4 厘米，重 11.4 千克。有学者认为此器的年代在西周中期前段，为穆王前后器[②]。还有学者认为同墓的霸伯簋大致在懿王时期，霸伯盂的年代最早不会超过恭王时期[③]。这件器物的铭文非常重要，与先秦时期的传世文献可以对读，对于认识西周时期的礼制具有重要的意义。

图 1　山西翼城大河口 M1017 的霸伯盂和铭文拓片

一、霸伯盂的年代研究

从霸伯盂的形制来看，侈口方唇，腹壁下收较直，近底部略有下垂。颈部设有一

---

①　山西省考古研究所大河口墓地联合考古队：《山西翼城县大河口西周墓地》，《考古》2011 年 7 期；山西省考古研究所、临汾市文物局、翼城县文物旅游局联合考古队，山西大学北方考古研究中心：《山西翼城大河口西周墓地 1017 号墓发掘》，《考古学报》2018 年 1 期。

②　李学勤：《翼城大河口尚盂铭文试释》，《文物》2011 年 9 期；黄锦前：《霸伯盂铭文考释》，《中国国家博物馆馆刊》2012 年 5 期。

③　王保成：《翼城大河口霸伯簋试解》，《中原文物》2013 年 2 期。

图 2　河南安阳侯家庄西北岗 M1400 的寝小室盂

图 3　辽宁喀左马厂沟窖藏的燕侯盂

图 4　上海博物馆收藏的伯盂

图 5　陕西蓝田泄湖镇的永盂

对附耳，附耳超出口沿甚多。外底微圜，下置三个象首短足，长鼻卷起，獠牙外呲。
1935 年河南安阳侯家庄西北岗 M1400 出土的寝小室盂①（图 2），通高 41.3 厘米、口
径 40.2 厘米，年代为商晚期。此器腹壁向下斜收，最大径在颈部，附耳平折上翘，
低于口沿甚多，高圈足外侈，无折沿。1955 年辽宁喀左马厂沟窖藏出土的燕侯盂②
（图 3），通高 24.3 厘米、口径 33.8 厘米，重 6.4 千克，年代为西周早期。此器腹壁
下收，下腹部微鼓，附耳低于口沿微外撇，圈足有高折沿。上海博物馆收藏的伯盂③
（图 4），通高 28.7 厘米、口径 42.8 厘米，重 12.2 千克。这件器物的腹壁较直，下腹
部略鼓，附耳外撇与口沿平齐，折沿高圈足外侈，颈部所饰的长体顾龙纹表明年代大

---

①　中国青铜器全集编辑委员会：《中国青铜器全集·3》，文物出版社，1996 年，第 178 页。
②　中国青铜器全集编辑委员会：《中国青铜器全集·6》，文物出版社，1996 年，第 16 页。
③　陈佩芬：《夏商周青铜器研究·西周篇》，上海古籍出版社，2004 年，第 341 页。

图 6　陕西长安新旺村的逦盂

图 7　陕西眉县杨家村窖藏的天盂

图 8　山西翼城大河口 M1017 霸伯盂的纹饰拓片

图 9　上海博物馆收藏大克鼎的纹饰拓片

图 10　陕西历史博物馆收藏元年师旋簋的纹饰拓片

图 11　上海博物馆收藏师鋈簋的纹饰拓片

致在穆恭时期。1969 年陕西蓝田泄湖镇出土的永盂 [1]（图 5），通高 46 厘米、口径 58 厘米、腹深 37 厘米，重 36 千克。唐兰先生根据铭文认为其年代在恭王时期，腹部直壁下收，高圈足外侈，附耳尚未超出口沿，颈部所饰兽首的象鼻与口沿平齐。1967 年陕西长安新旺村出土的逦盂 [2]（图 6），通高 42 厘米、口径 55.5 厘米。腹壁较直，下腹部略鼓的特征与伯盂相同，但是附耳已经超出口沿，颈部所饰兽首的象鼻同样稍稍超出口沿。虽然圈足还饰有长体顾龙纹，颈部的 S 形有目窃曲纹却不见于穆王时期，马承源 [3]、刘启益 [4] 等先生认为其年代为恭王时期。2003 年陕西眉县杨家村窖藏出土的天盂 [5]（图 7），通高 48.5 厘米、口径 56.6 厘米、腹深 32 厘米，重 34.5 千克。直腹微

---

① 唐兰：《永盂铭文解释》，《文物》1972 年 1 期。

② 陕西省博物馆：《陕西长安沣西出土的逦盂》，《考古》1977 年 1 期。

③ 马承源：《商周青铜器铭文选》（三），文物出版社，1988 年，第 129 页。

④ 刘启益：《西周纪年》，广东教育出版社，2002 年，第 270 页。

⑤ 陕西省考古研究院、宝鸡市考古研究所、眉县文化馆：《吉金铸华章——宝鸡眉县杨家村单氏青铜器窖藏》，文物出版社，2008 年，第 211 页。

垂，附耳和象鼻兽首都超出口沿甚
多，外侈的高圈足有折沿，其年代
在西周中期后段。由此可知，腹部形
态和附耳高度的变化是商周时期青铜
盂形制演变的重要特征。霸伯盂附耳
超出口沿的程度相似于遹盂和天盂，
腹部略垂的特点更是接近于天盂，其
相对年代要早于永盂和伯盂。

　　从霸伯盂的纹饰来看，颈部装饰
三组窃曲纹（图8），兽目清晰可辨，
有眼睑，腹部光素无纹饰。窃曲纹
的风格与上海博物馆收藏的大克鼎 ①
（图9）基本相同，臣字形兽目保留
了比较原始的特征。这种类型的窃曲
纹在西周中晚期之际，通常表现的比
较纤细，眼睑省略，例如夷王前后

图12　北京房山琉璃河 M209 的乙公簋

器的元年师旋簋 ②（图10）和厉王前后器的师毃簋 ③（图11）。霸伯盂的三足装饰很有特
点，长鼻象首足还见于 1974 年北京房山琉璃河 M209 出土的乙公簋 ④（图12）。因此，
霸伯盂的纹饰风格不会晚于孝王时期，相对于同类型的纹饰偏早。

　　从这座墓葬器物组合的年代来看，早期和晚期的器物都有。例如 M1017:2 伯方鼎
（图13），通高 19.5 厘米、口长 15.9 厘米、口宽 11.9 厘米，重 2.1 千克。腹深与柱足相
等，腹部四隅设有 F 形扉棱，腹上部饰两两相对的蛇纹，中央为勾连雷纹，周围饰
有乳钉纹，内壁铸铭文三字"伯作簋"。此器形制、纹饰与 1981 年陕西长安斗门镇花
园村 M17 的㰱妶进方鼎 ⑤（图14）基本相同，年代应为西周早期。同墓还有形制和纹
饰相同的 M1017:24 伯釬方鼎，内壁铸铭文五字"伯釬作宝簋"。M1017 的墓主人是霸
伯尚，"伯釬"可能为上一代霸伯。

　　M1017:10 兽面纹方鼎（图15）通高 20.4 厘米、口长 16 厘米、口宽 13.6 厘米，
重 2.1 千克。口沿呈椭方形，口小底大，腹壁近底部下垂，其形制与宝鸡茹家庄 M2
的井姬方鼎 ⑥ 相似，后者年代在昭穆之际。此器的腹壁四隅各饰一组大卷角兽面纹，

　①　陈佩芬：《夏商周青铜器研究·西周篇》，上海古籍出版社，2004 年，第 240 页。

　②　中国科学院考古研究所：《长安张家坡西周铜器群》，科学出版社，1965 年，第 17 页。

　③　陈佩芬：《夏商周青铜器研究·西周篇》，上海古籍出版社，2004 年，第 445 页。

　④　北京市文物研究所：《琉璃河西周燕国墓地 1973—1977》，文物出版社，1995 年，第 131 页。

　⑤　陕西省文物管理委员会：《西周镐京附近部分墓葬发掘简报》，《文物》1986 年 1 期。

　⑥　卢连成、胡智生：《宝鸡𢎞国墓地》，文物出版社，1988 年，第 363 页。

图 13　山西翼城大河口 M1017 的伯方鼎

图 14　陕西长安斗门镇花园村 M17 的
　　　龥釟进方鼎

图 15　山西翼城大河口 M1017 的
　　　兽面纹方鼎

图 16　陕西扶风法门镇齐家村窖藏
　　　的日己方彝

图 17　山西翼城大河口 M1017 的霸伯簋　　　图 18　山西曲沃天马—曲村 M7070 的孟得簋

纹饰以边棱为中心对称。这种大卷角兽面纹比较少见，是西周中期前段很有特点的一种纹饰。例如 1963 年陕西扶风县法门镇齐家村窖藏出土的日己方尊、日己方甗和日己方彝 ①（图 16）均装饰这种类型的兽面纹。

　　M1017:8 霸伯簋（图 17）通高 17.8 厘米、口径 29 厘米，重 5.9 千克。此器腹部呈扁鼓状，两侧设有小垂珥的兽首耳，通体饰瓦棱纹。其形制、纹饰与 1980—1989 年山西曲沃天马—曲村 M7070 出土的孟得簋 ②（图 18）基本相同，后者年代为西周中晚期之际。这种扁腹簋还见于翼城大河口霸国墓地 M2002 的霸仲簋，考古报告称这座墓葬的年代大致在穆恭之际。③ 由此可见，霸伯簋与霸伯盂应该是 M1017 中年代最晚的一组器物。通过 M1017 和 M2002 两座墓葬的比较，M2002:5 霸姬盘的附耳与口沿平齐，M1017:41 霸伯盘的附耳已经超出口沿，说明 M1017 比 M2002 的年代略晚。所以霸伯盂的年代大致在恭王时期，下限不晚于懿王时期。

二、霸伯盂的铭文释读

　　霸伯盂腹内壁铸铭文 10 行 115 字，重文 2 字，李学勤 ④、黄锦前 ⑤、曹建敦 ⑥、张

　　①　梁星彭、冯孝堂：《陕西长安、扶风出土西周铜器》，《考古》1963 年 8 期。

　　②　北京大学考古学系商周组、山西省考古研究所：《天马—曲村（1980—1989）》，科学出版社，2000 年，第 554 页。

　　③　山西省考古研究所、临汾市文物局、翼城县文物旅游局联合考古队，山西大学北方考古研究中心、中国人民大学出土文献与中国古代文明研究协同创新中心：《山西翼城大河口西周墓地 2002 号墓发掘》，《考古学报》2018 年 2 期。

　　④　李学勤：《翼城大河口尚盂铭文试释》，《文物》2011 年 9 期，第 67—68 页。

　　⑤　黄锦前：《霸伯盂铭文考释》，《中国国家博物馆馆刊》2012 年 5 期，第 48—54 页。

　　⑥　曹建敦：《霸伯盂与西周时期的宾礼》，《古文字研究》第二十九辑，中华书局，2012 年，第338—343 页。

亮 ①、孙庆伟 ② 等诸位先生均有释读，现将铭文隶定如下：

　　　隹（唯）三月，王史（使）白（伯）考蔑尚麻（历），归（馈）

　　　柔芶（鬱）旁（方）㲋。戌（咸），尚捧（拜）頴（稽）首。既頴（稽）

　　　首，徰（延）宾，罵（赞）宾。用虎皮再（乘），毁（毁）用

　　　章（璋），奉。翌日，命宾曰："捧（拜）頴（稽）首，天子

　　　蔑其亡（无）麻（历），叝（敢）敏用章（璋）。"遣宾，罵（赞），用

　　　鱼皮两，闗（侧）毁（毁）用章（璋）。先马，邎（原）毁（毁）

　　　用玉，宾出。以胆（俎）或（又）徰（延），伯或（又）邎（原）毁（毁）

用玉，

　　　先车，宾出。伯遗宾于菓（郊），或（又）舍

　　　宾马。霸伯捧（拜）頴（稽）首，对敡（扬）王休，

　　　用作宝盂，孙孙子子其迈（万）年永宝。

隹（唯）三月，王史（使）白（伯）考蔑尚麻（历）

"伯考"，人名，伯考受周王命出使霸国。陕西永寿县好時河窖藏出土了伯考父鼎（集成 2508）、伯考父簋（459、460）、伯考父盘（集成 10108）。《仪礼·聘礼》称："聘礼，君与卿图事，遂命使者。"《周礼·秋官·大行人》："凡诸侯之邦交，岁相问，殷相聘也，世相朝也。"《仪礼》文献记载的是大夫代表诸侯聘问诸侯的礼仪，本篇铭文讲的是天子派大夫嘉勉诸侯的礼仪。

"蔑尚历"，"尚"是霸伯的私名。"蔑历"一词金文中常见，为上级对下级的勉励嘉许。智簋铭文有"叔朕父加（嘉）智历"，两句的句式相同，所以"蔑"意为嘉勉，"历"训为功劳或功绩。③ 王使伯考嘉勉尚的功绩，至于什么功绩本篇铭文尚未说明。但是同墓所出的霸伯簋铭文记有"唯十又一月，邢叔来拜，乃篾霸伯历，使伐"，即邢叔传达王征伐的命令。上文指出霸伯簋和霸伯盂的作器时间比较接近，两篇铭文也是有关联的，头年十一月王遣使者命霸伯征伐，来年三月王遣使者嘉勉霸伯，可知霸伯是在这次征伐中获得战功。

归（馈）柔芶（鬱）旁（方）㲋

"归"，读作"馈"。西周金文中作赏赐的动词多用"赐"，一般表示"王赐汝"。蒲簋铭文记"王命蒲罙叔繇父馈吴姬饗器"（集成 4195）、貉子卣铭文记"王令士道馈貉子鹿三"（集成 5409）、乖伯簋铭文记"王命仲致馈乖伯狐裘"（集成 4331）等均作

---

①　张亮：《考霸伯盂铭文释西周宾礼》，《求索》2013 年 2 期，第 81—83 页。

②　孙庆伟：《尚盂铭文与周代的聘礼》，《考古学研究》（十），科学出版社，2012 年，第 506—514 页。

③　张光裕：《新见智鼎铭文对金文研究的意义》，《文物》2000 年 6 期。

"馈"，表示为"王令某馈某"。

"柔鬱"，黄锦前释作"茅苞"，认为是文献所讲的"苞茅"。"柔"字写作"$\mathbb{F}$"，《说文》："木曲直也。"五年琱生尊记有"我仆庸土田多柔"，字形作"$\maltese$"，李学勤先生读为"扰"①。有学者认为此字应隶作"朿"，读为"刺"、"谏"②。沫司土疑簋的"朿"字写作"$\maltese$"（集成 4059）、朿卣写作"$\maltese$"（集成 5333）等，字形顶部均没有弯曲的横画。《说文》："朿，木芒也。""朿"字的竖笔出尖是其基本形态，两者字形的差异明显不同。"柔"训为"安"、"和"，《礼记·内则》"柔其肉"，郑玄注："柔之为汁和也。"所以，"柔"又有调和之义。"梦"字写作"$\maltese$"，读作"鬱"。"鬱"字金文多见，叔趯父卣写作"$\maltese$"（集成 5429），叔簋写作"$\maltese$"（集成 4132），此字应是"鬱"字的省形。

"柔鬱"就是调和的鬱鬯酒。《礼记·郊特牲》："周人尚臭，灌用鬯臭，鬱合鬯，臭阴达于渊泉……萧合黍稷，臭阳达于墙屋。""鬱合鬯"与"萧合黍稷"同样是以两物相合。《周礼》分列有"鬱人"和"鬯人"两职，鬱人掌管和鬱鬯，鬯人职掌酿秬鬯。《周礼·春官·鬱人》："鬱人掌祼器。凡祭祀、宾客之祼事，和鬱鬯，以实彝而陈之。"又有《周礼·春官·鬯人》："鬯人掌共秬鬯而饰之。"《周礼·春官·叙官》郑玄注"鬱人"云"鬱，鬱金香草，宜以和鬯"；又注"鬯人"云"鬯，酿秬为酒，芬香条畅于上下也"。鬱人制作的鬱汁和鬯人制作的秬鬯，两种酒都是用于祭祀或宴飨宾客。

"旁鬯"，李学勤先生读为"芳鬯"，学者多从之。"旁"读作"方"，古字通用。虽然通作"芳"于文义并无障碍，但是金文中却无这样的辞例。那么，还有一种解释就是"方"作并列义。《说文》："方，并船也。"《尔雅·释水》"大夫方舟"，郝懿行义疏引金鹗云："并船是方本义，通而言之，凡相并皆曰方。"《仪礼·乡射礼》"左足履物不方"，郑玄注："方，犹并也。"《淮南子·本经》"旁薄众宜"，高诱注："旁，并。"1984～1989 年山西曲沃县天马—曲村 M6231 出土的仲爯父壶③，铭文有："仲爯父令□卣旁壶。""卣旁壶"的辞例与"鬱旁鬯"相似，同为并列义。

"馈柔鬱方鬯"就是指王馈赠给霸伯鬱酒和鬯酒，"鬯"前加"方"表明与"鬱"是两种不同的赏赐物。金文中的"鬯"通常作"秬鬯"，少数称"鬱鬯"（集成 4132、6001）。《周礼·春官·鬯人》郑玄注："秬鬯，不和鬱者。"《诗经·大雅·江汉》毛亨传："秬，黑黍也。"《礼记·王制》孔颖达疏与郑注相同，"鬯者，酿秬黍为酒，和以鬱金之草，谓之鬱鬯。不以鬱和，直谓之鬯"。《周礼·春官·叙官》"鬱人"贾公彦疏

---

①　李学勤：《琱生诸器铭文联读研究》，《文物》2007 年 8 期。

②　王辉：《商周金文》，文物出版社，2006 年，第 196 页；陈昭容、内田纯子、林宛蓉、刘彦彬：《新出土青铜器"琱生尊"及传世"琱生簋"对读——西周时期大宅门土地纠纷协调事件始末》，《古今论衡》2007 年 6 期。

③　北京大学考古学系商周组、山西省考古研究所：《天马-曲村（1980—1989）》，科学出版社，2000 年，第 440 页。

中说明了秬鬯和鬱鬯的制作流程，"鬯人所掌者，是秬米为酒，不和鬱者。若祭宗庙及灌宾客，则鬯人以鬯酒入鬱人，鬱人得之，筑鬱金草煮之，以和鬯酒，则谓之鬱鬯也"。孙诒让《周礼正义》更正了贾公彦的说法，"（鬱人）此官唯主和鬱，不主筑煮也。凡有裸事，肆师豫筑煮鬱草，取其汁以授此官，更于鬯人取秬鬯酒，以鬱和而实之"。黄以周《礼书通故·肆献裸馈食礼》指出："以经考之，鬯人曰'共秬鬯'，鬱人曰'和鬱鬯'，是秬鬯可单称鬯，鬱未和鬯只单称鬱也。……然则经之单称鬯，皆秬鬯也；经之单称鬱，皆未和鬯者也；经之称秬鬯者，亦鬯之不和鬱者也。"金文中有"鬱彝"（集成 5428、5429）或"鬱壶"（近出 953），依据铭文这种器物有特殊用途，应是用来盛放鬱草汁。

臧（咸），尚搂（拜）頴（稽）首

"臧"，李学勤先生释为"浆"，认为是《周礼》"酒正"的"酢浆"。陈剑释为"咸"字之误，训为"毕"，此说可从。伯唐父鼎铭文记有"乙卯，王飨莽京，〔王〕秦，辟舟临舟龙，咸秦"（近出 356），叔矢鼎铭文记有"王肜大禘秦在成周，咸秦"（新收 915），鄂侯驭方鼎铭文记有"王宴，咸饮"（集成 2810）等，"咸"是指赏赐仪式结束、完毕。

"搂"，即"拜"，《说文》："搂，首至地也。"这是跪下后双手合抱在胸前，头低到手上。"稽首"是双手合抱按地，头伏在手前并停留一会，是最恭敬的拜礼。《礼仪·聘礼》郑玄注："尊国宾也。"《周礼·春官·大祝》："稽首，首至地，臣拜君法。"

既頴（稽）首，征（延）宾，嚣（赞）宾

"延宾"的"延"即迎请、引导。《说文》："延，长行也。"《尚书·君奭》"我道惟宁王德延"，《逸周书·作雒解》"予畏周室不延"，"延"引申作"延长"之义。《尚书·顾命》"逆子钊于南门之外，延入翼室"，"延"又引申作"引导"之义。《尔雅·释诂》"延，进也"，刑昺疏："延者，引而进之。"《礼记·曲礼上》"主人延客祭，祭食，祭所先进"，郑玄注："延，导也。""延宾"就是延请宾客进入宗庙之内，相当于《仪礼·聘礼》的"纳宾"。需要注意的是，《仪礼》的"纳宾"属于多次行为，分别在奉圭、进享、受醴、奉私觌等都有延请宾客进入的情况。此处的"延宾"对应下文，应该是在进献享礼之时。

"嚣"，诸家皆读为"赞"，李学勤先生释为引导，黄锦前释为进见，曹建敦认为是进献之义，张亮认为是赞礼之人。此字写作"𤮰"，从嚻从口。相同的字形还有散氏盘写作"𦥯"（集成 10176）、麦盉写作"𤮳"（集成 9451）。麦盉铭文记有"邢侯光厥使麦，嚣于麦宫"，麦尊记有"作宝尊彝，用嚣侯逆复"（集成 6015），作册矢令簋记有"用飨王逆复"（集成 4300）。因此，"嚣"与"飨"都是一种礼仪。

"嚻"字，小盂鼎写作"𤯨"（集成 2839），多友鼎写作"𤮳"（集成 2835）。"嚣"与"嚻"为同字，释作"赞"或"瓒"，读作"裸"。文献记载"瓒"是行裸礼时所用的挹鬯用具，《周礼·春官·典瑞》郑玄注引郑众："挹鬯裸祭，谓之瓒。"《国语·鲁语》

韦昭注："瓒圭，裸瓒之圭，长尺二寸，有瓒，以祀庙。"根据考古发现，现在可以明确"瓒"应该就是商周墓葬中常见的玉柄形器。天津博物馆收藏有20世纪20年代安阳殷墟出土的一件玉柄形器①（图19），长6.5厘米、宽1.2厘米，刻铭有"乙亥，王锡小臣嶲聶，在大室"，"聶"是器物之名。传世文献和金文中通常将圭瓒与秬鬯一起作为赏赐物。《诗经·大雅·江汉》："厘尔圭瓒，秬鬯一卣。"子黄尊铭文记有"王赏子黄瓒一、贝百朋"（集成6000）。师訇簋铭文记有"赐汝秬鬯卣、圭瓒"（集成4342）。古文字中从口从聶的"赞"是复合体玉柄形器的象形，同时也是"裸"字的本义，从示从手从斗的"裸"是裸礼动作的会意字，有学者已经做过详细的说明。②

图19　天津博物馆收藏的小臣嶲玉瓒

　　"赞"作名词为玉瓒，作动词后缀宾语则是指实行裸礼。商周时期的裸礼有裸玉和裸享两种礼仪，一是祭祀祖先神灵，一是宴飨宾客。小盂鼎铭文分别记述了三次"赞宾"，"既咸，宾即位，赞宾……王格庙，祝延□□□邦宾，丕裸，□□用牲禘周王、武王、成王，□□卜有臧，王裸，裸述，赞邦宾……雩若翌日乙酉，□三事□□入服酒，王格庙，赞王邦宾"（集成2839）。周天子在祭祀祖先的时候行裸玉之礼，宴飨邦宾的时候是行裸享之礼。《周礼·春官·典瑞》："裸圭有瓒，以肆先王，以裸宾客。"贾公彦疏："生人饮酒亦曰裸，故《投壶礼》云'奉觞赐灌'，是生人饮酒爵行亦曰灌也。""赞宾"表示的就是对宾客举行裸享礼。

用虎皮再（乘），毁（毁）用章（璋），奉

　　"用虎皮再"的"再"读作"乘"，数量词。《诗经·大雅·崧高》"路车乘马，我图尔居"，毛亨传："乘马，四马也。"《礼仪·聘礼》"乘皮设"，郑玄注："设于门内也，物四曰乘。皮，麋鹿皮也。"贾公彦疏："案《礼记·郊特牲》：'虎豹之皮，示服猛也。'彼诸侯朝享天子法，用虎豹。此臣聘君，降于天子法，用麋鹿皮。故《齐语》云：'齐桓公使诸侯轻其币，用麋鹿皮四张。'"霸伯簋铭文记周王赏赐物"虎皮一"，这是虎皮作为诸侯一级的皮币。《礼仪·聘礼》："庭实，皮则摄之，毛在内，内摄之，

入设也。"贾公彦疏："臣于君，谓私觌，庭实设四皮。"此句"虎皮乘"前省略主语"伯考"，指伯考进献四张虎皮作庭实。

"毁用璋"的"毁"诸家解释较多，李学勤先生读为"馈"；黄锦前读为"委"，

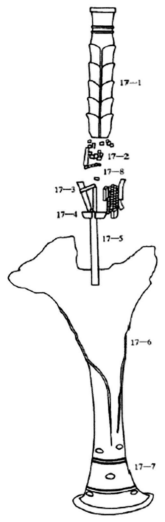

图 20　河南洛阳北窑 M155 的
玉柄形器装置线图

训为"置"；曹建敦读为"贿"；张亮读为"袭"，意为献璋之时前襟不外露。前述铭文中已经出现以"归"作"馈"的辞例，若后面皆是以"毁"作"馈"，显然是不合理的。其他诸家的释读对于文义的理解也有障碍。以往所知，"毁"字在古文字中出现的时间大体较晚，主要是在战国中晚期。例如鄂君启节写作"䣻"（集成 12110），郭店简《穷达以时》14 号简有"皀"，用为"毁誉"之"毁"。黄德宽先生认为"皀"从"齿"之初文，可能是毁齿之"毁"的本字。[1]此字写作"皀"，左边形似高柄的器皿，器皿上部作"臼"形，右边从"殳"。从偏旁组合关系来看，"臼"旁表示坎臼，从殳或从支表示动作，应该是会意形声字。"皀"与"皀"形近，左边同为器皿之形，右边从殳。"皀"是"簋"的初文，象手持匕于簋中取食之形。"皀"字之义与之相同，当是与器皿之间发生关系。"皀"从"臼"得声，古音在群纽幽部，"毁"字的古音在晓纽微部，群、晓旁纽，幽、微通转[2]，所以"皀"可读为"毁"。

1964 年河南洛阳北窑 M155 出土了一件玉柄形器[3]（图 20），出土时器身四周有漆木片痕，下端等距围绕着七个长条形玉片，间距内填四片椭圆形小片绿松石，下面设有一个长梯形蚌托，中间有圆穿孔，孔内插有一根圆形玉柱，置于漆木瓢形器的腔内。相似结构的装置在洛阳北窑 M216[4]也有发现，玉柄形器皆平放，柄首向南，端部均有玉片饰件、穿孔蚌托和插棒附属物。这种由玉片镶饰的漆木坎形器、蚌托和玉柱组成的就是承玉器。1983 ～ 1986 年陕西长安张家坡 M302 发现的玉柄

① 黄德宽：《古文字谱系疏证》第三册，商务印书馆，2007 年，第 2863 页。
② 李家浩：《楚简所记楚人祖先"鬻熊"与"穴熊"为一人说——兼说上古音幽部与微文二部音转》，《文史》2010 年 3 辑，第 5—44 页。
③ 洛阳市文物工作队：《洛阳北窑西周墓》，文物出版社，1999 年，第 56 页。
④ 洛阳市文物工作队：《洛阳北窑西周墓》，文物出版社，1999 年，第 25 页。

图 21　陕西长安张家坡 M302 的玉柄形器

图 22　陕西宝鸡茹家庄 M1 甲的玉柄形器

形器①（图 21），全长 11.3 厘米，柄形器
长 6.6 厘米、宽 2.5 厘米。由 1 件玉柄
形器和末端连接的 1 组玉片组成，玉片
分为上下两层，每层 3 件小玉片，两侧
用有扉棱的长玉条镶边，其间还用绿松
石和小玉片镶嵌，正背两面结构相同。
1974 年陕西宝鸡茹家庄 M1 甲发现多
件相同结构的玉柄形器②（图 22），全长
22.2 厘米、柄形器长 13.7 厘米、宽 3.7
厘米。柄形器下部的承托结构比较复杂，
呈双层规律性排列，分别由带扉棱小玉
条、带浅槽小长方形玉饰、小圆形玉饰、
小蝉形玉饰和小绿松石片组成。在山西

图 23　山西翼城大河口霸国墓地的青铜瓿

---

①　中国社会科学院考古研究所：《张家坡西周玉器》，文物出版社，2007 年，第 40 页。
②　卢连成、胡智生：《宝鸡强国墓地》，文物出版社，1988 年，第 334 页。

图 24　陕西韩城梁带村 M27 的青铜觚形器

图 25　山西翼城大河口 M1017 的
金柄形器

翼城大河口霸国墓地出土的一件青铜觚[①]（图 23），腔内套有漆木觚和承玉的装置。2005 年陕西韩城梁带村 M27 出土一件青铜觚形器[②]（图 24），腔内套有一个青铜喇叭口柱形器，喇叭口内还有承玉的木臼。通过考古资料可知，举行裸礼时玉柄形器是要放在有坎臼的装置中，再置于觚形器的口内，用酒浇灌。

大河口 M1017 同出的还有一件金柄形器（图 25），长 11 厘米、宽 1.5—2.2 厘米，重 92.1 克。形制为长条形，首端两组凸弦纹之间两侧面出牙，尾端不齐整。金器一般不易损毁，首端光滑平整，尾端有明显磕砸的痕迹，显然是由于某种原因刻意为之。结合考古发现的玉柄形器下部多有不规则的残缺，推想"毁"字本义是置玉于裸器之上，玉片要适合坎臼需要处理才能承放，又引申为毁坏、残缺义。《说

①　山西省考古研究所、山西博物院、首都博物馆：《呦呦鹿鸣——燕国公主眼里的霸国》，科学出版社，2014 年，第 139 页。

②　陕西省考古研究院等：《陕西韩城梁带村遗址 M27 发掘简报》，《考古与文物》2007 年 6 期。

文》："毁，缺也。"《周礼·地官·牧人》"凡外祭毁事"，孙诒让正义："毁者，毁折牲体之言。"《庄子·马蹄》："纯朴不残，孰为牺尊。白玉不毁，孰为珪璋。"玉柄形器在礼仪活动中要经过人为的损毁，同样在传世文献中有体现。《仪礼·聘礼》"所以朝天子，圭与缫皆九寸，剡上寸半"，郑玄注："杂采曰缫，以韦衣木板，饰以三色。"缫即圭垫，与文献所说的垂于圭垫末端以为饰的"缫"为一体二物，故皆可称之为缫。"剡上寸半"即将制圭用的长条形玉上端一寸半处的两角削去，使顶端呈角状，这就是文献上讲的"毁玉"。

有关"缫"的记载还有《仪礼·聘礼》"贾人西面坐启椟，取圭，垂缫，不起而授宰"，郑玄注："缫，所以藉圭也。其或拜，则奠于其上。今文缫作璪。"贾公彦疏："《觐礼》记云'奠圭于缫上'是也。但缫有二种：一者以木为中干，以韦衣之，天子五采，公侯伯三采，子男二采，采为再行。……《曲礼》下文'执玉其有藉者则裼'，郑亦为之缫。若韦版为之者，奠玉于上，此则无垂缫、屈缫之事。若绚组为之者，所以系玉于韦版，使不失坠，此乃有屈垂之法，则此经所云者是也。案向来所注，皆以韦版缫藉解之者，郑意以承玉及系玉二者，所据虽异，所用相将，又同名为缫，是以和合解之。故以韦版为之者，以解绚组之缫也。"《左传·成公二年》"若苟有以藉口"，孔颖达疏："承玉之物名为缫藉。"结合考古发现，"毀"字左边的坎臼，应该就是文献所讲的承玉之物"缫"。

郑玄认为"缫"有承玉和系玉两种类型当是有所本的，考古资料可以提供佐证。1981年陕西扶风强家村M1出土有玉饰版（图26），长6厘米、宽3厘米。考古报告称"两层相同，由长方形或方形小玉片排列成三行，两边相对称，茶黄色，玉片极薄，厚度不到0.1厘米。长方形的一边有缺口，方形的上边刻有横线条。行间填充小而薄的绿松石片。应是某物上的镶嵌物"。[①] 这种就是郑玄所说系玉之物"缫"，皮帛或木制的"韦版"腐朽后只留下玉片和绿松石。值得注意的是，这些长方形玉片都有损毁的缺口。强家村M1还出土一件玉柄形器（图27），顶端为排列规整的绿松石薄片，并束有一圈金箔，类似于洛阳北窑M216发现的"缫"饰物。由此可见，强家村M1有承玉和系玉两种"缫"，承玉主要是作裸礼使用，系玉的用途目前还不太明确。

"章"读作"璋"，是朝聘、祭祀时用的礼器。《左传·昭公五年》"朝聘有珪，享觐有璋"，杜预注："觐，见也。既朝聘而享见也。"从辞例来看，"毁用璋"与作册睘尊"夷伯宾用贝、布"（集成5989）相同。作册睘卣记有"夷伯宾睘贝、布"（集成5407），"宾"字是动词，意思为赠送，"宾用"属于动词连用，与"贝、布"构成动宾结构。同样，"毁"作为作格动词使用，与后面的动词连用。关于作格动词已经有学者进行了研究，指出其内涵是在一个共时系统中兼有使动及物用法和自动不及物

---

① 周原扶风文管所：《陕西扶风强家一号西周墓》，《文博》1987年4期。

图 26　陕西扶风强家村 M1 的玉缏

用法的一类动词。① 作格动词"毁"与动词连用的形式在传世文献中比较普遍，例如
《国语·周语》："吾闻王室之礼无毁折。"《孟子·离娄下》："无寓人于我室，毁伤其薪
木。"《庄子·胠箧》："毁绝钩绳。"这些"毁折"、"毁伤"、"毁绝"都是"毁"的连动
用法。在先秦文献中及物的"毁"的语义特征是"动作"＋"结果"；不及物的"毁"
（被动式除外）的语义特征是"状态"或"结果"。"毁用璋"的"毁"作不及物动词，
表示玉璋的状态。

　　"奉"字作"𥱼"，散氏盘写作"𦥑"（集成 10176），一般释作进、献之义。文献
中又可作代词，《仪礼·聘礼》"官陈币：皮，北首西上，加其奉于左皮上"，郑玄注：
"奉，所奉以致命，谓束帛及玄纁也。"此铭文未言明是否还有束帛、玄纁之物。这句
话可以理解为用毁缺的玉璋来进献。"毁"是授玉的礼仪，不仅仅表示毁缺，还包括

---

　　① 　宋亚云：《汉语作格动词的历史演变研究》，北京大学出版社，2014 年，第 82 页。

以繛承璋。

翌日，命宾曰：捧（拜）頧（稽）首，天子蔑其亡（无）厤（历），叚（敢）敏用章（璋）

"翌日"，第二天。"翌"字的写法与小盂鼎相同。"命宾"即"告宾"，《仪礼·士冠礼》"宰自右，少退赞命"，郑玄注："命，告也。""拜稽首，天子蔑其无历"是表示拜谢天子夸耀霸伯卓著的功绩。

"敢敏用璋"是谦词，"敢"读为"敢不"，《仪礼·士虞礼》"敢用絜牲"，贾公彦疏："凡言敢者，皆是以卑触尊，不自明之意。""敏"为勤勉，四十二年迷鼎铭文记有"汝敏于戎工"。《论语·述而》"好古，敏以求之者也"，刘宝楠正义："敏，勉也。"《礼记·中庸》"人道敏政"，郑玄注："敏，犹勉也。"此句意思是敢不勤勉地用璋奉还，下面就是《仪礼》所说的还玉之礼。

遣宾，嚣（赞），用鱼皮两，儞（侧）毀（毁）用章（璋），先马，邅（原）毀（毁）（毁）用玉，宾出

"遣宾"，送宾。《广韵》："遣，送也。"《仪礼·既夕礼》"书遣于策"，郑玄注："遣，犹送也。""赞"为"赞宾"之省，再次对宾客举行祼享礼。

"用鱼皮两"，省略主语霸伯，以鱼皮作庭实礼书中未见。《左传·闵公二年》"归夫人鱼轩"，杜预注："鱼轩，夫人车，以鱼皮为饰。"黄锦前认为这是用鱼皮作为衣饰、车饰、箙饰等，显然与上下文并不符合。据考古发现可知，西周时期的玉柄形器还有"鞘"。1981年陕西长安花园村 M15 发现的玉柄形器出土时就插在鱼皮鞘中，鞘面鱼鳞纹排列规整，鞘端钻一小孔，形似鱼目，鞘身四面各有一条长而直的凹槽。[①] 实际上这种鱼皮鞘仍然是系玉的"繛"，还有安阳小屯 M50 和 M52[②] 发现的单体玉柄形器出土时插在由小蚌片和绿松石镶嵌的木器或布帛袋内，可能就是《曲礼》所讲的"系玉于韦版"。扶风强家村 M1 出土的韦版是两块，这里用鱼皮两张，大概是指系玉之"繛"的规制。

"侧毁用璋"的"侧"，独也。《仪礼·聘礼》："公侧袭。"《仪礼·士冠礼》"侧尊一甒"，郑玄注："侧，犹特也。无偶曰侧。""公侧授宰币"（《仪礼·聘礼》）与"侧毁用璋"为对文，表示在行礼时无赞者帮助。《仪礼·聘礼》："君使卿皮弁，还玉于馆。"这里的"侧"字用法非常考究，表示霸伯亲自毁璋还玉伯考，这块玉璋应该是新的、未曾毁缺的。

"先马"，即马先入之意，文献中皆是庭实先入。《仪礼·聘礼》："凡庭实，随入，左先，皮马相间可也。"贾公彦疏："云'左先'者，以皮马以四为礼，北面以西头为上，故左先入陈也。云'君子不以所无为礼'者，案《礼器》云：'天不生，地不养，君子不以为礼。'言当国有马而无虎豹皮，则用马；或有虎豹皮并有马，则以皮为主

---

① 陕西省文物管理委员会：《西周镐京附近部分墓葬发掘简报》，《文物》1986 年 1 期。

② 中国社会科学院考古研究所：《安阳小屯》，世界图书出版公司，2004 年。

而用皮也。"

"邍毁用玉"的"邍"即"原",《尔雅·释言》"再也",刑昺疏:"重再也。"《礼记·孔子闲居》"必达于礼乐之原",郑玄注:"原,犹本也。"《论语·阳货》"乡原,德之贼也",黄侃义疏:"原,原本也。""用玉",即用璋。铭文中的"侧"和"原"作对文,后者表示再用毁缺的玉璋来行裸礼,这个玉璋则是首次赞宾时所用的玉璋。

"宾出",谓事毕。

以胆(俎)或(又)延(延),伯或(又)邍(原)毁(毁)用玉,先车,宾出

"俎"是霸伯送宾举行的食礼。《仪礼·聘礼》记有"公于宾壹食,再飨"《周礼·秋官·掌客职》记有"上公三飨、三食、三燕,侯伯再飨、再食、再燕,子男一飨、一食、一燕"。"又延"指前文宾出后,又一次纳宾。"先车"与"先马"为对文,即车先入。裸飨礼中劝宾饮酒的礼物称为"酬币",《仪礼·士冠礼》"乃醴宾以壹献之礼",郑玄注:"士礼一献,卿大夫三献。"伯考的身份为卿大夫,本篇铭文确有三献之礼,与文献记载相合。通过下文"伯遗宾于郊"可知,伯应为霸伯。霸伯用毁缺的玉璋再行裸礼,这段铭文揭示了还玉的"毁璋"与伯考进献的"毁璋"必不是同一件。

伯遗宾于薁(郊),或(又)舍宾马

"遗宾",即送宾。《广雅》:"遗,送也。""薁"读作"郊",《仪礼·聘礼》:"遂行,舍于郊。公使卿赠,如觌币。""舍于郊"与"舍宾马"为对文,翼城大河口 M1 的霸伯簋铭文还有"芮公舍霸马两、玉、金,用铸簋。"① 此句铭文大意是霸伯送宾至郊外馈宾马匹。《仪礼》记载的是诸侯之间聘问,主君使卿行郊赠之礼。铭文所说的是霸伯亲自至郊外,因为伯考是王使的身份,象征着周王。

霸伯擡(拜)頴(稽)首,对甝(扬)王休,用作宝盂,孙孙子子其迈(万)年永宝

全篇铭文的结束语,金文中常见的套语。

三、结　语

综上所述,通过对霸伯盂铭文的解读,有两点新的认识。首先,关于"毁"的释读问题。结合传世文献和考古资料推断,"毁"字本义是要置玉于裸器之上,又引申为毁坏、残缺义。置玉的装置就是礼书中所说的"缫",有承玉和系玉两种类型。周礼中为什么要对玉璋毁缺,大概有两点原因。其一,毁玉与裸礼仪式有关。西周时期的玉器作坊生产规模庞大,并有固定的生产场地。通过周原齐家制玦作坊② 的考古发

---

① 山西省考古研究所大河口墓地联合考古队:《山西翼城县大河口西周墓地》,《考古》2011 年 7 期。

② 陕西省考古研究院、北京大学考古文博学院、中国社会科学院考古研究所、周原考古队:《周原:2002 年度齐家制玦作坊和礼村遗址考古发掘报告》,科学出版社,2010 年。

现可知，玉器的制作不仅分工明确，作坊产品种类单一，而且已经具有"商品"的性质。周原在西周时期是手工业生产和商品交流的中心，流通的玉璋规格相同，若要适应坎臼的大小，必须要使之毁缺。其二，毁玉与裸礼中的盟誓有关。文献记载诸侯、卿大夫的初封、任命以及继任，必有盟誓之言。天子和诸侯通过盟誓的方式将异姓宗族联合起来，不仅扩大了周王朝的统治基础，并且使得上下级的隶属关系得到强化。1965 年山西侯马的盟誓遗址还出土了几件与牺牲共存的玉器，其中就有玉圭①（图28）的圭首呈残缺的断面，

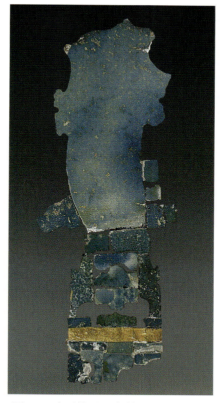

图 27　陕西扶风强家村 M1 的玉薄片柄形器

图 28　山西侯马盟誓遗址的玉圭

与霸国墓地 M1017 的金柄形器非常相似。

　　其次，关于礼仪活动的程序。这篇铭文的礼仪内容虽然比较简略，大体还是符合传世文献的记载。大致包括使者入庙聘享之礼、布币授玉之礼、醴宾还玉之礼、三献酬币之礼、郊劳馈赠之礼。铭文中以"咸"、"宾出"为礼仪节点，馈赠之物包括圭璋、皮币、车马。以往有学者认为霸伯盂铭文可能有夷狄之礼的成分，通过释读和分析来看似乎并不明显。由于伯考是周王的使者，霸伯对伯考的礼遇相当高。馈赠鱼皮也是体现周礼所说系玉的"缫"，相关的考古发现可以佐证。所以，霸伯盂这篇铭文还是反映了比较鲜明的周礼特征。

2015 年 12 月完稿

2019 年 11 月修订

（原载《出土文献》第十二辑，中西书局，2018 年）

---

　　①　山西省文物工作委员会：《侯马盟书》，文物出版社，1976 年。

西周青铜器上的"刖人"

——兼论先秦时期的刖刑

商代青铜艺术主要流行各种神化的动物纹，人物形象的纹饰极少，仅在长江流域的青铜文化中有所表现。诸如湖南宁乡黄材出土的大禾方鼎 ①、安徽阜南月儿河出土的龙虎尊 ②、日本泉屋博物馆收藏的神人纹双鸟鼓 ③ 等，虽然有写实风格的平雕或浮雕人物造型，但是神秘主义的色彩强烈，都是作为人格神的象征。西周中期以后，周人的青铜器风格逐渐确立，中原地区的装饰纹样出现较大变化，与早期艺术形成明显的分界。圆雕的人物造型大量出现，不仅体现了青铜铸造工艺的进步，富有生活气息的艺术装饰还成为研究社会生活的重要资料。尤其是西周中晚期青铜器上出现的一种"刖人"纹样，与这个时期的政治和法律制度息息相关，具有体现礼制观念的内涵。

一、西周青铜器上的"刖人"

"刖人"纹样是以受过刖刑的人物作为母题装饰的青铜器纹样。目前发现这种装饰"刖人"纹样的青铜器共有八件，按照器物形制和功用的不同可以分为四类：

第一类：方鼎，三件。

1976 年陕西扶风县庄白村一号窖藏出土的刖人守门方鼎 ④（图 1），通高 17.9 厘米、口长 11.8 厘米、口宽 9.2 厘米、腹深 6.1 厘米，重 1.6 千克。整体呈长方形，浅腹略有扁鼓，腹部两侧有较高的附耳。上腹部装饰窃曲纹，相似的纹饰还见于 1960 年扶风法门镇召陈村窖藏出土的散伯车父鼎 ⑤。腹部四隅各饰一条卷尾的顾龙纹，柱状龙角，体躯呈 S 形，四足攀爬于腹壁。腹底下部为屋形炉，用于放置炭火。正面有两扇门扉，可以启闭。右门扇饰一个蹲踞的刖人，刖人缺左足，长发后绾有发髻。屋形炉两壁有镂空的田字形窗格，窗格周饰阴线的顾龙纹和重环纹，后壁饰镂空的有目窃曲纹。屋形炉底的四角各饰一个大耳勾喙的兽形足，双臂向后托举着器物。庄白一号

---

① 高至喜：《商代人面方鼎》，《文物》1960 年 10 期。

② 葛介屏：《安徽阜南发现殷商时代的青铜器》，《文物》1959 年 1 期。

③ 中国青铜器全集编辑委员会：《中国青铜器全集·4》，文物出版社，1996 年，第 172 页。

④ 陕西周原考古队：《陕西扶风庄白一号西周青铜器窖藏发掘简报》，《文物》1978 年 3 期。

⑤ 史言：《扶风庄白大队出土的一批西周铜器》，《文物》1972 年 6 期。

图 1　陕西扶风庄白一号窖藏的刖人守门方鼎

窖藏出土器物的时代跨度较大，根据纹饰判断这件方鼎的年代大致在西周中期后段。

1985 年内蒙古赤峰市宁城县甸子乡小黑石沟村 M8501 出土的刖人守门方鼎①（图 2），通高 19 厘米、口长 12.7 厘米、口宽 9.7 厘米。这件器物的形制，以及卷尾顾龙和勾喙兽足的装饰与庄白一号窖藏的刖人守门方鼎完全相同，但是 M8501 方鼎的刖人缺右足，上腹部所饰的双首顾龙纹和窗格四周的三角云纹都有不同。双首顾龙纹的龙冠后卷，龙口吐舌，体躯呈斜三角形，这种样式的龙纹多见于西周晚期。考古报告认为"本遗址出土的青铜礼器大多属于中原西周晚期至春秋早期的式样，故此本遗址晚期的年代大体属于春秋

图 2　内蒙古赤峰宁城县甸子乡小黑石沟村
M8501 的刖人守门方鼎

————————————

① 项春松、李义：《宁城小黑石沟石椁墓调查清理报告》，《文物》1995 年 5 期。

图 3　陕西宝鸡茹家庄窖藏的刖人守门方鼎

早期"①。这件器物具有较强的周文化风格，可能是西周晚期铸造于周原地区，其后辗转流传到此地。

1988 年陕西宝鸡市茹家庄窖藏出土的刖人守门方鼎②（图 3），通高 18.7 厘米、口长 20.2 厘米、口宽 12.4 厘米。其形制虽是上腹下炉，但是口沿设有可以中间开合的平盖，平盖与器体以枢纽连接为一体，盖面四角各饰一只可作 360º 旋转的小立鸟。附耳较短，饰有重环纹，前后口沿各饰一只攀爬的小兽。腹壁较直，装饰两行 S 形窃曲纹，近腹底四面各饰两只浮雕的小鸟。腹部四隅仍然装饰有攀爬的卷尾顾首龙，龙角为曲状角。屋形炉的正面开启两扇门扉，右门扇饰一个站立挂杖的刖人，刖人缺左足，头戴尖顶小帽。左右两壁和后壁均有田字形窗格，各饰一只攀爬的小兽，炉底设有四个大耳兽首形扁足。这件器物的纹饰具有西周晚期的特征，报告认为其"年代可定为西周晚期"是正确的。

这种类型的方鼎就功能而言，与大多数的方鼎有所区别，应该称之为温鼎。具有相同功能的还有扁足带盘鼎和独柱带盘鼎。美国哈佛大学艺术博物馆收藏的一件季贞鼎③（图 4），高 17.9 厘米、口长 15 厘米、口宽 12.3 厘米。还有《尊古斋所见吉金图》著录的一件方鼎④（图 5），两件器物的形制和纹样装饰与庄白一号窖藏的刖人守门方鼎基本相同，惟独守门的刖人残失，所以有学者认为这两件器物应该也是刖人守门方

---

① 内蒙古自治区文物考古研究所、宁城县辽中京博物馆：《小黑石沟——夏家店上层文化遗址发掘报告》，科学出版社，2009 年，第 457 页。

② 高次若、刘明科：《宝鸡茹家庄新发现铜器窖藏》，《考古与文物》1990 年 4 期。

③ 中国科学院考古研究所编：《美帝国主义劫掠的我国殷周铜器集录》，科学出版社，1962 年，第 18 页。

④ 黄濬：《尊古斋所见吉金图》2.22，民国二十五年北平尊古斋影印本。

图 4　美国哈佛大学艺术博物馆收藏的季贞鼎　　　　图 5　《尊古斋所见吉金图》2.22 方鼎

鼎。[1] 季贞鼎自铭为"季贞作尊镉",考虑到容器部分有附耳和四足,并且方鼎的屋形炉与圆鼎下置炭火的托盘道理相同,因此应该把这种形制的器物称为温鼎。

第二类:鬲,三件。

1992 年陕西扶风县黄堆乡黄堆村 M25 出土一件刖人鬲[2]。这座墓葬早年经过盗扰,破坏比较严重,仅剩下一些残片尚可辨认出器型。

北京故宫博物院收藏有两件刖人鬲,鬲甲[3](图 6),通高 13.5 厘米、口长 11.2 厘米、口宽 9 厘米、重 1.4 千克;鬲乙[4](图 7),通高 13.5 厘米、口长 11.2 厘米、口宽 9 厘米。两件器物的尺寸、形制和纹饰完全相同。折沿方唇,无附耳,腹壁稍有鼓起,上腹部饰 G 形窃曲纹,下腹部饰波曲纹。屋形炉正面两扇门扉饰重环纹,大门四角饰有对称的小兽首,两壁有田字形窗格,后壁有镂空窃曲纹。两件鬲的刖人均全身赤裸,头戴尖顶小帽,持拐杖作伫立状。唯有不同的是,鬲甲的刖人在右门扇,刖人左手挂杖,缺左足。鬲乙的刖人在左门扇,刖人右手挂杖,缺右足。所以,这两件刖人鬲可能存在一定的组合关系。此外,旅顺博物馆有一件刖人鬲[5],形制、纹饰与北京故

①　李朝远:《青铜器上的"刖人"》,《中国文物世界》2000 年总 181 期。

②　罗红侠:《扶风黄堆老堡三座西周残墓清理简报》,《考古与文物》1994 年 3 期。

③　故宫博物院:《故宫青铜器》,紫禁城出版社,1999 年,第 191 页。

④　杜迺松:《故宫博物院藏文物珍品大系·青铜礼乐器》,上海科学技术出版社、香港商务印书馆,2007 年,第 40 页。

⑤　徐昭峰:《刖刑相关问题探析》,《中国国家博物馆馆刊》2012 年 1 期。

图 6　北京故宫博物院收藏的刖人鬲（甲）　　　图 7　北京故宫博物院收藏的刖人鬲（乙）

图 8　陕西扶风齐家村窖藏的宫盘

宫博物院收藏的刖人鬲相同，经工作人员告知可能是伪器，本文暂不收入。

第三类：盘，一件。

1963 年陕西扶风县齐家村窖藏出土的宫盘①（图 8），通高 16.4 厘米、口径 39.8 厘米，重 4.1 千克。此器斜沿方唇，腹部两侧的附耳高出口沿，耳廓、腹部和圈足饰以大小相间的重环纹，圈足下设置的四小足为踞跪的刖人，全身裸体，肩承重盘的下缘，缺左足。器内底铸有一字铭文"宫"，同铭的还有这座窖藏出土的宫盂和 1958 年齐家村窖藏的宫鬲②。盂和鬲都没有装饰刖人纹样，这组器物的年代应在西周晚期。表

① 梁星彭、冯孝堂：《陕西长安、扶风出土西周铜器》，《考古》1963 年 8 期。
② 曹玮：《周原出土青铜器》第一卷，巴蜀书社，2005 年，第 13 页。

图 9　上海博物馆收藏的晋侯对盨

图 10　山西曲沃晋侯墓地 M63 的
龙耳人足方盒

图 11　山西闻喜上郭村 M7 的刖人守囿六轮车形盒

图 12　甘肃礼县圆顶山 M1 的蟠虺纹四轮车形盒

现人物负重形象的纹饰主题集中出现于西周晚期，例如上海博物馆收藏的晋侯对盨[1]（图 9），以及山西曲沃村晋侯墓地 M63 出土的立鸟人足筒形器和龙耳人足方盒[2]（图 10）等。龙耳人足方盒的负重者与刖人鬲的人物形象相同，头顶都戴有瓜皮小帽。晋侯对盨和立鸟人足筒形器的负重者，其发式和服饰也不同于中原地区。说明这些受刑或负重的人物形象都是周王朝周边的异族。

第四类：车形盒，一件。

1989 年山西闻喜县上郭村 M7 出土的刖人守囿六轮车形盒[3]（图 11），通高 9.2 厘

[1]　陈佩芬：《夏商周青铜器研究·西周篇》，上海古籍出版社，2004 年，第 495 页。

[2]　上海博物馆：《晋国奇珍——山西晋侯墓群出土文物精品》，上海人民美术出版社，2002 年，第162—165 页。

[3]　山西省考古研究所：《闻喜县上郭村 1989 年发掘简报》，《三晋考古》第一辑，山西人民出版社，1994 年。

米、长 13.7 厘米、宽 11.3 厘米。整体为长方形车箱，车箱顶部有两扇可以对开的平盖，盖顶四角各有一个兽首口衔盖轴。平盖顶部四周站立一只可以 360º 转动的小鸟，盖钮为一个蹲踞的小猴，小猴前爪压住盖面使得不能随意开启。车箱四隅攀爬着一条卷尾的顾首龙，两面侧壁装饰鸟纹，正中攀爬着一只虎。正面开启两扇门，右扇门饰有一个站立拄杖的刖人，刖人背部有单线条的燕子纹图案，头戴尖顶的瓜皮小帽，缺左足。车箱底部前端各有一只伏虎，虎的四爪夹住两个小车轮，车箱底部后端各有两个有辐条的大车轮。这种车形盒可能是当时贵族妇女放置首饰、化妆品的专用器具，相似的还有甘肃礼县圆顶山 M1 出土的蟠虺纹四轮车形盒①（图 12），通高 8.8 厘米、长 11.1 厘米、宽 7.5 厘米。六轮车形盒的纹饰有西周晚期的风格，年代下限至两周之际。车厢四周饰有圆雕或浮雕的龙、虎、猴、鸟等动物形象，象征着“域养禽兽”的囿苑。

目前所发现的刖人青铜器多出土于周人统治核心的周原地区，玮师曾经指出周原地区是非姬姓贵族的居住地。②这些器物基本都是非姬姓贵族的窖藏或墓葬中出土，比如庄白一号窖藏还有史墙盘、瘐器等，铭文表明这座窖藏属于商人后裔微史家族。扶风齐家村窖藏同出的日己尊、日己觥、日己方彝等都有日名和族徽。根据镕师提出的“周人不用族徽说”③，这些明确属于非姬姓贵族。扶风县黄堆乡黄堆村 M25 盗扰破坏严重，虽然器物只剩下一些残片，但是墓室中间有一椭圆形腰坑。西周时期的丧葬制度表明周人不采用腰坑，基本可以确定这是非姬姓贵族的墓地。宝鸡市茹家庄窖藏与 1976 年发现的茹家庄強国墓地相距约三百米，再往南二公里就是竹园沟，因此也不是姬姓贵族的窖藏。

山西闻喜县上郭村 M7 的墓葬规格不高，同出的还有一件小匜鼎，相似的器物在河南三门峡上村岭虢国墓地 M1704④也有发现。闻喜县旧称“曲沃”。《史记·晋世家》记载：“昭侯元年，封文侯弟成师于曲沃。”索隐曰：“河东之县名，汉武帝改曰闻喜也。”《史记·十二诸侯年表》：“晋昭侯元年，为平王二十六年。”此地虽为周人统治的区域，但是整个墓地的三十六座墓葬仅有一座有成组合的礼器，其余多是这种小匜鼎，以及受北方青铜文化影响的青铜鍑。这些迹象表明，这个墓地是姬姓贵族的可能性也不大。内蒙古宁城县小黑石沟村 M8501 是一座大型石椁墓，这座墓葬位于南北文化交流的枢纽地带。随葬品中既有夏家店上层文化的容器，还有北方文化系统的武器、工具以及中原系统的青铜礼器，墓主人可能是当地的首领阶层。

---

① 礼县博物馆、礼县秦西垂文化研究会：《秦西垂陵区》，文物出版社，2004 年，第 99 页。

② 曹玮：《周原的非姬姓家族与虢氏家族》，《周原遗址与西周铜器研究》，科学出版社，2004 年，第 45 页。

③ 张懋镕：《周人不用族徽说》，《考古》1995 年 9 期。

④ 中国科学院考古研究所：《上村岭虢国墓地》，科学出版社，1958 年，第 33 页。

青铜器的刖人形象多为头戴瓜皮小帽，少数为绾发，有的背部纹身燕子图案，说明可能是来自周边的异族。从装饰题材来看，刖人在受刑后主要从事守门或守囿的工作。《吕氏春秋·音初》记载夏后氏孔甲到东阳萯山巡狩，带农人之子回，及"子长成人，幕动坼橑，斧斫斩其足，遂为守门者"。高诱注："以其无足，遂为守门之官。"[1]《韩非子·外储说左下》云："孔子相卫，弟子子皋为卫狱吏，刖人足，所跀者守门。"[2] 传世文献还有"刖者使守囿"（《周礼·秋官·掌戮》），"掌囿游之兽禁"（《周礼·地官·囿人》）的记载。刖人可能还做一些繁重的体力劳动，供主人的奴役和驱使。这些刖人青铜器的发现正好印证了传世文献的记载。

二、考古材料中的刖刑

通过考古材料可知，刖刑在商代非常盛行。殷墟甲骨卜辞中有大量关于刖刑的记载，墓葬中发现的遗骸也说明了这种情况。

殷墟卜辞中有"𠂤"（合集 580 正）、"𠂤"（合集 581）、"𠂤"（合集 6007）等字。"𠂤"字，罗振玉先生最早释为"陵"，称"此字象人梯而升高，一足在地，一足已阶而升"。[3] 从字形和字义来看，"𠂤"和"𠂤"同为刀锯之属，又有"𠂤"是以手持锯之形，表示为用工具割断人的小腿或脚踝，其字形与从阜的陵字差距甚大。丁山先生释为"跀"，认为"象用刀锯去罪人一只足趾形……决是跀字本字"。[4] 裘锡圭先生释为"𠬝"，"𠬝应该是断足之刑的本字，而刖则是𠬝的后起形声字，跀和跀，又是𠬝的更后出的或体"。[5] 张政烺先生释为"俄"，称"俄是人截去一只脚，自然立不正（倾斜）呆不久（俄顷）"。[6] 胡厚宣先生释为"刖"，认为"象用锯或以手持锯断去人的一足之形"。[7] 学者们所隶定的虽有不同，但都认为此字表示的是断足之意。今依胡厚宣先生所释，隶定作"刖"。根据甲骨卜辞的内容大致可以分为四类：

第一类是卜问对其施以刖刑是否顺利，如：

（1）丁巳卜，亘，贞刖若　　　　　　　　　（合集 6001 正）
（2）乙酉卜，［㱿］贞刖［莫］　　　　　　（合集 6002 正）

---

[1]　陈奇猷：《吕氏春秋新校释》，上海古籍出版社，2002 年，第 341 页。
[2]　陈奇猷：《韩非子新校注》，上海古籍出版社，2000 年，第 722 页。
[3]　罗振玉：《增订殷虚书契考释》卷中，《殷虚书契考释三种》，中华书局，2006 年，第 515 页。
[4]　丁山：《中国古代宗教与神话考》，上海龙门联合书店，1961 年，第 132 页。
[5]　赵佩馨（裘锡圭）：《甲古文中所见的商代五刑》，《考古》1961 年 2 期。
[6]　张政烺：《释甲骨文"俄""隶""蕴"三字》，《张政烺文史论集》，中华书局，2004 年，第 439 页。
[7]　胡厚宣：《殷代的刖刑》，《考古》1973 年 2 期。

（3）□寅卜，設贞其有刖　　　　　　　　　（合集 6003）

（4）辛卯卜，設贞刖……　　　　　　　　　（合集 6007）

（5）贞其刖　　　　　　　　　　　　　　　（合集 6000 反）

第二类是卜问施以刖刑，受刑人是否会死亡，如：

（1）……其有［刖］百人，其有［死］　　　　（合集 1042）

（2）贞其［刖］百人死　　　　　　　　　　　（合集 1043）

（3）贞刖百［人］……　　　　　　　　　　　（合集 1044）

（4）……其刖……死　　　　　　　　　　　　（合集 6004）

（5）□□卜，亘，贞……刖其死　　　　　　　（合集 6005）

第一类和第二类卜辞反映了商晚期实施刖刑的大体状况，根据卜辞年代表明商王武丁通过贞人設、亘来卜问行刑是否顺利。受刖刑的人动辄百人以上，还要卜问受刑后是否能存活下来，可以推想能够保住性命的刖人还要继续为商王朝服务。

第三类是卜问对"隶"施以刖刑，是否顺利或受刑人是否会死亡。如：

（1）贞刖隶八十人不死　　　　　　　　　　　（合集 580 正）

（2）贞刖隶不死　　　　　　　　　　　　　　（合集 581）

（3）……刖……隶　　　　　　　　　　　　　（合集 582）

（4）辛未贞，其𧗊多隶，其刖多隶　　　　　　（屯南 857）

"𦥑"在卜辞中特指一种特殊身份的人，他们在征伐时或作为士兵，在祭祀时或用作人牲，《甲骨文合集》中隶定作"仆"。郭沫若先生疑为"宰"的初文[1]，指罪隶俘虏之类的人。张政烺先生释作"隶"[2]。"隶"，《周礼·夏官·隶仆》云："掌五寝之扫除粪洒之事。"《仪礼·既夕礼》"隶人涅厕"，汉郑玄注："隶人，罪人也，今之徒役作者也。"

第四类是卜问对因逃亡而被捉回来的罪人施以刖刑是否会死亡。如：

□□卜，争，［贞］刖㽞，不［死］　　　　　　（合集 861）

"㽞"为逃亡的亡字，[3] 指逃亡的罪人。第三类和第四类卜辞重点指出了刖人的身份主

---

① 郭沫若：《释臣宰》，《甲骨文字研究》，科学出版社，1962 年，第 70 页。

② 张政烺：《释甲骨文"俄""隶""蕴"三字》，《张政烺文史论集》，中华书局，2004 年，第 439 页。

③ 胡厚宣：《甲骨文所见殷代奴隶的反压迫斗争》，《考古学报》1976 年 1 期。

要是罪人，他们原本有日常的劳役工作。不堪忍受压迫的罪人只能选择逃亡，统治者为防止其逃跑对其施以刖刑。

第五类是卜问对反叛方国的首领施以刖刑，如：

　　　　□巳卜，其刖四封、舌卢，叀邑子示　（屯南2510）

"四丰（封）"是四封方，即四个方国。卜辞又有：

　　　　乙丑王卜，贞今冏亚九备，余作障遣告侯田其册戲方、羌方、羞方、譽方，其余比侯田甾戔四封方　　　　　　　（合集36528反）

李学勤先生认为"四封方"是指戲方、羌方、羞方、譽方四个方国。①《小屯南地甲骨》2510"其刖四封"即指对四个方国首领施以刖刑。"舌"是剖腹刳肠、裂体分尸的极刑。"卢"是方国名，卜辞中有"卢子"（合集26010、26765），这是对卢方首领施以裂其肢体的舌刑。商朝统治者正是通过对反叛方国的首领处以极刑的手段，强迫他们臣服于商王朝的统治之下。

德国科隆东亚美术馆藏有一块武丁时期龟腹甲，左尾甲下端残片上有三个残辞：

　　　　……劓聅刖。②

这是割鼻的劓刑、割耳的聅刑和断足的刖刑三者并称，宋镇豪先生认为这三种刑罚是由轻到重的次序排列的，以"刵（劓）、聅一系为轻，刖刑重之"③。

通过上述卜辞的记载，一次受刑的人数达到百人之多，可见商代刑法之残酷。难怪子贡在谈论商代刑法时感叹道"古人何太毅也"。④甲骨卜辞里受刖刑的人当中，称"人"的为多，但其具体身份却不清楚。另外还有称为"隶"这种身份的人。从被施以刖刑的对象上看，一般为俘虏、罪人、仆隶和反叛方国的首领。

关于刖刑的考古发现也印证了甲骨卜辞的记载。1973年河北蒿城台西村发掘一座二里岗晚期墓葬M103⑤。此墓未经盗掘，西侧二层台北端的殉人两个膝盖骨以下被砍去，从胫骨的断面可以看出刀砍的痕迹。1974年在湖北黄陂盘龙城李家嘴发掘的二里

---

① 李学勤：《殷代地理简论》，科学出版社，1959年，第81页。
② 李学勤：《海外访古续记（二）》，《文物天地》1992年6期。
③ 宋镇豪：《甲骨文中所见商代的墨刑》，《考古学集刊》第15集，文物出版社，2004年，第196页。
④ 《韩非子·内储说上》："殷之法，弃灰于公道者断其手。子贡曰，弃灰之罪轻，断手之罚重，古人何太毅也。"
⑤ 河北省文物研究所：《蒿城台西商代遗址》，文物出版社，1985年。

岗晚期墓葬 M2[1]，没有盗扰迹象，殉人骨架的下肢骨残失。1971 年河南安阳高楼庄后岗发掘商代晚期的 M16[2]，墓葬未曾盗扰，殉人的骨架保存较好，同样残失下肢骨。胡厚宣先生据此断定这些都是受过刖刑的殉葬人骨架。[3]

　　根据相关资料的研究，商代刖刑的遗迹不仅存在于王畿地区，在其他地区也有发现。1976～1978 年陕西岐山县贺家村发掘了两座殉葬墓 78QHM42 和 76QHM116[4]。其中 M42 的殉人大腿骨被砍成两截，被砍下的一截葬在殉人的左侧，无随葬品。M116 殉人的双手双脚被砍，随葬一件陶罐。M116 出土的陶鬲和陶罐具有典型商式陶器的特点，其年代为先周时期。已经发掘的商代葬墓中有人殉人牲遗迹的共有 164 座，其中安阳殷墟商代墓葬中的人殉人牲遗迹（包括殉牲祭牲和车马坑）100 座，安阳殷墟以外商代墓葬中的人殉人牲遗迹（包括殉牲祭牲和车马坑）64 座。有刖刑的殉人只有少数几座墓葬，说明大量受过刖刑的仆隶未能成为殉人。

　　虽然周人崇尚"以德配天"的统治思想，但是在两周时期的墓葬中刖刑还有部分存留。1997 年河南鹿邑县太清宫镇发掘一座西周早期的 M1[5]，在腰坑内有一个下肢骨被砍去的殉人。殉人的骨架上有玉鸟两件，颈骨上还留有贝壳串饰的痕迹。因此，腰坑内的殉人不是一般的奴隶，极有可能是墓主人的侍从。这座墓葬具有典型的商文化因素，墓主人是与商王朝关系密切的长国诸侯。商代灭亡后虽然臣服于周王朝，死后仍然按照商人葬俗进行埋葬。1963～1986 年山西侯马上马墓地发掘的 M6005[6]，墓室西南部有一个下肢残断的殉人，口内含碎玉石一块。根据俞伟超先生总结商周时期殉人的四种身份来看[7]，这座墓葬的殉人应为墓主人的随身侍从。值得注意的是，上马墓地的二座大型墓都没有殉人，墓主人可能是姬姓贵族。殉人只出现于小型墓中，推测墓主人是非姬姓贵族。

　　直到春秋时期，使用刖人殉葬的风俗在山东地区依然十分流行。1979 年在山东莒南大店镇发掘的春秋中期墓葬 M2[8]，在墓室中部有方形腰坑，墓主人的足端有Ⅸ号殉人，无随葬品。Ⅸ号殉人的胫骨和腓骨下端断面平齐，显然为利刃砍断的痕迹。1982 年在山东临沂市凤凰岭发掘的春秋晚期郯国国君墓[9]，在墓室西侧二层台上的 11 号殉

---

①　湖北省文物考古研究所：《盘龙城》，文物出版社，2001 年。

②　中国科学院考古研究所安阳发掘队：《1971 年安阳后冈发掘简报》，《考古》1972 年 3 期。

③　胡厚宣：《殷代的刖刑》，《考古》1973 年 2 期。

④　陕西周原考古队：《陕西岐山贺家村西周墓发掘报告》，《文物资料丛刊》8，文物出版社，1983 年。

⑤　河南省文物考古研究所、周口市文物局：《鹿邑太清宫长子口墓》，中州古籍出版社，2000 年。

⑥　山西省考古研究所：《山西侯马上马墓地发掘简报（1963—1986 年）》，《文物》1989 年 6 期。

⑦　俞伟超：《古史分期问题的考古学观察（一）》，《文物》1981 年 5 期。

⑧　山东省博物馆等：《莒南大店春秋时期莒国殉人墓》，《考古学报》1978 年 3 期。

⑨　山东省兖石铁路文物考古工作队：《临沂凤凰岭东周墓》，齐鲁书社，1988 年。

人缺少左足，无随葬品。12 号殉人缺少右足，随葬铜削一件，置于右小腿内侧。两个殉人都无棺，12 号殉人没有发现任何葬具。但是 11 号殉人墓坑四壁外弧，坑壁与底部发现席纹痕迹，说明 11 号殉人下葬时使用茵席包裹。结合刖人守囿六轮车形盒的刖人背部有燕子纹图案，可能反映的就是有燕子纹身的东夷人。商人原本就是东夷族的一支，或许可以说明这是刖刑在山东地区有深远影响的根源。

因此，使用刖人殉葬主要是在商文化的范畴，尚未发现姬姓贵族墓葬有这种情况。从身份特征来看，商代的刖人主要是俘虏、罪人、仆隶和反叛方国的首领，殉葬的刖人既无随葬品，也无葬具。两周时期，殉葬刖人的身份有所提高，少数还有葬具或随葬品，有的还是墓主人的侍从。殉葬的刖人或刖左足，或刖右足，或刖双足，表明此时刖刑的刑罚等级已经出现。

三、古代文献中的刖刑

刖刑在先秦时期被列为五刑之一，是一种极重的肉刑。文献典籍对刖刑名称的记载除"刖"外，还有"剕"、"腓"、"跰"、"跀"、"兀"、"趴"、"髌"、"膑"、"止"、"趾"等名称。《说文》："刖，绝也。从刀，月声。鱼厥切。"《广韵·鎋韵》："去足。"《广韵·月韵》："刖，断足刑也。"《玉篇·足部》："跀，亦作刖。"《集韵·月韵》："跀，通作刖。"《尚书·吕刑》："剕辟疑赦，其罚倍差。"《广韵》："剕，刖足也。"《玉篇·刀部》："剕，刖足。"《类篇·刀部》："剕，跀也。"《尔雅·释言》："跰，刖也。"由此可证刖、跰、剕和跀互为通假。

《庄子·德充符》记有："鲁有兀者王骀。"李颐《庄子集解》"刖足曰兀"，[1] 成玄英疏："刖一足曰兀。"崔譔《庄子注》："兀，又作趴，断足也。"[2]《玄应音义》曰："刖，古文跀、趴二形同。"王念孙《广雅疏证》称："跀，是断足也，或作趴，跀、趴并与刖通。"[3]《尔雅·释言》："趾，足也。"《云梦秦简·法律答问》记载："五人盗，臧（脏）一钱以上，斩左止，有（又）黥以为城旦。"[4]《汉书·刑法志》有："当斩左止者，笞五百。"止或趾常见于秦汉以后的文献，也是作为刖刑的别称。对于这些不同的名称，虽然有学者认为刖、剕、髌应分为三种不同的断足方法，即"郑意膑者，脱其髌也；剕者，断其趾也；刖者，断其足也"。[5] 但是大多数学者还是倾向髌、剕、

① 陆德明：《经典释文》引李颐《庄子集解》，上海古籍出版社，1985 年。

② 陆德明：《经典释文》引崔譔《庄子注》，上海古籍出版社，1985 年。

③ 王念孙：《广雅疏证·刖字》，中华书局，2004 年。

④ 云梦秦墓竹简整理小组：《云梦秦简释文（三）》，《文物》1976 年 8 期。

⑤ 黄以周：《礼书通故》，中华书局，2007 年，第 1825 页。

刖应统称为足刑，在文献记载中并无区别。①

　　传世文献中"刖"字又可通作"膑"。《史记·周本纪》引录本句作："膑辟疑赦，其罚倍差。"《周礼·秋官·司刑》郑玄注"夏刑大辟二百，膑辟三百，宫辟五百，劓墨各千"。《汉书·百官公卿表》"咎繇作士，正五刑"，颜师古注："刖，去髌骨也。"《周礼·秋官·司刑》又称："司刑掌五刑之法，以丽万民之罪。墨罪五百，劓罪五百，宫罪五百，刖罪五百，杀罪五百。"从这些文献来看，五刑次序是依照轻重排列的。《尚书·吕刑》记载刖刑重于墨刑、劓刑，而轻于大辟、宫刑。《汉书·刑法志》和《魏书·刑法志》都说刖刑重于宫刑，仅次于杀刑。从量刑轻重的变化可知，先秦时期刖刑尚属于较轻的刑罚，秦汉以后刖刑逐渐升级为较重的刑罚。

　　商和西周的刖刑在传世文献中所见不多，但是春秋、战国时期记载的比较详细。除了脍炙人口的魏国庞涓妒贤嫉能，对孙膑施以刖刑的故事，在列国之中几乎都能看到使用刖刑的情况。

　　楚国

　　《左传·庄公十九年》记载："鬻拳强谏楚子，楚子弗从，临之以兵，惧而从之。鬻拳曰：'吾惧君以兵，罪莫大焉。'遂自刖也，楚人以为大阍，谓之大伯，使其后掌之。"鬻拳作为楚国宗室后裔，以武力迫使楚王听从了自己的劝阻，感到自己的行为有辱于国君，遂自刖双足，成为了"大阍"。楚王敬鬻拳忠诚，使其掌管郢都的城门。《周礼·天官·叙官》注引《说文·门部》："阍，常以昏闭门隶也。"《礼记·内则》"阍寺守之"，郑玄注："阍，掌守中门之禁也。"《后汉书·宦官列传》"阍者守中门之禁"，李贤注："阍，即刖足者。"《公羊传·襄公二十九年》："阍者何，门人也，刑人也。"《礼记·祭统》："阍者，守门之贱者也。"

　　《韩非子·和氏》记载："楚人和氏得玉璞楚山中，奉而献之厉王。……王以和为诳，而刖其左足。及厉王薨，武王即位，和又奉其璞而献之武王……王又以和为诳，而刖其右足。"两位楚王皆以和氏欺骗国君为名，对其施以了刖刑。

　　秦国

　　《韩非子·说林上》："公孙友自刖而尊百里。"庐文弨曰："'友'，当作'支'。"陈奇猷称："《左传》见僖九年、十三年、十五年，文三年，皆作枝，支、枝同字。"②公孙枝即为秦大夫子桑。《吕氏春秋·不苟论》记载"秦缪公相百里奚，晋使叔虎、齐使东郭蹇如秦，公孙枝请见之。公曰：'请见客，子之事欤？'对曰：'非也。''相国使子乎？'对曰：'不也。'公曰：'然则子事非子之事也。秦国僻陋戎夷，事服其任，人事其事，犹惧为诸侯笑。今子为非子之事，退，将论而罪。'公孙枝出，自敷于百里氏。百里奚请之。公曰：'此所闻於相国欤。枝无罪奚请？有罪奚请焉？'百里奚

────────────

①　孙诒让：《周礼正义》，中华书局，1987 年，第 2838 页。

②　陈奇猷：《韩非子新校注》，上海古籍出版社，2000 年，第 489 页。

归，辞公孙枝。公孙枝徙，自敷于街。百里奚令吏行其罪"。由于公孙枝触犯了秦国越位谋政的法律，自知理亏刖其双足。

晋国

《左传·僖公二十八年》记载"卫侯与元咺讼，甯武子为辅，鍼庄子为坐，士荣为大士。卫侯不胜。杀士荣，刖鍼庄子，谓甯俞忠而免之。执卫侯，归之于京师，置诸深室"。杨伯俊注："皆晋人之所为也。"① 晋国作为诸侯领袖主持了卫侯与元咺的诉讼案件，逮捕了败诉的卫侯，杀掉了卫侯的辩护人士荣，砍掉了卫侯代理人鍼庄子的脚。

赵国

《韩非子·外储说左下》记载"梁车为邺令。其姊往看之，暮而后至，闭门，因踰郭而入。车遂刖其足。赵成侯以为不慈，夺之玺而免之令"。赵国法律规定关闭城门后对越城郭的人处以刖刑。《尚书·大传》同样有"决关梁、踰城郭而略盗者，其刑膑"的记载。

卫国

《韩非子·外储说左下》记载"孔子相卫，弟子子皋为狱吏，刖人足，所跀者守门"。另外，《韩非子·说难》记有"卫国之法，窃驾君车者罪刖"。卫国法律规定刖者守门，并且对偷盗国君车马的人处以刖刑的惩罚。《列子·说符》："以法干卫侯，卫侯曰：'吾弱国也。而摄于大国之间。大国吾事之，小国吾抚之，是求安之道。若赖兵权，灭亡可待矣。若全而归之，适于他国，为吾之患不轻矣。'遂刖之而还诸鲁。"这段文献记载了鲁国孟氏之子想在卫国施展平生所学，卫侯不仅不能善于用人，还怕他将来到他国来危害卫国，对其施以刖刑的故事。

郑国

《庄子·德充符》："申徒嘉，兀者也。"成玄英疏："姓申徒，名嘉，郑之贤人，兀者也。"申徒嘉与执政郑国的子产同为伯昏无人的学生，是一位有相当声名的贤者。《左传·庄公十六年》："郑伯治与于雍纠之乱者。九月，杀公子阏，刖强鉏。"这是记述郑伯整治了参与雍纠之乱的人，杀掉公子阏，对犯上作乱的强鉏施以刖刑。

宋国

《庄子·养生主》："公文轩见右师而惊曰，是何人也，恶乎介也。"郭象注："介，偏刖之名。"司马彪注："介，刖也。"② 成玄英疏："介，刖也。"司马彪注："公文轩，宋人也。右师，宋人也。"从以官为氏的称谓中可以看出受过刖刑的右师是具有较高社会地位的人。

鲁国

《庄子·德充符》所记的"鲁有兀者王骀"，也是鲁国的一位大贤。从其游学的人

① 杨伯俊：《春秋左传注》，中华书局，2005年，第472页。
② 陆德明：《经典释文》引司马彪《庄子注》，上海古籍出版社，1985年。

和孔夫子不相上下，无怪乎孔子也称赞其："夫子，圣人也，丘也直后而未往耳。丘将以为师，而况不若丘者乎？"（《庄子·德充符》）

齐国

《左传·成公十七年》记有齐灵公"刖鲍牵而逐高无咎"。由于齐灵公轻信谣言，认为鲍牵、高无咎紧闭城门将要图谋不轨，遂对鲍牵施以刖刑。又有《左传·文公十八年》："齐懿公之为公子也，与邴歜之父争田，弗胜。及即位，乃掘而刖之，而使歜仆。"杜预注："断其尸足。"可见齐懿公心胸狭小，即使对已经死去的人也要刖其足以示羞辱。直至齐景公时期刑法大滥，于是乎"国之诸市，履贱踊贵"（《左传·昭公三年》），杜预注："踊，刖足者屦，言刖多。"《管子·地数》记有"有动封山者，罪死而不赦。有犯令者，左足入，左足断。右足入，右足断"。表明齐国的法令执行相当严格，有破坏此项法令的立即处死，违反法令的则处以刖刑。

上述楚、秦、晋、赵、卫、郑、宋、鲁、齐等列国的情况，正是《韩非子·和氏》所说的"天下之刖者多矣"，有些国家已经达到了履贱而踊贵的地步。传世文献的记载，反映了这个时期的刖刑无论是数量，还是范围都远远超过了西周时期。

四、结　语

综上所述，根据考古资料和传世文献的分析，大致对先秦时期刖刑的量刑有一些初步的认识。

首先，先秦时期刖刑的对象。通过甲骨卜辞可知，商代刖刑的主要对象是异族俘虏和不臣服商王朝的方国首领。这种情况在西周时期并未得到改变，青铜器上的"刖人"发式和服饰均有较强的异族特征。有的"刖人"背部有燕子纹图案，表明其身份与东夷或淮夷有关。西周中晚期周王朝对周边的控制力逐渐减弱，北方和东南方的边患不断。多友鼎铭文有"猃狁方兴，广伐京师"（集成 2835），禹鼎铭文有"鄂侯驭方率南淮夷、东夷广伐南国、东国"（集成 2833）。史密簋铭文还有"南夷卢、虎会杞夷、舟夷雚不折，广伐东国"。[①] 这些战争最后都以周王朝的胜利结束，并且俘虏了不少战俘和青壮年劳力。例如师袁簋铭文记载师袁征淮夷有功，"折首执讯，无谋徒驭，殴俘士女、羊牛，俘吉金"（集成 4313）。由此推断，这些青铜器上的"刖人"可能就是在战争中俘虏的异族人。将这种纹样装饰于青铜器既有炫耀武功，又有警告的意味。

春秋、战国时期刖刑的对象发生了改变。从上述文献材料中大体可以分为四类：1. 违反国君命令。《国语·周语》："犯王命必诛，故出令不可不顺也。" 2. 放逐弑杀国君。《周礼·夏官·司马》："放弑其君则残之。" 3. 言语欺骗国君。《周礼·秋官·禁暴

---

① 吴镇烽：《史密簋铭文考释》，《考古与文物》1989 年 3 期。

氏》："作言语而不信者，以告，而诛之。" 4.破坏国家法制。《礼记·王制》："析言破律，乱名改作，执左道以乱政，杀。"以上四种罪行，严格来说都是要处以死刑，但是都从轻发落改为刖刑。这是量刑原则受到诸侯国之间政治和军事斗争影响的结果。此时刖人的身份发生了较大变化，这些受刑者都是具有社会影响力的士大夫阶层。

其次，先秦时期刖刑的等级。从青铜器上的"刖人"可知，刖左足者为大多数，刖右足者仅有两件。《韩非子·和氏》记载了楚王对和氏也是先刖左足，后刖右足。《秦简·法律答问》："五人盗，赃一钱以上，斩左止，又黥以为城旦。"①《汉书·刑法志》记载："当斩左止者，笞五百；当斩右止，及杀人先自告，及吏坐受赇枉法，守县官财物而即盗之，已论命复有笞罪者，皆弃市。"由此可见，从西周至秦汉时期刖左足乃是刖刑里面最轻的一级。河北藁城台西村 M103 和陕西岐山贺家村 M42 中出现的刖双足，则是刖刑里面最重的一级。因此，刖刑的刑罚等级，由轻到重依次为刖左足—刖右足—刖双足。

最后，先秦时期刖刑呈现波折式发展。商代社会中刖刑的使用比较普遍，但是在西周社会表现的并不显著。少数有刖刑遗迹的都不是姬姓周人的墓葬，有"刖人"纹样的青铜器也不属于姬姓贵族，这些现象说明了刖刑在西周时期总体上处于衰落期。这是由于西周统治者的统治思想发生了重大的变化。周王朝建立之初，就非常注意吸取商王朝灭亡的教训。统治思想从商代的"天罚神判"转变为"明德慎罚"。《尚书·康诰》称："惟乃丕显考文王，克明德慎罚，不敢侮鳏寡，庸庸，祇祇，威威，显民。"《尚书·多方》称："乃惟成汤克以尔多方简，代夏作民主。慎厥丽，乃劝。厥民刑，用劝。以至于帝乙。罔不明德慎罚，亦克用劝。"这种思想决定了周王朝的治国理念和司法原则。西周中后期周王朝的统治力开始下降，"刖人"纹样的出现反映了这个时期的社会状况。春秋、战国时期，各个诸侯国都有大量关于刖刑的记载。并且在法律上以刖刑作为杀刑的替代，标志着刖刑已经上升成为国家刑罚的主流。这个转变正是刑罚等级从《尚书·吕刑》到《汉书·刑法志》发生变化的中间阶段。

先秦时期的刖刑经历了由商代盛行至西周时期衰落，再到春秋、战国时期再度盛行的波折式发展。一方面这是由统治阶级的统治思想决定的，另一方面也是根据国家政治局势的变化采取的应对策略。《史记·孝文帝本纪》记载汉文帝十三年曾一度废止刖刑，但是并未彻底绝迹。逮至明清，时用时废。

2006 年 10 月完稿

2019 年 12 月修订

（原载《考古与文物》2007 年增刊）

---

① 云梦秦墓竹简整理小组：《云梦秦简释文（三）》，《文物》1976 年 8 期。

第五章

古代晚期青铜器研究

宋元时期的礼器研究之一

——以浏阳文靖书院祭器为中心

浏阳文靖书院创建于元代，奉祀宋代著名的理学家杨时。据清乾隆《长沙府志》载："文靖书院在向阳门内西街，宋初龟山先生宰邑时，与士传习于城南。元进士汤荧以其地为书院，请额于朝，因其谥名院，设山长。成化间改为龟山祠，今废。"①

杨时，字行可，号龟山先生，福建将乐人。曾游学于程颢、程颐，是北宋理学南传的关键性人物。《宋儒学案》称："二程得孟子不传之秘于遗经，以倡天下。而升堂睹奥，号称高第者，游、杨、尹、谢、吕其最也。顾诸子各有所传，而独龟山之后，三传而有朱子，使此道大光，衣被天下。"②北宋元祐九年（1094 年）杨时赴任湖南潭州浏阳知县，在城南讲学论道，传播理学。南宋绍兴五年（1135 年）辞世，谥号"文靖"。元代恢复科举，设立文靖书院，以欧阳龙生为书院山长。

宋代以来，儒生与仕途的联系不再紧密。作为文化研究者和道义传布者，通过私人创办的书院使得上层文化重心开始下移。儒家认为"圣人之道不传，为治者不知"。③在书院举行祭祀先圣、先师的释奠礼，对于彰明道统、教化社会风气有着积极的作用。早期受祀的只有孔子及其贤弟子。咸平二年（999 年）李允则扩建岳麓书院，"塑先师十哲之像，画七十二贤"④。咸平五年（1002 年）白鹿洞书院修缮之时，所塑的仅有孔子和十大弟子像。南宋以后，书院逐渐摆脱官学体制的影响，孔子及其贤弟子的受祀地位开始弱化。陈傅良在《潭州重修岳麓书院记》中讲到在淳熙十五年（1188 年）参观岳麓书院时，曾谒诸先生祠下。⑤书院开始奉祀各自学派的代表人物以阐述其学派宗旨，诸如周敦颐、二程、张载、朱熹、邵雍、陆九渊等人都在供祀之列。

元延祐元年（1314 年）郡别驾刘安仁大修岳麓书院，以张栻、朱熹两位理学大师合祀朱洞、周式、刘珙，额曰"诸贤祠"。⑥元人唐肃言称："凡天下名书院者，有祠

① （清）吕肃高等修纂：《（乾隆）长沙府志》，岳麓书社，2008 年，第 295 页。

② （清）黄宗羲：《宋儒学案》卷二十五"龟山学案"，中华书局，1996 年，第 947 页。

③ （元）李祁：《文正书院记》，《范仲淹全集》，凤凰出版社，2004 年，第 1023 页。

④ （宋）王禹偁：《潭州岳麓山书院记》，《小畜集》卷十七，《四部丛刊初编》，上海书店，1989 年。

⑤ （宋）陈傅良：《潭州重修岳麓书院记》，《止斋集》卷三十九，《文渊阁四库全书》。

⑥ （清）赵宁：《新修岳麓书院志》卷三，广陵书社，2010 年。

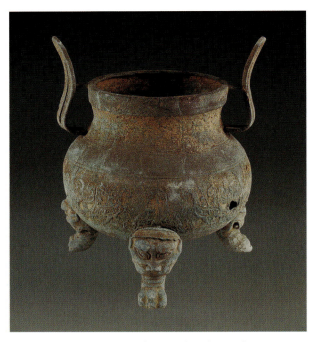

图 1　衡阳市博物馆收藏的文靖书院龟山先生炉

以祠先贤，有教以教后学，国朝制也。然先贤之得祠者，或以乡于斯也，或以仕于斯也，或以隐学于斯也，或以阐教于斯也。乡于斯者，非有德弗祠；仕于斯者，非有功弗祠；隐学于斯者，非道成于己弗祠；阐教于斯者，非化及于人弗祠，此又立制之详也。"① 曾经是书院所宗学派的大师，或是主持过书院的讲席，以及做过重要贡献的乡绅和地方官都可以成为书院祭祀的对象。衡阳市博物馆收藏有一件文靖书院的兽面纹炉（图 1），通高 35 厘米，口径 20 厘米，颈部一侧铸有铭文"文靖书院置龟山先生前公用"，表明这件器物是专门用于供祀杨时的。

元朝初年，原南宋的士大夫既不肯入仕为官，也不肯到官办的儒学任教，甚至不让其子弟在官学里学习。元世祖吸取辽、金两代的统治经验，允许他们隐居不仕，或者让他们自办书院。中统二年（1261 年）下诏"宣圣庙及管内书院，有司岁时致祭，风朔释奠，禁诸官员使臣军马，毋得侵扰亵渎，违者加罪"。② 至元二十八年（1291 年）又诏令"江南诸路学及各县学内，设立小学，选老成之士教之，或自愿招师，或自受家学于父兄者，亦从其便。其他先儒过化之地，名贤经行之所，与好事之家出钱粟赡学者，并立为书院"。③ 由于元朝统治者尊崇儒学，对不愿入仕的人采取了宽容的政策，使得书院得到迅速的发展，书院教育极大地弥补了官学教育的不足。但是随着朝廷对书院控制的不断加强，书院的官学化特征也逐渐明显。

文靖书院祭器的种类和数量虽然不全，但是在宋元时期的学祠祭器中是相对完备的资料，这些器物目前分别收藏于湖南省博物馆和衡阳市博物馆。马今洪先生通过对这组器物形制和纹饰的分析，认为主要是仿《博古图》系统制作的④，这对宋元时期礼

① （元）唐肃：《皇冈书院无垢先生祠堂记》，《丹崖集》卷五，上海古籍出版社，2003 年，第 185—186 页。

② 《元史·世祖一》卷四，中华书局，2005 年，第 71 页。

③ 《元史·选举志一》卷八十一，中华书局，2005 年，第 2032 页。

④ 马今洪：《元代书院与明代文庙祭器》，《复兴的铜器艺术——湖南晚期铜器展》，中华书局，2013 年，第 289—299 页。

器系统的研究具有重要意义。本文以元代文靖书院的祭器为中心，结合文献和图谱来讨论这个时期书院礼器制度发展变化的情况。

一、文靖书院祭器的文化内涵

宋代释奠礼所用祭器的种类和数量有明确的规定，宋真宗诏太常礼院定州、县释奠器数："先圣、先师每坐酒尊二、笾豆八、簠二、簋二、俎三、罍一、洗一、篚一、尊皆加勺、幂，各置于坫，巾共二，烛二，爵共四，坫。有从祀之处，诸坐各笾二、豆二、簠一、簋一、俎一、烛一、爵一。"[①] 从文献记载来看，祭器组合是以笾豆为主，簠簋次之，另有俎、罍、尊、爵等。宋徽宗之前，爵的形制都是按照聂崇义《三礼图》的样式，即"雀别置杯于背以承酒"（图2）。《三礼图》还有"爵坫"（图3），称

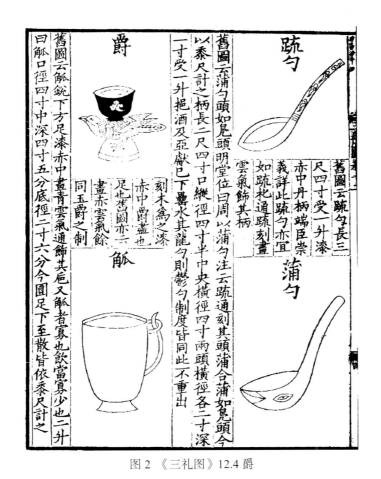

图2　《三礼图》12.4 爵

---

① 《宋史·礼志八》卷一百五，中华书局，2007 年，第 2548 页。

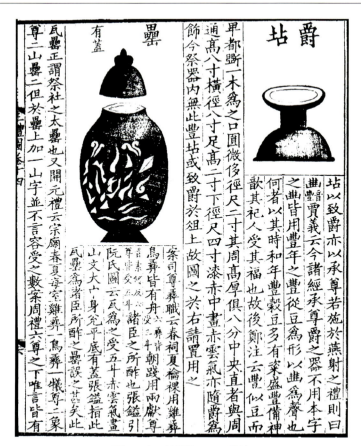

图 3 《三礼图》14.6 爵坫

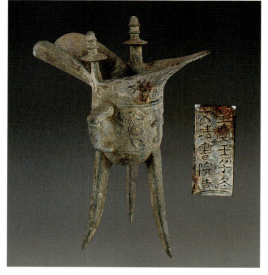

图 4 衡阳市博物馆收藏的文靖书院大德爵和铭文　图 5 衡阳市博物馆收藏的文靖书院皇庆爵和铭文

图 6　北京故宫博物院收藏的宣和山尊　　　　图 7　甘肃漳县汪世显家族 M9 的爵和爵坫

"坫以致爵，亦以承尊"。① "坫"本为古代设于堂中供祭祀、宴会时放置礼器的土台，在图谱中作为盛放酒器的器座。

　　文靖书院有两件爵，造型均为双柱三足爵。大德爵（图 4）通高 23 厘米，流长 17.5 厘米，尾部铭文记"大德乙巳（1305 年）文靖书院"。皇庆爵（图 5）通高 22 厘米，流长 7.5 厘米，尾部铭文记"皇庆壬子（1312 年）冬文靖书院造"。这两件器物体现了元代书院的学祠祭器秉承徽宗朝仿古器的法式，即以《宣和博古图》为制作礼器的范本。

　　元代早期释奠礼所用祭器为金、南宋的旧物，其中还有少数徽宗朝的仿古器。文献记载"凡铜之器六百八十有一，宣和爵坫一，豆二百四十有八，簠簋各一百一十有五，登六，牺尊、象尊各六，山尊二，壶尊六，著尊、太尊各二，罍二，洗二。龙杓二十有七，坫二十有八，爵一百一十有八"。② 这种"宣和爵"，应是宋徽宗宣和年间所铸造。同时铸造的还有北京故宫博物院收藏的宣和山尊（图 6），铭文称："惟宣和三年正月辛丑，皇帝考古，作山尊，艷于方泽，其万年永宝用。"宣和爵和宣和山尊都是仿三代器，那么"宣和爵坫"就表明这种双柱三足爵在陈设时有"坫"。

　　通过考古材料可知，这种仿古爵和爵坫有固定的组合关系。1972～1979 年甘肃漳县汪世显家族墓的 M9 和 M13 各有一套青铜的爵和爵坫，M8 有一套陶的爵和

①　（宋）聂崇义：《新定三礼图》，《中华再造善本》，国家图书馆出版社，2006 年。
②　《元史·祭祀志五》卷七十六，中华书局，2005 年，第 1893 页。

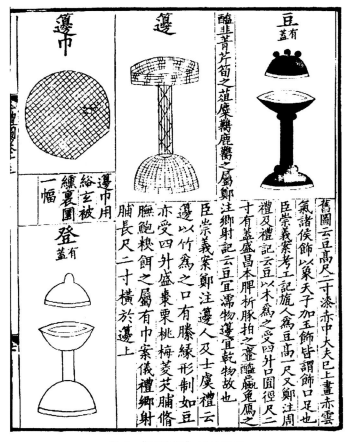

图 8 《三礼图》13.7 笾豆

爵坫，青铜爵和陶爵均为双柱三足爵。M9 爵坫 [①]（图 7）为八角形小盘，高 3.8 厘米，长 16.9 厘米，宽 16.9 厘米。高壁，平底，底部有四个支足。M13 爵坫为圆形小盘，高 3.3 厘米，直径 17.8 厘米。直壁，平底，底部有三个支足。无论是青铜爵还是陶爵，出土时都置于小盘中。由此说明，文靖书院的两件爵在祭祀陈设时也应该有"坫"，只不过已经佚失。

　　商周时期的礼器制度为商人奉觚、爵重酒之制，周人奉鼎、簋重食之制。宋元时期已经发生很大的变化，笾豆组合成为祭器之根本。《论语·述而篇》皇侃疏："竹曰笾，木曰豆。豆盛菹醢，笾盛果实，并容四升。"文献所称，笾、豆形制基本相似，笾为竹质，豆为木质。若以所盛之物分类，则是"笾盛干物，豆盛濡物"。《三礼图》的笾豆（图 8）形制大体相仿，都是作高柄状，仅以盘口形状和器盖来区别。《皇宋通鉴长编纪事本末》载："崇宁初置讲议司，讲求元丰已行法度。……后君臣会庆阁成，又改作礼制局，凡尊、罍、簠、簋、笾、豆、盘、匜、鼎、俎皆不合古，于是禁中尽

　　① 甘肃省博物馆、漳县文化馆：《甘肃漳县元代汪世显家族墓葬》，《文物》1982 年 2 期。

出古器，用铜依古制重造，惟笾以竹为之。"①徽宗朝的新礼器虽是以三代器为范本，但是豆的样式却没有仿照《博古图》，这种情况同样发生于元代的书院祭器。

文靖书院的豆和器座（图9）铭文相同，记有"大元大德乙巳四月贰日丙午，潭州路浏阳州文靖书院作宝，始供祀吏，钦逎攸司，其永保用"。这件器座实际上是承豆的"豆坫"，大德豆坫（图10）高2厘米，长25.5厘米，宽25厘米。中部有圆形的凹面，表面光素，边缘铸有一周铭文。湖南省博物馆收藏有祁阳县学的至元豆坫（图11），高2.9厘米。形制与大德豆坫相似，只是中部凹面通底为圆孔，表面装饰海水纹，边缘装饰云雷纹，铭文记"祁阳县儒学祭器，达鲁花赤亦怜只非，进义提调官县尹王承直，主簿崔永仕，典史焦友谅，教谕陈时升，至元后四年戊寅秋志"。至元戊寅年即至元四年（1338年），这件器物代表了元代晚期豆坫的风

图9 湖南省博物馆收藏的文靖书院大德豆和豆坫

图10 衡阳市博物馆收藏的文靖书院大德豆坫

格特征。说明从元成宗大德年间至元顺帝至元年间，豆坫的局部形制发生了变化。

大德豆（图12）为假腹豆，通高21.6厘米，口径15.5厘米。腹内底为较浅的弧凹形，圈足呈镂空状，腹部饰六个突起的大圆乳纹，又以六组浅浮雕的窃曲纹相间。法国赛努奇博物馆收藏有一件政和豆②（图13），系宋徽宗政和八年（1118年）宫廷礼制局制作的道祠祭器，铭文记："惟政和八年十月戊子，皇帝再奉上真作豆，以祝长生大帝君，其万年永宝用。"台北故宫博物院收藏有一件绍兴豆（图14），系宋高宗绍

---

① （宋）杨仲良：《皇宋通鉴长编纪事本末》卷一百三十三，江苏古籍出版社，1987年，第4198—4199页。

② Michel Maucuer, *Bronzes de la China impériale des Song aux Qing*. Paris: Paris-Musées, les musées de la Ville de Paris, 2013.

图 11　湖南省博物馆收藏的祁阳县学至元豆坫和铭文拓片

图 12　湖南省博物馆收藏的文靖书院大德豆和铭文拓片

图 13　法国赛努奇博物馆收藏的政和豆

图 14　台北故宫博物院收藏的绍兴豆

兴十六年（1146 年）赐予秦桧的宗祠祭器，铭文记："惟绍兴丙寅贰月己丑，帝命作豆，赐师臣侩家庙，以荐菹醢，惟予永用享。"这两件豆的形制、纹饰与大德豆基本相同，应是后者师法于前者。政和豆和绍兴豆均自名为"豆"，并且绍兴豆表明其用途是盛"菹醢"，文靖书院的大德豆与之相同。

　　政和豆和绍兴豆的样式既没有采用《博古图》的平盘豆（图 15），也没有采用《博古图》的深腹豆（图 16），而是以未经著录的器物为范本。这种类型的豆却见于当今的考古发现，例如 1978 年陕西宝鸡西高泉村出土的珊生豆 ①（图 17），同样是假腹豆和大圆乳的装饰。1975 年陕西岐山董家村窖藏出土的龙纹铺 ②（图 18），圈足作镂空的卷龙纹与政和豆的圈足颇为相似。因此，政和豆的样式在当时必定是有本可依的，或许文本早已亡佚。

　　历代礼学家讨论祭器样式，争论最激烈的就是"簠簋"。《周礼·地官·舍人》："凡祭祀共簠簋。"郑玄注："方曰簠，圆曰簋，盛黍稷稻粱器。"《三礼图》的簠簋（图 19）形制是根据《周礼》郑注和《考工记》等文献记载，仅有方圆之别，并无太大差异。《金石索》著录的宋象物簠为徽宗朝的器物（图 20），铭文记"帝作簠象物，用昭事神，神永又依归，纯佑命于我邦"。这种折壁簠虽然不见于《博古图》，却也符合当今考古发现的器物特征，说明徽宗朝的仿古器基本遵守了"考古作器"的原则。

　　文靖书院的簠和盨，与豆、豆坫的铭文完全相同，为同时期制作的器物。大德簠

　　①　宝鸡市博物馆、宝鸡县图博馆：《宝鸡县西高泉村春秋秦墓发掘记》，《文物》1980 年 9 期。

　　②　岐山县文化馆、陕西省文管会：《陕西省岐山县董家村西周铜器窖穴发掘简报》，《文物》1976年 5 期。

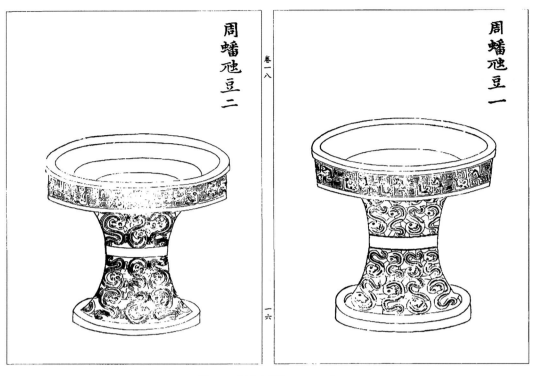

图15 《博古图》18.16 豆

图16 《博古图》18.18 豆

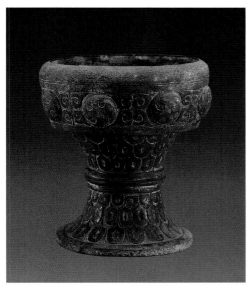

图 17　陕西宝鸡西高泉村的琱生豆

图 18　陕西岐山董家村窖藏的龙纹铺

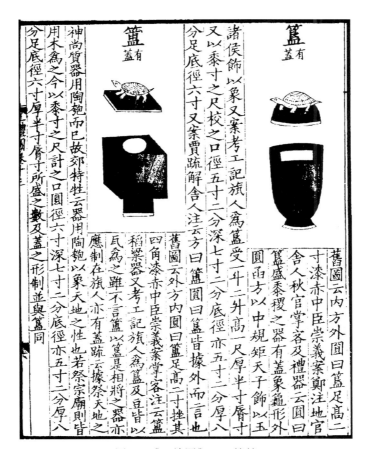

图 19　《三礼图》13.6 簠簋

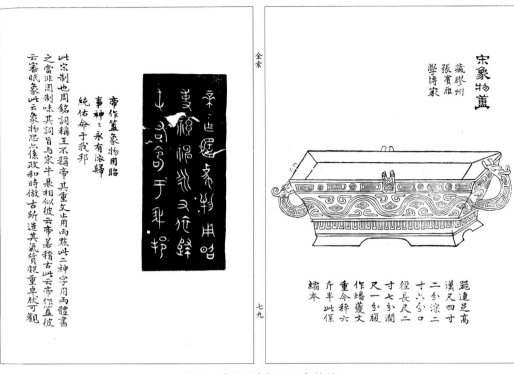

图20 《金石索》1.79 象物簠

图21 湖南省博物馆收藏的文靖书院大德簠和铭文拓片

（图 21）通高 23 厘米，口长 29.1厘米，口宽 24 厘米。器盖相互扣合，盖沿和口沿的直壁饰重环纹，盖面和腹部斜壁饰波曲纹，腹内底铸有铭文。这种折壁簋是模仿春秋时期的青铜簋，但是环形耳和纹饰却有西周时期的风格。尤其是盖顶和器底的镂空波曲纹基本不见于考古发现的青铜簋，不排除是当时人依据相关器物进行拼凑的结果。比如 2009 年山西翼城大河口霸国墓地 M1017 的霸伯山簋①（图 22），器为方形簋，盖顶就有类似的波曲纹装饰。文靖书院的簋和豆都有不同时期或相关器类组合的特点，说明其样式

图 22　山西翼城大河口 M1017 的霸伯山簋

并非完全遵照《博古图》，由此体现了元代仿古器的新风格。1981 年湖南常德慈利县出土的大德簋②为靖州文庙祭器（图 23），铭文记："大德乙巳，靖州达鲁花赤脱欢等，知州许武略，判官田进义，吏目郭中等谨识云。"此器形制与文靖书院的大德簋

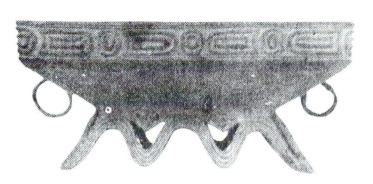

图 23　湖南常德慈利的大德簋和铭文拓片

---

①　山西省考古研究所、临汾市文物局、翼城县文物旅游局联合考古队、山西大学北方考古研究中心：《山西翼城大河口西周墓地 1017 号墓发掘》，《考古学报》2018 年 1 期。

②　刘廉银：《慈利县出土的元代铜簋》，《文物》1984 年 5 期。

图 24　湖南省博物馆收藏的文靖书院大德盨和铭文

图 25　湖南省博物馆收藏的文靖书院大德盨盖和铭文

完全相同，同样是在大德乙巳年制作。这种造型的盨可能是"大德"款官学文庙祭器的标准样式。

　　大德盨（图 24）通高 12.8 厘米，口长 22.5 厘米，口宽 17 厘米。盨盖（图 25）通高 7.8 厘米，口长 23.5 厘米，口宽 17.3 厘米。盖钮作曲尺形，两侧有兽首形耳，盖沿和口沿饰一周相扣合的窃曲纹，腹部饰瓦棱纹，圈足有桃叶形缺口，盖顶和腹内底分别铸有铭文。大德盨同样秉承了徽宗朝仿古器的法式，器形、纹饰仿制的极其精湛。例如上海博物馆收藏有西周时期的遣叔吉父盨（图 26），与此器几乎完全相同。

　　虽然传世文献均以"簠簋"并称，但是宋元时期所发现的祭器却很少有簠。台北故宫博物院收藏有一件泳泽书院的至正簠①（图27），通高13.4厘米，口径16.9厘米。敞口束颈，腹部圆鼓，下置高圈足。颈部饰有一周菱格纹，内填云雷纹，上下分别饰两栏连珠纹。颈部四面正中铸有戳印文，器外底凿刻铭文记"泳泽书院铜祭器，至正廿六年造"。此器造型似为无耳簠，实则为圆鼎改制而成。口沿与颈部有明显的焊接痕迹，器底的三

图26　上海博物馆收藏的遣叔吉父盨

圆孔是柱足残失的位置，圈足为后配，今已脱落。有学者考证这个圈足可能是西周车马器的车轵，为"古器今用"的实例。② 泳泽书院始建于至正二十五年（1365年）春，方国珍任江浙行省参知政事时，因朱熹弥节于此，故于金鳌山之东立祠祀之。虽然至正簠的刻铭为至正二十六年（1366年），但是原器有元代典型的官押戳记，制作和改制的年代都是明确的。

　　根据文靖书院的器物组合，文献中的"簠簋"应当为"簠盨"。《考古图》、《博古图》等宋代金石学著录往往将"盨"定名为"簠"，例如叔高父旅簠（《考古图》

图27　台北故宫博物院收藏的泳泽书院至正簠

---

　　①　石守谦、葛婉章：《大汗的世纪——蒙元时代的多元文化与艺术》，台北故宫博物院，2001年，第120页。

　　②　许雅惠：《古器新诠——院藏"泳泽书院雷文簠"的再认识》，《故宫文物月刊》2001年第9期，第54—69页。

图 28 《考古图》3.33 叔高父旅盨

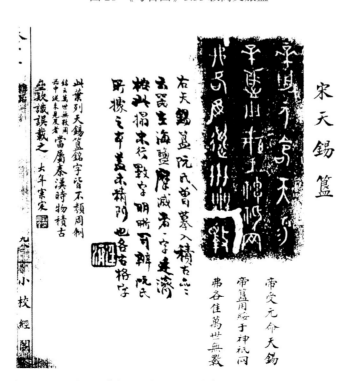

图 29 《小校经阁金石文字》13.98 天锡盨

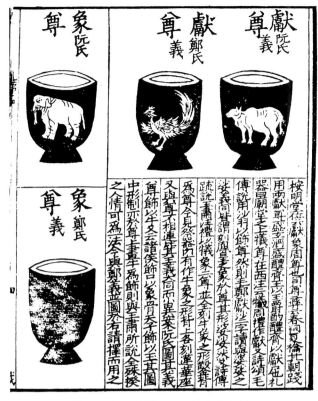

图30　《三礼图》14.4 牺尊和象尊

3.33）、周太师望簋（《博古图》18.9）。铭文摹本显示，叔高父旅簋（图28）的自名为"盨"。宋代的金石学著录还将"簋"称作"彝"或"敦"，例如周雷纹宝彝（《博古图》8.24）、周宰辟父敦（《博古图》16.45）。根据翟汝文的记述，宋徽宗制作了政和簋和政和簠。① 政和簋铭文记："维政和乙未某月甲子，帝崇配昭考，肇称于总章，爰作嘉簋。皇天顾歆明德，俾帝万年有休。"政和簠铭文记："维政和乙未某月甲子，帝宪三代，作祢宫，配皇考于后帝，作簠荐新，天锡眉寿，万年其永无斁。"查阅历代金石学著录未曾发现徽宗朝的政和簋，却有甲午盨（《积古斋钟鼎彝器款识》7.14）、天锡盨（《积古斋钟鼎彝器款识》7.15、《小校经阁金石文字》13.98）、政和盨（《商周彝器通考》187）。天锡盨（图29）著录时仍称为"天锡簋"，铭文拓本自名为"盨"是显而易见的。由此推断，文献记载的政和簋实际上就是政和盨。由于当时学者对青铜器的定名还不准确，造成了文献记载的错误。

　　《三礼图》和《博古图》是宋元时期礼器样式的范本，也是"以经绎器"和"考古作器"不同内涵的两大礼器系统。南宋绍熙年间颁布的《绍熙州县释奠仪图》传承了《博古图》"考古作器"的精神，但是两者仍有区别。文靖书院的牺尊和象尊均为

---

　　① （宋）翟汝文：《忠惠集》卷十，《文渊阁四库全书》。

图 31　湖南省博物馆收藏的文靖书院牺尊　　　　**图 32　湖南省博物馆收藏的文靖书院象尊**

图 33　《博古图》7.5 牺尊

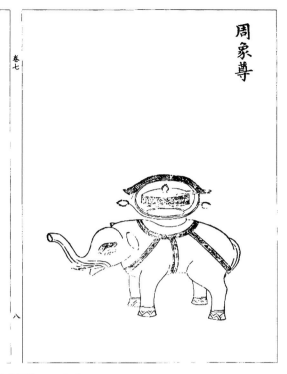

礼司尊彝云春祠夏禴其再献用两象尊者
明盛大而物趋於侈靡此象尊所由设也周
之所由而化也方時天氣下降地氣上騰文
取形於象以明乎夏德而已夏者假也萬物
呈有提梁無銘象之為物感雷而文生是尊
七分闊三寸八分容三升三合共重四斤四
深四寸五分口徑二寸二分通長一尺二寸
右通蓋高九寸八分耳高一寸五分闊九分

卷七

八

周象尊

图 34　《博古图》7.8 象尊

动物形尊，完全不同于《三礼图》的牺尊和象尊（图 30）。聂崇义称郑玄图的牺尊是
"刻凤凰之象于尊"，阮谌图是"牺尊饰以牛，象尊饰以象，于尊腹之上画为牛、象之
形"。[1]《毛诗》王肃注："以牺、象二尊，并全刻牛、象之形，凿背为尊。"《梁书·刘
杳传》载："古者樽彝皆刻木为鸟兽，凿顶及背，以出内酒。顷魏世鲁郡地中得齐大
夫子尾送女器，有牺樽作牺牛形。晋永嘉，贼曹嶷于青州发齐景公冢，又得此二樽，
形亦为牛象。二处皆古之遗器，知非虚也。"魏晋时期已经有周代的牺尊出土，但是
聂崇义的《三礼图》并未采纳王肃的说法。

　　文靖书院的牺尊（图 31）高 31.5 厘米，长 36.5 厘米。象尊（图 32）高 32.7 厘
米，长 36 厘米。这两件器物与《博古图》的牺尊（图 33）和象尊（图 34）、《绍熙
州县释奠仪图》的牺尊（图 35）和象尊（图 36）基本相同。但是，文靖书院的象尊
背部有覆钵形盖显然更接近《绍熙州县释奠仪图》，与《博古图》象尊的浅平盖不同。
从当今考古发现所见，牺尊和象尊的盖均为浅平状，其上立有半环形钮或圆雕的动物
形钮。文靖书院象尊的覆钵形盖类似于古印度的窣堵波，《绍熙州县释奠仪图》象尊
的器盖顶端还有火珠和莲花纹。这些特点与 1966 年西安制药厂工地出土的唐代彩绘
象座塔式罐（图 37）有颇多相似之处。这件象座塔式罐由罐盖、罐身、莲瓣和象形底

――――――――――

① （宋）聂崇义：《新定三礼图》，《中华再造善本》，国家图书馆出版社，2006 年。

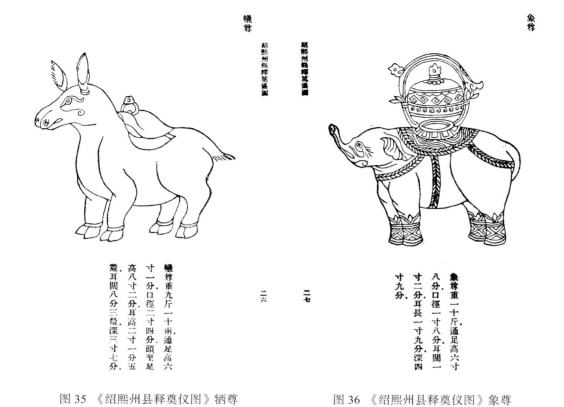

图 35　《绍熙州县释奠仪图》牺尊　　　　图 36　《绍熙州县释奠仪图》象尊

图 37　西安制药厂工地
的彩绘象座塔式罐

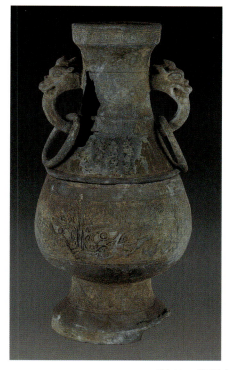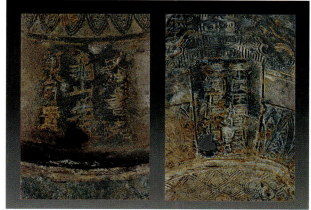

图 38　衡阳市博物馆收藏的文靖书院泰定壶

座四部分组成，罐身和罐盖作七级圆塔形。《三礼图》称"今见祭器内有作牛、象之形，背上各刻莲花座，又与尊不相连，与王（肃）义大同而小异"。[1] 聂崇义当时所见的可能就是隋唐以来流行的这种象座塔式罐。所以，文靖书院的象尊吸收了某种覆钵形塔式罐的文化元素，与这个时期"援佛入儒"的理学思潮相呼应，体现了元代文庙礼器制作的新特点。

　　文靖书院的两件壶是供奉龟山先生之器，同样具有元人仿古器的新意。形制和纹饰相同，唯有铭文不同。壶甲（图 38）通高 39.5 厘米，口径 11.2 厘米。上腹部铸铭文"文靖书院龟山先生前公用置"，下腹部有"泰定丙寅（1326 年）四月置，提调司使林□□"。壶乙通高 40 厘米，口径 11 厘米。上腹部的铭文相同，下腹部有"□书广业同吏任宗□□□□□长梁可绍"。两篇铭文有数字磨砺不清，文义内容是衔接的。壶的颈部细长，装饰海水波浪纹，颈部两侧有一对兽首衔环耳，腹部装饰兽面纹，圈足折沿起高台，其形制和纹饰与台北故宫博物院所藏的兽面纹壶[2]（图 39）相似，后者通高 25.9 厘米，重 1.2 千克，腹部光素，颈部饰兽面纹，圈足饰海水纹。

---

　　① （宋）聂崇义：《新定三礼图》，《中华再造善本》，国家图书馆出版社，2006 年。
　　② 石守谦、葛婉章：《大汗的世纪——蒙元时代的多元文化与艺术》，台北故宫博物院，2001 年，第 121 页。

图 39　台北故宫博物院收藏的兽面纹壶　　　　　　图 40　四川彭州窖藏的长颈壶

　　泰定壶最显著的特征是以肩部为界分上、下两段铸造，相似工艺的器物在南宋时期的窖藏和墓葬中多有发现。例如四川彭州窖藏出土的长颈壶[①]（图 40）、三足壶、瓶、尊等都是分体铸造。发掘者认为可能与当时的铸造工艺有关，并推测传统的合范工艺已经失传，故采用分段式铸造大型器物。除此之外，四川广安南宋窖藏[②]、福建南平元代窖藏[③]都出土过造型和工艺相似的器物。尤其是南平壶的颈部、腹部和圈足是分三段铸造，以子母口套合连接。这些情况似乎表明元代继承了南宋以来的分段式铸造工艺。但是，若仔细观察北京故宫博物院所藏的宣和山尊。可知这件器物也是采用颈部、腹部和圈足分段铸造的技术，在接合部有明显的铸接痕迹。由此说明这种工艺至少在北宋年间开始使用，南宋时期没有完全铸接起来可能与器物使用功能发生变化有关。

　　《陶斋吉金续录》著录了一件政和壶（图 41），系宋徽宗政和四年（1114 年）赐予童贯的宗祠祭器，铭文记"惟政和甲午十又一月甲午，帝命作壶尊，赐领枢密院事贯以祀其先，子子孙孙其永保之"。《三礼图》的壶尊没有附耳，这件器物为仿青铜罍的造型。南宋中后期福建刊刻的《纂图互注周礼》汇集整理各家观点和样式，图谱中不仅引用和标出《三礼图》字样，还与绍兴十五年朝廷颁布的"礼器局"或"礼局

　①　成都市文物考古研究所、彭州市博物馆：《四川彭州宋代青铜器窖藏》，《文物》2009 年 1 期。
　②　李明高：《广安县出土宋代窖藏》，《四川文物》1985 年 1 期。
　③　黄汉杰、曾伟希：《福建南平窖藏铜器》，《南方文物》1998 年 2 期。

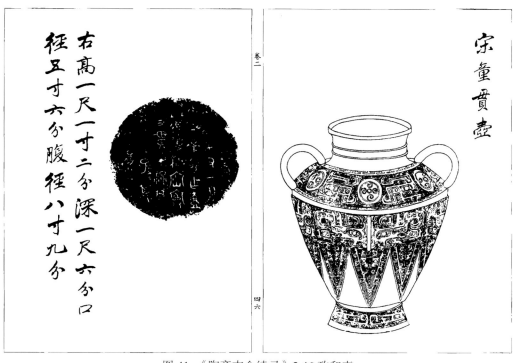

图 41 《陶斋吉金续录》2.46 政和壶

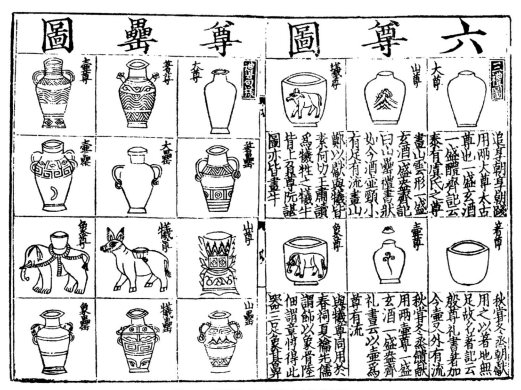

图 42 《纂图互注周礼》"尊罍图"

样"相对照 ①。其中，"尊罍图"的壶尊（图 42）为附耳不衔环，与政和壶大体相近。附耳衔环的主要有著罍、壶罍、山罍、牺罍和象罍五种，著罍没有圈足，壶罍腹下部有鼻，象罍的附耳为象首形，仅有山罍和牺罍是以纹饰相区别。文靖书院的泰定壶和台北故宫博物院的兽面纹壶既不见《博古图》，也不见于《绍熙州县释奠仪图》。两者都装饰有兽面纹，应该与绍兴年间礼器局牺罍样式的流传有关。这些情况说明元代书院的学祠祭器虽然秉承《博古图》"考古作器"的精神，但是并没有完全照搬《博古图》礼器系统的样式。

二、宋元时期礼器的两大系统

北宋初年，礼学为汉唐注疏之遗绪，典章文物制度多沿袭旧典。宋太祖诏命编纂《开宝通礼》，以聂崇义《三礼图》为各式礼器和衮冕服饰的制作标准。此后虽有《太常因革礼》，却并未取代《开宝通礼》"一代之成法"的地位，礼器的样式仍依聂图。②因此，《三礼图》作为指导礼仪器用的规范性文本，其影响力遍及全国各州县。

聂崇义受命制订《三礼图》，实际上反映了当时《仪礼》之学占据礼学研究的主流地位。北宋皇室希望通过仪轨重振唐末、五代以来混乱衰落的皇权。这项工程早在后周的显德年间即已开始。显德三年（956 年）周世宗命聂崇义"参定模画郊庙祭玉祭器"③。次年，聂崇义奏上所绘郊庙祭器，周世宗令有司依样制造。显德六年（959 年）窦俨领衔编纂《大周通礼》，聂崇义协助其制订郊庙祭玉。《三礼图》成书后，窦俨为该书作序称"博采三礼图，凡得六本"。④显然，聂崇义的《三礼图》是在前人研究的基础上完成的。根据《隋书·艺文志》、《新唐书·艺文志》、《崇文总目》、《宋史·儒林传》等文献，聂崇义修订时采用汉代郑玄和阮谌、隋代夏侯伏朗和开皇敕撰本、唐代张镒、五代梁正的六家《三礼图》。当时人称聂崇义考订是以经典原文为主，没有全部照搬汉唐注疏，而是采用"因时制宜"的原则，"较于旧图，良有新意"。⑤

从河南偃师唐恭陵哀皇后墓中出土的陶簋、陶山尊、陶爵等器物（图 43），可以明显看到聂崇义《三礼图》与旧图的传承关系。唐恭陵是唐高宗李治的第五子，武则天长子李弘的陵墓。哀皇后为李弘之妻，卒于唐高宗上元三年（676 年），墓葬位于恭陵内主灵台东北部。⑥这种龟盖罐、雀形杯与《三礼图》的簋、爵基本相同。龟盖

---

① 《纂图互注周礼》，《中华再造善本》，北京图书馆出版社，2003 年，第 9 页。

② （宋）苏洵等：《太常因革礼·祭器》卷十五，《文渊阁四库全书》。

③ 《宋史·聂崇义传》卷四百三十一，中华书局，2007 年，第 12793 页。

④ （宋）聂崇义：《三礼图集注》序，《文渊阁四库全书》。

⑤ 《宋史·聂崇义传》卷四百三十一，中华书局，2007 年，第 12794 页。

⑥ 郭洪涛：《唐恭陵哀皇后墓部分出土文物》，《考古与文物》2002 年 4 期。

图 43　唐恭陵哀皇后墓的陶簋、陶山尊、陶爵和木俎

罐的口沿正中开有方形口，表现为外圆内方之制，出土时龟形盖置于方口之上。《诗经·秦风·权舆》"于我乎每食四簋"，郑玄注："内方外圆曰簋，以盛黍稷；外方内圆曰簠，用贮稻粱。"山云纹罐描绘有飘渺的云层，峰峦叠嶂的群山之间林木丛生，这幅图画与《三礼图》的山尊正好吻合。《礼记·明堂位》载："山罍，夏后氏之尊。"郑司农注："山罍，亦刻而画之，为山云之形。"此外，还有唐节愍太子墓[①]、唐惠昭太子墓[②]等出土的玉礼器，都说明了汉唐以来的礼器图谱流传有绪。

　　除了将《三礼图》镂板印行，宋太祖还命之绘于国子监宣圣殿后。宋太宗至道二

---

① 陕西省考古研究所等：《唐节愍太子墓发掘报告》，科学出版社，2004 年。

② 陕西省考古研究所：《唐惠昭太子陵发掘报告》，三秦出版社，1992 年。

年（996年）命之改作于国子监的论堂，以供学子观览。① 宋人陈振孙称："（聂图）自周显德中受诏，至建隆二年奏之。盖用旧图六本参订，故题'集注'。诏国学图于宣圣殿后北轩之屋壁。至道中，改作于论堂之上。以版代壁，判监李至为之记。吾乡郡庠安定胡先生所创论堂绘《三礼图》，当时依仿京监。嘉熙戊戌，风水堂坏，今不存矣。"② 通过朝廷的提倡，地方州府县学的竞相效仿。使得《三礼图》的流传范围不仅在官学机构，于乡间也是颇为盛行，在当地民众中有着比较牢固的基础。由此，也为徽宗朝《政和五礼新仪》和新礼器无法大范围推广埋下了深深的伏笔。

　　北宋礼学转变的契机出现于仁宗朝，国势积弱的现实和义理学风的倡导，使得《仪礼》之学开始转向强调政治与社会教化的《周礼》、《礼记》之学。以欧阳修为代表的士大夫认为汉唐时代的政治制度，远远不能达到建立道德人心的境界。唐代的礼法可以将政治秩序规范的臻乎完备，但是缺乏礼乐教化的功能，无法对百姓进行约束。那么，损益《开元礼》编定的《开宝通礼》也面临着同样的问题。只有以三代礼仪和制度来改造当代社会，才能抵御外来的影响和威胁。随着古器物发现和收藏的兴起，士大夫开始反思和质疑《三礼图》。《集古录》称："苏轼为凤翔府判官，得古器于终南山下，其形制与今《三礼图》所画及人家所藏古敦皆不同。"③ 基于这种批判精神，发起礼制改革的呼声蔚然成风。一股讲求经学义理，企图重建三代礼乐制度的暗流在朝野内外激荡。

　　北宋朝廷对三代古器物的收藏，带有强烈的政治色彩和经世目的。宋仁宗皇祐年间，内府就开始着手整理前朝以来各地所献的古器物，编成《皇祐三馆古器图》。由于当时《开宝通礼》和《三礼图》的地位无法取代，古器物未能成为制作礼器的范本。庆历七年（1047年）礼院奏准修治郊庙祭器，"今伏见新修祭器改用匏爵、瓦登、瓦甒之类，盖亦追用古制，欲乞祭天神位"。④ 宋英宗治平二年（1065年）欧阳修作《太常因革礼》，仍以《三礼图》作为祭器的主要规制。

　　从神宗朝开始，朝廷多次讨论许多不合古礼的祭器。《宋朝礼注》记载"（元丰六年）郊之祭也，器用陶匏，以象天地之性，樿用白木，以素为质，今郊祀簠簋尊豆皆非陶，又有龙杓，未合于礼意。请图丘方泽正配位所设簠簋尊豆改用陶器，仍以樿为杓"。⑤ 宋哲宗元祐年间，有士大夫献书直接挑战《三礼图》的权威，主要是陆佃的《礼象》和陈祥道的《礼书》。范祖禹非常推崇《礼书》，曾请求哲宗下令让《礼书》

---

① 《宋史·聂崇义传》卷四百三十一，中华书局，2007年，第12797页。

② （宋）陈振孙：《直斋书录解题》卷二，上海古籍出版社，1987年。

③ （宋）欧阳修：《集古录》卷一，《文渊阁四库全书》。

④ （明）解缙：《永乐大典》卷五千四百五十四"郊庙奉祀礼文"，中华书局，1985年，第17页。

⑤ （清）陈梦雷、蒋廷锡：《古今图书集成·经济汇编礼仪典》卷一百五十五，中华书局，1934年。

与《三礼图》二书参用并行，以补正朝廷礼仪器用之制作。① 徽宗朝以前的祭器材质以竹木为主，绍兴十三年礼部太常寺称"勘会国朝祖宗故事，遇大礼其所用祭器并依《三礼图》，用竹木制造，至宣和年做《博古图》，改造新成礼器，内簠簋尊爵坫豆盘洗用铜铸造，余用竹木"。②

北宋士大夫对《三礼图》的批判在徽宗朝达到顶点，有识之士逐渐摒弃"以经绎器"的礼器系统，试图将"考古作器"建立在礼制革新之上。文献记载"崇宁以来，稽古殿多聚三代礼器，若鼎、彝、簠、簋、牺象尊、罍、登、豆、爵、斝、瑂、觯、坫、洗，凡古制器悉出，因得见商、周之旧，始验先儒所传大讹。……至是既置礼制局，乃请御府所藏，悉加讨论，尽改以从古，荐之郊庙，焕然大备"。③ 如果仅靠内府所藏的古器物还不足以支撑起宋徽宗"隆礼制乐"的要求。从《皇祐三馆古器图》的著录来看，当时内府所藏也仅有十一器，被吕大临收入《考古图》。大量的三代古器散落民间，主要集中在士大夫的手中。比如庐江李公麟藏有四十九器，河南文彦博藏有十六器，临江刘敞藏有十三器等。④ 士大夫的收藏刺激着朝廷访求古器物的愿望愈加强烈，议礼局详议官薛昂上奏："臣窃见有司所用礼器如尊、爵、簠、簋之类与大夫家所藏古器不同，盖古器多出于墟墓之间，无虑千数百年，其规制必有所受，非伪为也。……今朝廷欲订正礼文，则苟可以备稽考者，宜博访而取资焉。臣愚欲乞下州县，委守令访问士大夫或民间有收藏古礼器者，遣人往诣所藏之家，图其形制，点检无误差，申送尚书省议礼局。"⑤ 通过宋徽宗的倡议，"诏求天下古器，更制尊爵鼎彝之属。其后又置礼制局于编类御笔所。于是郊庙裸祀之器多更其旧"。⑥

宋徽宗政和年间，一方面完成《政和五礼新仪》为朝廷礼仪规范，另一方面集内府收藏编成《宣和殿博古图》。此书又在宣和年间经过修订，称为《宣和重修博古图》。政和五年（1115年），国子监的《三礼图》壁画受诏毁去。"校书郎贾安宅言'崇义图义，皆诸儒臆说，于经无据，国子监三礼堂实存图绘，下至郡县学间亦有之，不足示学者，宜诏儒臣编次方今礼乐新制器用，仪绘于图，著其义，具为成书颁焉，诏三礼图及郡县学绘画图象，并改正旧所绘两壁三礼图并毁去'"。⑦ 宣和元年（1118年），"诏诸州，祠祭器，令礼制局绘图颁降，依图制造"。⑧ 至此，《三礼图》已经不

① （宋）范祖禹：《范太史集》"乞看陈祥道礼书札子"，《景印文渊阁四库全书》第1100册，第249—250页。

② （清）徐松辑：《中兴礼书》卷九，《续修四库全书》，上海古籍出版社，1996年，第36页。

③ （宋）杨仲良：《皇宋通鉴长编纪事本末》卷一百三十四，江苏古籍出版社，1987年。

④ 容庚：《商周彝器通考》上册，中华书局，2012年，第231—232页。

⑤ （宋）郑居中等撰：《政和五礼新仪》，《文渊阁四库全书》。

⑥ 《宋史·礼志一》卷九十八，中华书局，2007年，第2423页。

⑦ （宋）王应麟：《玉海》卷五十六，广陵书社，2007年。

⑧ （宋）王应麟：《玉海》卷五十六，广陵书社，2007年。

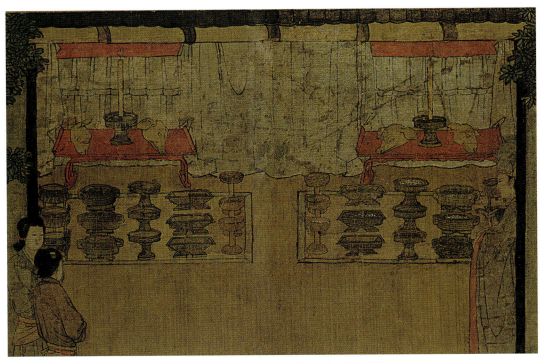

图 44　北京故宫博物院收藏的《女孝经图》

再成为朝廷礼器制作的范本。北京故宫博物院收藏的《女孝经图》(图 44)旧传为唐人画作,从这幅画所陈设的器物造型推断应该出于宋代画院之手笔。在家庙陈设的斜壁簋和浅盘豆都是属于《博古图》,而非《绍熙州县释奠仪图》的样式,由此可以看到宣和年间所颁布新礼图的影响。

　　虽然宋徽宗致力于礼制改革,但是对地方州县的影响力却相当有限。《三礼图》通过镂板印行,广布民间。《博古图》主要依赖传抄,流传十分困难。《政和五礼新仪》颁布后,仿制的新礼器在各地推行的并不顺利,最明显的原因就是文本的匮乏。《宋会要辑稿》称:"宣和元年五月二十七日,永兴军路安抚使董正封言:'窃惟朝廷讲明祀事,颁奖五礼,规矩仪式具备。然而祠祭所用樽俎笾豆簠簋之类,或有未应法式去处。如臣前任知郓州及今来永兴军,释奠祭祀所用礼器一切损弊。及臣前任知杭州日,蒙朝廷降式样制造上件礼器,与今来逐处见用全然大小不同,恐失朝廷奉祀之意。望下有司彩画式样,降付逐路制造,以供祭祀,所贵上尊朝廷奉祀之礼意。'诏送礼制局绘图颁降,令诸路州军依图制造,内有铜者,以漆木为之。"[1]

　　宋室南渡后,徽宗朝的礼器丧失殆尽。宋高宗欲恢复徽宗朝所制定的礼仪和礼器,但是宫廷中已无《博古图》的存本。《中兴礼书·郊祀祭器》载绍兴十三年(1143

---

①　(清)徐松辑:《宋会要辑稿》第十五册,中华书局,1997 年。

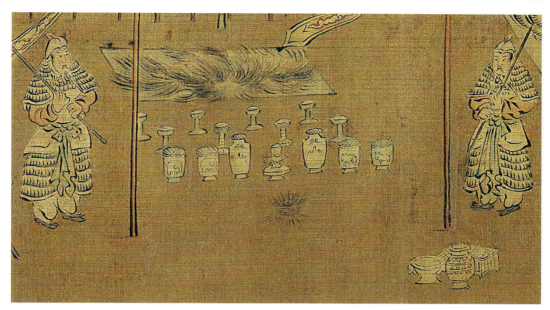

图 45　上海博物馆收藏的《诗经周颂十篇图》

年）二月礼部上奏："窃闻朝廷已求得《宣和博古图》本，欲乞颁之太常，俾礼官讨论改造，将来大礼祭器悉从古制，以称主上昭事神祇祖考之意。"[①]另一方面，《政和五礼新仪》与民间旧俗发生激烈的冲突，行用不久即遭废止。新、旧礼制之间的对抗，也是《博古图》始终无法取代《三礼图》最重要的原因。宋孝宗淳熙六年（1179年）颁布的《淳熙释奠制度图》依旧采用《三礼图》的礼器样式。上海博物馆收藏的《诗经周颂十篇图》（图45）旧传为马和之画作，据记载高宗、孝宗每写《诗经》，均命马和之补图。因此马和之名下存世的《诗经图》颇多，但是绘画风格和水平各有不同，这幅作品可能是南宋画院的临摹本。这幅画的祭器样式明显属于《三礼图》的爵、山尊、牺尊和象尊，反映了南宋早期的宫廷礼器仍受到《三礼图》的影响。这种礼器系统的流传范围之广，以至于影响到元代的《事林广记》。

　　元朝初年，朝廷和各级官学举行的祭祀礼仪是承继宋代以来的礼法，祭器则是杂取宋、金旧器。至元十三年（1276年）南宋内府的经籍、书画、图典、礼器送入京师之后。左丞相耶律楚材出示《宣和博古图》三十卷，王恽与翰林院史赵复另取欧阳修、薛尚功、吕大临等的考古图籍参取研读，著成《博古要览》。《元史·祭祀志》记载"中统之来，杂金、宋祭器而用之。至治初，始造新器于江浙行省，其旧器悉置几阁"。[②]建康路府学的祭器有一部分为南唐遗物，至大年间购铜铸造新祭器，因祭器不

----

① （清）徐松辑：《中兴礼书》卷九，《续修四库全书》，上海古籍出版社，1996年，第36页。
② 《元史·祭祀志三》卷七十四，中华书局，2005年，第1846—1847页。

合礼仪在皇庆年间重造。①

元代的书院祭器除了受到宋代祭器和《博古图》的影响，还主要依赖于朱子文本的传播。虽然他本人极力反对宋徽宗的新法，但对仿古的祭器却非常推崇。绍熙初年朱熹称："淳熙颁降仪式并依聂崇义《三礼图》样式。伏见政和年中议礼局铸造祭器，皆考三代器物遗法，制度精密，气象淳古，足见一时文物之盛，可以为后世法。故绍兴十五年，曾有圣旨以其样制开说印造，颁付州县遵用。今州县既无此本，而所颁降仪式印本，尚仍聂氏旧图之陋，恐未为得。欲乞行下所属，别行图画镂板颁行，令州县依准制造。其用铜者，许以铅锡杂铸。收还旧本，悉行毁弃，更不行用。"② 元人对朱子之学非常推崇，促成了元代理学权威的确立，凡是朱熹游历讲学之处都设立文公祠堂并建立书院。③《绍熙州县释奠仪图》成为元代地方官学和书院制作祭器的一种范本。

元世祖至元二十八年（1291 年），朝廷在积极提倡书院发展的同时，开始加强对书院的控制。④ 通过赐额或授予山长之职，办理官府手续和过问书院事务等，逐渐将书院纳入官学体系。文献记载，元成宗大德八年（1304 年）天门书院制作的祭器与官学体制相仿。⑤ 大德九年（1305 年）淮海书院山长曹鉴建祭器库。逾年，将不符合"仪式"的祭器重新冶铜制作了"牺尊、象尊、著尊、山尊、壶尊各二，罍、洗各一，爵十八，簠、簋各五十二，豆八十，勺五，坫二十八，毛血盆二，炉大小二十九，瓶大小十，烛盘十，其笾、俎、篚则以竹木为之"。⑥ 通过文靖书院和靖州府学的大德簠，可知这个时期的书院祭器采取了官学祭器的样式。书院的地位发生微妙的变化，逐渐向官学化的方向发展。元朝统治者对教育的管理和控制，对明清时期的教育政策产生了直接的影响。

三、结　语

元代浏阳文靖书院的祭器按照铸造时间可以分为三组。第一组"大德乙巳（1305年）"年款，器类有爵、簠、盨、豆和豆坫。第二组"皇庆壬子（1312 年）"年款，器类只有爵。第三组"泰定丙寅（1326 年）"年款，器类有香炉和壶。综上所述，宋元时期的礼制变化对祭器形制有着决定性的影响，但是这组器物仍然有很多特点值得

---

① （清）严观：《江宁金石记》卷六"建康路文庙祭器记"，《石刻史料新编（第一辑）》第 13 册，台北新文丰出版社公司，1979 年，第 10107 页。

② （宋）朱熹《绍熙州县释奠仪图》，《文渊阁四库全书》。

③ （元）揭汯：《重建湛卢书院记》，《中国书院史资料》，浙江教育出版社，1998 年，第 351 页。

④ 《元史·选举志一》卷八十一，中华书局，2005 年，第 2032 页。

⑤ （元）虞集：《慈利州天门书院记》，《中国书院史资料》，浙江教育出版社，1998 年，第 403 页。

⑥ 陈谷嘉、邓洪波：《中国书院史资料》，浙江教育出版社，1998 年，第 303 页。

关注。

　　文靖书院的祭器主要沿用了《博古图》和
《绍熙州县释奠仪图》的样式进行仿造，这是
建立在宋代"金石学"体系之上。从礼器的发
展过程看，可以将这种变革称之为"考古作
器"的《博古图》系统，与"以经绎器"的
《三礼图》系统相区别。但是，文靖书院的祭
器有的并非完全照搬《博古图》系统，而是呈
现了不同时期或相关器类的文化元素相糅合的
特点。这种仿古的态度与徽宗朝迥然不同，反
映了元代士大夫试图通过制作仿古器来表达
"形"似三代，"神"同经典的政治主张。

　　文靖书院祭器所体现的文化内涵也并非是
纯粹的古礼。比如以象尊为代表的礼器，在形
式上糅合了佛教文化的因素。这个特点与当时
儒学吸纳佛学、道学发展起来的程朱理学有非
常重要的联系。甚至，在器物的组合和使用上
也是如此。供奉龟山先生杨时的器物是典型的
"三供器"，从南宋至明代非常流行。浙江苍南
县桥墩水库发现宋淳熙五年（1178 年）的黄石
墓出土有一鼎二方壶①。四川成都白马寺发现明
正德五年（1510 年）的 M6 出土有一炉二壶，
置于棺室前的供桌②。《元史·祭祀志》记载释

图 46　《金刚经注》木刻卷首图

奠礼的器物还有"陶器三，瓶二，香炉一"。③ 元至大三年（1310 年）建康路文庙祭
器碑铭文记有"大香炉二、大花瓶四"④，都是一炉二壶或一炉二瓶的组合。通过元代
的壁画和碑刻铭文，可知这种壶（或瓶）是用来插花的，大型器物还可能用来插珊
瑚。至元年间《金刚经注》木刻卷首图（图 46）所绘的供器，广泛存在于宋元时期的
墓葬和窖藏。由此解释了文靖书院的泰定壶为什么采用分段式铸造，且没有完全铸接
起来。此时，这类器物的功能发生变化，已经不同于盛酒器的宣和山尊。对于三代古

　　① 　叶红：《浙江平阳县宋墓》，《考古》1983 年 1 期。

　　② 　四川省文物管理委员会：《成都白马寺第六号明墓清理简报》，《文物参考资料》1956 年 10 期。

　　③ 　《元史·祭祀志五》卷七十六，中华书局，2005 年，第 1893 页。

　　④ 　北京图书馆金石组：《北京图书馆藏中国历代石刻拓本汇编》第 49 册，中州古籍出版社，1990
年，第 29 页。

礼与佛教逐渐融合的事实，当时的儒生也提出了尖锐的批评："庙礼盖始于梁世，用浮屠之法，近代因之，恬不为异。"①

文靖书院"大德"年款的器物铭文都有"始供祀吏，钦迺攸司"一语，系出自伪古文《尚书·周官》："凡我有官君子，钦乃攸司，慎乃出令。"大意即指官员要认真对待你们所管理的工作，其政令口吻跃然于文字之间。元代儒学祭祀除了春秋丁祭和朔望祭以外，还有非固定的祭祀活动。例如地方官员上任，廉访司巡行，儒学和书院新建、整修，以及学产赠置等，地方官率僚属都要到文庙和学祠拜谒行礼。

文献记载大德四年（1300 年）浙东肃政廉访司佥事王焕巡行至奉化州，"诸生相殿谒事毕，坐彝训堂上，举凡学之事，废宜兴，圮宜修，唯所划"。② 延祐三年（1316年）湖州路总管郝鉴亲自率领官属，夺回归安县安定书院被当地僧人强占的学田，为表示庆贺"携同僚及诸生行释菜礼"。③ 这种殿谒仪式虽然不是元代政府法定的祭祀制度，但是在当时产生了较大的影响。根据靖州府学的大德簋，可以推测文靖书院的"大德乙巳"年款祭器为官学统一铸造，反映了文靖书院在大德年间的官学化倾向已经非常显著。

宋元时期是中国古代教育发展的高峰，无论是官学还是私人创办的书院都取得了长足的进步。随着文庙和学祠祭祀活动的广泛开展，对礼器的重视程度逐渐加强。这个时期是礼学和礼书发生巨变的时代，新的礼制取代了汉唐以来的权威，并成为明清时期礼学的基础。但是，旧的礼制并未彻底消失，两者此消彼长，共同构成了宋元明清时期礼器制度的两大系统，并对东亚文化圈产生深远的影响。

2015 年 2 月完稿

2019 年 7 月修订

（原载《东方博物》第六十五辑，中国书店，2017 年）

---

① （元）朱德润：《送长州教谕序》，《存复斋文集》卷四，《四部丛刊续编》。
② （元）任士林：《奉化州新修学记》，《奉化县志》卷八，光绪三十四年刻本。
③ （清）陆心源：《郝中议生祠碑》，《吴兴金石记》卷十四，光绪十六年刻本。

宋元时期的礼器研究之二

——以淮安路儒学祭器为中心

　　唐代以来，儒学的教学与祭祀紧密结合，通过"由学尊庙，因庙表学"的教育理念，逐渐形成"庙学合一"的建筑结构。元太祖初定北方，各地儒学大多荒废，祭祀活动受到很大影响。但是蒙古统治者对儒学祭祀非常重视，太祖十年（1215年）攻占金中都时"都城庙学，既毁于兵，（王）檝取旧枢密院地复创立之，春秋率诸生行释菜礼"。[①]元世祖中统二年（1216年）六月，诏令"宣圣庙，国家岁时致祭，诸儒月朔释奠……两拜礼毕，诸生与献官员揖，诣讲堂讲书"。[②]《国子学先师庙碑》称元世祖初年拟划了京师建立庙学的基地，成宗时诏立先圣庙，大德十年（1306年）秋庙成，至大元年（1308年）冬学成。[③]《大兴府学孔子庙碑》也称元世祖至元晚年重建大兴府学，是因"故庙"建成的。[④]元代儒学的官学机构同样是前庙后学，或左庙右学的格局。

　　元朝统治者希望通过儒学强化政权，达到为朝廷养士化民的目的。从忽必烈开始广泛采纳宋、金和西夏的儒者推行"汉法"，开始于全国各地兴建或重修学宫。地方文庙的祭祀制度不仅保留和继承下来，还受到朝廷的重视。元世祖至元十九年（1282年）夏四月"命云南诸路皆建学以祀先圣"。[⑤]《元史·祭祀志》记载："成宗即位，诏曲阜林庙，上都、大都诸路府州县邑庙学、书院，赡学士地及贡士庄田，以供春秋二丁、朔望祭祀，修完庙宇。自是天下郡邑庙学，无不完葺，释奠悉如旧仪。"[⑥]元朝初年，朝廷祭祀仪式的祭器主要承袭于前代，地方各级官学的祭器种类更是互不统一。镇江路学的祭器皆木器[⑦]，绍兴路学的祭器有陶器、木器和竹器[⑧]，广州路学的祭器为

　　① 《元史·王檝传》卷一百五十三，中华书局，2005年，第3612页。

　　② 《元典章·礼部四·学校一》卷三十一"儒学禁治骚扰文庙"，中国书店，1990年。

　　③ （元）程钜夫：《国子学先师庙碑》，《元文类》卷十九，商务印书馆，1936年，第237—238页。

　　④ （元）马祖常：《大兴府学孔子庙碑》，《元文类》卷十九，商务印书馆，1936年，第243—244页。

　　⑤ 《元史·选举志一》卷八十一，中华书局，2005年，第2032页。

　　⑥ 《元史·祭祀志五》卷七十六，中华书局，2005年，第1901页。

　　⑦ （元）俞希鲁：《至顺镇江志·学校》卷十一，江苏古籍出版社，1999年，第442页。

　　⑧ （清）杜春生：《越中金石记》卷七"重建绍兴庙学图"，《石刻史料新编（第二辑）》第10册，台北新文丰出版公司，1979年，第7283页。

锡器 ①，绍兴路新昌县学的祭器皆是石器 ②，涿州路学的祭器皆是陶器 ③。

　　至元以后，地方各级官学才开始重视铜礼器的制造。天宁路总管郭友直称："教养所以兴学，礼器所以将诚，教养偏废则学不兴，礼器不备则诚不尽，皆守臣效职之所以尽其责也。故学又钱粮以充其岁用者，赡师生，供祀事而已。……然有其礼无其器，樽俎不足供于前，丰洁无以陈于上，则虽致敬以有礼，而祀之诚有不尽者矣。教养兼举，礼器兼备，贤守之自责，固如是之用心也。" ④ 儒家认为学问的教养与祭器的完备是同等重要的事情，随着社会经济的稳定各地官学普遍铸造新祭器，以完善文庙祭祀用器。例如元贞元年（1295 年）澧州路学"范金为祭器二百七十有二，竹木发漆之具三百有四"。⑤ 永州路学"幕工于庐陵，范尊、罍、豆、洗、爵、坫、簠、簋一百四十有二，笾、俎、筐、幕亦一新之"。⑥ 本文以元代淮安路的儒学祭器为中心，结合文献和碑刻铭文来讨论这个时期官学礼器制度发展变化的情况。

一、淮安路学祭器的文化内涵

　　上海博物馆和湖南省博物馆都收藏有一件淮安路学的至正爵，两件器物的形制、纹饰和铭文皆相同。上海博物馆所藏的爵甲（图 1）通高 25.1 厘米，流至尾长 18.2 厘米，重 1.1 千克；湖南省博物馆所藏的爵乙 ⑦（图 2），通高 24.5 厘米。流口与尾平齐，尾部卷沿，两端宽侈似元宝形，口沿中部立有较高的菌形柱，直腹圜底，三足微外撇，一侧设兽首鋬，腹部饰兽面纹。尾部铭文记："监郡忽里台，太守洪柱海弥实，教授李遵宪，学正王崇德，学录张思敏，至正庚寅岁淮安路儒学。"

　　至正庚寅年为元顺帝至正十年（1350 年），这件爵是元代晚期官学祭器的标准器。丁晏的《淮安府学元铸祭器录》记有至正爵共有二十九件，其中一部分与之铭文相同。还有的铭文记"至正十年十月□日，淮安路录事司儒学教谕胡致瑞捐俸置

---

① （元）陈大震：《大德南海志》卷九，宋元珍稀地方志丛刊（甲编），四川大学出版社，2007 年，第 87 页。

② （明）莫旦：《（成化）新昌县志》卷五"新昌县儒学祭器记"，《原国立北平图书馆甲库善本丛书》第 370 册，国家图书馆出版社，2013 年，第 315 页。

③ （元）揭傒斯：《涿州孔子庙礼器记》，《揭文安公文粹》，中华书局，1985 年，第 16 页。

④ （元）郭友直：《儒学田土祭祀碑记》，《湖广图经志书·黄州府》卷四，日本藏中国罕见地方志丛刊，书目文献出版社，1991 年，第 413 页。

⑤ （元）姚燧：《澧州庙学记》，《姚文公牧庵集》，北京图书馆古籍珍本丛刊，书目文献出版社，1991 年，第 26 页。

⑥ （元）张山翁：《府学祭器记》，《（康熙）永州府志》卷十九，日本藏中国罕见地方志丛刊，书目文献出版社，1992 年，第 559 页。

⑦ 陈建明：《复兴的铜器艺术——湖南晚期铜器展》，中华书局，2013 年，第 136 页。

图 1　上海博物馆收藏的淮安路学至正爵和铭文

图 2　湖南省博物馆收藏的淮安路学至正爵和铭文拓片

造"。① "监郡"即达鲁花赤，铭文是按照职官大小进行排列。文献记载"凡师儒之命于朝廷者，曰教授，路府上中州置之。命于礼部及行省及宣慰司者，曰学正、山长、学录、教谕，路州县及书院置之。路设教授、学正、学录各一员，散府上中州设教授一员，下州设学正一员，县设教谕一员，书院设山长一员"。② 两种至正爵的纪年相同，铭文中职官相衔接。但是后者铭文称是教谕捐俸的祭器，表明两种至正爵可能并非同一批铸造的。

元代的淮安路隶属于河南江北行省。《元史·地理志》记载"宋为淮安州。元至元十三年（1276年），行淮东安抚司。十四年（1277年），改立总管府，领山阳、盐城、淮安、淮阴、新城、清河、桃园七县，设录事司。二十年（1283年），升为淮安府路，并淮安、新城、淮阴三县入山阳，兼领临淮府、海宁、泗、安东四郡，其盱眙、天长、临淮、虹、五河、赣榆、朐山、沭阳各归所隶"。③

元代淮安路包括路、州、县三级儒学，但是明清方志对淮安路各级儒学的记载甚少。《（正德）淮安府志》记载："（淮安府学）元至元癸巳淮东廉访贾钧，郡守阿思重修。至治间，总管暗普建临街门。泰定二年，郡守赵宗重建学门，斋舍。天历间，郡守董公增广学租，重修庙学。"④ 又载"（安东州学）元至元间镇守安东万户张汉英重建大成殿及两庑、堂斋于故基。元统间，安东州达鲁花赤阿里，知州囊加歹增修。至正五年知州张庸，学正何汝舟重修。九年知州谢处信，学正文殊奴建崇文阁三间。十四年毁"。⑤ 根据道光年间丁晏的《淮安府学元铸祭器录》，以及光绪年间罗振玉的《淮阴金石仅存录》和《楚州金石录》⑥ 等书，可知元代淮安路各级儒学祭器还有四种，这些铭文记录的人物职官可以补正方志之阙。

其一，大德六年（1302年）淮安路学祭器。祭器有铏二、豆三、罍三、牺尊二，铭文相同，俱为篆书，铭文记"淮安路总管提调学校官郭浩造，教授杨曲成，学正叶森、张邦献，学录衡应卯，直学盛炳，掌器朱华发，大元大德六年造"。

其二，至元二年（1265年）安东州学祭器。祭器仅有尊，铭文记"安东州学礼器，至元二年□□□学阳盛复造，监工时大有"。

其三，至元四年（1267年）盐城县学祭器。祭器仅有尊，铭文记"□崇智□典史

① （清）丁晏：《淮安府学元铸祭器录》，《丛书集成续编》第94册，台北新文丰出版公司，1989年，第660页。
② 《元史·选举志一》卷八十一，中华书局，2005年，第2033页。
③ 《元史·地理志二》卷五十九，中华书局，2005年，第1415页。
④ （明）薛鎣、陈艮山：《（正德）淮安府志》，《原国立北平图书馆甲库善本丛书》第300册，国家图书馆出版社，2013年，第376页。
⑤ （明）薛鎣、陈艮山：《（正德）淮安府志》，《原国立北平图书馆甲库善本丛书》第300册，国家图书馆出版社，2013年，第379页。
⑥ 罗振玉：《楚州金石录》，《石刻史料新编（第二辑）》第9册，台北新文丰出版公司，1979年。

冯彦遇，至元四年五月盐城县儒学□"。

其四，延祐三年（1316年）盐城县学祭器。祭器仅有尊，铭文记"淮安路盐城县官达鲁花赤黄头，县尹杜肯播，县丞李晏，主簿忽都答儿，典史杨桢，儒学监造陈淄、王鼎新，延祐三年二月吉日造"。

《宋楚州新建学记碑》的碑阴刻有大德七年（1303年）的《孔庙经籍祭器记》，上层记书籍祭器数目，下层碑文详细记述了郡侯郭浩兴办学校，置经籍和祭器的事情。其文称"郡侯郭公浩□□□举学校之故，尤于经籍礼器，拳拳究心，既偕同寮各出己书藏于学，又率同志各捐己帑相其□，诸生亦相与协赞于下，受命掌书器朱华发，市书于杭得三千卷，铸礼器于吴门得二百七十余事……大德癸卯良月朔，郡文学掾眉山杨曲成谨识，淮安路儒学正叶森书，淮安路儒学录衡应卯篆盖，直举□□□前教谕王杞、周应祖立石"。[1]根据碑文所记，淮安路学"大德六年"款的祭器在吴门铸造，即元代的平江路。

路府级官学祭器所记的职官依次为达鲁花赤、知府、教授、学正、学录、教谕，主要为儒学官员。其中，儒学提调官多为兼职，具有管理教养和钱粮的职责，并且有考校和监察的权利。文献所记"诸随路学校，计其钱粮多寡，养育生徒，提调正官时一诣学督视，必使课讲有程，训迪有法，赏勤罚惰，作成人材，其学政不举者究之"。[2]此外，还有"直学"掌管钱粮，"掌器"负责采购书籍和礼器。州县级官学祭器所记的职官依次为达鲁花赤、县尹、县丞、主簿、典史，主要为行政官员。负责祭器铸造的有"监工"或"监造"，表明了官方作器的性质特点。

淮安路学的至正爵与文靖书院的大德爵和皇庆爵[3]明显不同，尖尾消失，两端宽侈似元宝形的特点已经偏离《博古图》，却与《绍熙州县释奠仪图》的爵（图3）比较相似。文靖书院的爵、盨完全是按照

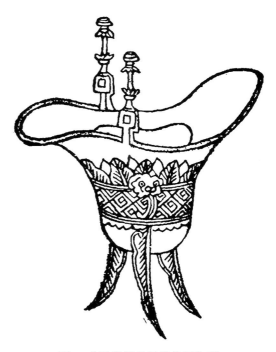

图3　《绍熙州县释奠仪图》爵

①　罗振玉：《淮阴金石仅存录》，《石刻史料新编（第二辑）》第9册，台北新文丰出版公司，1979年，第7019页。

②　《元史·刑法志二》卷一百三十，中华书局，2005年，第2637页。

③　陈建明：《复兴的铜器艺术——湖南晚期铜器展》，中华书局，2013年，第182—183页。

《博古图》制作，豆、簋虽然受到《绍熙州县释奠仪图》的影响，也未全部照搬其样式。由此说明，大德、皇庆年间的书院祭器尚未完全采用《绍熙州县释奠仪图》。结合下面三件元代的纪年爵，可以看到官学祭器发展的总体特点。

1. 平江路学至元爵

法国赛努奇博物馆收藏有一件平江路学的至元爵 ① （图 4），通高 23 厘米，流至尾长 18.5 厘米，尾部铭文记"至元癸巳李淦铸吴郡学祭器"。此器流口上翘，尖尾，口沿立有伞状柱，腹部较浅，直腹圜底，三足微外撇。腹部装饰的兽面纹非常有特点，显然这并不是复制三代器的纹饰。至元癸巳年为元世祖至元三十年（1293 年），这件器物是元代早期官学祭器的标准器。《元史·地理志》记载："平江路，唐初为苏州，又改吴郡，又仍为苏州。宋为平江府。元至元十三年升平江路。" ② 李淦铸造的这件器物仍使用"吴郡"旧称，大德六年淮安路学也在"吴门"采购祭器，元代的苏州可能是铜礼器的铸造中心。

《平江路学祭器记碑》记有"平江路学大成殿祭器者，教授李淦、方文豹所造也。金属大尊二、山尊二、壶尊十有二、牺尊八、象尊如壶尊之数、罍四、洗四、勺

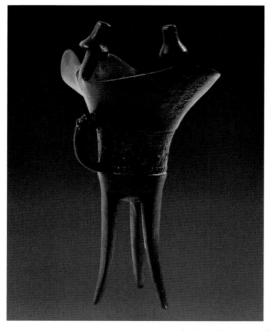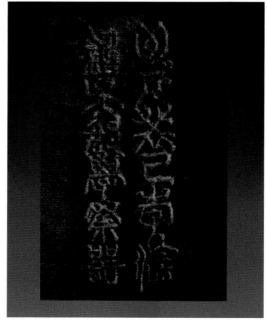

图 4　法国赛努奇博物馆收藏的平江路学至元爵和铭文

---

① Michel Maucuer, *Bronzes de la China impériale des Song aux Qing*. Paris: Paris-Musées, les musées de la Ville de Paris，2013.

② 《元史·地理志五》卷六十二，中华书局，2005 年，第 1493 页。

二十、爵百七十有二、坫二百有二、豆三百四十有四、簠百三十有六、簋如簠之数、炉一、缶二、罍二十有四。竹属筐十有一、笾三百二十有九。木属俎五十有五、余仍旧贯初。初，至元二十有九年十有二月望，淦祗事，顾兹器非度，明年考朱文公释奠菜礼，改为之，十有一月，方君来，明年皆方君为之。元贞元年十月竣事，首尾凡三年"。[①] 碑文提到李淦从至元二十九年（1292年）开始，考察朱熹的"释奠菜礼"，全面改制平江路学大成殿祭器。这件器物制作于至元三十年，乃是李淦参考朱子学的成果。但是，至元爵的基本造型仍然遵从于《博古图》样式，只有三足稍外撇的特征受到《绍熙州县释奠仪图》的影响。

2. 全宁路学泰定爵

内蒙古喀喇沁旗博物馆收藏有一件全宁路学的爵 [②]（图5），通高21.4厘米，流至尾长21.7厘米，尾部铭文记"皇姊大长公主施财铸造祭器，永充全宁路文庙内用"。此器口沿已经演变为元宝形，流口与尾部平齐，宽侈的口沿立有菌形柱，腹壁斜收呈圜底，三足较短。腹部装饰的兽面纹同样不见于三代器，以云雷纹为地纹。《元史·特薛禅传》记载："元贞元年（1295年），济宁王蛮子台亦尚囊加真公主，复与公主请于帝，以应昌路东七百里驻冬之地创建城邑，复从之。大德元年（1297年），名其城为全宁路。"[③] 根据文献所记，"皇姊大长公主"为忽必烈的直系曾孙女，元武宗海山之

图5　内蒙古喀喇沁旗博物馆收藏的全宁路学爵和铭文

---

① （元）李淦：《平江路学祭器记》，《国朝文类》卷二十七，上海书店，1989年，第277—278页。
② 安泳锝：《天骄遗宝——蒙元精品文物》，文物出版社，2011年，第178页。
③ 《元史·特薛禅传》卷一百一十八，中华书局，2005年，第2920页。

妹，元仁宗爱育黎拔力八达之姐。大德十一年（1307 年），元武宗封"皇妹祥哥剌吉为鲁国大长公主，驸马琱阿不剌为鲁王"。① 元仁宗至大四年（1311 年），"鲁国大长公主祥哥剌吉进号皇姊大长公主"②，"天历间，加号皇姑徽文懿福贞寿大长公主"。③

　　内蒙古赤峰市翁牛特旗博物馆收藏的《全宁路新建儒学记碑》记载了大德元年皇姑鲁国大长公主和驸马济宁王在全宁府始建庙学，泰定二年（1325 年）皇姊大长公主祥哥剌吉新建儒学于全宁路。④ 元文宗即位后，祥哥剌吉从"皇姊大长公主"进封号为"皇姑大长公主"。所以，"皇姊大长公主"名号的器物不能晚至天历年间。结合碑文推断，这件爵应当制作于泰定年间，为元代中期官学祭器的标准器。祥哥剌吉受中原儒家文化影响很深，在全宁路、应昌路修建儒学，邀请儒学教授来北方草原讲学。全宁路学的泰定爵基本是仿照《绍熙州县释奠仪图》的样式制作，这与元仁宗延祐年间将朱子学定为科举考试的钦定本有关。

3. 崇明州学至正爵

　　日本名古屋德川美术馆收藏有一件崇明州学的至正爵 ⑤（图 6），高 21.8 厘米，流至尾长 18.8 厘米。此器流口微翘，尖尾较宽，三足中段外撇，腹部装饰抽象的兽面纹。尾部铭文记"奉直大夫崇明州知州程世昌，学正刘裘，直学芳文藻，监造吏朱晔，至正戊子仲冬置"。元代的崇明州隶属于扬州路，《（光绪）崇明县志》记载："元至元十四年升为州学，延祐初，议建文庙，邑人顾德捐椒园地充用。泰定四年，邑人海运千户杨世兴捐建大成殿五间，旋圮于潮。至正间，迁建于崇文坊。"⑥

　　《（康熙）崇明县志》收录有至正十一年（1351 年）《崇明州志》张士坚序，其文称"小山程世昌来为是州，州治濒海为潮汐冲荡崩圮，乃迁州于旧治之北若干里。后以至元郡志散漫疏略，遂俾州之文士朱晔、朱桢续修焉"。⑦ 程世昌、朱晔等人皆见于元代方志，并且根据碑铭可知程世昌为程钜夫之孙。《程钜夫神道碑》铭文称"（孙男）世昌，奉直大夫、扬州路崇明州知州兼劝农事"。⑧《（正德）崇明县志》记载："程世

　　① 《元史·武宗纪一》卷二十三，中华书局，2005 年，第 481 页。

　　② 《元史·仁宗纪一》卷二十五，中华书局，2005 年，第 545 页。

　　③ 《元史·特薛禅传》卷一百十八，中华书局，2005 年，第 2917 页。

　　④ 李俊义、庞昊、孙再宜：《元代〈全宁路新建儒学记〉考释》，《北方文物》2008 年 1 期。

　　⑤ 德川美术馆：《文房具》，《德川美术馆藏品集》4，1988 年，第 87 页。

　　⑥ （清）林达泉、谭泰来：《（光绪）崇明县志》卷三，光绪七年（1881 年）刻本。

　　⑦ （清）朱衣点、黄国彝：《（康熙）崇明县志》序，《中国地方志集成·上海府县志辑》10，上海书店出版社，2010 年，第 301 页。

　　⑧ （元）危素：《大元敕赐故翰林学士承旨光禄大夫知制诰兼修国史赠光禄大夫大司徒上柱国追封楚国公谥文宪程公神道碑铭》，《全元文》第 48 集第 1478 卷，凤凰出版社，2004 年，第 431—435 页。

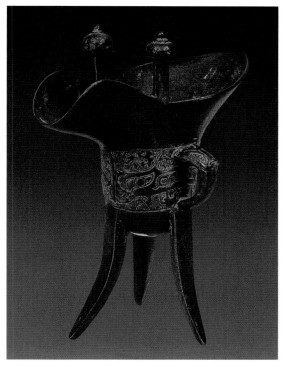

图 6　日本名古屋德川美术馆收藏的崇明州学至正爵和铭文

昌，奉直大夫，至正八年到任。"[①] 至正戊子年为元顺帝至正八年（1348 年），这件至正爵是程世昌上任后制作的祭器。

崇明州学的至正爵和淮安路学的至正爵同样是元代晚期官学祭器的标准器，但是两者的形制又稍有不同。虽然崇明州学至正爵的口沿尚未演变为元宝形，但三足外撇的程度却更加明显。文献记载程钜夫为朱子的再传弟子，元仁宗皇庆二年（1313 年）程钜夫上奏称"经学当主程颐、朱熹传注，文章宜革唐、宋宿弊"。[②] 程世昌秉承家学，对祭器的选择必然要求合乎朱子礼仪。

通过上述四件元代标准器的纪年爵，可以发现其形制变化是随着程朱理学逐渐被确立为官学产生的。元代早期的纪年爵受到《绍熙州县释奠仪图》的影响较小，元代中晚期的纪年爵尤其明显。但是，同样作为官学体系的祭器却存在地域性特点。平江路属于江浙行省，淮安路和扬州路都属于河南江北行省。这些差异实质上反映了从南宋到元代礼器制度所进行的两次重构。

---

① （明）陈文：《（正德）崇明县志》，《上海府县旧志丛书·崇明县卷》，上海古籍出版社，2011年，第 34 页。

② 《元史·程钜夫传》卷一百七十二，中华书局，2005 年，第 4017 页。

二、宋元时期礼器的两次重构

宋元时期的礼器系统主要分为两类，即"以经绎器"的《三礼图》系统和"考古作器"的《博古图》系统。前者以建隆三年（962年）聂崇义《三礼图集注》、淳熙二年（1175年）镇江府学本《新定三礼图》、淳熙六年（1179年）《淳熙释奠制度图》、大德十一年（1307年）郑氏家塾本《重校三礼图》为代表。后者以《宣和博古图》、《绍兴制造礼器图》、《绍熙州县释奠仪图》、《舍奠礼器图》、《至大重修宣和博古图录》等为代表。《宣和博古图》与《绍熙州县释奠仪图》一脉相承，但是两者又相互区别，反映了南宋儒学祭器在《博古图》系统内的第一次重构。

靖康之变，导致北宋内府的文物收藏、经典图籍毁于一旦。《邵氏闻见后录》记载："宣和殿聚殷周鼎、钟、尊、爵等数千百种，国破，虏尽取禁中物，其下不禁劳苦，半投之南壁池中，后世三代彝器，当出于大梁之墟。"[1] 建炎三年（1129年）扬州之役后，徽宗朝制作的仿古器只剩下五件。[2] 不仅北宋皇室的收藏丧失殆尽，北方士大夫的家藏文物也在逃难中大量散失。《金石录后序》记载赵明诚嘱咐李清照"从众，必不得已，先去辎重，次衣被，次书册卷轴，次古器，独所谓宗器者，可自负抱，与身俱存亡，勿忘也"。[3] 李清照随着朝廷一路南逃，绍兴二年（1132年）暂居会稽时，所装十五车书籍仅存一二残缺不成秩的书册。

南渡以后，南宋朝廷举行明堂祭天大典，《三礼图》重新成为官方制造礼器的样本。由于祭祀仪式中既没有徽宗朝的新礼器可供使用，也没有《考古图》、《宣和博古图》等可供参考，太常寺只能根据《三礼图》重新画样制造。绍兴四年（1134年）四月二十七日礼部侍郎陈与义等言"绍兴元年，明堂大礼所用祭器，为新成礼器渡江尽皆散失，申明系依《三礼图》竹木及陶器样制造，应副了当。今来明堂大礼所用祭器，系令太常寺画样，令临安府下诸县制造。本寺契勘新成礼器，昨除兵火后常州缴纳到簠并壶尊，山、牺罍各一外，其余尊、罍、笾、豆、爵坫，并簠之类，并无样制、亦无考古图册照据。今来未敢便依绍兴元年明堂大礼例，画竹木祭器制样。诏依，绍兴元年明堂大礼所用《三礼图》样制造"。[4]

随着宋金议和，南宋社会获得长期稳定的发展。绍兴十三年（1143年）宋高宗

---

① （宋）邵博：《邵氏闻见后录》卷27，中华书局，1983年，第211页。

② （清）徐松：《中兴礼书》卷四十七，《续修四库全书》第822册，上海古籍出版社，1995年，第207页。

③ （宋）李清照：《金石录后序》，《金石录校证》，广西师范大学出版社，2005年，第531—535页。

④ （清）徐松：《中兴礼书》卷五十九，《续修四库全书》第822册，上海古籍出版社，1996年，第243页。

重新获得战乱中遗失的《宣和博古图》，由此掀起了一场关于礼器制度的大讨论。绍兴十三年二月二十七日礼部上奏称"窃闻朝廷已求得《宣和博古图》本，欲乞颁之太常，俾礼官讨论改造将来大礼祭器，悉从古制，以称主上昭事神祇祖考之意。后批送礼部看详，申尚书省，寻下太常寺看详，乞请降《宣和博古图》，下寺看详施行。秘书省供到状，契勘本省见管《宣和博古图》三部，每部三十册。诏依，令秘书省给降一部"。[①]

宋高宗欲恢复徽宗朝"稽古制度"的新礼器，绍兴十四年（1144年）设立礼器局讨论和制作新礼器，以改正《三礼图》之阙陋。[②]绍兴十五年（1145年）十二月，高宗诏令礼器局将数十件礼器的样式和图说印造，颁布至州县令其遵行，称为《绍兴制造礼器图》。[③]南宋朝廷希望将新的礼器制度推行至地方，但是成效并不明显。由于《三礼图》在地方有着相当广泛和持久的影响力，至淳熙年间地方州县已经看不到绍兴礼书。宋孝宗淳熙六年（1179年）朱熹知南康军时请求颁降新礼书，上书称"欲乞特赐申明，检会政和五礼新仪内州县臣民合行礼制，镂版行下诸路州军，其坛壝、器服、制度亦乞彩画图本，详著大小高低广狭深浅尺寸，行下以凭遵守"。[④]随后，朝廷颁布的《淳熙释奠制度图》仍是采用《三礼图》的礼器样式。直到宋宁宗开禧二年（1206年），赵彦卫还言称中央郊庙制度已经改为新制，但地方学校仍多沿袭《三礼图》旧制。[⑤]

绍熙元年（1190年）朱熹知潭州时再度上书，称"淳熙颁降仪式，并依聂崇义《三礼图》样式。伏见政和年中议礼局铸造祭器，皆考三代器物遗法，制度精密。气象淳古，足见一时文物之盛，可以为后世法。故绍兴十五年，曾有圣旨以其样制开说印造，颁付州县遵用，今州县既无此本，而所颁降仪式印本，尚仍聂氏旧图之陋，恐未为得，欲乞行下所属，别行图画镂板颁行，令州县依准制造。其用铜者，许以铅锡杂铸，收还旧本，悉行毁弃，更不行用"。[⑥]由于《淳熙释奠制度图》仍沿袭聂崇义的《三礼图》，朱熹请求以政和新制礼器代之。朱子强调不仅祭器的形制和类别要依据三代，还包括材质上要用"铜"，由此体现了朱熹在南宋器物复古运动中的态度。绍熙五年（1194年），礼部覆文称"日下从本寺将州县释奠文宣王位次序仪式改正，及备坐今来申明指挥行下临安府镂板，同《绍兴制造礼器图》印造，装背作册，颁降施

① （清）徐松：《中兴礼书》卷九，《续修四库全书》第822册，上海古籍出版社，1996年，第36页。

② （清）徐松：《中兴礼书》卷九，《续修四库全书》第822册，上海古籍出版社，1996年，第37页。

③ （清）徐松：《中兴礼书》卷九，《续修四库全书》第822册，上海古籍出版社，1996年，第38页。

④ （宋）朱熹：《乞颁降礼书状》，《朱子全书》第25册，上海古籍出版社，2002年，第929—930页。

⑤ （宋）赵彦卫：《云麓漫钞》卷4，中华书局，1996年，第57—58页。

⑥ （宋）朱熹：《释奠申礼部检状》，《朱子全书》第25册，上海古籍出版社，2002年，第4993—4995页。

行……遍牒诸州，颁下诸县，照应施行"。① 经过朱熹的努力，太常寺将修正后的《州县释奠文宣王仪》和《绍兴制造礼器图》两者印造，颁布州县施行，即为《绍熙州县释奠仪图》。

由此可知，《绍熙州县释奠仪图》的礼器样式来源于《绍兴制造礼器图》。《博古图》、《绍兴制造礼器图》和《绍熙州县释奠仪图》三者是相互承袭的关系。《博古图》和《绍熙州县释奠仪图》之间的差异，实质上就是第一次礼器制度重构的结果，即《绍兴制造礼器图》。

《绍兴制造礼器图》辑录于南宋藏书家尤袤的《遂初堂书目》，今已不存。但是根据文献和考古发现大致可以窥探其原貌。高宗朝新礼器样式的来源主要有三种，一是以《宣和博古图》为代表的礼器图谱重新获得；二是以毕良史知盱眙军搜求古器物②，南宋内府搜集的三代古器部分收录于《绍兴内府古器评》；三是礼部太常寺征集、收购散落民间的徽宗朝新礼器，③ 以及向徽宗朝遗臣借用家庙礼器。④ 通过以上这些方式，保障了高宗朝的新礼器不会背离《博古图》系统。《绍兴制造礼器图》在印刷、流传的过程中，被当时的科举考试用书摘录。例如注解经书的《纂图互注周礼》⑤，在图样上不仅明确标注"三礼图"，还标注有"礼器局"或"礼局样"（图7），说明绍兴年间礼器局颁布到地方的礼器样式与《绍熙州县释奠仪图》基本相同。

宋高宗定都临安后举行首次郊坛祭天大典，所需要的礼器数量十分庞大。绍兴十三年四月二十九日礼部太常寺称："勘会国朝祖宗故事，遇大礼其所用祭器并依《三礼图》用竹木制造。至宣和年仿《博古图》改造新成礼器，内簠、簋、尊、罍、爵、坫、豆、盨、洗用铜铸造，余用竹木。今来若并仿《博古图》样制改造，内铜器约九千二百余件，竹木一千余件，其铜约用三万余斛。若更制造准备值两祭器。委是功力浩大，窃虑制造不及。今看详，欲乞先次将圆坛上正配四位合用陶器，并今来所添从祀爵坫，并依新成礼器仿《博古图》，内陶器下平江府烧变，铜爵坫令建康府铸写，其竹木祭器令临安府制造。所有其余从祀合用祭器，候过大礼，渐次讨论，申请改造施行。诏依。"⑥ 南宋朝廷考虑到铸造铜礼器耗费成本巨大，令平江府烧造陶礼器代之，铜礼器只有爵坫令建康府铸造，竹木祭器令临安府制造。绍兴十四年更是明确规定"国有大礼，器用宜称，如郊坛须用陶器，宗庙之器亦当用古制度等"。⑦

① （宋）朱熹：《文公潭州牒州学备准指挥》，《朱子全书》第13册，上海古籍出版社，2002年，第15—16页。

② （宋）李心传：《建炎以来系年要录》卷154，中华书局，1988年，第2483页。

③ （清）徐松：《中兴礼书》卷九，《续修四库全书》第822册，上海古籍出版社，1996年，第38页。

④ （清）徐松：《中兴礼书》卷九，《续修四库全书》第822册，上海古籍出版社，1996年，第37页。

⑤ 《纂图互注周礼》，《中华再造善本》，北京图书馆出版社，2003年，第12页。

⑥ （清）徐松：《中兴礼书》卷九，《续修四库全书》第822册，上海古籍出版社，1996年，第36页。

⑦ （清）徐松：《中兴礼书》卷九，《续修四库全书》第822册，上海古籍出版社，1996年，第37页。

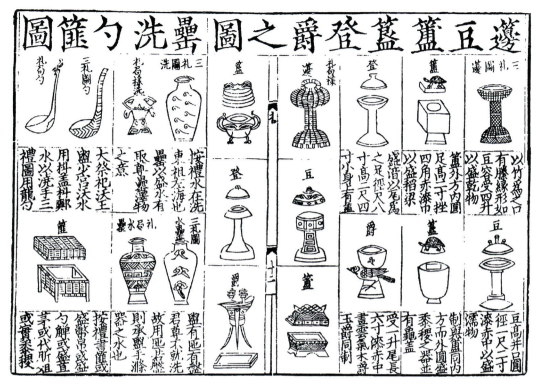

图7　《纂图互注周礼》"礼局样"

2003 年杭州新宫桥东侧河坊街遗址出土一件陶卣①（图8），残高21厘米、口径17.5厘米、腹径25.5厘米。此器的胎体较厚，红胎中间呈灰黑色，内壁布满模制压坯的痕迹。经拼合修复完整，失盖及提梁部分，剖面为椭圆形，鼓腹下垂，高圈足。腹部和圈足均模印有兽面纹，以云雷纹作地纹，并设有四条凸起的扉棱。这件器物属于南宋凤凰山官窑烧造的陶礼器，在凤凰山窑址和严官巷御街遗址②都发现有类似的陶礼器残片，部分陶礼器残片还残留有髹漆的痕迹。这件陶卣

图8　杭州新宫桥东侧河坊街遗址的陶卣

---

① 沈一东：《南宋官窑陶质祭器器物属性探析》，《东方博物》第 34 辑，浙江大学出版社，2010 年。
② 唐俊杰：《祭器、礼器、"邵局"——关于南宋官窑的几个问题》，《故宫博物院院刊》2006 年 6 期。

图 9 　《博古图》9.20 戈卣

的形制和纹饰与商代的青铜卣几乎相同，大概是凤凰山官窑仿照《博古图》的戈卣（图 9）制作的。由此体现南宋陶礼器为仿三代器的风格特征，这种仿铜陶礼器的出现是南宋时期礼器制度的一项重要变革。

　　南宋朝廷在渡江之后就开始制造陶礼器。绍兴元年四月三日，"祀天并配位用匏爵陶器，乞令太常寺具数下越州制作，仍乞依见今竹木祭器样制烧造"。[①] 绍兴四年四月二十七日，"同日工部言，据太常寺申，契勘今来明堂大礼正配四位合用陶器，已降指挥下绍兴府余姚县烧造。其从祀四百四十三位合用竹木祭器，已令临安府制造。数内木太尊二十四双，今续讨论到依《周礼》、《礼记》、《仪礼》，其太尊系用瓦为之合行改正，欲乞申明朝廷令指挥两浙转运司行，下绍兴府余姚县一就烧造瓦太尊二十四双供使"。[②] 绍兴十四年规定，郊坛祭祀用陶祭器，宗庙祭器用铜祭器。因此，绍兴十五年颁行的《绍兴制造礼器图》必然包括"凝土"和"范金"相结合的式样。《绍熙州县释奠仪图》中还保存有南宋早期陶礼器的相关线索。除了木质的笾、筐等，

---

　　① （清）徐松：《中兴礼书》卷五十九，《续修四库全书》第 822 册，上海古籍出版社，1996 年，第 242 页。

　　② （清）徐松：《中兴礼书》卷五十九，《续修四库全书》第 822 册，上海古籍出版社，1996 年，第 243 页。

图 10　河南三门峡虢国墓地的 M2001 的爵　　　图 11　山西翼城大河口霸国墓地 M4052 的爵

铜豆、爵、牺尊、象尊、著尊、山尊等均有摹画纹饰，并详细标注尺寸和重量。唯有太尊不施纹饰，仅标注尺寸没有重量，显然这是在暗示太尊为陶礼器。

　　礼器局成立后，郊坛、太庙所用的陶礼器主要为自行制造或是监督地方烧造。绍兴十九年（1149 年）五月二十五日，工部称“据辖军器所申，契勘见承指挥添修太常寺景钟等，数内铜、陶器祭器等共二万七千五百九十三件。缘上件礼器元系礼器局制造，今来除铜器、竹木器本所差人编拣相验可以添修外，有陶器共二千二百三十八件，内有不堪四百六十件难以添修。窃见太庙陶器见委临安府添修，伏乞朝廷指挥一就令临安府添修制造”。[1] 自此以后，临安府周边地区成为烧造陶礼器的中心。

　　陶礼器随着翻模的增多，会使得器形与图谱有所不同。《绍熙州县释奠仪图》的爵可能就是模仿陶礼器的样式，这种元宝形口沿的仿陶铜爵在西周时期已经出现。例如河南三门峡虢国墓地的 M2001:118[2]（图 10），山西翼城大河口霸国墓地的M4052:217[3]（图 11）等，口沿为元宝形，腹部较浅，平底下置外撇的三足。这种完全

---

　　[1]　（清）徐松：《中兴礼书》卷十，《续修四库全书》第 822 册，上海古籍出版社，1996 年，第44—45 页。

　　[2]　河南省文物考古研究所、三门峡市文物工作队：《三门峡虢国墓地》（第一卷），文物出版社，1999 年，第 71 页。

　　[3]　深圳博物馆、山西省考古研究所、山西博物院：《封邦建霸——山西翼城大河口墓地出土西周霸国文物珍品》，文物出版社，2016 年，第 204 页。

图 12　安徽歙县中国人民银行支行工地的
景德镇窑蓝釉爵

不同于商周时期的青铜爵，为仿制西周时期明器陶爵的样式。此外，元代还发现有相同造型的瓷礼器。安徽歙县中国人民银行支行工地出土的景德镇窑蓝釉爵①（图 12），高 9 厘米，流至尾长 11.5 厘米，其形制与《绍熙州县释奠仪图》几乎相同。通过这些器物推断，《绍兴制造礼器图》中的陶礼器样式被《绍熙州县释奠仪图》所沿袭。

《绍熙州县释奠仪图》目前仅存清代的四库本和指海本，有学者根据宋元时期的碑刻确证其版本并无太大改变。②一是宋理宗淳祐元年（1241 年）绍兴府新昌县学所立的《释奠图碑》和《礼器图碑》（图 13），这两块碑保存于明正德十四年（1519 年）刊刻的《新昌县志》③。《礼器图碑》明确记载"淳祐元年知县丁璹刻石立于讲堂，并割牲图同"，反映了南宋晚期礼器图谱的样式。一是广西桂林府学的《释奠牲币器服图碑》（图 14），题记为宋宁宗嘉定十年（1217 年）广西西路提点刑狱公事吴纯臣所书，静江府学教授许正大所立，大德二年（1298 年）静江路儒学教授鲁师道重修刊刻。此碑拓本现藏台北中研院史语所，反映了元代礼器图谱的样式。

绍兴新昌县学《礼器图碑》、广西桂林府学《释奠牲币器服图碑》与清版的《绍熙州县释奠仪图》，三者在文本和图样两方面基本一致。元人推崇朱子之学，大德年间编有八卷《释奠图》④，前四卷"释奠器服"即采用朱熹所定。《绍熙州县释奠仪图》以其标准化的图样和详细的尺寸，成为元代地方各级官学的范本。但是元朝中后期，有的地方官学祭器并不采用《绍熙州县释奠仪图》。文献记载"至治初，始造新器于江浙行省"⑤，说明至治年间礼器样式又发生了重大变化，这是元代儒学祭器在《博古

---

① 叶涵鋆、夏跃南、胡承恩：《歙县出土两批窖藏元瓷珍品》，《文物》1988 年 5 期。

② 陈芳妹：《与三代同风：朱熹对东亚文化意象的形塑初探》，《美术史研究集刊》第 31 期，台湾大学艺术史研究所，2011 年。

③ （明）莫旦：《（成化）新昌县志》，《原国立北平图书馆甲库善本丛书》第 370 册，国家图书馆出版社，2013 年，第 275 页。

④ （清）黄虞稷：《千顷堂书目》卷九，《丛书集成续编》第 4 册，台北新文丰出版社，1989 年，第 285 页。

⑤ 《元史·祭祀志三》卷七十四，中华书局，2005 年，第 1846—1847 页。

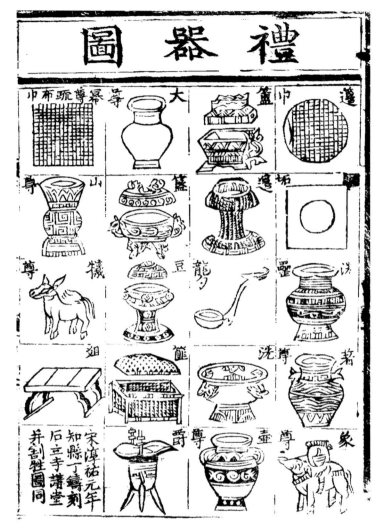

图 13　绍兴府新昌县学《礼器图碑》

图》系统内的第二次重构。

　　1981 年湖南常德慈利县出土靖州路学的大德簠①，高 11 厘米，口长 24 厘米，口宽 19.5 厘米，铭文记："大德乙巳靖州达鲁花赤脱欢等，知州许武略，判官田进义，吏目郭中等谨识云。"这件器物的口沿直壁饰重环纹，腹部斜壁饰波曲纹，两侧设环形耳，圈足作镂空的波曲形。此器失盖，形制与文靖书院的大德簠完全相同，并且两者同为"大德乙巳"年制。靖州路学的大德簠并没有全部仿照《绍熙州县释奠仪图》的簠（图 15），但是这种折壁簠的样式，以及波曲形的圈足还是属于"考古作器"的系统。

　　上海博物馆收藏有一件镇江路学的延祐簠（图 16），高 9.5 厘米，口长 28.2 厘米，

<hr />

　　①　刘廉银：《慈利县出土的元代铜簠》，《文物》1984 年 5 期。

图 14　广西桂林府学《释奠牲币器服图碑》

口宽 23.1 厘米，重 4.2 千克，铭文记"延祐
元年岁在甲寅，提调学校官镇江路总管殷庭
珪，儒学教授郭景星谨识。"此器为斜壁簠，
腹壁装饰云雷纹，圈足为不镂空的波曲纹。
延祐甲寅年为元仁宗延祐元年（1314 年），
这是元代中期官学祭器的标准器。上海博物
馆还收藏有一件湖州路学的元统簠（图 17），
通高 8.4 厘米，口横 25 厘米，口纵 19.8 厘
米，重 1.3 千克，铭文记"元统乙亥湖州路
儒学置，学录张凌，直学赵元祥，司吏陈勿
安"。此器形制与延祐簠完全相同，腹壁上
端饰重环纹，下端饰卷龙纹。元统乙亥年为
元顺帝元统三年（1335 年），这是元代晚期

图 15　《绍熙州县释奠仪图》簠

官学祭器的标准器。这两件簠都是斜壁簠，与大德九年靖州路学的折壁簠不同，其风
格更接近于《博古图》的叔邦父簠（图 18）。尤其是湖州路学元统簠的纹饰与叔邦父
簠基本相似，表明这是主要模仿《博古图》制作的，只是在圈足部分吸收了《绍熙州
县释奠仪图》样式的影响。

　　并且，在元代的官学祭器中还有不受《绍熙州县释奠仪图》影响，完全模仿《博
古图》制作的器物。《金石索》著录有一件建德路学的大德盨盖[1]（图 19），铭文记：

图 16　上海博物馆收藏的镇江路学延祐簠和铭文

---

　　① （清）冯云鹏、冯云鹓：《金石索》80，道光七年（1827 年）木刻本。

图 17　上海博物馆收藏的湖州路学元统簠和铭文

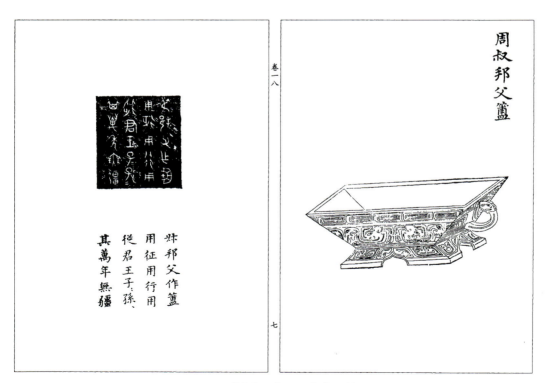

图 18　《博古图》18.7 叔邦父簠

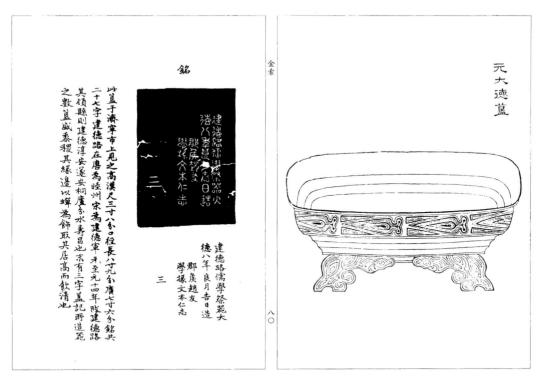

图 19　《金石索》80 建德路学大德盨盖

"建德路儒学祭器，大德八年良月吉日造，郡侯赵友□，学掾文本仁志，三。"盖却置，盖沿饰变形蝉纹，盖面饰瓦棱纹，盖顶设四个龙形钮。此盖的形制、纹饰与《博古图》的师望盨（图 20）完全相同。大德甲辰年即元成宗大德八年（1304 年），建德路隶属于江浙行省。《元史·地理志》记载："建德路，唐睦州，又为严州，又改新定郡。宋为建德军，又为遂安军，后升建德府，元至元三十年，改建德府安抚司。十四年，改建德路。"①

　　湖南省博物馆收藏有一件灵山县学的至元盨②（图 21），高 12.2 厘米，口长 21.4 厘米，器内底铭文记"钦州路灵山县儒学祭器，至元己卯岁仲夏吉日置"，外底铭文记"天临赵府，李景深造"。此器为椭圆形，失盖，两侧设兽首形附耳，圈足缺口呈桃叶形。口沿饰相扣合的窃曲纹，腹部饰瓦棱纹，圈足饰卷云纹。其形制、纹饰完全模仿《博古图》，与文靖书院的大德盨相同。《绍熙州县释奠仪图》的盨（图 22）却是圈足下置兽形足，应该是从《博古图》的害簋（图 23）造型讹变来的。至元己卯年为元顺帝至元五年（1339 年），此器虽为钦州路灵山县儒学祭器，却是在天临路制造的。

①　《元史·地理志五》卷六十二，中华书局，2005 年，第 1495 页。

②　陈建明：《复兴的铜器艺术——湖南晚期铜器展》，中华书局，2013 年，第 146 页。

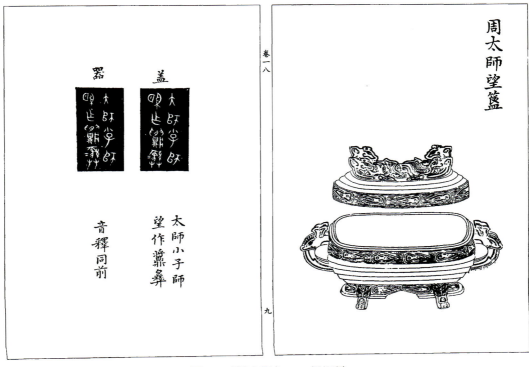

图 20 《博古图》18.9 师望簋

图 21 湖南省博物馆收藏的灵山县学至元簋和铭文

《元史·地理志》记载："天临路，唐为潭州长沙郡。宋为湖南安抚司。元至元十三年，立安抚司。十四年，立行省，改潭州路总管府。十八年，迁行省于鄂州，徙湖南道宣慰司治潭州。天历二年，以潜邸所幸，改天临路。"① 又载"钦州路，唐为宁越郡，又为钦州。宋因之。元至元十五年，置安抚司。十七年，改总管府……领县

① 《元史·地理志六》卷六十三，中华书局，2005 年，第 1527 页。

二，安远，灵山"。[1] 根据文献可知，1323
年泰定帝召图帖穆尔从海南琼州回京师，行
至潭州时又命他滞居数月。1328 年泰定帝
死后，元文宗图帖穆尔登上帝位。天历二年
（1329 年）将潭州路改为天临路。天临路和
钦州路同隶属于湖广行省，说明元代的天临
路可能是湖广行省铸造铜祭器的中心。

　　上海博物馆收藏有一件松江府学的至正
豆（图 24），通高 16.5 厘米，口径 15.8 厘
米，重 1.75 千克，铭文记"松江府提调官
同知谢礼逊，判官蒋仁杰，推官马玉麒，知
事刘良臣，提控案牍赵从周、李忠，府吏
朱遵，儒学教授高志道，学正张镛，学录罗

图 22　《绍熙州县释奠仪图》盨

孔硕，直学正裕，司吏茅礼章立质，至正己亥正月□日置"。至正己亥年为元顺帝至
正十九年（1359 年），这是元代晚期官学祭器的标准器。此器为浅平圆盘，柄部较粗，

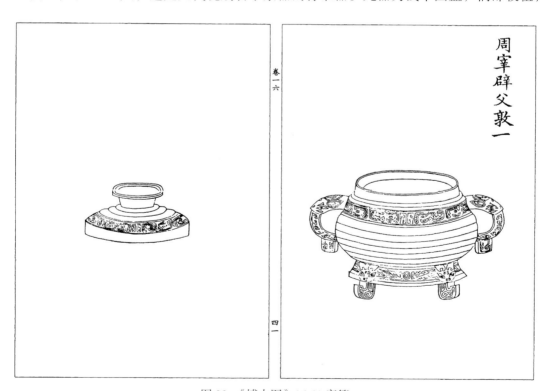

图 23　《博古图》16.41 害簋

---

① 《元史·地理志六》卷六十三，中华书局，2005 年，第 1537 页。

图 24　上海博物馆收藏的松江府学至正豆和铭文

不取此　　言眾維奠矣實維豐年古之以多為貴者莫　　鱗而奠醯物之屬又為豐年眾多之兆故詩　　無銘夫豆盛濡物則醯菹在焉是器飾以魚　　呈徑五寸四分容二升五合重三斤一十兩　　右高五寸二分深一寸八分口徑七寸六分　　卷一八　　一四　　周魚豆

图 25　《博古图》18.14 波曲纹豆

盘口装饰兽面纹，以云雷纹作地纹，柄上部装饰变形龙纹，下部装饰波曲纹。其形制和纹饰特征与《博古图》的波曲纹豆（图25）相似，不同于《绍熙州县释奠仪图》的豆（图26）。从政和豆、绍兴豆到文靖书院的大德豆，皆可见于《绍熙州县释奠仪图》。由此说明《绍熙州县释奠仪图》的某些图样，的确来源于政和礼器、绍兴礼器的样式。迄至元代，官学祭器的第二次重构是对《博古图》的重新认识和使用。

元朝统一后，南宋内府的经籍、书画、图典和礼器送入京师。至元十四年（1277年）王恽入翰林，左丞相耶律楚材曾出示《宣和博古图》三十卷。王恽遂与翰林院史赵复另取欧阳修、薛尚功、吕大临等人的考古图籍研读，著成《博古要览》。时值朝廷"议典礼，考制度，咸究所长，同僚服之"。①从元朝初年开始，《博古图》就得到了朝廷的重视。通过许雅惠先生对《至大重修宣和博古图录》版本的研究，可知至大版《博古图》的刻工主要活动于大德（1297～1307）、至大（1308～1311）年间的苏州、杭州地区，并认为这是在杭州重修刊印的官修本。②根据《元西湖书院重整书目碑》记载，从至治三年（1321年）至泰定元年（1324年）西湖书院对一百二十部南宋书版进行大规模的修补，《博古图》书版便在修补之列。③元代的西湖书院就是南宋的国子监，这些书版是承袭了南宋国子监的印书。通过对《博古图》书版的修补和刊印，必然对当时社会造成影响，所以江浙地区成为至治年以后新礼器的铸造中心。

图26　《绍熙州县释奠仪图》豆

三、结　语

综上所述，通过对淮安路学至正爵的分析，可以看到朱熹《绍熙州县释奠仪图》对元代官学祭器的影响。《绍熙州县释奠仪图》继承了高宗朝的复古理想和礼器制度，反映了南宋时期《博古图》系统内礼器制度的第一次重构，即"凝土为质"和"合土

---

① 《元史·王恽传》卷一百六十七，中华书局，2005年，第3933页。

② 许雅惠：《〈至大重修宣和博古图录〉的版印特点与流传——从中研院史语所藏品谈起》，《古今论衡》2008年第18期。

③ （清）阮元：《两浙金石志》卷十五，《石刻史料新编（第一辑）》第14册，台北新文丰出版公司，1979年，第10572页。

范金"两种祭器样式相结合。南宋朝廷大量烧造和使用陶礼器有着深刻的社会根源。由于社会上"铜贵钱贱"的状况日盛，民间多熔钱作器牟取暴利，铜钱外流屡禁不绝。南宋朝廷逐渐由"钱荒"演变为"铜荒"。宋高宗绍兴二十八年七月"己卯，帝出御府铜器千五百事送铸钱司"。① 宋孝宗淳熙三年拨出禁中铜器八千余两交付尚书省铸钱。②

　　南宋淳熙年间，负责铸造礼器的文思院已经没有高宗朝的礼器样式和图版。淳熙六年正月六日，工部称"将作监申文思院提辖熊克等剳子，契勘本院见承指挥铸造故韩世忠家庙祭器数目浩瀚，申乞施行今具下项。一、契勘本院即无样制及合用花版，今欲乞行下太常寺，权借合造祭器各一件，并所用花版赴院使用。一、契勘祭器系是捏蜡花文入细造作，全藉十分净铜应副使用"。③ 由于绍兴礼器的样式和图版缺乏，朝廷所颁布的《淳熙释奠制度图》不得以采用《三礼图》。通过朱熹对当时礼器制度的考察，《绍熙州县释奠仪图》之所以不同于《博古图》，除了糅合有陶礼器的样式，可能还有捏蜡工艺和图谱花版的讹变，冶铜工匠的自作揣度也是不可忽视的重要因素。

　　尽管文靖书院在大德年间已经呈现了官学化的趋势，但是元代的官学祭器还是有区别于书院祭器的特点。至大年间官修《博古图》的印行，反映了元代《博古图》系统内礼器制度的第二次重构，即重新回到《宣和博古图》的祭器样式。《绍熙州县释奠仪图》推行六十余年后，仍有士大夫认为祭器样式有待于修正。宋理宗景定年间，赵汝禖刊刻的《舍奠礼器图》称"其图则本朱文公所已考，及以博古所收参订"。④ 南宋末年有识之士已经指出应当用《博古图》去修正《绍熙州县释奠仪图》的礼器样式。

　　元至元年间，王恽提出太宫大祭所用的礼器，多为宋朝赐功臣的家物，应该改造新器。⑤ 虽然这个建议直到至治年间才开始受到重视，但是地方铸造仿古礼器的传统却一直延续。大德十年（1306 年）元成宗命江浙行省制造宣圣庙的乐器。⑥ 至顺三年（1332 年）元宁宗"命江浙行省范铜造和宁宣圣庙祭器，凡百三十有五事"。⑦ 镇江路学、湖州路学、建德路学和松江府学都属于江浙行省。这里的官学祭器主要依据《博

---

① （清）毕沅：《续资治通鉴》卷第一百三十二，中华书局，1957 年。

② （清）徐松：《宋会要辑稿·食货》第一百三十八册，中华书局，1957 年，第 5390 页。

③ （清）徐松：《中兴礼书》卷一百七十，《续修四库全书》第 822 册，上海古籍出版社，1996 年，第 565 页。

④ （元）郑陶孙：《舍奠礼器记》，《元文类》卷二十七，上海古籍出版社，1993 年，第 350 页。

⑤ （元）王恽：《太庙祭器合改造事状》，《秋涧先生大全集》卷八十九，上海书店出版社，1989 年，第 857 页。

⑥ 《元史·礼乐志二》卷六十八，中华书局，2005 年，第 1697 页。

⑦ 《元史·宁宗纪》卷三十七，中华书局，2005 年，第 812 页。

古图》，较少受到《绍熙州县释奠仪图》的影响。这个特点说明，一方面当地具有铸造绍兴礼器样式的传统，另一方面与《至大重修宣和博古图录》在当地的重新刊印和流传有关。

此外，根据文献和考古资料，湖广行省的天临路和江西行省的吉安路同样是元代仿古礼器的铸造中心。《舍奠礼器记》载大德十年郑陶孙任江西儒学提举，为龙兴路学募"庐陵冶工杨荣甫来范金"。[1]《云南中庆路儒学新制礼器记》载至治、泰定年间中庆路学正孙彬、学录杜余庆赴江西行省购置铜祭器。[2] 江西冶铸业发达，时人皆称"江西冶铸良，合古制"，"江西以吉安为尤良"。由于元代官学祭器的产地不同，仿照的样式和图谱也各有差异，有的还称"苟用古制，古其形状，而今其文理，曷若并形状而今之"。因此，元代官学祭器"从俗"的特征尤为明显，这与当时世俗文学和文人画的兴起浪潮相呼应。

　　　　　　　　　　　　　　　　　　　　　　2014 年 3 月完稿

　　　　　　　　　　　　　　　　　　　　　　2019 年 5 月修订

　　　　　　　（原载《制器尚象：中国古代器物中的观念与信仰》，花木兰，2018 年）

---

① （元）郑陶孙：《舍奠礼器记》，《元文类》卷二十七，上海古籍出版社，1993 年，第 351 页。

② （元）刘岳申：《云南中庆路儒学新制礼器记》，《全元文》第 21 册，江苏古籍出版社，2001 年，第 516 页。

后　记

晋文公居狄十二载，狐偃称"蓄力一纪，可以远矣"。一纪轮回，总是会有很多回忆与期待。记得研究生毕业那会儿，张懋镕师和曹玮师都极力推荐我到上海博物馆工作。当时我却非常犹豫，一方面是西安人都十分恋家，另一方面胡戟师希望我能去刚筹建的大唐西市博物馆，并承诺会有比较高的职位。一次毕业前的聚会，雒有仓师兄还劝我说，镕师特别希望我去上海发展。为了不辜负父亲和老师们的殷切期望，我开始踏上负笈东游的道路。

十二载繁华，人间正道是沧桑。博物馆的工作经历极大地拓展了我的研究视野，致使我的学术兴趣非常广泛，所研究的内容不局限于某一时段、某一地域、某一专题。古语云：读万卷书，行万里路。多年来，我逐渐养成了读书与考察并重的习惯，每到一地必先去博物馆"打卡"。在考察中发现问题，在读书中思考问题，在写作中解决问题，成为我进行学术研究的主要方式。本书虽然称不上是"蓄力"之作，却凝聚着我在学术之旅中收获的点滴心得。

这些文章都是目前已经发表的部分作品，最早的发表于读硕士研究生期间。本书在这个基础上补充了很多新的资料，并对全文进行了修订。从早期的《论西周时期的监国制度》、《西周青铜器上的"刖人"——兼论先秦时期的刖刑》，到近些年《湖南出土青铜器的几点思考》、《吴越徐舒青铜器的非均衡性特征及断代刍议》等文章。体现了从利用考古资料进行历史学研究，到对器物学理论思考的转变，我的学术思想和研究方法逐渐成长起来。当然，这些思考都很不成熟，恳请诸位老师批评指正。

有一次研讨会与陈小三兄闲聊，小三兄笑称我在吴越青铜器的断代问题上还扛着上海博物馆的"旗帜"。我之所以认同前辈们的观点，并不是作为上海博物馆代表的身份，而是上海博物馆研究方法和学术体系的继承者。众所周知，罗越通过艺术史方法对早期青铜器纹饰的比较分析，确立了二里头、二里岗和殷墟的早晚关系，这些研究结论都被后来的考古发现所证实。在南方青铜器普遍缺乏层位关系和共存器物的情况下，马承源先生将艺术史的研究方法融入青铜器研究之中，试图建立南方青铜器的发展脉络。马先生的《吴越文化青铜器的研究》、《长江下游土墩墓出土青铜器的研究》两篇文章都是在对吴越青铜器纹饰分析的基础上，寻找其变化规律和早晚关系的逻辑证据。近几年的考古发现逐渐证实了马先生某些结论的正确性，这是我依然坚持的根本原因。上海博物馆青铜器研究的特色之一就是将艺术史的风格分析法运用地炉火纯青，往往能解决一些当时考古学并不能解决的问题，例如北京保利艺术博物馆收藏的神面卣。

　　"名实关系"是器物学研究最重要的问题之一。镕师常教导我们研究铭文，要将文字和器物相结合，切记不能就字论字。不久前，看到李零老师怀念高明先生的文章，其中谈到高先生的古文字研究同样是结合着考古实物，考虑到它们的组合、形制、纹饰，以及考古的年代序列和遗址分布。古文字学家对铭文的释读只要做到文从字顺，这个问题基本就算解决了。可是，考古学家考虑的更多是古文字背后的社会历史问题。本书所收的几篇关于古文字研究的文章，旨在寻求研究中的多样性，其结论不一定正确。这可能与我近几年受到的后现代主义考古学思潮有关。如果这些不成熟的意见能对以后的研究有一些启发和推进，目的就达到了。

　　两周诸侯国的区域文化是一个比较复杂的问题，根据研究角度的不同，可以有不同的分类，所要讨论的问题也会有差异。本书所收的两篇关于曾国和小邾国青铜簠的研究，就选取了不同的标准进行划分。一是根据铭文确定的公族青铜簠为研究对象，具有长时段、内涵单纯的特点。一是根据整个墓地出土的所有青铜簠为研究对象，具有短时段、内涵复杂的特点。前者着重讨论公族体系下器物的特点和文化内涵的变化。后者着重讨论邦国体系下墓葬的时代和国家交往的关系。

　　进入博物馆工作以后，跟随周亚师学习古代青铜器的鉴定。有时会碰到不同时期的仿古器，由此对晚期青铜器产生了兴趣。在马今洪师的指导下开始进行晚期青铜器的研究，并陆续发表了几篇文章。本书所收的两篇关于宋元时期青铜器的研究，一是以私办的书院祭器为中心，一是以官办的儒学祭器为中心，两个体系各有不同。前者主要讨论《三礼图》与《博古图》两大祭器系统的异同。后者主要讨论《博古图》祭器系统中《宣和博古图》和《绍熙州县释奠仪图》的异同。

　　本书在写作过程中，得到了中国国家博物馆冯峰、北京故宫博物院陈鹏宇、台北故宫博物院张莅、苏州博物馆程义、浙江省博物馆俞珊瑛、安徽博物院程露、湖南省博物馆吴小燕、益阳市博物馆符伟、郑州市博物馆汤威、新泰市博物馆穆红梅、枣庄市博物馆王丽华、旅顺博物馆刘述昕、甘肃省博物馆张仁、天水市博物馆裴建陇、台北中研院历史语言研究所陈昭容、中国社会科学院考古研究所严志斌、山西大学谢尧亭、华东政法大学王沛、河南师范大学张志鹏、郑州大学洪德荣等先生的大力帮助，以及上海古籍出版社吴长青先生、张亚莉女士对本书出版的大力支持。在此，谨致谢忱！

　　感谢一直以来指导和帮助我的各位老师，镕师还不辞辛劳为本书赐序。感谢上海博物馆给予开放、自由的学术环境。在学术越来越功利化的时代，我还可以任性地转移研究兴趣，也没有发核心期刊的压力，实在是值得庆幸的。一位西方哲学家曾说过，好奇心远比勤奋更为重要。希望我能在今后的学术研究中永远保持着探索未知历史的好奇心。

　　阿米乃！

2019 年冬于弈心斋